Sathya Sai Baba spricht

Band 10

Ansprachen aus der Zeit von 1975-80

zusammengestellt von
N. Kasturi, M.A., B.L.

Sathya Sai Vereinigung e.V., Bonn

Die Reden wurden in Telugu, Sprache der südindischen Provinz Andhra Pradesh gehalten. Zusammenstellung und Übersetzung ins Englische von N. Kasturi, M.A., B.L. Titel der englischsprachigen Ausgabe: Sathya Sai Speaks, Vol. X. Sathya Sai Books and Publications Trust, Prashānti Nilayam, Indien. Übersetzung vom Englischen ins Deutsche von Kristin Kipp-Benda.

In der Originalausgabe sind 8 Reden aus der Zeit vom 23. März bis 7. Juli 1975 enthalten, die in diese deutsche Ausgabe nicht übernommen wurden, da sie bereits in Band 9, sowohl der deutschen als auch der Originalausgabe, veröffentlicht wurden.

Die Deutsche Bibliothek – CIP Einheitsaufnahme
Sathya Sai Baba:
Sathya Sai Baba spricht / zsgest. von N. Kasturi. Sathya Sai Vereinigung e.V., Bonn. – Bonn : Sathya-Sai-Vereinigung.
Bd. 10. Ansprachen aus der Zeit von 1975-80. – 1993
ISBN 3-924739-30-7

Sathya Sai Baba Buchzentrum Deutschland, Grenzstr. 43, D-63128 Dietzenbach
Herstellung: Richarz Publikations-Service, D-53757 Sankt Augustin

Inhalt

Zur Übersetzung 7
Zur Aussprache der Sanskritwörter 7
Zur Übersetzung des Wortes „mind“ 8

Vorwort 9
Keine Stöße, keine Sprünge 11
Die Botschaft der Liebe 16
Warum sich organisieren? 19
Erweitert das Herz 23
Krankenhäuser und Gesundheit 28
Die Bedeutung der Religion 32
Weltumfassendes *bhajan* 38
Zeichen und Wunder 46
Uneingeschränktes Glück 49
Jesus 52
Hanumān 56
Den Durst löschen 60
Der Sieg aller Siege 66
Die Ära *Rāma* 69
Der Bruder unter Brüdern 73
Der Weg des *Yoga* 77
Das allumfassende Gebet 81
Zielgerichtetheit 83
Das ich in dir 87
Innere Andacht 90
Verwirklicht die Vorsätze 94
Der *Avatar Krishna* 99
Kontrollierter Stolz 104
Zarte Pflänzchen 106
Gott, die Quelle des Guten 108
Ratschläge für die *Gurus* 113
Auf jeder Bewußtseinsebene 118
Süße Hingabe *(bhakti)* 121
Der Lehrer und seine Aufgabe 125
Lehren ist eine spirituelle Übung 132
Die Liebe muß siegen 140
Musik des Geistes 144
Zuneigung 147
Lernen und Befreiung 152
Feind Nummer Eins 156

Auch er ist Er	160
Herzlichen Glückwunsch	166
Isa	170
Arbeitet für den Frieden	173
Farbe auf der Leinwand	176
Der Meister spricht	178
Das Onamfest in Kerala	186
Die innere Hingabe	190
Meine Freude, meine Nahrung	194
Die drei Bewußtseinsebenen	197
Das Königreich	200
Meditation	205
Die heiligste Aufgabe	208
Dient dem Kind	214
Die Aufgabe wird triumphieren	219
Mein und dein	224
Seid menschlich	229
Erziehung in der Ära Sai	234
Die Vibhūti	238
Glossar, Erklärung *kursiv* gedruckter Wörter	241

Zur Übersetzung

In dieser Schrift wurden alle Sanskritausdrücke des englischen Originals ins Deutsche übertragen. Da es sich hierbei oft um philosophische Konzepte handelt, für die es im Deutschen nicht immer eindeutige Entsprechungen gibt, werden sie sinngemäß jeweils mit dem annähernd treffendsten Begriff wiedergegeben. Um dem Leser die Zuordnung zu ermöglichen, wurden die Sanskritwörter im Text in Klammern belassen. Die in *kursiver* Schrift gedruckten Begriffe sind im Glossar ausführlicher erläutert.

Alle indischen Namen und Sanskrit-Begriffe wurden in einer vereinfachten Umschrift wiedergegeben, wie sie in der Literatur für Nicht-Sanskrit-Gelehrte gebräuchlich ist; dabei erscheinen nur drei zusätzliche Buchstaben: ā, ī, ū.

Zur Aussprache der Sanskritwörter

Die Vokale ā, ī, ū, sowie e und o sind immer lang (wie in Rat, Sieg, Zug, See und Dom)

c = tsch (kla*tsch*en)

j = dsch (engl. *j*oy)

s = ss (Wa*ss*er)

sh = sch (*Sch*all)

v = w (*W*ort)

y = j (*j*eder)

Das h in bh, ch, dh, gh, jh, kh, ph, th ist als ein deutlich hörbarer Hauchlaut zu sprechen *(*z.B. *budd-hi).*

Die Betonung richtet sich nach der Länge der Vokale; bei längeren Wörtern liegt die Betonung auf der drittletzten Silbe, wenn die vorletzte kurz ist *(*z.B. *sādhana, vāsanā, sāttvika).* Wenn die vorletzte Silbe lang ist (durch Länge oder mehrere aufeinanderfolgende Konsonanten*)*, trägt sie den Ton *(*z.B. *ānanda, bhāvaroga, ahamkāra).*

Zur Übersetzung des Wortes „mind"

1. Mind: Das englische *Wort* „mind" ist in diesem Buch je nach Sinnentsprechung verschieden übersetzt worden. Es wird fast immer als Übersetzung des Sanskritwortes *manas* benutzt. *Manas* bezeichnet die folgenden Aspekte:

Das *manas* verarbeitet Sinnesdaten und gibt innere Impulse als Wünsche nach außen weiter. Es ist der Geist ohne Ausrichtung, die Verstandestätigkeit des Geistes, Denken, Nachdenken, Meinung. Dazu gehören auch: Sinnieren, Grübeln, sich Klammern an Vorstellungen, Empfindungen. *Manas* ist an emotionale Elemente gebunden. Insofern kann es mit: das Denken, die Psyche, der Sinn, das Gemüt übersetzt werden. *Manas* enthält Denken und Emotionen.

Das englische Wort „mind" kann auch den gesamten Bereich geistiger Aktivität bezeichnen. Zu diesem gehören: *manas* (siehe oben), *ahamkāra* = Ego, Ichbewußtsein und der ausgerichtete Geist = *buddhi.*

Buddhi = ausgerichteter Geist. Als solcher ist er im Deutschen: Unterscheidungskraft, Urteilsfähigkeit, Konzentrationsvermögen, Intellekt, Intelligenz, Denken im philosophischen Sinn, je nach Sinnentsprechung.

Buddhi und *manas*: siehe unter anderem Sathya Sai Baba: Besinnung auf Gott - Dhyāna Vāhinī Sathya Sai Vereinigung e.V., Bonn 1989, ISBN 3-924739-32-3.

2. Spirit: Geist, reiner Geist, Geistseele, geläuterter Geist, Höchstes Wesen. Spirit bezeichnet das innere Selbst, den wahren Wesenskern des Menschen, den göttlichen Funken, der im Herzen wohnt.

Vorwort

Ich bin sehr glücklich, daß diese Sammlung der Reden von Sai Baba nunmehr den spirituellen Gottsuchenden *(sādhaka)* übergeben werden kann, die begierig auf Eingebung und Führung durch den *Avatar* unseres Zeitalters gewartet haben. Er ist gekommen, um uns unsere Herrlichkeit bewußt zu machen und er erfüllt seine Aufgabe auf glänzende Art und Weise: mit Gottesschau, Berührungen, Unterredungen *(darshana, sparshana, sambhāshana)*, persönlichen Gesprächen, Gruppensitzungen, Massenunterweisungen, Reden vor Berufsleuten, schriftlichen Botschaften, Büchern, Briefen mit berichtigenden und führenden Absichten, mit der Gründung und Betreuung von Schulen und Wohnheimen, Hochschulen, Programmen zur Entfaltung der Kinder *(shishuvikāsa)* usw. Diese Reden zeigen die Weisheit auf, die aus seiner unerschöpflichen Quelle strömt, das Mitgefühl, das er verkörpert sowie die Liebe, die er über alle Ebenen von Intelligenz, alle Gesellschaftsschichten und alle Stufen der spirituellen Entwicklung verteilt.

N. Kasturi

Prashānti Nilayam

6. Juni 1980

Keine Stöße, keine Sprünge

Jemand sah einmal einen Mann in tiefem Wasser um sein Leben kämpfen. Der Mann strampelte hilflos und ganz offensichtlich konnte er nicht schwimmen. Aber ohne die geringsten Gewissensbisse oder das geringste Mitgefühl und ohne irgendwelche Anstrengungen zu seiner Rettung zu unternehmen, besaß der Zuschauer die Unverschämtheit, ihn zu fragen: „Sage mir, wie tief ist der See?“ So ist das Verhalten der meisten Leute heutzutage. Diese Personen sind in Trägheit *(tāmasa)* und Gleichgültigkeit versunken, sie sind zu stumpfsinnig und zu schwerfällig, zu hart und unzugänglich. Nur wenn der Mensch diese Trägheit *(tāmasa)* los wird, kann er sich zu der Sphäre der Aktivität *(rajas)* erheben, zu Mitleid, Hingabe und Dienst. Wenn er sich bis in dieses Stadium von Tugend und Wahrheit *(sattva)* erhebt, wird die Aktivität zur Disziplin erhoben, und die Wirkung ist spiritueller Art.

Ich finde hier Tausende junger Männer und Frauen vor, Mitglieder der Gemeinschaft zum selbstlosen Dienst *(sevā)*, die sich aus allen Staaten Indiens hier versammelt haben. Dies ist die erste indische Gesamtkonferenz der Sathya Sai *Sevā*-Gemeinschaft. Es wird Zeit, daß wir uns entschließen das, was bisher erreicht wurde zu beurteilen, ob der grundlegende Zweck, weshalb diese Gemeinschaft gegründet wurde, erreicht wird. Wir haben die Berichte von verschiedenen Mitgliedern der *Sevā*-Gruppen aus unterschiedlichen Staaten über die vielfältige Arbeit gehört, die in den Einheiten geleistet wird. Laßt mich euch sagen, daß die bloße Ausführung einiger Pflichten, die der Gruppe auferlegt sind, nicht als Hingabe *(bhakti)* angesehen werden kann. Pflicht ohne Liebe ist beklagenswert; Pflicht, mit Liebe erfüllt, ist wünschenswert. Aber nur Taten der Liebe, die aus einer Person hervorgehen, weil sie ihrer Natur entsprechen und nicht, weil sie ihr als vorgegebene Pflicht auferlegt wurden, die sie erfüllen muß, sind wirklich göttlich.

Laßt mich euch einen anderen Punkt einprägen. Jeder Berichterstatter wiederholte den Bericht des anderen; es war mehr Imitation als Originalität in den Ideen und Programmen. Etwas zu tun, weil es woanders getan wird, ist ein Zeichen von Unwissenheit. Die Programme müssen lokalen Bedürfnissen gerecht werden, müssen ein lokales Problem lösen. Sie müssen aus vorhandenen Nöten entstehen und sollten den örtlichen Bedingungen angepaßt sein. Es muß mit in Betracht gezogen werden, ob der betreffende Ort städtisch oder ländlich ist, industriell oder landwirtschaftlich, ein Pilgerzentrum oder eine städtische Gegend, ein sich entwickelndes Gebiet oder eines mit sinkendem Wirtschaftsstandard, eine Stammessiedlung oder eine Bergstation. Die Person, die sich von einer anderen Region Ideen ausleiht und sie ausführt, mag zufrieden sein, denn sie hat ein konkretes Programm ausgeführt. Aber fühlen sich die Leute, denen sie helfen wollte, besser oder glücklicher? Das ist der Test. Denkt nicht an den Ruhm oder das Lob, das ihr erlangt; denkt an den Nutzen, den die Leute davon haben. Strebt nicht nach öffentlicher Anerkennung, sondern bemüht euch um die Freude, die auf den Gesichtern derer scheint, denen ihr helft. Der Dienst am Nächsten *(sevā)* bringt euch mir näher. Die Blume, die euer Herz ist, erhält ihren Duft durch den selbstlosen Dienst, den ihr leistet und so wird sie mir angenehm. Liebe ist die Essenz dieses Duftes.

Durch selbstlosen Dienst *(sevā)* erkennt ihr, daß alle Wesen Wellen des Ozeans der Göttlichkeit sind. Keine andere Übung *(sādhana)* kann euch die unendliche Betrachtung des Einsseins aller lebenden Wesen vermitteln. Ihr fühlt den Schmerz anderer als euren eigenen; ihr teilt den Erfolg anderer wie euren eigenen. Jeden anderen als euch selbst zu sehen und euch in jedem anderen, das ist der Kern der geistigen Übung von *sevā.* Nochmal: *Sevā* hungert das Ego aus. *Sevā* macht euch demütig gegenüber dem Leiden anderer, und wenn du eilst, um jemandem Hilfe zu leisten, denkst du nicht darüber nach, wie hoch oder niedrig sein sozialer oder ökonomischer Status ist. Das härteste Herz wird langsam weich wie Butter durch die Möglichkeiten, welche die *Sevā*-Gruppe bietet. *Sevā* wird als einer der neun Schritte zur Erkenntnis beschrieben. Deshalb müßt ihr eifrig *sevā* praktizieren und alle Chancen willkommen heißen, den Alten, Kranken, Versehrten, Leidenden und Geängstigten helfen zu können. Eine Frucht in der Hand zu halten ist nur ein erster Schritt; Essen und Verdauen müssen folgen, auf daß ihr gesund und glücklich sein möget. Ebenso sind das Halstuch und das Abzeichen nur ein Hinweis auf die Freude, die in erreichbarer Nähe ist, wenn ihr tatsächlich dient. Euer Dienen wird in Hinsicht auf die geistige Haltung beurteilt, die es begleitet. Deshalb verrichtet, was immer euch an Arbeit zugewiesen wird, mit Eifer, Verständnis und Verehrung. Bei *sevā* kann es kein hoch oder niedrig geben, denn Sai ist in allem. Sai empfängt eure *sevā,* wem immer ihr sie anbietet. Seid nicht traurig, daß euch eine Pflicht übertragen wurde, die euch von mir fernhält. Wißt, daß ich dem am nächsten bin, der mich ruft und der mich in allen Wesen sieht.

Die Welt ist heute in Parteien und Gruppen zerrissen, die einander hassen und bekämpfen. Keine Methode wird als zu grausam empfunden, wenn es das Ziel ist, den Feind zu zerstören. Keiner ist sich der angeborenen Einheit bewußt, dem allzeit vorhandenen Strom der Göttlichkeit, der jedes einzelne menschliche Wesen auf Erden belebt. Es ist jetzt eure Aufgabe zu demonstrieren, daß nicht alles verloren ist, daß es auch noch Leute gibt, die an Wahrheit, Aufrichtigkeit, Frieden und Liebe glauben, daß Akte liebenden Dienstes, die in einem Geist der Demut und Ehrfurcht geleistet werden, die Leute immer noch glücklich machen und daß der Tag, an dem die Bruderschaft der Menschen und die Vaterschaft Gottes glänzend und wunderschön scheinen, dämmert und näher kommt.

Augenblicklich werden alle Anstrengungen unternommen, um mehr Lebensmittel zu produzieren, mehr Häuser zu bauen und mehr Kleider herzustellen. Aber was heute am dringendsten gebraucht wird, ist eine totale Anstrengung, den Menschen mehr Toleranz, mehr Demut, mehr Brüderlichkeit und mehr Mitgefühl üben zu lassen und in ihm eine tiefere Wachsamkeit gegenüber dem Ursprung der Freude und des Friedens zu entwickeln, die im Herzen eines jeden liegt. Dieses Land, *Bhārata*, muß bei diesem spirituellen Abenteuer in vorderster Front stehen.

Liebe ist das Lösungsmittel für das härteste Herz. Ohne Liebe, freie, volle und selbstlose Liebe, kann keine spirituelle Übung zum Erfolg führen. Ohne sie sind Lieder zum Lobpreis Gottes *(bhajan)* eine Verschwendung des Atems, die Gemeinschaft mit spirituell ausgerichteten Menschen *(satsanga)* Zeitverschwendung und Meditation Selbstbetrug. *Bhajans, satsanga* und Meditation, getränkt mit Liebe, können Frieden, Freude und Weisheit vermitteln. Wenn der Regentropfen in das Meer fällt, wird er dem Namen, der Form und der Natur nach selber zum Meer. Ebenso wird das Individuum mit dem Namen, der Form und der Natur der Göttlichkeit ausgestattet, wenn es in die riesige Menge der Menschheit eintaucht und sich mit allen eins fühlt. Was immer ihr als Dienst tut, wem immer ihr die Tat darbietet, glaubt daran, daß sie Gott, den Herrn aller Wesen (īshvara sarvabhūtānām) erreicht. Dann ist die Tat Hingabe an Gott (īshvarapranidhāna).

Ihr seid dieser Gruppe selbstlosen Dienens *(sevā)* in der wichtigsten Phase eures Lebens beigetreten, denn die Jugend ist ein Lebensstadium, in dem Selbstbeherrschung, Selbstprüfung und eigene Anstrengung am meisten gebraucht, aber am wenigsten praktiziert werden. Welch mächtiges Fortschrittspotential wird durch die eitlen Launen der Jugend heute verschwendet. Wenn nur der Mut, der Optimismus, die Stärke, die Vorstellungskraft der Jugend in konstruktive Kanäle geleitet wird, wie bald kann dann die menschliche Gemeinschaft Frieden und Reichtum erreichen. Die Jugend wird leicht in wilde Abenteuer gezogen; sie neigt dazu, Wagemut und Gruppenfanatismus zur Schau zu stellen. Sie ist plötzlichen Veränderungen von Begeisterung und Gefühl unterworfen. Überall auf der Welt wird die Jugend auf den Wellen von Zorn und Abenteuer hin- und hergeworfen. Das Schicksal von Nationen hängt von der Richtung ab, in die sich die Jugend in diesen turbulenten Zeiten entwickelt. Die Jugend sollte nicht auf den Weg von Heuchelei, Betrug oder Gier geführt werden. Die Jugend muß so handeln wie sie spricht und so sprechen wie sie handelt. Sie sollte gute Gedanken hegen, gute Worte sprechen und gute Taten vollbringen. Das vermittelt innere Freude und Zufriedenheit. Das wird sie zu wahren Söhnen und Töchtern dieses alten Landes machen.

Innerhalb der nächsten Tage erwarten euch, Mitglieder der *Sevā*-Gruppe und der freiwilligen Helfer, die aus allen Staaten Indiens und sogar von Übersee hier versammelt sind, eine Reihe von Dienstanweisungen. Ihr müßt schwere Verantwortung übernehmen und verschiedene Pflichten als spirituelle Übung *(sādhana)* erfüllen: Das verlangt von euch, Pflicht als Gott zu verehren und Arbeit nicht als öde Plackerei anzusehen, sondern als Verehrung des Herrn selbst. Ihr habt euch selbst dem Dienst am Nächsten *(sevā)* gewidmet, der von selbstloser Liebe durchtränkt sein muß. Der Dienst, den ihr leistet, muß euch belohnen, aber nicht nur mit eurer eigenen Zufriedenheit, sondern mit der Zufriedenheit und Erleichterung derer, denen ihr dient. Wenn jene, denen ihr dient, dadurch nicht glücklich werden oder erleichtert sind, von welchem Nutzen sind dann eure gehobene Stimmung oder euer Frohlocken über die Hilfe, die euch zu leisten erlaubt wurde? Ihr solltet die Freude eurer Empfänger zum Ziel haben. Setzt euch nicht zurück und redet davon, daß ihr getan habt, was von euch erwartet wurde, sondern versucht herauszufinden, ob sich euer Dienst wirklich gelohnt hat, ob er mit Intelligenz verrichtet wurde, bei voller Berücksichtigung der speziellen Umstände des Individuums, das ihn brauchte. Seht dies nicht als Verpflichtung an, die euch durch die Regeln der Organisation auferlegt werden oder von der Person, die als euer Führer ausgewählt wurde. Seht das Halstuch und das Abzeichen, die ihr tragt, nicht als Behinderung eurer Freiheit an. Sie erinnern euch an die hohe Mission, in die ihr eingeführt wurdet, und sie sind die Schlüssel, damit ihr euer eigentliches Wesen durch den selbstlosen Dienst für andere verwirklicht. Auch wenn ihr das Halstuch nicht tragt und mit dem Abzeichen nicht protzt, so müßt ihr doch eifrig und wachsam sein, um den Mitmenschen den Dienst zu leisten, den sie brauchen.

Der Mensch ist mit Sinnen, Vernunft, Gefühlen, Leidenschaft und innerer Freiheit ausgestattet, so daß er sich von der Verlockung des Vergnügens fernhalten kann und sein Leben mit Hilfe, Dienst, Beistand und Rettung seiner Mitmenschen verbringen kann. Er muß leben, um zu dienen und nicht um weltlichen Vergnügens willen. Das Abzeichen auf der Brust hilft, das Ego zu zähmen, das Herz zu erweitern und alle Aufmerksamkeit auf den Herrn zu lenken, der darin wohnt. Es ist dem Laufstuhl ähnlich, der dem Kind beim Laufenlernen hilft. Es muß verehrt werden, bis ihr es transzendiert habt und fühlt, daß die ganze Menschheit eure Blutsverwandtschaft ist. Das Abzeichen sollte nicht verunreinigt werden dadurch, daß ihr euch solch schädlichen Gewohnheiten hingebt wie Jähzorn, Selbstsucht, geschwätzigem Reden, Rauchen, Trinken, Spielen oder Herumstehen an unheiligen Plätzen.

Schwatzt nicht oder argumentiert nicht um des Argumentierens willen. Redet wenig, gerecht und gut gewählt. Sanfte Rede fügt dem Leben Süße hinzu. Auch wenn ihr untereinander in eine Diskussion verwickelt seid, redet wenig und seid in eurem Verhalten freundlich. Einige unter euch sind als Führer und Leiter ausgewählt; führt ihre Instruktionen ohne Einwände oder Abstriche aus. Wenn ihr bezweifelt, ob jene Instruktionen angemessen oder ratsam sind, besprecht sie in einem Geist der Freundlichkeit allein mit dem Leiter. Aber mißachtet oder verändert solche Instruktionen auf keinen Fall. Der Leiter muß die Gesamtsituation beachten, die euch nicht so klar sein mag. Leute aus mehr als 45 Ländern der ganzen Welt kommen zu dieser Konferenz. Jedes Versagen oder jeder Fehler in eurem Glauben oder in der Erfüllung der euch zugewiesenen Aufgaben wird auf diese große Nation fallen.

Bhārata ist das Land, in dem das dreifache *sādhana* der Disziplin, Hingabe und Pflicht zuerst niedergelegt wurde und wo es durch die Jahrtausende die größte Anzahl von Jüngern gehabt hat. Deshalb müßt ihr den Besuchern zeigen, daß in diesem Land diese Lehre immer noch sehr verehrt und beachtet wird. Nicht nur das, ihr müßt den guten Namen der Shrī Sathya Sai *Sevā*-Organisation aufrechterhalten. Auf der einen Seite habt ihr den Ruf des Mutterlandes und auf der anderen Seite den Befehl Sais, der nichts geringeres ist als die Mutter selbst. Von *Ganesha* heißt es, er habe zwei Mütter - Gaurī und Gangā. Gaurī ist eine Tochter des Himalayas, die mit der linken Hälfte des Körpers *Shivas* verschmolzen ist. Gangā ist eine weitere Tochter des Himalayas, die ihren Platz in dem Haarschopf hat, der *Shivas* Krone bildet. Auch ihr habt zwei Mütter - Mutter Indien und Mutter Sai. Ihr müßt *Ganesha* nacheifern, nicht in der Menge der verspeisten Nahrung, sondern in seinem Aspekt als derjenige, der Hindernisse beseitigt (vināyaka); denn um vināyaka zu werden, müßt ihr lange ernste und begeisterte Diener gewesen sein, die in selbstlosem, liebevollem Dienst engagiert waren. Dienst ist die beste Schulung, um später zu leiten. In der Schule solltet ihr alle Spuren von Ekel, Zorn und Ungeduld ablegen. Stolz und persönliche Vorurteile werden versuchen, euch Knüppel zwischen die Beine zu werfen, während ihr geht, um den Kranken und Notleidenden zu helfen. Aber ihr solltet nie den Glauben an den richtigen Weg verlieren, den ihr gewählt habt. Erinnert euch daran, daß ihr ein Pilger *(sādhaka)* seid und daß *sevā* der spirituelle Weg ist, an den ihr euch als den leichtesten und besten gewagt habt. Wenn ihr mit Freiwilligen zusammenkommt und solchen, die keinen tiefen Glauben an die Werte von *sevā* haben und keine angenehmen Erfahrungen damit besitzen, könnt ihr euch in Gespräche verwickeln, die eure Überzeugung erschüttern. Erlaubt ihrem oberflächlichen Urteil nicht, eure Standfestigkeit zu erschüttern. Haltet euch von solchen Gruppen fern. Laßt sie ihre Zweifel am Prüfstein ihrer eigenen Erfahrungen mit *sevā* testen. Nehmt ihren Unglauben gleichmütig auf, und gebt ihnen Zeit, ihre Zweifel durch eigene Anstrengung zu beseitigen.

Disziplin zieht die strikte Beachtung von Regeln, Vorschriften und

Anordnungen nach sich. Das Pflichtbewußtsein wird nur dann Erfolg haben, wenn die Disziplin beachtet wird und die Hingabe an Sai und die Botschaft Sais die Basis für das Pflichtbewußtsein bilden, die euch immer an Disziplin gebunden halten. Seid keine Halbtags-*Devotees,* die eine Art von Leben führen, wenn sie Halstuch und Abzeichen tragen und eine andere, wenn sie diese abgelegt haben. Seid immer Gottsuchende und Diener *(sādhaka* und *sevaka).* Vergeßt nichts, verändert nichts. Auf dem Weg des Dienstes, den ihr gewählt habt, sollte es keine Stöße von Zweifeln und keine Sprünge der Ablenkung geben. Geht stetig und mutig voran, wobei ihr das Ziel, die Gnade Gottes, im Auge habt. Seid bedacht auf die Entwicklung des Menschen-Geistes, nicht auf die des Affen-Geistes. Springt nicht von Entschlossenheit zu Unentschlossenheit, von Akzeptierung zu Ablehnung. Seid aufmerksam und inspiriert als Menschen, nicht dumpf und launenhaft wie Bestien. Vor allem, kultiviert Liebe, drückt Liebe aus, bewegt euch unter anderen Mitgliedern der *Sevā*-Gruppe mit Liebe. Laßt Liebe euren eigentlichen Atem sein. Laßt die Sonne der Liebe dem Lotos eurer Herzen dazu verhelfen zu blühen. Mögt ihr in eurem Dienst erfolgreich sein. Das ist mein Segen für jeden von euch.

Pūrnacandra Auditorium, 14.11.1975

Die Botschaft der Liebe

Eine Person, welche die *Veden* und den *Vedānta* gemeistert hat, mag als Gelehrter geehrt werden. Ein anderer mag für seine brillanten Schriften in Prosa und Versform gepriesen werden. Aber wenn solche Gelehrten weder Reinheit des Bewußtseins, noch erhebende Ideale besitzen, werden ihre Fähigkeiten mehr Schaden als Gutes anrichten. Sie werden weder das Glück der Leute noch den Frieden in der Gesellschaft fördern. Sie werden durch das Leben gehen, ohne sich seiner Heiligkeit oder Erhabenheit bewußt zu sein. Der Herr segnete den jungen Dhruva, dessen Unschuld und steten Glauben in ihn er wertschätzte. Der Herr errettete *Prahlāda* vor direktem Unglück, das dessen eigener Vater geplant hatte, weil der Junge sich ihm ergeben und unerschütterlichen Glauben in seine Gnade hatte. Der Herr schenkte Kucela Gnade, der unter schmerzlichster Armut litt, da er in seiner Hingabe an ihn niemals geschwankt hatte. Der Herr ist der Zufluchtsort für alle, die Zuflucht suchen, und der Retter all derer, die gerettet werden müssen. Er ist die Verkörperung von „Sein-Bewußtsein-Glückseligkeit“ *(sat-cit-ānanda).* Er ist jetzt in Puttaparthi als der strahlende Herrscher über Wahrheit, Güte, Schönheit.

Das Leben, das durch Nahrung aufrechterhalten wird, ist kurz; das Leben, das durch Gottes Gegenwart *(ātman)* ernährt wird, ist ewig. Fordert kein langes, sondern ein göttliches Leben. Schmachtet nicht nach mehr Jahren auf der Erde, sondern nach mehr Tugenden im Herzen. Buddha wußte um die Wahrheiten und machte sie der Welt bekannt: Alles ist Kummer. Alles ist leer. Alles ist kurz. Alles ist verschmutzt. Deshalb muß der weise Mensch die Pflichten, die ihm auferlegt sind, mit Unterscheidungskraft, Fleiß und Losgelöstheit erfüllen. Spielt die Rolle, aber laßt eure Identität davon unberührt. Behaltet euren Kopf im Göttlichen, im „Wald"-*Ashram,* unberührt von der ziellos dahinrasenden Welt. Aber es ist eure Pflicht, eine Pflicht, der ihr nicht entfliehen könnt, euch vollständig in eurer Arbeit zu engagieren, ungeachtet von Gewinn oder Verlust, Versagen oder Erfolg, Verleumdung oder Lob. Die *Gītā* flößt euch diese besondere Lektion ein. Wer immer Verehrung *(upāsana)* betreibt ohne anderen Gedanken als den an mich, den werde ich bei mir haben; ich werde seine Last jetzt und für immer tragen. In der *Gītā* heißt es: „Behalte mich immer im Gedächtnis, während du dich im Lebenskampf engagierst."

Dieses „Mich", worauf sich *Krishna* bezieht, ist nicht etwas außerhalb von euch oder etwas euch nicht Zugehöriges. Es ist eure eigene göttliche Realität, die ihr in der Ruhe eurer eigenen Meditation *(dhyāna)* erkennen könnt, wenn ihr aus eurem Bewußtsein die Ablenkung der Sinne, des Geistes und des Egos ausschließt. Ihr könnt in der ruhigen Kühle eures Herzens Zuflucht suchen, wo er sich selbst als Lenker niedergelassen hat. Nur müßt ihr euch für eine Arbeit engagieren, die reinigend ist, mit einer Haltung, die heiligt. Die meisten Leute wissen nicht, wie sie sich an dieses höchst lohnenswerte Abenteuer machen sollen. Sie verschwenden ihr Leben mit Kummer, indem sie durch Enttäuschung und Verzweiflung waten, da sie an einigem als dem Ihren hängen und anderes als anderen gehörend behandeln. Sie reißen etwas an sich, grämen sich und arbeiten, um zu bekommen und zu verlieren. Begierden vermehren Begierden, und der Mensch sinkt tiefer in Unzufriedenheit und Verzweiflung. Dieses Verhalten ist wirklich künstlich; es entspricht nicht der wahren menschlichen Natur, nicht dem leisen Flüstern der Gegenwart Gottes *(ātman).* In dem universellen, ewigen Meer der Veränderung steht allein der *ātman* über der Veränderung.

In der Schöpfung, in der objektiven Welt, ist kein Gegenstand wie der andere. Keine zwei Menschen sind in jedem Aspekt gleich; es gibt eine Drehung oder Wendung, die einen vom Rest unterscheidet. Jeder hat seine eigenen eigentümlichen Erfahrungen. Es herrscht eine immense Mannigfaltigkeit. Auch ist kein Individuum für irgendeine Zeitspanne dasselbe. Das Kleinkind wird zum Kind, dann zu einem Heranwachsenden, einem Erwachsenen, und bald erreicht er das mittlere Alter, das Alter, wird gebrechlich und schließlich senil. An einem einzigen Tag verändert sich das Individuum in eine wachsame Person, einen Träumer und in einen schlafenden Klotz! Deshalb muß der Mensch im unveränderlichen, höchsten göttlichen Selbst (paramātman) Zuflucht suchen, von dem alle Vielfalt ausgeht und in den alles wieder eingeht. Nur dann kann er sich Frieden und Zufriedenheit sichern. Die Vergangenheit ist die Vergangenheit; verliert keine Zeit dabei, auf die Straße zurückzuschauen die ihr überquert habt. Seht nach vorn und entscheidet euch, vorwärts zu marschieren, mit Vertrauen und Mut. Tut jetzt den ersten Schritt. Morgen kann es zu spät sein.

Wiederholt euch selbst die Wahrheit, daß die Welt genauso Gott ist wie der Himmel. Es gibt keine zwei getrennten Wesenheiten oder Kategorien, die sich materiell und spirituell nennen. Alle Unterscheidungen sind scheinbar, nicht real. Sai hat die Alten, die Jungen und die Kinder zu sich hingezogen, und jeder von ihnen hat Sai im Herzen. Die Schriften unterschiedlicher Glaubensrichtungen - die Bibel, der Koran, die *Upanishaden,* der Zendavesta - erscheinen unterschiedlich, aber ihr Ziel ist das gleiche: die Bruderschaft der Menschen und die Vaterschaft Gottes als Basis für den Frieden der Menschheit zu schaffen. Keine Glaubensrichtung braucht sich überlegen zu fühlen, denn jede wird durch die Zwänge von Zeit und Raum, von Sprache und Erfahrungshorizont geprägt. Ihr seid alle Mitglieder der Sai-Familie, gebunden durch die Religion der Liebe. Obwohl ihr euch offensichtlich zu verschiedenen Glaubensrichtungen bekennt, hat der Glaube an Sai die Barrieren in eurem Verstand verschwinden lassen. Liebe ist Gott. Lebt in Liebe.

Euer wahres Selbst *(ātman)*, von dem ihr fälschlicherweise annehmt, er sei euer Körper, eure Sinne, euer Verstand, euer Intellekt etc. kann keine Freude und kein Leid empfinden. Es hat keinen Tod, keine Geburt. Es ist ewig und unveränderbar. Was ihr als Freude oder Leid beurteilt, ist nur wie eine vorbeiziehende Wolke, welche die Herrlichkeit von Sonne und Mond nicht berühren kann. Ihr müßt wissen, daß solche Emotionen einander folgen, wenn das Rad des Lebens sich von einem Moment zum anderen dreht. Das Meer enthält Wasser, das den Durst nicht stillen kann, aber es enthält auch Perlen und Korallen. Ihr müßt durch die Hammerschläge von Freude und Leid abgehärtet werden, bis ihr durch den Wechsel des Geschicks unberührt bleibt.

Dieses Jahr habt ihr meinen Geburtstag das „Goldene Jubiläum des *Avatars*" genannt und euch aus allen Teilen der Welt in großer Zahl versammelt. Ich bin sicher, daß ihr aus der Gemeinschaft *(satsanga)* Nutzen gezogen habt. Ich bezeichne nicht einen speziellen Tag im Kalender als meinen Geburtstag, denn ich betrachte den Tag als meinen Geburtstag in dir, an dem in deinem Herzen die Göttlichkeit erblüht. Deshalb sollte jeder von euch solch einen Tag individuell als meinen Geburtstag feiern.

Der Tag, an dem du dich entschließt, meinem Rat und meinen Anweisungen zu folgen, meine Botschaft in Akte des Dienens umzusetzen und dich in spirituellen Bemühungen *(sădhana)* zu engagieren - der Tag ist mein Geburtstag für dich. Der 23. November, den ihr nun feiert als den Tag, an dem ich geboren wurde, ist nur wie jeder andere Tag, wenn ihr ihn auf eine gewohnheitsmäßige, ritualisierte Weise begeht. Betet den Menschen an und die Anbetung erreicht mich. Vernachlässigt den Menschen und ihr vernachlässigt mich. Welchen Nutzen hat es, Gott zu verehren und den Menschen zu unterdrücken, sein Gegenstück auf Erden? Liebe zu Gott muß sich in Liebe zum Menschen manifestieren, und Liebe muß sich in Dienst ausdrücken.

Durch Liebe allein - Liebe, die durch *sădhana* erlangt wird und die mit allen als *sădhana* geteilt wird - kann Frieden erreicht werden sowohl vom Individuum als auch von der Nation. Mein Leben ist meine Botschaft, und meine Botschaft ist Liebe. Das erklärt, warum ihr euch hier zu Hunderttausenden versammelt habt. *Prashănti Nilayam*, 23.11.1975

Warum sich organisieren?

Die Aufgabe, die auf die Menschheit wartet, ist, die Samen von Wahrheit, Rechtschaffenheit, Frieden und Liebe in das Herz einzupflanzen, das für ihren Empfang vorbereitet ist, die jungen Pflanzen aufzuziehen und sie mit Liebe und Sorgfalt zu überwachen, bis sie zu Bäumen heranwachsen, die eine reiche Ernte süßer Früchte abwerfen und alle zu befähigen, diese nährende Mahlzeit zu teilen. Weise, denen diese nützliche Kultur gelungen war, haben die Mittel und Methoden niedergeschrieben, die Stufen und Fehltritte, die Hilfen und Hindernisse, welche die Menschen zu berücksichtigen haben, während sie mit dieser Aufgabe beschäftigt sind, und Millionen haben von ihrem Ratschlag profitiert. Aber niemals vorher ist dies zu einer organisierten Bewegung geworden, an der die gesamte Menschheit beteiligt war. Wenn das nicht so wird, kann es keine Befreiung von Furcht, Angst und Ungerechtigkeit geben.

Die Weisen Indiens wußten, daß der Mensch im Grunde göttlich ist. Sie versuchten, dem Menschen seine innere Realität bewußt zu machen und den Funken der Göttlichkeit zu einem Licht auszudehnen, damit das Individuum und die Gesellschaft in der Herrlichkeit der Liebe leuchten können.

Als einen ersten Schritt wiesen sie den Verzicht auf Gewalt an, deren Wurzeln Egoismus und Gier sind. Die *Veden,* die *shăstras,* die Epen und die *Purānas* (alles heilige Texte), die sie vorsichtig miteinander verglichen oder schrieben, enthalten diese Botschaft. Der Mensch ist dem Elend ausgeliefert, da er im Rad der nicht-enden-wollenden Wünsche und der alles-konsumierenden Gier gefangen ist. Um diese Fesseln abzulegen, muß der Mensch dem Ziel entgegengehen, daß Gott seine innerste Wahrheit ist. Der Schwimmer muß das Wasser hinter sich drücken, um vorwärts zu kommen. Ebenso muß der Mensch, während er versucht, voranzukommen, alle schlechten Gedanken, Gewohnheiten, Taten und Impulse hinter sich schieben, die sich ihm aufdrängen. Die Sathya Sai *Sevā*-Organisation muß diese Lektion lehren, aber nicht durch Regeln, die in eleganter Sprache vollendet beschrieben werden, sondern durch Beispiele, die Überzeugung verbreiten, Vertrauen einflößen und Erfolg sichern.

Mitglieder dieser Organisation müssen auch Beispiele der Freude sein, die man eher aus dem „Aufgeben" als aus dem „Ansammeln" gewinnen kann. Die *Upanishaden* erklären, daß nur der Verzicht zur Unsterblichkeit führt: (tyāgenaike amritatvam ānashuh). Doch der Mensch versucht trotzdem zu besitzen und ist voll Unbehagen. Er folgt dem Genuß des Essens *(bhoga)* und wird mit Krankheit *(roga)* belohnt. Tyāgarāja, der große mystische Sänger, hatte erkannt, daß die Gegenwart des Göttlichen bei weitem der Gegenwart der Menschen vorzuziehen ist. Der wünschenswerte Schatz ist Wahrheit - Rechtschaffenheit - Frieden - Liebe.

Zuerst muß die Wahrheit über sich selbst gelernt werden. Wenn der Mensch nicht seine eigene Wahrheit kennt, wie kann er dann andere beurteilen und mit ihnen umgehen? Wenn der Mensch weiß, daß er der unzerstörbare, der ewige Funke *(ātman)* ist, ist er von Angst befreit. Wahrheit kann nur von einem gereinigten Geist und einem abgeklärten Intellekt ausstrahlen. Die Einheiten der Sathya Sai *Sevā*-Organisation müssen ständig bemüht sein, den Disziplinen, die für diese beiden Prozesse niedergelegt wurden, zu folgen und sie zu beobachten. Der Mensch muß das Tier in sich überwinden. Die innere Bestie muß kontrolliert werden, und der Meister aller Lebewesen (pashupati)muß im Herzen einen sicheren Platz bekommen. Dieses Ziel muß andauernd von der Organisation und ihren Mitgliedern beachtet werden; die Reise dorthin muß stetig und inbrünstig sein. Geduld, Toleranz, Seelenstärke, Gleichmut, Brüderlichkeit - diese werden sich als wertvolle Ausrüstung für den Pilger herausstellen. Unterscheidet nicht zwischen einem Mitpilger und einem anderen aufgrund von Kaste, Glaubenszugehörigkeit oder Hautfarbe, und teilt sie nicht in Freunde oder Feinde. Erkennt nur die gemeinsamen Charakterzüge, die vereinenden Bemühungen, die zugrunde liegende Göttlichkeit. Reich und arm, gelehrt oder des Lesens und Schreibens unkundig - dies sind Unterscheidungen, die nicht lange halten, denn sie sind nichts als äußerlicher Schmuck. Eine Blume strahlt Schönheit und Wohlgeruch aus, egal ob sie in der rechten oder der linken Hand gehalten wird. Sie beschränkt dieses Geschenk nicht auf einige und enthält es anderen vor. Jeder, der ihr nahe kommt, wird damit beglückt.

Die Mitglieder dieser Organisation müssen ständig in dem doppelten Prozeß der Reinigung des Geistes und der Schärfung des Intellekts engagiert sein. Sie müssen sich von allen Vorurteilen und Mißverständnissen befreien. Sie müssen sanft und lieb sprechen und jedem ernsthaft den Respekt und die Aufmerksamkeit zukommen lassen, die ihm gebühren. Demut und Toleranz müssen das Verhalten eines Sai-*Devotees* kennzeichnen. Wenn der Wind das ruhige Wasser eines Sees bewegt, tanzen kleine Wellen über seine gesamte Oberfläche, und tausend Sonnen funkeln. Wenn Ruhe einkehrt und das Wasser still ist, ergibt der Widerschein der Sonne im See ein ganzes, volles Bild. Wenn man seine ganze Aufmerksamkeit auf die Sonne richtet, abgesehen von den Bildern und dem Wasser, das sie verursacht hat, ist es nur die eine Sonne, die wirklich ist. Die leuchtenden kleinen Bilder in dem bewegten See repräsentieren das Symbol der Dualität *(dvaita)*; das vollständige Bild in den Tiefen des ruhigen Sees ist das Symbol des All-Einen (vishishtādvaita); die eine Sonne, die sich als eine oder viele widerspiegelt, ist die nicht-dualistische (advaita) Wahrheit. Diese Tatsache offenbart sich klar in den drei Aussagen, die eine nach der anderen von Jesus gemacht wurden: „Ich bin der Bote Gottes", „Ich bin Gottes Sohn" und „Ich und mein Vater sind eins." Diese drei Erklärungen sind Offenbarungen der dualistischen, begrenzt nicht-dualistischen und der nicht dualistischen Sichtweise.

Die Organisation muß den Leuten dazu verhelfen, die Einheit hinter all dieser offensichtlichen Vielfalt zu erkennen. Diese Vielfalt ist nur eine Supertäuschung des menschlichen Verstandes über das Eine, das all dies ist. Die *Veden* verkünden, daß Gott Eins ist, daß das Ziel dasselbe ist und daß die Wahrheit besteht und sich selber offenbart, wenn der Schleier der Welt weggeworfen oder abgerissen wird.

Eine einfache Methode, um diese Einheit zu erkennen, ist der Dienst am Nächsten *(sevā)*. Dienst, der nicht durch ein Überlegenheitsgefühl oder durch Stolz oder sogar durch ein Pflichtgefühl der Organisation gegenüber getrübt wird, an die ihr „gebunden" seid. Verehrt den Bewohner des Hauses, nicht das Haus, in dem er wohnt. Der Bewohner ist derselbe in jedem Haus, ob es nun ein Palast ist oder ein Schuppen, eine Wohnung oder eine Höhle. Die Hingabe an den Bewohner muß euch dazu veranlassen, das Individuum zu verehren, in dem er wohnt und zwar durch Dienste, die mit ernsthaftem Enthusiasmus und Intelligenz ausgeführt werden.

Bäumt euch nicht auf gegen Regeln und Verfügungen, die euch die Organisation auferlegt; sie werden zu eurem eigenen Guten niedergelegt.

Vorschrift ist die reine Essenz der Schöpfung. Die Ozeane beachten ihre Grenzen. Wind und Feuer respektieren ihre Schranken und Begrenzungen. Der menschliche Körper muß eine Temperatur von etwa 37 Grad aufrechterhalten, um gesund zu sein, und auch das Herz muß eine bestimmte Anzahl von Schlägen in der Minute tun, das Atmen muß 21.600mal am Tag erfolgen. Wie kann dann diese Organisation der Verordnung bestimmter Regeln und Vorschriften entfliehen?

Hingabe muß durch Disziplin und Pflicht geleitet und kontrolliert werden. Was genau heißt Pflicht in diesem Kontext? Mit Pflicht meine ich nicht die einzelnen Arbeiten, die euch von euren Vorgesetzten oder der Gesellschaft anvertraut wurden. Pflicht bedeutet die Verantwortung, die euch obliegt, niemanden durch eure Bewegungen, eure Sprache, euer Verhalten oder eure Aktivität zu hindern oder zu verletzen. Wenn ihr auf der Straße geht und mit eurem Stock herumwedelt, müßt ihr euch des Mannes bewußt sein, der hinter euch kommt; wenn ihr die Freiheit habt, mit dem Stock herumzuwedeln, hat er sie auch, und beide sollten sich so verhalten, als hätten sie eine gegenseitige Pflicht. Die Einheiten dieser Organisation müssen auch andere Einheiten respektieren und ihnen helfen, ihre Pflicht zu tun. Regeln sind solange notwendig, bis alle Mitglieder die spirituelle Einheit von allem erkennen. Wenn sie unfähig werden, Schaden zu verursachen oder den Moralkodex zu verletzen, werden Regeln überflüssig. Beschützt die Pflanze einige Jahre vor den Ziegen; dann können jene, wenn der Baum später seine dicken und grünen Zweige ausstreckt, sich in seinen Schatten legen und ausruhen.

Wir haben fünf Haupteinheiten in der Organisation, und in jedem Dorf oder jeder Stadt, wo sie sind, sollte beispielhafte Einheit und Zusammenarbeit zwischen ihnen herrschen. Sie sind wie die fünf Finger einer Hand. Der kleine Finger ist der *bhajan*-Kreis, die Gruppe, die dem Besingen der Herrlichkeit Gottes hingegeben ist. Aber sie sollte nicht stolz darauf sein, die Pioniere oder Vorarbeiter zu sein. Der Ringfinger ist die Gruppe der spirituellen Erziehung für Kinder *(bālvikās)*. Auf der kostbaren Goldplatte jugendlicher Herzen befestigt der *Guru* die Edelsteine von Güte und Frömmigkeit. Das ist der Ring, den dieser Finger trägt. Aber das sollte weder den Kindern *(bālvikās)* Anlaß zu Stolz geben, noch sollte der *Guru* meinen, daß die dadurch geleistete Arbeit die wichtigste sei und daher am meisten geehrt werden solle. Die Empfindung von Einheit und Kooperation muß vorherrschen. Der Mittelfinger ist der *Sevā*-Zweig, der den beiden Einheiten auf der einen und auf der anderen Seite hilft. Aber er sollte den Kopf nicht hoch halten und beanspruchen, dem Rest gegenüber hochwertiger zu sein. Der Zeigefinger ist die Einheit, die sich aus Frauen zusammensetzt, die auf das Gute zeigen, das Große, das Nützliche, das Richtige usw. Auch sie sollten nicht von Einbildung erfüllt sein. Der Daumen muß sich mit den anderen vier Fingern verbinden, damit die Hand halten, fassen oder etwas bewegen kann. Ohne den Daumen sind die anderen Finger hilflos. Daher muß jeder Finger fühlen, daß die Stärke darin liegt, mit den anderen vier zusammenzuarbeiten und daß sie alle nur Teile einer Hand sind, was sie nicht ignorieren können.

In einer Welt, die aus nichtigen Gründen wie Kaste, Glaubenszugehörigkeit und Hautfarbe in Parteien zerrissen ist, müßt ihr beweisen, daß es möglich ist, Glauben an Sai als den Motivator jedes lebenden Wesens zu haben und daß man die Inspiration für echtes Dienen aus diesem Glauben heraus erhält. Dienst an Sai in der anderen Person muß euer täglicher Akt der Verehrung sein. Von allen spirituellen Übungen *(sādhana)* ist diese die wirkungsvollste. Sucht die Slum-Bewohner, die Armen, die abgelehnten Bewohner der Dörfer und tragt in Fülle Liebe und Licht zu ihnen. „Gott ist Zuflucht derer, die keinen Ruheplatz haben," heißt ein Sprichwort. Geht an Plätze, wo ihr solche finden könnt, und tragt die Botschaft von Hoffnung und Stärke in ihre Herzen. Seid ihnen dankbar, wenn sie euch begrüßen, und schafft euch Gelegenheiten, ihnen zu helfen. Euer Glück hängt von ihrem Glück ab, eure Gesundheit hängt von ihrer Gesundheit ab. Haltet eure Häuser sauber; auch ihre Häuser sind eure; aus dem gleichen Grund, weshalb Sai in euch wohnt, wohnt er auch in ihnen. Wie könnt ihr euch sauber und licht fühlen, bevor alle Häuser und deren Umgebung hell und sauber sind?

Die Organisation muß dieses hohe Gefühl der Einheit und Verantwortung fördern. Sie muß ihre Mitglieder unentwegt dafür begeistern und dazu erziehen, sich im Ausüben des Dienstes *(sādhana)* zu engagieren.

Hyderabad, 29.3.1976

Erweitert das Herz

Ohne Wahrheit *(satya),* Rechtschaffenheit *(dharma),* Frieden *(shānti)* und Liebe *(preman)* ist die Anhäufung von Gelehrsamkeit eine fruchtlose Errungenschaft. Ohne sie sind alle Mildtätigkeiten und Dienste, die anderen erbracht werden, unwirksam. Ohne sie werden Autoritätsstellungen, in die man erhoben wurde, zu Positionen der Verfolgung. Ohne sie kann keine gute Tat oder lobenswerte Errungenschaft Früchte tragen. Es gibt vier Haupttypen von Leuten. Solche, die nur Gutes in allem und jedem sehen; solche, die das Gute als das Gute und das Böse als das Böse sehen; solche, die das Gute als das Böse und Böses als das Gute betrachten; und schließlich solche, die das Gute überhaupt nicht sehen, denn sie wandeln sogar das Gute, das sie sehen, in Schlechtes um. Von diesen kann man vielleicht die ersten drei tolerieren, aber der vierte Typus ist mit Sicherheit dämonisch.

Bildung ist augenblicklich in Verwirrung gefangen; anstatt daß sie das Land weiter auf den Weg von Wohlstand und Brüderlichkeit führt, bemüht sie sich, das Land auf fremde und absteigende Pfade zu führen. Sie baut nicht auf die starken, stützenden Grundfesten der indischen Kultur. Die Bildung basiert immer noch auf den Plänen von Macauley. Bei den meisten Richtungen der modernen Erziehung finden wir nicht einmal Spuren moralischer Tugenden wie Ehrlichkeit, Integrität, Bemühen zu dienen und die Bereitschaft, zu verzichten. Die Bildung, die im alten Indien vermittelt wurde, war weit überlegen und bei weitem fruchtbarer, denn sie stattete den Studenten mit einem gesunden Geist des Selbstvertrauens aus. Sie vermittelte ihm geistigen Frieden und Gleichgewicht. Sie erlaubte ihm nie, von den glitzernden Vorstellungen und Faszinationen anderer Kulturen gefangen zu sein. Sie lehrte ihn, zwischen dem Leichtsinnigen und dem Beständigen, dem Erhebenden und dem Hinunterziehenden zu unterscheiden. Sie ließ den Studenten sich dafür begeistern, sein Leben mit leuchtendem Gesicht und einem Funkeln in den Augen dem Mutterland zu Füßen zu legen. Sie wappnete ihn gegen alle Hindernisse auf dem Pfad der Selbstkultur und der Selbsterkenntnis. Sie ermahnte ihn, sich ohne Rast und Hilfe der Unwahrheit, Ungerechtigkeit und Gewalt zu widersetzen.

Aber anstatt diese hohen Ideale zu kultivieren und sie unserem Bildungssystem einzuverleiben, leihen wir jetzt Bildungsideale anderer Völker mit anderem kulturellen Erbe aus. Wir haben kein Vertrauen in ein System, das von unseren Vorfahren seit vielen tausend Jahren gepriesen wurde.

Bildung muß nicht als Mittel betrachtet werden, das dazu dient, seinen Lebensunterhalt zu verdienen, sondern als wesentliches Erfordernis für ein glückliches, friedvolles und voranschreitendes Leben, das den Menschen von der Etappe der Tierexistenz zur Gegenwart des Göttlichen führt, wo Liebe und Licht ungestört regieren. Der, welcher um des Essens willen lebt, ist in der Tat ein großer Vielfraß; der, welcher um der Bewußtwerdung seiner angeborenen Realität willen lebt, ist gesegnet. Der erste ist ein Sünder, der zweite ist ein Gläubiger *(Devotee)*.

Da die Intelligenz das spezielle Erkennungszeichen des Menschen ist, muß jede Anstrengung unternommen werden, um sie zu erweitern und auszudehnen, auf daß sie ein passendes Instrument des Verständnisses der inneren und äußeren Welt werde. Zusammen mit der Intelligenz muß auch der Charakter in gleichem Maße kultiviert werden, um der Gesellschaft zu dienen. Die Bereitschaft, auf das eigene Vergnügen zu verzichten, um die Last eines anderen zu erleichtern, ist eine vorzügliche Tugend des Charakters. *Moksha* bedeutet Befreiung; auch in dem Wort Entsagung steckt Aufgabe oder Befreiung. Das Geheimnis von beiden ist dasselbe.

Was genau muß aufgegeben werden? Wünsche sind der schlimmste Feind, und sie müssen kanalisiert werden, bis sie aufhören, euch zu belasten. Mit den Wünschen müssen auch Zorn und Gier abgelegt werden, denn sie sind immer dort gegenwärtig, wo Wünsche sind. Wenn ihr sagt: „Bogenschütze", so schließt das ein, daß bei dem Bogen auch Pfeile sind. Ebenso sind „Wünsche" immer mit Zorn und Gier verbunden. Wünsche sind schlecht, auch wenn sie sich auf Ruhm und Autorität beziehen. Es ist die Sucht nach Macht und Mammon, die so manches menschliche Leben zerstört.

Leben ist eine Reise; die Studenten hier müssen lange reisen. Deshalb ist es notwendig, ihnen die Fertigkeiten, die Begeisterung und die Sicherheit zu vermitteln, die sie schützend begleiten. Ihre Herzen sind rein, ausdauernd und schließen alles ein. Ältere Leute sollten sich so benehmen, daß sie ihre Herzen nicht beflecken oder sie eng und rachsüchtig machen. Sie müssen ermutigt werden, ihre Herzen durch intensiven sozialen Dienst zu vergrößern und zu erweichen.

Unsere Bildungsinstitutionen haben darin versagt, die hohen Standards von ehedem aufrechtzuerhalten. In der Vergangenheit, in den *Ashrams* der *Rishis* wurde nur für gut erklärt, wer hundertprozentige Noten in seinen Studienfächern hatte. Jetzt indessen genügen der Universität 30 von 100 Punkten, um einen erfolgreichen Abschluß zu gewähren. D.h., daß man straflos siebzig Fehler machen kann, ohne zu den Schlechtesten zu gehören. Wenn es eine solche Leichtigkeit ist, sich akademische Grade zu sichern, und wenn diese Grade die Basis dafür darstellen, daß man für Autoritätspositionen geeignet ist, wird die so ernannte Person dazu tendieren, hundert Fehler bei hundert Aufgaben zu machen und trotzdem auf ihrem Posten sicher sein. Wie können diese Leute die Retter und Pfeiler des Indien von morgen sein?

Ich sage den Studenten meiner Hochschulen oft, daß sie mehr Wert auf die Vermeidung von „Bemerkungen" legen sollen als auf den Erwerb von „Noten" (Wortspiel zu „remarks" und „marks", Anm. d. Übers.) Reichtum kann keine freudige Zufriedenheit bringen. Die Göttlichkeit allein kann diese vermitteln. Sehnt euch nach Gott, und Freude und Frieden werden euch noch dazugegeben. Verkörperungen des göttlichen *ātman*! Wenn ihr den erhebenden Idealen folgt, werdet ihr auf viele Hindernisse stoßen, die andere euch in den Weg legen. Deshalb müßt ihr immer wachsam und auf der Hut sein, um nicht von ihren bestechenden Begründungen getäuscht zu werden.

Wachsamkeit ist Leben; seid euch eurer inneren Stärke und Herrlichkeit bewußt. Drückt jene Herrlichkeit durch liebenden Dienst an der Gesellschaft aus. In Nordindien sprechen sie die *Yogis,* Weisen und Mönche als „Mahārāja“ an, was so viel wie „Kaiser“ bedeutet, denn ein Kaiser ist jener, der einen reichen Schatz an Edelsteinen wie Losgelöstheit und Dienen besitzt und nicht der, welcher seinen Keller voll kostbarem Metall hat. Der Reichtum, den du ansammelst, ist nicht deiner; der Reichtum, den du geteilt hast, ist dein. Denn Reichtum, der dir gehört, braucht nicht versteckt zu werden.

Der Reichtum, den du weggegeben hast, ist wirklich deiner. Das ist der Grund, warum die *Veden* erklären: „Weder durch Taten noch durch Nachkommenschaft noch durch Reichtum kann Unsterblichkeit gewonnen werden; sie kann nur durch Entsagung erlangt werden.“ Die Jugend muß in sich selbst alle Fähigkeiten und Tugenden entwickeln, die Indien gedeihen und als Wohltäter und Lehrer der Menschheit leuchten lassen. Sie muß Selbstvertrauen entwickeln; dann muß sie die Mauern der Selbstzufriedenheit bauen und darauf das Dach des Selbst-Opfers errichten. Dann kann sie in dem Haus leben und Selbst-Erkenntnis erlangen. Die Jugend muß sich entlang dieser Stufen entwickeln und zum Beispiel der indischen Kultur in all ihrer Herrlichkeit werden.

Einige Leute, die geplagt sind von Neid über die Wiederherstellung der ewigen Ordnung *(sanātana dharma)* zur Wiederbelebung der Herrlichkeit Indiens, versuchen, Indiens grundlegenden Glauben zu unterminieren und verursachen Verwirrung in den Köpfen der Jugend. Der Gesang der Nachtigall klingt für das Ohr der Krähe barsch, aber die Kritik der Krähe wird die Nachtigall nicht verstummen lassen. Der Schwan wird von der Ente als häßlich geschmäht, aber das beunruhigt den Schwan nicht im geringsten, auch kann die Ente die Herrlichkeit des himmlischen Schwanes *(hamsa)* nicht schmälern. Schmähung, Kritik und Geringschätzigkeit sollten alle unbeachtet verworfen werden; sie sollten gar nicht bewertet werden. Sie sind alle in der Ordnung der Dinge enthalten. In der Tat verursachen sie auf ihre Weise auch etwas Gutes, denn sie helfen, die Vortrefflichkeit zu betonen und sie besser ins Licht zu rücken. Es ist ein Hintergrund, um die Sache heller scheinen zu lassen. Außerdem ist es ein persönliches Problem, wenn eine Person „ja“ sagt und die andere „nein“. Der Versuch, den Glanz Sais zu verdunkeln, kann nie gelingen, es sei denn durch folgendes Mittel: Nehmt an, der Glanz wird durch die Länge einer bestimmten Linie angezeigt. Anstrengungen, diese Linie zu verkürzen, indem sie weggewischt oder ausgekratzt werden soll, werden sie nicht kürzer machen. Aber wenn ihr parallel dazu eine längere Linie zieht, wird sie automatisch kürzer! Deshalb tut die Dinge, die Sai tut, in einem erhabeneren und beeindruckenderen Maßstab, dann wird der Ruhm Sais mit Sicherheit geringer. Das ist der wirkungsvollere Weg, besser als die Erfindung grundloser Geschichten. Natürlich muß man die Qualifikation und die

Autorität besitzen, um einen solchen Versuch zu unternehmen. Wie kann eine Ameise die Tiefe des Ozeans ermessen? Trotzdem wagen sich viele auf dieses Gebiet, weil sie nichts Besseres zu tun haben. Es gelingt ihnen nur, Bewegung in die ruhige Atmosphäre des Landes zu bringen.

Jesus wurde mit einer Dornenkrone gekrönt. Ein dorniger Zaun rund um einen Baum ist ein klarer Beweis, daß an dem Baum eßbare Früchte in Mengen hängen. Kostbare Zeit sollte nicht auf solche Spiele verwendet werden; sie wird am besten damit verbracht, die eigene Göttlichkeit zu erkennen und der Gesellschaft zu dienen.

Die Taten Sais sind alle selbstlos, heilig und heilsam. Sai hat niemals Kummer bereitet. Er ist dabei, den Pfad der Wahrheit, den Pfad der Moral, den heiligen Pfad der Gottesverwirklichung festzulegen. Sais Arbeit wird triumphierend voranschreiten. Die Person, die Sai veranlassen könnte, seine Aufgabe in Angst aufzugeben, ist noch nicht geboren worden, noch wird sie jemals geboren. Denn die Wahrheit ist unbezwingbar. Wahrheit muß triumphieren. Ein Hund bellt sein eigenes Echo an, da er glaubt, es sei ein Rivale. Andere Hunde, welche die Ursache nicht kennen, greifen das Gebell auf und die ganze Gegend ist von Bellen erfüllt. Einige bellen die Sterne an, aber die Sterne sind ungerührt. Ihr solltet durch dieses leere Geräusch nicht beunruhigt sein; fahrt mit eurer Mission des Dienens fort, so wie jetzt, mit eurem üblichen Enthusiasmus. Die Jugend sollte nie dem Ruf des Fanatismus oder der Revolution nachgeben. Versucht eure Emotionen zu kontrollieren, sogar in diesem zarten Alter. Auf eine Weise ist diese Gemütsbewegung nützlich, denn ihr könnt unter diesen anspruchsvollen Bedingungen Selbstkontrolle üben.

Es verlangt mich danach, den Einheiten der *Sevā*-Organisation mitzuteilen, daß sie sehr bald die Realisierung all ihrer Ideale erleben. Aber sobald der Erfolg erreicht ist, werden als Reaktion der Spott und die Verleumdung ansteigen. Wenn der Brunnen tiefer wird, wird der Aushubhügel daneben anwachsen. Das ist ganz natürlich. Einige Leute widmen ihre Aufmerksamkeit der Tiefe des Brunnens; andere beobachten die Höhe des Hügels.

Ich habe euch immer die Wahrheit gesagt: Euer Meister ist euer Herz, in dem Gott wohnt. Jeder ist selbst drei Personen, nicht eine: die eine, von der du meinst, du seist sie; diejenige, von der die anderen meinen, du seist sie und schließlich diejenige, die du wirklich bist. Die, welche du wirklich bist, ist Gott. Gott ist in dir, mit dir, über dir, um dich und hinter dir.

Ihr alle seid in Wirklichkeit göttlich; Unterschiede in Namen und Form sind nur vorübergehend und äußerlich.

Fahrt fort mit der höchsten Pflicht euch selber gegenüber, indem ihr die vier Regeln beachtet: Folgt dem Herrn; trotzt dem Teufel; kämpft bis zum Ende; endet im Ziel. Dann werdet ihr meine Liebe in vollem Umfang gewinnen. Liebe ist mein höchstes Wunder. Liebe kann euch die Zuneigung der gesamten Menschheit vermitteln. Liebe wird kein eigennütziges Ziel oder Mittel tolerieren. Liebe ist Gott; lebt in Liebe. Dann ist alles richtig, alles kann gut werden. Dehnt euer Herz aus, so daß es alles umfassen kann. Begrenzt es nicht darauf, ein Instrument eingeschränkter Liebe zu sein.

Es heißt, ich zöge die Leute durch Wunder an. Die Wunder werden nicht „vorgeführt", um Macht zu demonstrieren, sie passieren einfach und dienen als Beweis der Macht. Tatsache ist, daß wann immer jemand seine Macht mißbraucht, physisch, mental, ökonomisch oder spirituell, dies von Sai auf das schärfste verurteilt wird. Deshalb kann die Kraft Sais nicht Gegenstand einer akademischen Untersuchung sein, sie ist der Gegenstand universeller Untersuchung. Sai wird nur durch seinen eigenen Willen begrenzt. Aber wenn eine nahe und liebe Beziehung aufgebaut wird, kann man ein wenig tiefer in das Sai-Mysterium eintauchen. Dies ist die höchste Errungenschaft, die möglich ist.

Verkörperungen des göttlichen *ātman*! Entwickelt Frieden und Gleichmut des Geistes und verbringt euer Leben mit heiligen Aufgaben, wie Dienst an den Notleidenden, den Kranken und den Ausgeschlossenen. Dies ist mein Rat, der euch meinen Segen sichert.

Bangalore, 1.8.1976

Krankenhäuser und Gesundheit

Gesundheit ist eine wesentliche Notwendigkeit für den Menschen. Der Mensch, der unter schlechter Gesundheit leidet, ist zu kraftlos, um auch nur die geringste belastende Anweisung auszuführen. Die Schriften erklären die Gesundheit zur Wurzel allen Bestrebens auf den vier Gebieten menschlichen Bemühens - Pflicht *(dharma),* Wohlstand *(artha),* Verlangen *(kāma)* und Befreiung *(moksha).* Ohne Gesundheit kann der Mensch Versuchungen nicht widerstehen, keinen bescheidenen Lebensunterhalt verdienen, seine Grundbedürfnisse nicht befriedigen und nicht in spirituellem Bestreben *(sādhana)* erfolgreich sein. Der Mensch kann sich nur zu freiwilligen Aufgaben verpflichten, wenn er gesund ist.

Eß- und Freizeitgewohnheiten sind die beiden Hauptursachen für schlechte Gesundheit. Es muß große Mühe darauf verwendet werden sicherzustellen, daß diese beiden nicht durch schädlichen Einfluß beeinträchtigt werden. Augenblicklich ist, obwohl sich die Anzahl der Arzneien multipliziert hat und in jeder Nische und Ecke Krankenhäuser vorhanden sind, auch die schlechte Gesundheit weit verbreitet. Die Situation ist der Verbreitung schädlicher Eßgewohnheiten und schädlichen Zeitvertreibs zuzuschreiben.

Es ist auch notwendig, die Umgebung der Plätze, an denen man lebt und arbeitet, von Rauch, Staub oder Schmutz freizuhalten. Die Kleider, die man trägt, müssen ebenso wie der Körper, der in sie verpackt ist, sauber gewaschen und rein gehalten werden. Die Gesundheit stattet eine Person mit Freude und Klarheit aus. Die Früchte von dem Baum des menschlichen Lebens sind süß, aber sie sind eingehüllt in die bittere Haut von Egoismus und Ignoranz, und sie haben harte, ungenießbare Samen der Begierde, des Zorns, des Stolzes etc. Man muß seine Intelligenz üben, um die äußere Schale der Ignoranz abzuschälen, die Samen von Laster und Boshaftigkeit wegzuwerfen und um teilzuhaben an dem süßen Kern des Lebens.

Dienst ist das wirkungsvollste Instrument, um das Böse des Egoismus abzuschaffen. Dienst wird demjenigen, der ihn leistet, die Einheit der ganzen Menschheit nahebringen. Einer, der leitet, kann nie die Freude desjenigen kennen, der dient. Dem, der seine Zeit, Fähigkeit und Stärke dem Dienen widmet, kann niemals Niederlage, Not oder Enttäuschung widerfahren. Denn Dienen ist seine eigene Belohnung. Sein Wort wird immer süß und sanft sein, seine Gesten werden immer verehrt werden und demütig sein. Er wird keinen Gegner haben, keine Müdigkeit und keine Angst verspüren.

Die Einheiten der Sathya Sai *Sevā*-Organisation sind in enthusiastischem Dienst auf den beiden Gebieten der Gesundheit und der Erziehung engagiert. Um die Gesundheit der Leute zu verbessern und zu erhalten ist fortgesetzte Ausbildung in den Prinzipien und den Praktiken von Hygiene und Sauberkeit der Umgebung wesentlich. Bildung ist der beste Wachtposten gegenüber körperlicher und geistiger Krankheit. Deshalb sind diese beiden Aktivitäten eng miteinander verbunden. Der Körper ist eine zeitweilige Behausung; er ist Gegenstand aller möglichen Krankheiten und Verletzungen. Trotzdem ist der Körper das Boot, in dem allein wir den Ozean von *samsāra*, den endlosen Kreislauf von Geburt und Tod, überqueren können. Das Boot muß in Ordnung und funktionstüchtig gehalten werden. Ihm sollte nur das Minimum an Aufmerksamkeit entgegengebracht werden, das zu seiner Aufrechterhaltung nötig ist. Der Körper muß benutzt werden, um die Last anderer zu verringern und sollte nicht selbst für uns zur Last werden. Er sollte anderen dienen und nicht von ihnen Dienst fordern. Das ist der Grund, weshalb dieses Krankenhaus hier eröffnet wird, um Krankheit zu heilen und den Leuten zu helfen, ihre Körper in guter Verfassung zu erhalten.

Die Leute dieses Ortes und der Orte, die in der Umgebung sind, werden dieses Krankenhaus oft besuchen, um medizinische Hilfe und Ratschläge zu holen. Unglücklicherweise sind Krankenhäuser, die ihre Patienten mit Liebe und Fürsorge und Hingabe behandeln, sehr selten. Es gibt Krankenhäuser mit teurer Ausrüstung und bestens ausgebildeten Ärzten, riesigen Gebäuden und funkelnagelneuer Einrichtung, aber sie widmen sich mehr dem Geldverdienen als dem Verschaffen von Erleichterung. Ihre Dienste sind für diejenigen, die große Summen Geldes bezahlen können. Dorfbewohner sind dort nicht willkommen, es fällt ihnen deshalb auch nicht leicht zu kommen. Deshalb wird dieses Krankenhaus inmitten der Dörfer eröffnet, auf daß den Dorfbewohnern der Rat von Experten und Behandlung in einer liebevollen Atmosphäre von Verehrung und Hingabe gegeben werden kann. Es werden hier keine Kosten für irgendwelche Dienste erhoben. Die Dorfbewohner und andere können hierherkommen, ihre Gesundheit zurückerlangen und gesund und tüchtig zurückkehren, um ihre Aufgaben und Pflichten zu erfüllen.

Die Ärzte und die Freiwilligen, die in diesem Hospital helfen, müssen es als Teil ihrer Pflicht betrachten, die Dorfbewohner über die Hygiene in ihrer Umgebung und prophylaktische Maßnahmen zu beraten. Die Mitglieder der Sathya Sai *Sevā*-Gruppe haben eine spezielle Pflicht zu dieser Art von Dienst. Sie müssen die Dörfer besuchen und die Leute, nachdem sie deren Vertrauen und Liebe gewonnen haben, über gute Eßgewohnheiten und andere Mittel beraten, mit denen man die Gesundheit erhalten kann. Sie müssen sie auch anhalten, sich in dieses Krankenhaus zu begeben, sobald die ersten Symptome von Krankheit offensichtlich werden. Frühe Behandlung wird die Dorfbewohner davor bewahren, viele Tage im Bett liegen zu müssen und den Feldern fernzubleiben. Der Dorfbewohner lebt augenblicklich von Nahrung, die, was Vitamine und Proteine anbetrifft, mangelhaft ist, obwohl er Gemüse und Nahrung anbaut, die diese Bestandteile in Mengen enthalten, aber er verkauft sie an die Stadtbewohner. Ihm muß von dem Wert von Früchten und Gemüse als Quelle von Nährstoffen berichtet werden, welche die Gesundheit fördern und erhalten; denn gesunde Eltern bedeuten gesunde Kinder, und kranke Eltern geben ihren schlechten Gesundheitszustand an kommende Generationen weiter. Die Mitglieder der Einheiten der Sathya Sai *Sevā*-Organisation können sich für diese Kampagne der Erziehung der Dorfbewohner auch der *Sevā*-Gruppe hinzugesellen. Diese Aktivität ist ebenso verdienstvoll wie die Gottesverehrung.

Heute ist das Vighneshvara-Fest, der Tag, an dem das ganze Land den elefantenköpfigen Gott *Ganesha* (Sohn *Shivas*) verehrt, der dem Menschen alle Hindernisse zu überwinden hilft. Vināyaka, Vighneshvara oder Ganapati, wie er auch genannt wird, zu verehren, stattet den Menschen mit dem nötigen Mut und Vertrauen aus, die für Beginn und Durchführung einer jeden Unternehmung in der Welt notwendig sind.

Der Elefant ist das größte Tier im Wald. Er ist sehr intelligent und hat ein mächtiges Gedächtnis. Sein Fußabdruck kann alle anderen Fußabdrücke der Waldfauna auswischen. Wenn er durch den dichten Urwald marschiert, schafft er einen Pfad, auf dem alle anderen Tiere den Urwald durchqueren können. Der elefantenköpfige Gott verleiht Intelligenz, Gedächtnis und die Macht, Böses und Laster zu unterwerfen. Auch auf diese Weise ist er ein Wegbereiter. So ist es nur angemessen, daß jeder Ritus, jede Zeremonie und jedes Projekt mit der Verehrung dieses Gottes beginnen sollte. Heute weihen wir dieses Hospital ein, auf daß es die Leute dieser Gegend mit gutem und anhaltendem Dienst versorgen möge.

Ich muß die Ärzte, die hier dienen, auch darauf hinweisen, daß vielleicht mehr als die Medikamente, die sie verschreiben, ihre tröstenden, sanften Worte und die Liebe und Sympathie, die sie erweisen, die Krankheiten ihrer Patienten besser und schneller heilen können. Betrachtet sie als eure eigenen Verwandten, als eure speziellen Gäste und als eure engsten Freunde und versorgt sie liebevoll in unentwegtem Bemühen. Ich rufe euch auf, euch diese Einstellung in jeder Situation zu erhalten. Denkt daran, daß der Patient mit euch zusammenarbeiten muß, damit ihr eine Heilung bewirken könnt, und wenn er geheilt ist, vermittelt der Patient euch Befriedigung, Freude und eine gehobene Stimmung. Seid dem Patienten für all dies dankbar.

Wir haben in diesem Krankenhaus eine Ärztin, eine *Devotee,* die höchst qualifiziert ist und die außerordentliche Arbeit in den Entwicklungsgebieten Nigerias und Äthiopiens in Afrika geleistet hat. Wir haben auch andere, die ebenso fähig und begeistert sind. Auch Spezialisten der verschiedenen medizinischen Fachrichtungen werden das Krankenhaus von Zeit zu Zeit besuchen, um zu diagnostizieren, zu beraten und den Patienten zu helfen, die ihrer Behandlung bedürfen. Es ist nun an euch, aus vollem Herzen den besten Nutzen aus diesen Einrichtungen zu ziehen, die euch kostenlos angeboten werden.

Ich bin froh, daß die Mitglieder des Dorfrates dieses Ortes und der umliegenden Dörfer heute hier sind und immer hier gewesen sind, seit dieses Projekt begonnen wurde. Wenn sie nur den Patienten der Dörfer helfen, glücklich und gesund zu sein, brauchen sie bei den Wahlen nicht von Tür zu Tür zu gehen und um Stimmen zu bitten. Die Wähler selbst werden in großer Zahl kommen, um ihre Wahl zu ermöglichen, um ihre Dienste in größerem Umfang in Anspruch zu nehmen. Indien war lange für seinen Sinn für Mitgefühl bekannt, der seine Völker erfüllte. Jetzt wird Indien von einigen als „armes" Land entehrt. Nein! Indien war jahrtausendelang der Lehrer der Welt, und es nimmt diesen Status heute wieder an. Indien ist das Land, in dem die Ideale von Dienen, Verzicht und spirituellem Bestreben geboren wurden und erblühten. Erst seit kurzem gehen Inder den falschen Weg der Ausbeutung und Gewalt, des Müßiggangs und der Prahlerei, nachdem sie unter den Einfluß fremder Kulturen gerieten, die materielle Bequemlichkeit, Luxus für den Körper, Freiheit der Sinne und äußerliche Zurschaustellung betonen. Mit der Verbreitung fremder Kulturen und fremder Wege des Denkens und Lebens haben sich auch Krankheiten vervielfacht und geistige Unausgeglichenheit vermehrt. Aber wenn Einfachheit, Demut und das Ideal des sozialen Dienstes (als Verehrung Gottes im Menschen) wiederhergestellt sind, wird die Nation wieder glücklich, gesund und voller Frieden, Reichtum und Freude sein. Shrī Sathya Sai Krankenhaus für Frauen und Kinder

Whitefield, 28.8.1976

Die Bedeutung der Religion

Derjenige, den die Moslems als Allah anbeten, die Christen als Jesus Christus, die Vaishnavas als Phullābjāksha und die Shaivas als Shambhu, verleiht als Antwort auf ihre vielen Gebete allen Gesundheit, ein langes Leben, Reichtum und Glück, wo immer sie auch sein mögen; er, der eine Gott, ist der Gott der ganzen Menschheit.

Indien *(Bhārata)* hat seit Jahrtausenden die Botschaft des Geistes gelehrt und die Mittel, um Gleichmut und Freude zu erlangen und zu behalten. Weiterhin galt *Bhārata* über Jahrhunderte als Lehrer der Welt. Das Gebet, das *Bhārata* seine Leute gelehrt hat, ist folgendes: „Mögen alle Welten glücklich sein, möge in allen Welten Glück herrschen." (lokasamastāh sukhino bhavantu). Dies ist seit undenklichen Zeiten die Essenz der hinduistischen Lehre. Dieses heilsame Ideal wurde von den Führern dieses Landes, den Sehern und den *Yogis,* die das Volk leiteten, propagiert und genährt und ebenso von den reinen Müttern, die Generationen in der Atmosphäre spirituellen Bemühens erzogen.

Aber als das Land in die Wechselfälle der Geschichte hineingezogen wurde und die Leute Druck und Gegendruck ausgesetzt waren, erlitten die Ideale einen Rückschlag. Die Abstraktionen des Glaubens erhielten konkrete Formen und kristallisierten sich als spezielle, identifizierbare Namen und Formen heraus. Jede neue Haltung und Neigung, jede neue Konkretisierung wurde zu einer speziellen Sekte, und jede Theorie umgab sich mit einer eigenen Schale. Auf diese Weise wurde die eine vedische Religion Ursprung einer Reihe von Sekten und Glaubensgemeinschaften, wie z.B. ganapati, die sich um das Konzept Ganapatis zentriert; Shaktismus, der sich um das Konzept der kosmischen Energie *(shakti)* als Ausdruck des Göttlichen zentriert; saura, der sich um die Sonne als Quelle, Nahrung und Ziel spiritueller Errungenschaft zentriert; cārvāka, der sich um das Konzept des Vergnügens und materiellen Reichtums zentriert, und shaiva, der sich um *Shiva* als inneren Motivator aller Wesen zentriert. Jede dieser Sekten und noch viele andere mehr arbeiteten ihre eigenen Rituale und Anbetungsweisen heraus, ihre eigenen Prioritäten spiritueller Zielsetzung, ihre eigenen Doktrine über das Individuum, die objektive Welt und Gott.

Der Zweck dieser Gesetzbücher und Verfahrensweisen war in allen Fällen, den Geist zu reinigen und auf dem Praktizieren hoher moralischer Tugenden zu bestehen. Aber dies wurde bald ignoriert, statt dessen erlangten oberflächliche Konformität und äußerliche Reinheit mehr Bedeutung. Das Verlangen nach persönlichem Aufstieg und Macht ließ jede Sekte, jeden Glauben, jede Religion rigide und trocken werden. Es besteht heute eine dringende Notwendigkeit, die innere Quelle all dieser Glaubensrichtungen zu entdecken, die Quelle, welche die äußeren Riten und Zeremonien befruchtet. Ein kleines, ruhiges Studium enthüllt, daß es eine Unterströmung spirituellen Abenteuers und moralischen Enthusiasmus' gibt.

Das Wort, das im allgemeinen für Religion gebraucht wird, ist *mata*; das Wort, um den Geist zu bezeichnen, ist mati. Wenn man die beiden zusammennimmt, kann man sagen, daß *mata* vorrangig damit beschäftigt ist oder damit beschäftigt sein sollte, die geistige Einstellung (mati) zu begradigen und zu stärken. Das Ziel, der Zweck, der Schlüssel, die Essenz aller Glaubensrichtungen und Religionen ist dies: um die Sublimierung des menschlichen Geistes, die Befreiung des betreffenden Individuums und das Glück der Gesellschaft zu garantieren, von der es eine Einheit ist. Um diese dringende Notwendigkeit haben sich Prinzipien und Praktiken gruppiert, und verschiedene Glaubensrichtungen sind die Folge.

Die Religionen versuchen, heilige Ideale in das Herz des Menschen einzupflanzen, aber der Mensch erlaubt ihnen nicht, zu sprießen und zu wachsen. Sein egoistisches Verlangen nach Macht und konkurrenzorientiertem Erfolg hat ihn in den meisten Fällen dazu veranlaßt, Religion als Mittel zu Tortur und Bestrafung zu benutzen. Anstatt in gemeinsamem Bemühen die Menschheit zu einen, ist sie zu einem System voneinander getrennter Bezirke geworden, die von Haß und Fanatismus bewacht werden. So ist jede Religion ein bewaffnetes Lager, versunken in Selbsterhöhung, das versucht, sich andere einzuverleiben und sich selbst vor Schaden zu schützen. Religion wird daher oft als Wurzel von Chaos und Konflikt verdammt. Trotz großen Fortschritts auf vielen anderen Gebieten des Lebens ist religiöse Feindseligkeit heute in vielen Teilen der Welt entflammt.

Es muß betont werden, daß Religion nicht die ursprüngliche Ursache dieses Zustandes ist. Die Fraktionskämpfe und der fanatische Haß sind durch das unbändige Ego verschuldet, dem freier Lauf gewährt wird. Die Religion strebt danach, gerade diese lasterhafte Tendenz zu zerstören. Deshalb muß sie unterstützt und nicht verdammt werden. Was verdammt werden muß, ist die enge, verdrehte Haltung, diejenigen zu hassen, die nicht mit einem übereinstimmen oder auch diejenigen, die eine andere Auffassung von der mysteriösen Kraft haben, die das Universum belebt. Religionskriege und Konflikte gedeihen im Schlamm von Ignoranz und Geiz weiter. Wenn die Leute der Wahrheit gegenüber blind sind, daß die menschliche Familie eine unteilbare Einheit ist, tappen sie im Dunkeln und haben Angst vor fremder Berührung. Allein die Kultivierung von Liebe kann den Menschen von dieser Wahrheit überzeugen, daß es nur eine Kaste gibt - die Kaste der Menschheit - und nur eine Religion - die Religion der Liebe. Da keine Religion Gewalt unterstützt oder Liebe verachtet, ist es falsch, dieses Chaos der Religion zuzuschreiben.

Es ist auch nicht ratsam, sich in Verleumdungskampagnen oder übertriebener Propaganda irgendeiner Religion zu engagieren, um Anhänger zu gewinnen. Wenn nur jeder entsprechend den Idealen lebt, die von den Gründern seiner Religion vorgelegt wurden, unberührt von Gier und Haß, wird die Welt eine glücklichere und friedlichere Wohnstätte für die Menschen.

Die Religion der Hindus betonte die Einheit aller Schöpfung und erklärte, daß die Vielfältigkeit, die wir erleben, kein wahres Bild ist. Aber da der Glaube an den Einen nur in das Bewußtsein eines äußerst gereinigten Geistes dringt, mußte die Religion bald dic Dualität postulieren und sogar die Multiplizität, mit Gottheiten für jede Facette des Ganzen. Die am weitesten verbreiteten sind der Shaiva- und der Vaishnava-Glaube, die um den *Shiva*- und *Vishnu*-Aspekt des Einen zentriert sind. Der Prozeß der Teilung in die verschiedenen Gesichtspunkte hat in allen Hauptreligionen stattgefunden. Der Islam hat die Sunniten und die Schiiten; das Christentum hat Katholiken und Protestanten. Aber wie tief auch immer die Spaltung sein mag, keine Sekte verneint Gott, und keine Sekte preist Gewalt und Falschheit. Die Namen mögen verschieden sein, die Betonung der Facetten mag unterschiedlich sein, aber die allmächtige Vorsehung wird als absolut und ewig bezeichnet. Die Terminologie mag verschieden sein, aber das Konzept ist nicht unterschiedlich. Man bezieht sich auf den Erhabenen (bhagavān) als Allah, das Gebet mag „namās" (Salāt - das fünfmal täglich wiederholte Gebet in ritueller Reinheit, nach Mekka gewandt) heißen, Gelehrte mögen als Mullā begrüßt werden, oder die *Veden* mögen in der Form des Heiligen Korans sein. Aber die Unterströmung der energiespendenden Macht ist in allen Fällen Liebe, Liebe aller Wesen gegenüber allen Wesen. Die Gründer hatten immer die Einheit allen Lebens im Auge und den fortschreitenden Weg des Menschen vom bloßen Menschsein zu den Höhen der Göttlichkeit.

Der erste unter den Interpreten der *Veden,* der eine Philosophieschule gründete und einen Weg der spirituellen Disziplin festlegte, um aus dieser Schule Nutzen zu ziehen, ist der Meister *Shankara,* der im Staat Kerala geboren wurde. Im Verlauf seines sehr kurzen Lebens errichtete er auf der sicheren Grundlage von Logik und Intuition die Wahrheit, daß es nur einen Gott gibt und daß alles andere eine Erscheinung dieser einen Realität ist. Dies ist die „nicht-duale“ (advaita) Philosophie oder der Glaube, der die individuelle Natur und Gott in perfekter Harmonie erklärt. Die Vedischen Axiome - „Ich bin Eins, laßt mich Viele werden“ (eko'ham bahuh syām*).* „Gott ist allem immanent“ (īshvarah sarvabhūtānām hriddeshe tishthati) und „All dies ist von Gott umhüllt und durchdrungen“ (īshāvāsyam idam sarvam) - werden auf diese Weise durch *Shankaras* Intellekt als vorzügliche Wahrheiten enthüllt.

Der Monismus, wie er von *Shankara* auf der Basis vedischer Texte dargelegt wurde, erschien der Mehrheit der Individuen als eine zu einfache Lösung, um ihre inneren Impulse zu befriedigen. Sie verspürten in sich den Drang, zu verehren, sich einer höheren Macht zu widmen. Sie konnten die Wahrheit nicht fassen, daß ihre innere Realität der Eine und Einzige sein sollte. Ihre Emotionen und Aktivitäten mußten durch Disziplinen der Hingabe sublimiert werden. Deshalb kommentierte Rāmānujācārya die vedischen Texte und religiösen Schriften von einem neuen Gesichtpunkt aus.

Dies ließ die nicht-duale Philosophie (advaita) eine andere Dimension einnehmen. Deshalb wurde sie besondere (vishishta) advaita genannt. Der Weg der Hingabe wurde festgelegt, um es dem Menschen zu ermöglichen, mit Gott zu verschmelzen. Das Ziel ist Verschmelzung, wie die Flüsse es wohl wissen und danach streben. Das Wasser des Meeres wird durch die Sonne in Form von Wolken in die Luft gehoben, und die Wolken ergießen es als Regen ins Hoch- und Flachland, und durch viele Hohlwege, Ströme und Nebenflüsse fließt es zurück ins Meer. Mit der Quelle zu verschmelzen, aus der man Namen und Form erhielt, ist das höchste Ziel. Ein Fluß hat die Leidenschaft überwältigender Liebe, die ihn die Abhänge hinunter führt, bis er den geliebten Einen erreicht, wo der Geliebte, der Liebende und die Liebe alle drei in einer erleuchtenden Ekstase verschmelzen. *Preman* ist die Anhänglichkeit an Gott, die niemandem erlaubt, sich einzumischen oder ihre Qualität oder Tiefe zu verringern. Gott wird von dem Gottergebenen *(bhakta)* um seiner selbst willen geliebt und nicht um eines zufälligen Nutzens oder Segens willen. Diese Liebe ist spontan, beständig und erhaben, wie ein Kind vor dem Spiegel, das sich der Widerspiegelung seiner eigenen Possen und Gesten erfreut.

Vollständige Unterwerfung bis hin zur Auflösung der eigenen Individualität liegt jenseits der Fähigkeiten der meisten Aspiranten. Zucker kann nicht von Zucker selbst genossen und für gut befunden werden; man muß eine Ameise sein, um in der Süße der Sache schwelgen zu können. Dieses Verlangen versuchte Mādhvācārya zu befriedigen, der erklärte, daß das Individuum *(jīva)* immer vom Universellen getrennt bleiben wird und es keine Verschmelzung geben kann. Im Non-Dualismus (advaita) enthüllt ein Aufblitzen intellektueller Erleuchtung, daß allein das wirkliche Selbst *(ātman)* existiert und daß alles andere täuschende Erscheinungen sind. Der bedingte Non-Dualismus (vishishtādvaita) postuliert, daß der Fluß ein vollständiger Teil des Meeres sei. Der Dualismus *(dvaita)* hebt hervor, daß die Freude, die sich aus der Bewunderung und Anbetung ableitet, genügt, um die erfüllende Gnade Gottes anzuziehen.

Es gab auch andere Seher, die Wege zum selben Ziel beschrieben. Sie verkündeten, daß das Universum Gott gehört und daß der Mensch keinen Teil des göttlichen Schatzes begehren oder sich anzueignen versuchen sollte. Sie rieten dazu, den Sämling der Hingabe vor den Schädlingen Faulheit, Zweifel und Fanatismus durch die Kultivierung von Tapferkeit und Wachsamkeit zu schützen.

Von den Hauptreligionen möchte ich eine erwähnen und zwar den Buddhismus. Buddha war durch das Leiden, welches das Leben des Menschen heimsucht, so gequält, daß er das Verhalten des Geistes und des menschlichen Intellektes untersuchte, und er entdeckte heilsame Disziplinen. Er analysierte die Launen des Geistes, die den Menschen in den Strudel von Begierden führen; er analysierte auch Wege der Vernunft, und er erkannte genau die Gebiete, in denen die Vorurteile ihre Wurzeln schlagen; vor allem predigte er die Unterwerfung unter spirituelle Disziplin *(dharma),* Mitleid und Buddha (den erleuchteten Einen).

Jainismus, die Religion, die durch Mahāvīra zu einer Bewegung wurde, die ganz Indien betraf, preist Jina oder den heroischen Sieger über die Sinne, die Emotionen und die Tücken des Intellektes. Er forderte alle auf, die ihrem Status und Beruf eigenen Pflichten mit konstantem Glauben und Begeisterung auszuführen. Er erklärte, daß alle Dinge und Wesen in ihrer eigenen Berechtigung heilig seien und nichts anderes als Pilger auf dem Weg zur Verwirklichung sind. Eine Verletzung, die irgendeinem von ihnen auf dieser heiligen Reise als Unterbrechung zugefügt wird, muß peinlich vermieden werden.

Zoroastrismus, die Religion der Parsi, wurde von Zarathustra gegründet, der wünschte, daß das Feuer der Weisheit immer im Bewußtsein des Menschen lodern möge, auf daß böse Gedanken und Tendenzen zu Asche reduziert würden. Das Feuer muß alle Gedanken, Worte und Taten mit der Erleuchtung von Tugend und Kraft durchdringen. Es muß alle weltlichen Wünsche zerstören und den Menschen reinigen, um in den

Himmel der Freiheit einzutreten. Anbetung, Meditation und Akte selbstlosen Dienstes sind grundlegend wichtig für die Dämmerung der Erleuchtung.

Die Sai-„Religion", wenn die Bezeichnung Religion in ihrem wörtlichen Sinn als Bindung des Menschen an Gott verstanden wird, ist die Essenz aller Glaubensrichtungen und Religionen, den Islam, das Christen- und Judentum eingeschlossen. Das Motiv, das hinter der Entstehung und Verbreitung all dieser Glaubensrichtungen steht, ist dasselbe. Die Gründer und Vertreter waren alle Personen, die von Liebe und Weisheit erfüllt waren. Ihr Ziel und Zweck waren gleich. Keiner hegte den Plan zu teilen, zu stören oder zu zerstören. Sie versuchten, Gutes zu tun, Gutes zu sehen und gut zu sein. Sie versuchten, die Gefühle und Leidenschaften zu beherrschen, die Impulse und Instinkte zu erziehen und die Fähigkeit der Vernunft auf Wege zu lenken, die für die Gesellschaft und das Individuum nutzbringend sind. Sie wußten, daß der Geist, welcher der Nährboden der Wünsche und Bindungen, des Ehrgeizes und der Sehnsucht ist, gereinigt und genau geeicht sein muß.

Sai sieht die Anwendung dieser Disziplinen als sehr viel wichtiger an als blinden Glauben an einen Haufen philosophischer Theorien. Keiner hat das Recht, andere zu unterrichten, wenn er nicht bereits das praktiziert, was er predigt. Führt zuerst die Herrschaft der Liebe zwischen den verschiedenen Mitgliedern in eurem eigenen Heim ein. Laßt die Familie zu einem Zentrum harmonischen Lebens, liebevollen Verständnisses und gegenseitigen Vertrauens werden. Die heilige Pflicht des Menschen ist es, sich immer des göttlichen Selbst *(ātman)* bewußt zu sein, der in jedem lebenden Wesen vorhanden ist. Das wird ihm die Verwandtschaft bewußt machen, die ihn mit allen verbindet. Dies ist die Basis für die Bruderschaft der Menschen und die Vaterschaft Gottes. Werft das Laster „Egoismus", das Übel „Gier" und das Gift „Neid" fort. Wenn ihr Freude an Dingen außerhalb von euch sucht, erinnert euch der weit größeren Freude, die in eurem eigenen, inneren Bewußtsein ruht. Wenn ihr vor jemandem oder vor einer Sache außerhalb von euch Angst habt, erinnert euch daran, daß Angst in eurem eigenen Geist geboren, genährt und gedüngt wird und daß ihr sie überwinden könnte, indem ihr sie leugnet. Wie kann Angst dem Weg des nach Gott Strebenden *(sādhaka)* entgegenstehen? Sie kann sich in keinem Schatten verstecken, sie kann keinen *sādhaka* ängstigen, der Gott im Herzen hat. Glaube an den allmächtigen Gott ist die unbezwingbare Waffe, die der Gottsuchende tragen kann, und die Menschen in allen Ländern sind *sādhakas,* ob sie es wissen oder nicht. Seid stetig, schwankt nicht, geht gerade weiter, haltet ohne Verzweiflung an dem Ideal fest. Betet, bis Gott sich erweichen läßt; wendet euch nicht traurig ab, wenn Gott die Gnade nicht dann über euch ergießt, wenn ihr es erwartet.

Wenn eine Religion ihren Einfluß ausdehnen will, muß sie zur Verleumdung anderer Religionen Zuflucht nehmen und zur Übertreibung der eigenen Vortrefflichkeit. Pomp und Öffentlichkeitsarbeit werden wichtiger als die Taten und der Glauben. Aber Sai möchte, daß die Anhänger jeder Religion den Glauben in die Vortrefflichkeit der jeweiligen Religion kultivieren und deren Stärke durch intensive Ausübung verwirklichen. Das ist die Sai-„Religion“, die Religion, die alle Religionen nährt und fördert und ihre gemeinsame Größe betont. Nehmt diese Religion auf, mutig und freudig. *Prashānti Nilayam,* 1.10.1976

Weltumfassendes *bhajan*

„Von der Herrlichkeit Gottes hören *(shravana),* die Herrlichkeit selber besingen *(kīrtana),* dem Geist erlauben, bei dieser Herrlichkeit zu verweilen (vishnusmarana), die Füße Gottes verehren *(padasevana),* Dankbarkeit und Freude über seine Gunst (vandana) erleben, sich selbst als sein Werkzeug fühlen (dāsya), das Bewußtsein, daß er der engste und beständigste Freund ist (sākhya) und sein ganzes Sein ihm widmen *(ātmanivedana)* - dieses sind die neun Stufen auf dem Weg zur Hingabe.“

„Hört, oh ihr Leute! Frohlockt in diesem Eisernen Zeitalter (kaliyuga), denn kein Zeitalter ist so geeignet für die Befreiung wie dieses, in dem die Verehrung Gottes durch die Wiederholung des Namens Gottes genug ist, um seine Gunst zu erlangen, die euch befreit.“

„Dies ist schlecht, dies ist gut - können je solche Urteile über irgendetwas in Gottes Schöpfung gefällt werden, wenn alles Manifestionen seines Willens sind?“

Verkörperungen des reinen *ātman*! Am 23. November des letzten Jahres hatten sich Leute aus allen Teilen der Welt hier versammelt, um das „Goldene Jubiläum“ zu feiern und Amtsinhaber waren hier wegen der 2. Weltkonferenz und anderer Veranstaltungen, die stattfanden. Später äußerten sie den Wunsch, daß ihnen ein Termin vor dem Ende des Jubiläumsjahres genannt werden möge, an dem sie an ihren eigenen Wohnorten den freudigen Anlaß feiern könnten. Um ihre Enttäuschung zu überwinden, wurde beschlossen, daß überall auf der Welt in allen Zentren ein vierundzwanzigstündiges Singen zur Ehre Gottes (nāma-samkīrtana) abgehalten werden sollte, das am Samstag (gestern) um 18.30 Uhr begann und das heute abend um 18.30 Uhr endet. In 42 Ländern rund um die Welt haben mehr als 7.000 Zentren diese freudige Anweisung enthusiastisch aufgenommen.

Dies ist akhanda-*bhajan* genannt worden, d.h. Singen ohne Pause. Aber war es wirklich ein akhanda-*bhajan*? Es wird um 18.30 Uhr des einen Tages begonnen und endet um 18.30 Uhr des anderen Tages. Können wir es „ununterbrochenes" Singen zur Ehre Gottes nennen? Was ist eine Periode von 24 Stunden, wenn wir die Unendlichkeit des Universums und die Ewigkeit der Zeit bedenken? Es ist nur ein Blinzeln, ein winziger Teil des menschlichen Lebens auf Erden. Indem ihr euch bei der Rezitation des Namens Gottes an einem einzigen Tag engagiert, beansprucht ihr, „ohne Pause" gesungen zu haben! Akhanda-*bhajan* muß so andauernd sein wie das Atmen, falls es den Namen verdienen soll.

Ihr müßt die wirkliche Bedeutung des samkīrtana überprüfen, in dem ihr euch engagiert. Kīrtana ist „das laute Besingen der Herrlichkeit Gottes." Samkīrtana ist der Prozeß des Singens, der dem Herzen, nicht den Lippen oder der Zunge entspringt. Es ist der Ausdruck des freudigen Erbebens, das aus dem Herzen fließt, wenn man sich der Herrlichkeit Gottes erinnert. Es ist die spontane Manifestation der inneren Ekstase. Dem Lob oder Tadel durch die anderen wird keine Beachtung geschenkt. Es sucht nicht die Bewunderung oder Anerkennung der Zuhörer. Es wird um der eigenen Freude willen gesungen, der eigenen Zufriedenheit, der eigenen Erbauung. Allein kīrtana dieses höchsten Typus verdient den Namen samkīrtana.

Das Besingen dieser intensiven Sehnsucht nach Gott, das dem Zweck dient, sich der Erfahrung zu erfreuen, die ihn anzubeten mit sich bringt, hilft, die Atmosphäre zu reinigen. Der Mensch ist heute gezwungen, Luft zu atmen, die durch Klänge verschmutzt ist, die Gewalt, Haß, Grausamkeit und Bosheit bedeuten. Von daher verliert er schnell die hohen Talente, die in ihm schlummern. Die Schwingungen beim gemeinsamen Singen des Namens des Herrn (namasamkīrtana) können die Atmosphäre säubern und sie zu einer reinen, ruhigen und edlen Atmosphäre machen. Mit diesem hohen Ziel vor Augen wurde dieses Programm des weltumfassenden samkīrtana entworfen.

Kein Mensch kann dem Einfluß der verunreinigten Luft entfliehen, die er einatmet. Die Geräusche, die wir produzieren, in guter oder schlechter Absicht, verbreiten sich durch die Luft um uns. Dies ist unsere tägliche Erfahrung. Die Töne, die in Rundfunkstationen produziert werden, gelangen durch die Atmosphäre und erreichen unsere Häuser, wenn wir das Radio einschalten. Die Schwingungen überqueren weite Entfernungen und beeinflussen die Natur derer, die sie einatmen. Die Atmosphäre wirkt auch auf die Nahrung, die der Mensch zu sich nimmt. Die Verunreinigung der Atmosphäre wird auch von den Pflanzen aufgenommen, aus den Pflanzen kommt das Korn, das Getreide stellt die Basis der Mahlzeiten dar und die Mahlzeit gestaltet den Charakter und das Verhalten der Person, die sie zu sich nimmt. Wenn die Umgebung sauber und frei von bösen Schwingungen ist und auch die Nahrung rein ist, entwickelt die Person eine Tendenz, liebevoll und einfach zu sein. Um solch eine Atmosphäre sicherzustellen, wurde diese Übung *(sādhana)* überall auf der Welt festgelegt.

Was nutzt es einem Menschen, der in einen Brunnen gefallen ist, wenn er seine Stimme und seine Emotionen kontrolliert und leise flüstert: „Ich bin in diesen Brunnen gefallen, ich bin in diesen Brunnen gefallen. Ich befinde mich in großer Gefahr. Bitte rettet mich!" Keiner wird in der Lage sein, ihn zu hören oder ihn zu retten. Er muß schreien, aus vollem Halse, mit all der Angst, die er erlebt und mit dem extremen Wunsch, gerettet zu werden. „Ich bin in den Brunnen gefallen! Hilf mir! So hilf mir doch!" Dann kann er darauf hoffen, Hilfe zu erhalten.

So müßt auch ihr, wenn ihr im Rad dieser Welt gefangen seid, wenn ihr in diesen tiefen Brunnen weltlicher Misere gefallen seid, mit all eurer Kraft aus vollem Halse schreien, daß ihr von Gott gerettet werden möget. Es hat keinen Zweck, kraftlos und halbherzig zu murmeln: „Rette mich, rette mich; ich taumle in diesem Kreislauf von Geburt und Tod herum." Wenn das Gebet durch das Herz herausgeschrien wird, ist Hilfe gewiß.

Samkīrtana oder *bhajan* gibt es auf vier Arten: *guna*-samkīrtana, *līlā*-samkīrtana, *bhāva*-samkīrtana und nāma-samkīrtana. Unter *guna* werden die „Attribute" Gottes verstanden. So ist *guna*-samkīrtana die Bewunderung in Gesangform der mannigfaltigen Attribute Gottes: Allgegenwart, Allwissenheit, Mitleid, Majestät usw. *Līlā* bedeutet „göttliche Tätigkeit", deswegen bedeutet *līlā*-samkīrtana das gemeinsame Singen über Gottes Wunder und seine glorreichen Taten, wie sie von Weisen und Sehern aller Glaubensrichtungen deutlich gemacht wurden. *Bhāva* bedeutet die Haltung des Geistes, seine Einstellung. So bedeutet bhāvanāma-samkīrtana die Bewunderung Gottes in Gesangform, wie er sich in verschiedenen Beziehungen darstellt. Einige mögen es vorziehen, ihn als Vermittler von Gleichmut und Frieden *(shānta)* zu bewundern, andere als besten Freund, Führer und Wächter (sākhya), noch andere als Kind, das man liebt und pflegt (vatsala), und weitere als den Geliebten, den man mit uneingeschränkter Liebe liebt (madhura). Nāman bedeutet Name. Von daher bedeutet nāma-samkīrtana die Bewunderung Gottes, indem man ihn mit verschiedenen Namen anruft, von denen jeder seine Herrlichkeit, seine Großtaten, seine Beziehung zum Individuum beschreibt.

Der Namen sind viele, sogar unzählige; so ist es in allen Sprachen. Wir haben viele Gruppen der „tausend und acht" Namen, die gebraucht werden können. Denn Gott hat, wie die *Veden* erklären, „tausend Köpfe, tausend Augen und tausend Füße." *Devotees* können ihn anbeten und Seligkeit von dieser Anbetung ableiten, indem sie jeden Namen mit der Bedeutung und Wichtigkeit ausfüllen, die er führt.

Mit welchen Mitteln auch immer Gott angebetet wird, der Weg der

Hingabe ist der leichteste und effektivste, denn er ist die geistige Übung des Herzens und endet in Liebe und Dienst an allen als Mitpilger zu demselben göttlichen Ziel.

Einige Leute bezweifeln die Richtigkeit, Gott mittels einer solchen Menge von Namen anzurufen. Aber jeder Name zeigt nur einen Aspekt der Göttlichkeit an. Er bezeichnet einen einzigen Teil der höchsten Persönlichkeit. Das Auge, die Nase, der Mund, die Hand oder der Finger können durch verschiedene Wörter bezeichnet werden, aber sie gehören alle zu demselben Individuum. Ebenso muß man auch bedenken, daß jeder Name nur eine Facette, ein Teil, ein Strahl des Höchsten ist. Die Übung *(sādhana)* besteht im Erkennen und Bewußtwerden des Einen, der die Vielen unterstützt und aufrechterhält. Das ist der kostbare Edelstein der Weisheit, den man sichern und als Schatz aufbewahren muß.

Es gibt jedoch einen Dieb, der im inneren Bewußtsein des Menschen darauf lauert, ihn dieses Edelsteins zu berauben. Er wird *kāma* oder Begierde genannt. Wenn wir das erhalten, was wir uns wünschen, tritt *lobha* oder Gier, der Komplize des Diebes, hervor und stachelt uns dazu an, noch ein paar Wünsche mehr zu entwickeln. Wenn wir das, was wir uns wünschen, nicht erlangen, tritt ein anderer Komplize, *krodha* oder Zorn, hervor und stachelt uns dazu an, jene zu hassen und zu verletzen, von denen wir vermuten, daß sie unserem Ziel im Wege standen.

Natürlich kann man Begierde *(kāma)* nicht völlig aus dem Geist entfernen. Aber man kann immer noch einen Wunsch nähren. Die *Veden* legen vier Ziele für die Menschen fest: Rechtschaffenheit *(dharma),* Reichtum *(artha),* Begierde *(kāma)* und Befreiung *(moksha).* Da das erste und letzte Ziel ohne Hingabe und die Aufgabe sinnlichen Vergnügens schwer zu erlangen sind, hat der Mensch sie als unausführbar aufgegeben und kämpft in allen Ländern und Himmelsrichtungen mit den mittleren beiden, Reichtum und Begierde. Alle Angst und alles Unglück des Lebens können auf diesen schrecklichen Fehler zurückgeführt werden. Was getan werden muß, ist, die vier als zwei untrennbare Paare anzunehmen, *dharma-artha* und *kāma-moksha.* Das bedeutet, Reichtum durch Rechtschaffenheit zu erlangen und den Reichtum zur Förderung von Rechtschaffenheit zu benutzen. Die Mittel sollen die richtigen sein, die Endergebnisse sollen auch die richtigen sein. So laßt Befreiung euren einzigen Wunsch sein.

Befreiung heißt, Gebundenheit abzulegen. Viele Leute geben Herd und Heim, Frau und Kinder, Eigentum und Besitztümer auf und fliehen in den Himalaya oder die Einsamkeit des Waldes und brüsten sich mit ihrer „Entsagung“. Aber dieser Akt des Fliehens kann nicht mit diesem Namen geehrt werden. Er verleiht keine Befreiung, denn der Geist wird gebunden bleiben. Die fundamentale Fessel, die man loswerden muß, ist die Fessel von Unwissenheit *(ajnāna).* Der Tod ist süßer als die Fessel, die Unwissenheit dem Menschen auferlegen kann. Werft die Unwissenheit fort und ihr seid frei, befreit von allen Fesseln von eben jenem Moment an. Alle spirituellen Disziplinen haben diese Befreiung zum Ziel. Auch dieses Singen des Namens Gottes (nāma-samkīrtana) hilft euch, diese grundlegende Unwissenheit loszuwerden.

Jene, die sich allein auf die Vernunft oder die begrenzten Gesetze der Wissenschaft verlassen, argumentieren, daß die Wiederholung des Namens, der schließlich nur ein Ton ist, den Geist des Menschen nicht reinigen und korrigieren könne. Aber der Name ist nicht nur ein „Ton". Ihr sitzt ruhig da und hört zu, aber wenn einer einfach „Skorpion" sagt, werdet ihr ängstlich. Oder wenn jemand sagt: „Der Saft einer Zitrone", beginnt euch der Mund wässrig zu werden. Ihr mögt vor einem Teller voll Delikatessen sitzen, aber wenn jemand von etwas Dreckigem oder Ekelerregendem spricht, seid ihr geneigt, das Essen zurückzuweisen. Der bloße Ton erzeugt eine derartige Reaktion.

Ein bestimmter Beamter untersuchte die Arbeit eines Lehrers in der Schule. Er hegte eine gesunde Verachtung für das bloße Reden, deshalb fragte er den Lehrer: „Wie können sie je die Natur dieser Kinder durch die Worte, die sie äußern, transformieren? Lehren sie durch Taten, handeln sie, sprechen sie nicht." Der Lehrer protestierte und argumentierte, daß Worte einen tiefen Eindruck auf den Geist hinterlassen. Die Diskussion hielt eine Zeitlang an. Schließlich entschied sich der Lehrer für eine List, um den Beamten von seiner Ansicht zu überzeugen. Er sagte zu seiner Klasse im Scherz: „Hierher! Packt diesen Beamten beim Genick und werft ihn aus dem Raum!" Als er diese Worte hörte, geriet der Beamte in große Wut und begann, den Lehrer mit Schmähungen zu überschütten. Der Lehrer sagte: „Mein Herr, ich gab nur ein paar Töne von mir, welche die Form weniger Worte hatten. Niemand hat Sie gestoßen oder angefaßt. Es waren bloß Töne. Aber sehen Sie, wie diese Sie aufgeregt haben. Worte, mein Herr, helfen, den Charakter zu verändern und die Natur zu gestalten. Sie haben ungeheure Macht."

Wenn Worte, die sich auf weltliche Situationen beziehen, eine solch transformierende Wirkung auf den Geist des Menschen haben, werden Worte mit spiritueller und erhebender Bedeutung sicherlich beim Reinigen und Berichtigen des menschlichen Geistes helfen. Wenn wir die Luft mit Rauhheit füllen, werden wir dem Wesen nach rauh; wenn wir die Atmosphäre mit Haß füllen, müssen wir diese Luft notgedrungen auch atmen, und wir werden im Gegenzug gehaßt. Wenn wir die Luft mit Tönen voller Ehrfurcht, Demut, Liebe, Mut, Selbstvertrauen und Toleranz durchtränken, werden wir selbst Nutzen aus diesen Qualitäten ziehen. Das Herz ist der Film, und der Geist ist die Linse. Richtet die Linse auf die Welt, und im Herzen erscheinen weltliche Bilder. Richtet die Linse auf Gott, und sie wird Bilder vom Göttlichen übertragen.

Deshalb tut immer Gutes, seht Gutes, erinnert euch an Gutes und seid gut. Sucht nicht das Schlechte in anderen zu entdecken und zu diskutieren, denn der Versuch wird euren Geist trüben. Wenn ihr damit beschäftigt seid, die Fehler und Schwächen anderer zu suchen, ebnet ihr den Weg, damit sich jene Fehler und Schwächen in euch bilden können. Besteht auf dem Guten in den anderen, dann wird es sich früher oder später für euch als Gewinn erweisen. Die latente Güte in euch mag dadurch gedrängt werden, zu sprießen und zu blühen.

Wenn ihr beispielsweise betet: „Swami, erscheine diese Nacht in meinem Traum. Gibt mir im Traum deinen Anblick *(darshan)*", besteht eine Chance, daß ihr das Glück habt, Swami im Traum zu sehen. Aber wenn ihr, indem ihr eure Gedanken auf schlechte Dinge richtet, betet: „Swami, laß kein Schwein oder keinen Esel in meinem Traum heute Nacht erscheinen", werden aller Wahrscheinlichkeit nach das Schwein und der Esel in eurem Traum auftauchen. Warum ungebührliche Aufmerksamkeit Dingen widmen, die ihr nicht braucht und aus denen ihr keinen Nutzen zieht? Jeder Gedanke hinterläßt einen Eindruck im Geist, deshalb paßt immer auf, daß ihr Böses meidet. Ideen, die spirituellen Tendenzen entgegenstehen, welche die Grenzen der Liebe einschränken, die Zorn und Habsucht provozieren, die Ekel verursachen, müssen ausgeschlossen werden; für den Gottsuchenden *(sādhaka)* ist dies eine grundlegende Disziplin. Er muß solche Gedanken sublimieren, bevor sie eine Auswirkung auf den Geist haben und sollte sich auf die ursprüngliche Quelle des Denkprozesses konzentrieren. Dies kann durch das Praktizieren von Gleichmut, Unbeteiligtsein oder Ausgeglichenheit erreicht werden. Diese Haltung ist das Kennzeichen des Weisen *(jnānin)* und wird jnānashakti genannt oder die Macht der Weisheit. Natürlich wird sie nicht leicht erworben. Der Weg zur Erkenntnis und Verwirklichung durch Verehrung und Anbetung Gottes und durch Hingabe an ihn (bhaktimārga), ist für die meisten der leichteste. Er wird durch Liebe erreicht, denn Liebe führt euch schnell zum Ziel.

Es war einmal ein Mann namens Nāmadeva (bekannt für seine Beherrschung des bhaktimārga durch stetiges Rezitieren des Namens), der zusammen mit Jnānadeva (bekannt für die Beherrschung des Pfades der Weisheit) einen dichten Dschungel durchquerte. Sie litten beide an furchtbarem Durst, aber trotz einer ermüdenden Suche konnten sie nirgendwo Wasser finden. Schließlich kamen sie an einen zerstörten Brunnen mit ein wenig Wasser unten in der Tiefe, aber sie wußten nicht, wie sie die steilen Seitenwände hinuntergelangen sollten. Jnānadeva benutzte seine Macht und wurde zum Vogel. Der Vogel flog hinab und trank seinen Teil, um sich anschließend wieder in Jnānadeva zu verwandeln. Nāmadeva verließ sich auf die Macht des Namens. Er saß auf dem Rand des Brunnens und rief in großem Seelenschmerz *„Nārāyana"* (ein Name

Gottes). Gott antwortete auf sein Gebet. Das Wasser stieg bis zu dem Punkt, wo er saß, und er konnte mit seinen Händen Wasser schöpfen und seinen Durst stillen. Er brauchte sich nicht neu zu entkörpern und zu verkörpern, um seinen physischen Durst zu befriedigen.

Wenn Gott durch ein Gebet angefleht wird, das dem Herzen entströmt, antwortet er sofort, auch wenn es nur einmal geäußert wird. Aber jetzt rührt der Ruf nur von den Lippen her, er hat nicht den Klang der Ernsthaftigkeit und des Vertrauens. Von den Lippen muß er die Zunge hinabgleiten; von der Zunge muß er tief in den Hals gehen, vom Hals muß er hinunter bis ins Herz reichen. Nur fortwährende spirituelle Übung *(sādhana)* kann Erfolg in diesem Bemühen verleihen. Ihr müßt wie ein Kind werden, ohne Hemmungen und Strategien. Die Mutter mag im ersten Stockwerk des Hauses mit ihrer täglichen Hausarbeit beschäftigt sein, während sie das Kind in der Wiege im Erdgeschoß zurückläßt. Aber wenn das Kind einen lauten Klageton nach oben sendet, sei es aus Angst oder aus Hunger, eilt sie hinunter, um das Kind hochzunehmen, es zu hätscheln, zu füttern und auf ihrem Schoß zu trösten. Sie wird nicht deshalb wegbleiben, weil der Klageruf nicht melodiös oder musikalisch klingt: sie wird einfach durch die Seelennot berührt, die der Ruf ausdrückt.

Ebenso wird die Mutter des Universums nicht die Menge der *Yoga*-Übungen aufwiegen, die ihr praktiziert habt oder die Anzahl der Perlen, die ihr am Rosenkranz habt durch die Finger gleiten lassen, oder die Zeit messen, die ihr für die verschiedenen Formen spiritueller Übungen verwendet habt. Ihre Gnade kann gewonnen werden, sie kann von echter Angst gerührt werden, die aus dem Herzen kommt. Der Mensch findet es immer schwieriger, die höchste Quelle von Macht und Gnade mit dieser Lauterkeit anzurufen. Sein Leben ist erschütternd künstlich geworden.

Kāmadhenu, die wunscherfüllende, himmlische Kuh, kann durch ein Seil herangezogen und an einen Pfahl gebunden werden. Auch Gott kann durch ein Seil (den Namen) an euch herangezogen werden und an einen Pfosten (die Zunge) angebunden werden. Dann wird sein Name für immer auf der Zunge tanzen, wobei er die Süße seiner Herrlichkeit verleiht. Der Name muß zu eurer eigenen Freude gesungen werden, um euren eigenen Durst zu stillen, euren Hunger zu lindern. Niemand ißt, um eines anderen Hunger zu stillen; genauso wenig nimmt jemand Medikamente, um eines anderen Krankheit zu erleichtern. Deshalb kümmert euch nicht darum, was andere von eurer Meditation oder eurem *bhajan*-Singen halten. Sucht nicht die Anerkennung, die Würdigung oder Bewunderung anderer, noch haltet euch bei eurer Form der Verehrung zurück, weil andere es nicht mögen oder lächerlich machen. Vertraut auf euch, seid selbstbewußt. Seht durch eure eigenen Augen, hört durch eure eigenen Ohren. Heute glauben die meisten Leute ihren Ohren und verleugnen ihre Augen, oder sie benutzen die Augen und Ohren und sogar das Gehirn von anderen und verfallen auf diese Art und Weise dem Irrtum und der Angst.

Bedenkt folgendes: Hier singt ihr zweimal täglich *bhajans,* aber Mahlzeiten (bhojana) werden viermal täglich eingenommen! Die Sportveranstaltungen werden besucht, um den Körper stark und fit zu halten, Getreide (dhānya) wird angebaut und gelagert und verwendet, um den Körper zu stärken. Meditation *(dhyāna)* ist ebenso notwendig, um den Geist zu stärken, auf daß er in schwachen Phasen nicht den Viren von Lust, Gier, Zorn, Haß, Stolz etc. nachgibt. Wenn der Körper gut entwikkelt ist und der Kopf schwach, ist dies ein Fall für das Irrenhaus. Nahrung sollte für beide sein, Körper und Kopf, und diese beiden sollten dem Erkennen Gottes gewidmet sein, der Wahrheit hinter und jenseits aller Wahrheiten.

Das Suchen guter Gesellschaft und das Verbringen aller verfügbaren Zeit in dieser Gesellschaft, das *satsanga* genannt wird, hilft dem Aspiranten ein gutes Stück voran. Man wird durch den Umgang geformt, den man pflegt: Ein Stück Eisen wird zu Rost, wenn es die Gesellschaft des Erdbodens sucht. Es glüht, es erweicht, es nimmt nützliche Formen an, wenn es sich der Gesellschaft des Feuers erfreut. Staub kann fliegen, wenn er den Wind als Freund auswählt; er endet als Schlamm in der Grube, wenn er Wasser vorzieht. Er hat weder einen Flügel noch einen Fuß, trotzdem kann er entweder fliegen oder gehen, sich erheben oder fallen, dem Freund entsprechend, den er wählt.

Kabīr, der große mystische Poet, der um diese Wahrheit wußte, sang: „Hier sind meine Kniefälle vor dem Bösen. Hier sind meine Kniefälle vor dem Guten." Als er gefragt wurde, weshalb er neben dem Kniefall vor dem Guten auch einen vor dem Schlechten mache, antwortete er: „Ich werfe mich vor dem Schlechten nieder, auf daß es mich allein lasse; das Gleiche tue ich vor dem Guten, auf daß es immer bei mir bleibe."

Hier ist ein Stück brennende Kohle. Hier, etwas weiter ab, ist nur ein Stück Kohle. Wenn sie sich näher kommen und Kontakt aufnehmen, springt die Hitze auf das kalte Stück Kohle über und der Teil, der mit der brennenden Kohle in Kontakt ist, wird heiß und rot. Wenn ihr einen Fächer kräftig über der Kontaktfläche schwingt, wird bald die ganze Kohle zu einer einzigen brennenden Glut. „Nahe" allein ist nicht genug; man muß sie durch ein wenig spirituelle Bemühung *(sādhana)* „lieb und teuer" machen (im Englischen ein Wortspiel von „near" und „dear", Anm. d. Üb.). Dies ist das Geheimnis von *sādhana,* durch das der Mensch göttlich wird. Die *Veden* sagen, daß der, welcher *brahman* kennt, *brahman* wird. Die Kohle kannte Feuer und wurde zu Feuer. *Sādhana* ist die Kultivierung von Liebe, *preman.* Seid voll von Liebe, nehmt die Heiterkeit wahr, die Liebe verleihen kann. Der Mensch ist verkörperte Liebe: er dürstet nach Liebe und er empfindet echte Freude dabei, zu lieben und selbstlose Liebe zu empfangen. Ihr habt eure wahre Natur vergessen, die Liebe ist, deshalb schwitzt ihr Elend, Haß und Eifersucht aus. Seid nie mürrisch oder melancholisch. Laßt alle sehen, daß ihr überschwenglich vor Liebe, Licht und Freude seid. Duldet bei euch weder Leidenschaft noch Vorurteil, Zorn oder Furchtsamkeit. Nehmt das *sādhana* des Namens, das nāma-samkīrtana, und der Weg wird eben sein.

Dieses vierundzwanzigstündige *bhajan*-Programm, das ununterbrochen in allen Ländern rund um die Welt vollzogen wird, hat deshalb die Botschaft der Liebe durch die Namen der Verkörperung universeller Liebe verbreitet. Es hat die Atmosphäre durchtränkt mit Gedanken an Gott und an den Frieden, den er ausschüttet. Das *bhajan*-Singen, das ihr hier veranstaltet habt, hat nicht nur auf eben diese Gegend und ihre Umgebung gewirkt, sondern es wird die gesamte Atmosphäre verändern. Fahrt fort in dieser Haltung der Hingabe und Demut, des Dienstes und der Toleranz, und die Atmosphäre wird nicht durch Haß verschmutzt sein. Besudelt die Luft nicht durch Stimmen von Bitterkeit, Skandal, Beleidigung oder Verleumdung. Bleibt still, wenn euch danach ist, solche Ideen zu äußern; das selbst ist schon ein Dienst an euch und an anderen.

Das Leben ist ein Lied, singt es! Das ist es, was *Krishna* durch sein Leben gelehrt hat. *Arjuna* hörte das Lied auf dem Schlachtfeld, wo die Spannungen am größten waren und als das Schicksal von Millionen durch das Schwert entschieden werden sollte. *Krishna* sang die *Gītā,* auf daß *Arjuna* zuhören sollte. *Gītā* heißt „Gesang“, und er sang es, weil er vollkommene Glückseligkeit *(ānanda)* war, wo immer er auch war - bei der Herde *(gokula)*, auf den Sandbänken der Yamunā oder in *Kurukshetra*, zwischen den kriegführenden Armeen.

Auch ihr müßt eure Tage mit Gesang verbringen. Laßt euer ganzes Leben ein Lied zum Lobe Gottes werden. Glaubt, daß Gott überall zu jeder Zeit ist und erfahrt Stärke, Trost und Freude aus dem Besingen seiner Herrlichkeit in seiner Gegenwart. Laßt Melodie und Harmonie aus euren Herzen steigen und laßt alle sich an der Liebe erfreuen, die ihr durch den Gesang ausdrückt. *Prashānti Nilayam*, 14.11.1976

Zeichen und Wunder

Der Konflikt zwischen Personen, die Gott akzeptieren und denen, die ihn leugnen, jenen, die erklären, Gott sei an diesem oder jenem Platz zu finden und jenen, die behaupten, daß er nirgends zu finden sei, hört nie auf; er hat durch die Jahrtausende angedauert. Wenn man diese Situation betrachtet, muß man bedenken, daß wir eine Person, die vorgibt zu schlafen, nicht wecken können, so sehr wir es auch versuchen - während es unnötig ist, eine Person zu wecken, die schon wach ist und leicht, eine Person zu wecken, die schläft. Jene, die nicht wissen, kann man durch einfache Illustrationen das lehren, was sie nicht wissen. Aber diejenigen, die Halbwissen besitzen und darauf auch noch stolz sind, stehen jenseits jeder weiteren Belehrung.

Die zwei Augen vermitteln ein Bild des riesigen Ausmaßes des Weltraumes, aber sie können das Gesicht nicht sehen, zu dem sie gehören! Sie sind wichtige Werkzeuge des Körpers, aber sie können nicht den gesamten Körper sehen. Wenn ihr euer Gesicht und euren Rücken sehen wollt, müßt ihr einen Spiegel vor und einen hinter euch halten, dann könnt ihr auch auf dem vorderen Spiegel die Widerspiegelung eures Rückens sehen. So müßt ihr ebenso, wenn ihr eure Realität (Gesicht) und eure Zukunft (Rücken) kennenlernen wollt, den Spiegel eures „Selbst-Vertrauens" (Vertrauen, daß ihr das Selbst seid) vor euch und den Spiegel der göttlichen Gnade hinter euch halten. Ohne diese beiden ist die Behauptung, daß ihr euch eurer Wahrheit und eures Schicksals bewußt seid, bloße Phantasie.

Das Göttliche wird nun durch verschiedene Wörter bezeichnet, die allgemeine Bedeutung in beschränkten menschlichen Vokabelschätzen haben. Sie bezeichnen Phänomene, die das Göttliche enthüllen als „Wunder", „Magie" etc. Natürlich kann der Mensch nicht mehr in seinem Geist aufnehmen, als er verkraften kann. Er kann das Unausdrückbare nicht in Worten ausdrücken. Nur diejenigen, die tief getaucht sind und mit dem zugrundeliegenden Prinzip der Liebe Kontakt hatten, können sich das Göttliche mit einiger Klarheit vorstellen. Die Göttlichkeit, die ich bin, ist weder erworben noch verdient, noch ist ihr etwas hinzugefügt worden, sie hat sich auch nicht erst nach einigen Jahren in der Mitte des Lebens herausgebildet.

Das Göttliche muß sich durch diese Manifestationen selbst offenbaren, die zum größten Teil durch die Zeit, Region und die kulturelle Umgebung geformt und modifiziert wurden. Den Zeichen, die ich manifestiere, werden Bezeichnungen gegeben, die das Ziel oder den Effekt nicht mitbezeichnen. Sie können Bewunderung hervorrufen (camatkāra), die zur Verfeinerung des Charakters *(samskāra)* führt, wodurch man zum Dienst am Nächsten (paropakāra) gedrängt wird und so letztendlich die direkte Schau Gottes (sākshātkāra) erhält. Ein Wunder ist jede Handlung, die aufgrund ihrer Unerklärlichkeit Anziehungskraft ausübt. Der Aspekt der Anziehung wohnt dem *Avatar* inne. Der eigentliche Name, *Rāma,* bedeutet „Er, der gefällt oder Freude verursacht." *Krishna* bedeutet „Er, der lockt und anzieht." Dieses Attribut der Anziehung ist charakteristisch für das Göttliche.

Warum zieht das Göttliche an? Ist es, um zu täuschen oder fehlzuleiten? Nein. Es zieht an, um zu transformieren, wieder aufzubauen, zu reformieren - ein Prozeß, der *samskāra* genannt wird. Was ist der Zweck der Wiederherstellung? Die Person nützlich und für die Gesellschaft dienlich zu machen, ihr Ego auszulöschen, in ihr die Einheit aller Wesen in Gott zu bestätigen. Die Person, die sich *samskāra* unterzogen hat, wird ein demütiger Diener derer, die Hilfe brauchen. Dies ist das Stadium des Dienstes an der Gemeinschaft. Dienst dieser Art, mit Ehrfurcht und Selbstlosigkeit geleistet, bereitet den Menschen darauf vor, den Einen, der die Vielen durchdringt, zu erkennen. Das letzte Stadium ist Gotteserkenntnis. Die *Veden* erklären, daß Unsterblichkeit (das Stadium, wenn einer in der geburt- und todlosen, universellen Ewigkeit aufgeht) nur durch Entsagung und Losgelöstheit erreichbar sei, nicht durch Rituale, Nachkommenschaft oder Reichtum. Wenn einer selbstbezogenen Wünschen entsagt, dehnt sich seine Liebe auf die entferntesten Regionen des Universums aus, bis er sich der kosmischen Liebe bewußt wird, die alle vier oben erwähnten Prozesse nährt. Es ist wichtig, daß ihr so wie ich diesen zugrundeliegenden Impuls kennt.

Laßt uns die Wunder betrachten, die anziehen und Staunen verursachen. Ihr seht eine Blume. Es verlangt euch nur danach, sie in eurer Hand zu halten, solange ihre Farbe oder ihr Duft attraktiv ist. Ihr betretet den Markt und seht einen Haufen Früchte. Wenn die Früchte nicht ansprechend sind, verspürt ihr keinen Drang, sie zu besitzen und aus ihnen Nutzen zu ziehen. Anziehungskraft ist die reine Natur des Göttlichen.

Ist die Person einmal näher herangezogen, beginnt der Prozeß der Läuterung *(samskāra)*, ohne diesen bleibt der Mensch fad und schwach. Er hat keine Würde oder Persönlichkeit. Ein wertloser Stahlklumpen wird durch geschickte Manipulation und Aufbereitung zu einer Uhr, die mehrere hundert Rupien wert ist; dies ist das Resultat von *samskāra*, der Stahl zu einem nützlichen Werkzeug machte, das die Zeit anzeigt. Auf diese Weise kann auch der Mensch ein nobles, nützliches, glückliches und diszipliniertes Mitglied der Gesellschaft werden, durch das Verankern guter Gedanken, guter Gefühle, guter Taten und guter Emotionen. So transformierte Personen werden sich spontan für die Aufgabe engagieren, das menschliche Wohlergehen zu fördern. Sie werden Förderer des Ideals der Bruderschaft der Menschen und der Vaterschaft Gottes sein.

Heutzutage machen Personen, die keine Erfahrung oder keine Kenntnis spiritueller Wissenschaft und kein Konzept des Göttlichen haben, Äußerungen über solche Themen. Das Auge kann nichts als sehen, die Zunge kann nichts als sprechen, und das Ohr kann nichts als hören. Jedes hat seine Begrenzungen zu akzeptieren und muß zufrieden sein. Das Göttliche kann nur durch Liebe, Glauben und spirituelle Bemühungen *(sādhana)* und durch universelle Liebe erfaßt werden. Die Vernunft ist ein zu schwaches Instrument, um es zu messen. Das Leugnen des Göttlichen kann es nicht verneinen. Logik kann es nicht offenbaren. Alle Tiraden, die jetzt losgelassen werden, stammen von opportunistischen Atheisten. Deshalb ist es eure Pflicht, euren Gleichmut zu bewahren. Seid euch selbst gegenüber ehrlich und wankt nicht. Ich bin durch Lob oder Schmähung unberührt. Meine Liebe und mein Mitleid umfassen alle; meine Gnade kann von allen geteilt werden. Ich erkläre dies, damit ihr all diesem mit Seelenstärke entgegensehen könnt. Je tiefer ihr grabt, desto tiefer ist das Gespött; je höher der Hügel, desto größer die Lobpreisung. Leute mit einer Krankheit in der Nase können den Wohlgeruch einer Blume nicht schätzen. Jene, die das Göttliche nicht wertschätzen und nicht erkennen können, leiden an einer Krankheit, die sie daran hindert.

Prashānti Nilayam, 23.11.1976

Uneingeschränkte Glückseligkeit

Am heutigen Tag habt ihr euch entschieden, göttliche Seligkeit in euch aufzunehmen, indem ihr den Ruhm Gottes vierundzwanzig Stunden lang ununterbrochen im Chor und mit Musik besingt. Ihr nennt es ununterbrochenes *bhajan,* obwohl es nach dieser Zeitspanne endet. Trotzdem ist die Idee gut, und das Programm wird gute Ergebnisse erzielen. Denn in diesem bewegten Zeitalter von Furcht und Bangen sind die Erinnerung an Gott und die Wiederholung seines Namens das Mittel, das allen zugänglich ist. Leute mühen sich jahrelang dafür ab, ihre Familien zu unterhalten und ihre Kinder aufzuziehen und, obwohl sie nicht so erfolgreich sind, wie sie hoffen oder wünschen, fahren sie mit ihren Anstrengungen fort, ohne nachzulassen. Aber für die Anstrengung, die Gnade Gottes zu erlangen, zeigen sie nicht das gleiche Interesse. Sie sind enttäuscht, wenn sie nicht nach kurzzeitigen Reinigungs-Spurts *(sādhana)* Zeichen der Gnade erkennen.

Bhajans sind wichtiger als Essen (bhojana). Gebete sind wünschenswerter als das Schmachten nach Mahlzeiten. Bienen, die fliegen, Vieh, das umherstreift und Würmer, die kriechen, sie alle fressen und halten sich gesund. Der Mensch ist die Krone der Kreatur, der Monarch und Meister aller Wesen in der Schöpfung. Und wenn er ebenso wie niedrigere Spezies nur nach Nahrung und Unterkunft trachtet, ist das in der Tat beklagenswert. Vom Augenblick des Aufwachens an bis zu dem Moment, wo er sich wieder hinlegt um zu schlafen, ist der Mensch in endlose Aufträge, unaufhörliche Unruhe, nicht endende Verwicklungen und grenzenlose Beklemmung verwickelt. Und was gewinnt er daraus? Mehr Verwirrung, mehr geistigen Aufruhr.

Ist dies alles - das Endgültige der menschlichen Existenz? Nein. Das kann nicht sein. Der Mensch hat das edlere Ziel der Selbst-Erleuchtung, des Anzündens der Lampe der Liebe in sich und des Teilens des Lichtes dieser Lampe mit allen, die um ihn sind. Die Gier *(kāma)* und der Zorn *(krodha)* sind die zwei Feinde, die es ihm nicht erlauben, diese Lampe hell scheinen zu lassen.

Singen zum Lobpreis Gottes *(bhajan)* ist ein guter, disziplinierender Prozeß, durch den diese beiden abgehalten werden können. *Kāma* ist das Verlangen nach physischem Vergnügen, nach Macht, Ruhm, Reichtum und Gelehrsamkeit. *Krodha* ist der Zorn, das Resultat vereitelter Lust. Wenn ihr euch nach dem geistigen Frieden sehnt, müßt ihr die spirituelle Übung aufnehmen, die euch Frieden vermittelt. Wenn ihr euch statt dessen in alte Gewohnheiten verwickelt, wie kann dann der Friede euer sein? Ihr steht an jenem Häuserblock und nehmt, obwohl ihr nach Whitefield wollt, einen Bus, der in die entgegengesetzte Richtung fährt und euch nach Hoskote bringt. Ist dies das Zeichen eines intelligenten Menschen? Ihr wählt den falschen Weg und beklagt euch dann, daß ihr euch verirrt habt. Salz und Kampfer sehen gleich aus, aber ihr müßt eure Intelligenz benutzen, um zwischen den beiden zu unterscheiden. Messing klingt lauter als Gold, aber ihr solltet euch davon nicht täuschen lassen und Gold statt Messing wählen.

Wenn einige Menschen mehr Wirbel machen und andere Leute glauben lassen, sie seien weise, so sind sie wie Messing - haltet sie nicht für Gold. Meßt reinem Herzen, süßen Worten und geweihten Taten Wert bei und gebt euch nie Gesprächen hin, die andere verletzen. Wenn ihr vorhabt, den anderen zu verletzen, kehrt das Böse zu euch zurück. Der Kummer, den ihr erleidet, ist nur ein Echo des Kummers, den ihr im Herzen des anderen verursacht habt. Deshalb bittet um Vergebung, wenn ihr jemand verletzt habt, bereut und beschließt, es nie wieder zu tun. Durch aufrichtiges Gebet können Berge von Bösem aufgelöst und zerstört werden. Entschließt euch von nun an, daß eure Worte sanft und süß, eure Taten für andere nützlich und eure Gedanken immer damit beschäftigt sein sollen, wie man anderen, die schwächer und weniger reich sind, dienen kann.

In diesem und in anderen Dörfern gibt es viele Personen, die entweder zu alt oder zu schwach sind oder die körperliche Gebrechen haben - die Lahmen, die Tauben, die Blinden, die von Kinderlähmung Betroffenen - für die es sogar sehr schwierig ist, sich ihren Lebensunterhalt zu verdienen. Manche haben zudem eine Familie, für die sie sorgen müssen. Was sie heranzuschaffen in der Lage sind, ist in diesen Tagen, wo die

Preise ins Uferlose steigen, sehr unzureichend. Ich schlage vor, solchen Leuten aus den Dörfern rings um *Brindāvan* mit Geld und Ausstattung zu helfen, einige Beschäftigungsprojekte zu schaffen, in denen Schneidern, Tischlern, Malen, Spinnen, Weben und andere Dorftätigkeiten ausgeübt werden können. Während sie mit ihrem Handwerk beschäftigt sind, können sie den Namen Gottes rezitieren *(nāmasmarana)*, *bhajans* singen und sich so Gott in Erinnerung rufen, damit sie beides verdienen können: Frieden für den Geist und Nahrung für den Körper. So wie Vemana sang, werden sie die „Fähigkeiten besitzen, Geld zu verdienen, um hier glücklich zu sein, und die Fähigkeit, Gnade zu erlangen, um dort glücklich zu sein."

Auch die anderen, die Dorfbewohner, die sich während des Tages auf den Feldern abmühen, können sich nach ihrer Abendmahlzeit in diesem Venugopālaswami-Tempel versammeln und mit der Freude und dem Frieden erfüllt werden, den *bhajan*-Singen vermittelt. Diejenigen, die *bhajans* singen, erhalten, was man „doppelten Gewinn" nennen könnte, denn sie erlangen Freude und verbreiten Freude! Das Leben heute ist von Kummer erfüllt, es ist mit Angst und Verzweiflung besetzt. Die einzige Zeit, in der ihr diese Gedanken vergessen könnt, ist die, in der ihr Kontakt zur Quelle aller Kraft aufnehmt, zu Gott. Ihr könnt diesen Frieden und diese Freude nicht erlangen, solange ihr von der Bürde des täglichen Lebens gebeugt seid. Ihr tragt während des Tages eine riesige Last von Sorgen; legt sie jeden Abend für eine Stunde ab und verbringt diese Zeit mit Gott, der eure Schultern breit und die Last leicht machen kann. Indem ihr das *bhajan*-Singen zu einem täglichen Ritual macht, werdet ihr daran Geschmack finden, wie an Essen und Trinken. Ihr eßt zweimal täglich, um den Körper zu erhalten; solltet ihr nicht mindestens einmal am Tag zur Aufrechterhaltung des Geistes *bhajans* singen?

Singen zur Ehre Gottes ist Teil unserer Kultur gewesen, Teil unserer Tradition der ewigen Ordnung *(sanātana-dharma)*. Aber sie hat, in welch verdünnter Form auch immer, nur in den Dörfern überlebt. Sie ist aus den Städten verschwunden, wo die Leute „aufregenderen" Formen des Zeitvertreibs und der Erholung des Geistes nachgehen. Aber dieses Programm des gemeinsamen *bhajan*-Singens aller muß gepflegt, entwickelt und später in die Städte übertragen werden. Ich freue mich zu sehen, daß die jungen Männer dieses und der angrenzenden Dörfer, speziell diejenigen, die im Shrī Sathya Sai College sind, ein lebhaftes Interesse an diesen *bhajans* zeigen. Das ist fürwahr ein vielversprechendes Zeichen, voll großen Potentials für die Zukunft dieses Landes und seiner Kultur. Sie säubern ihren eigenen Geist und helfen, die Atmosphäre dieser Dörfer zu reinigen. Sogar über diesen Dörfern ist die Luft durch vulgäre Filmmusik, durch erniedrigende und abscheuliche Gespräche verschmutzt. Das 24stündige *bhajan*-Singen wird sie durch göttliche

Schwingungen reinigen. Und diejenigen, welche die reine Luft atmen, werden gesünder und im Verhalten aufrechter sein.

Der Student, der die Begrüßungsrede für mich hielt, endete damit, mich zu bitten, wieder zu einer Veranstaltung hierher zu kommen.

Ich bin bereit, in euer Dorf zu kommen, so oft ihr es wollt, denn ich finde, daß die Humanität des Menschen nur in den Dörfern gedeiht. In den Städten haben die Leute sie verloren. Ihr wißt, daß Shrī *Krishna* in einem Dorf geboren wurde, in dem er später Vieh versorgte. Sein Bruder hatte immer ein Joch auf seinen Schultern, worauf er stolz war. Dharmasthāpana, oder die Wiederherstellung der Rechtschaffenheit, muß vom Dorf ausgehen, wo sie noch zu finden ist, wie schwach und kraftlos auch immer. Deshalb müßt ihr auf dem Pfad der Pflichterfüllung *(dharma)* leben und ihn als Hauptziel eurer Aktivitäten betrachten. Geht diese Aufgabe gemeinsam an und ermutigt euch gegenseitig, während ihr auf diesem Pfad voranschreitet. Dann ist euch der Erfolg gewiß.

Seegehalli, 4.12.1976

Jesus

Der Mensch ist wie Saat. Die Saat sprießt, wird ein junges Bäumchen, wächst heran zu einem Baum, und er erfüllt seine Bestimmung, indem er der Welt Blüten und Früchte darbietet. Ebenso wächst der Mensch von der Kindheit über die Jugend in die Erwachsenenwelt und das mittlere Alter. Wenn er vollständig erwachsen ist, muß er sich bewähren, indem er der Welt Blumen und Früchte guter Gedanken und guter Taten anbietet, wobei er selber die volle Weisheit erreicht. Ein Vogel hat zwei Flügel; ein Karren muß zwei Räder haben. Auch der Mensch braucht zwei Arten von Wissen - das, wovon er lebt und das, wofür er lebt. Das eine hilft ihm, seinen Lebensunterhalt zu erwerben und das andere belohnt ihn dafür, überhaupt gelebt zu haben. Das eine wird jīvanopādhi genannt, die Mittel zum Leben und das andere jīvanaparamavādim, das Ziel des Lebens. Das eine versetzt uns in die Lage, die materiellen Reichtümer anzusammeln, die unser Leben sicher und bequem machen; das andere beantwortet die Fragen, die uns quälen und die nach Beantwortung verlangen - woher wir kommen, wohin wir gehen, wo diese Welt ihren Ursprung hat etc. Keine Religion beschäftigt sich mit dem ersten Typ von Wissen, alle befassen sich nur mit dem zweiten Typus. Jeder von euch muß dem zweiten Typ mehr Aufmerksamkeit schenken als dem ersten, denn er hat auch auf ersteren eine nützliche Auswirkung.

Der Mensch hat in allen Ländern und Gemeinden bestimmte Regeln und Vorgaben aufgestellt, um einen ordentlichen und glatten Ablauf seiner täglichen Aktivitäten zu sichern. Seit sie Teil des Verhaltenskodex geworden sind, werden sie auch als „Disziplin" beschrieben. Sie sind auch unter den Grundprinzipien der Gebote Gottes *(dharma)* zusammengefaßt. *Dharma* fördert Frieden und Glück, Zufriedenheit und Freude. In jeder Gemeinde sind ab und zu große Persönlichkeiten aufgetaucht, die den Kodex gestalteten und erneuerten und damit die Einzelheiten den Gegebenheiten der jeweiligen Zeit anpaßten.

Wonach wir streben müssen, ist keine neue Religion, keine neue Gesellschaft und kein neuer Moralkodex; dieser ist in jeder Rasse und in jedem Land schon vorhanden. Auch die grundlegenden Pläne für spirituelle Übungen sind in den meisten Religionen schon niedergelegt. Aber wir brauchen Personen, die auf allen Bewußtseinsstufen Reinheit erlangt haben. Der Mensch kann nur dann vollständige Seligkeit erreichen, wenn sein Herz von Neid, Egoismus, Gier und anderen üblen Zügen frei wird. Wir brauchen Personen, welche die Verwandtschaft und Identität sowohl von Mensch zu Mensch als auch von einer Gesellschaft mit der anderen erkennen und zu schätzen wissen. Sie müssen sich jenseits der Grenze des beschränkten „Ich" bewegen, um sich von der Verwicklung der Sinne freizumachen. Sie müssen über die Mauer der Festung „Körper" springen und begeistert in die weite Welt eintreten, die jenseits davon liegt. Von der engen Sehweise der „individuellen Bedürfnisse" muß der Mensch hin zur weiten Sicht des „Universellen" gelangen. Wenn ein Tropfen Wasser in den Ozean fällt, verliert er seine enge Individualität, seinen Namen und seine Form und nimmt Form, Namen und Geschmack des Ozeans an. Wenn er versucht, getrennt als „Tropfen" zu leben, wird er schnell verdunsten und zur Nichtexistenz reduziert werden. Jeder muß sich bewußt werden, daß er Teil der einen Wahrheit ist, die alles im Universum umfaßt. Es ist tadelnswert, sein ganzes Leben lang an den niedrigen Pfaden der Selbstbezogenheit, des Neides und der Gier festzuhalten. Erweitert das Herz und macht den Geist rein. Nur dann können Friede und Wohlstand auf der Erde etabliert werden.

Dieser Tag ist ein heiliger Tag, der Tag, an dem Jesus geboren wurde. Er kündigte sich selbst als Bote Gottes an. Tatsächlich werden alle Menschen als Botschafter Gottes geboren. Der einzige Zweck dieser menschlichen Karriere ist, die Allgegenwart Gottes, seine Kraft und Herrlichkeit zu propagieren. Niemand hat sich inkarniert, um nur Mengen von Nahrungsmitteln zu konsumieren und seine Sinne zu versorgen. Das menschliche Leben ist viel kostbarer als das. Aus diesem Grund ist die Fähigkeit, Schönheit, Wahrheit und Güte hoch zu schätzen, nur dem Menschen gegeben.

Um das Bewußtsein des Göttlichen zu erlangen, muß man nicht in irgendeine spezielle Gegend oder an einen besonderen Ort fahren. Es reicht aus, wenn das Auge nach innen gerichtet wird. In der *Bhagavadgītā* wird die innere Realität, *ātman,* als „so prächtig, wie eine Billion Sonnen" beschrieben. Aber dem Menschen sind das innere Licht und die Macht nicht bewußt geworden; er tappt noch immer im Dunkel der Unwissenheit. Die Schriften erklären, daß die Menschen Kinder der Unsterblichkeit (amritaputra) sind. Aber der Mensch ist sich dieser glorreichen Erbschaft nicht bewußt. Er fühlt, daß er sterblich ist, daß ihm ein Ende bevorsteht und seine Existenz zeitweilig ist. Die Schriften sagen auch, daß *ātman,* der wahre Kern des Individuums, die eigentliche Verkörperung der Seligkeit, ānandasvarūpa ist. Aber der Mensch, der dieser Wahrheit gegenüber blind ist, lädt Sorge und Bangen ein, Herrschaft über ihn auszuüben und gibt die Freude auf, die ihn erwartet. Jeder Mensch ist ein Bote für die Menschheit, betraut mit der Aufgabe, das Wissen um die Freude zu verbreiten. Wenn er diese Mission mißbraucht und seine Jahre damit vergeudet, seine Sinne zu befriedigen, verliert er die Chance und stellt sich auf die Ebene von Tieren. Jesus, der von sich selbst verkündete, er sei ein Botschafter Gottes, entwickelte sich durch das Aufblühen der Göttlichkeit und durch das Entfalten von Mitleid und Dienen in seinem Innersten zu einem Stadium, in dem er sich selbst als Sohn Gottes bezeichnete. Und schließlich erhob er sich zu der Ebene des „Ich und mein Vater sind eins."

Als Jesus erklärte, daß er der Sohn Gottes sei, erlangte er das Anrecht auf die väterliche Majestät und Macht. Diese konnte er nur beanspruchen, weil er sich die Qualitäten seines Vaters aneignete. Als Resultat erlangte er die Verschmelzung, die ihn dazu führte, zu erklären: „Ich und mein Vater sind eins." Die Schriften sagen: „Er, der *brahman* kennt, wird *brahman*" (brahmavid brahmaiva bhavati).

Diese drei Stadien werden im hinduistischen Glauben als *dvaita,* vishishtādvaita und advaita bezeichnet. Bote und Meister, diese beiden sind grundsätzlich getrennt, und so ist dieses Stadium eines der Dualität oder *dvaita.* Der Sohn und der Vater sind, obwohl zwei getrennte Wesenheiten, durch Neigung und verwandte Gefühle und Haltungen aneinander gebunden. Sie sind wie das Ganze und der Teil, der Körper und das Glied. Dieses Stadium wird vishishtādvaita oder qualifizierte Nicht-Dualität genannt. Und wenn der Sohn und der Vater eins sind, ist das Stadium advaita erreicht, das der Nicht-Dualität.

Selbst ein Kind ist begierig, von einer Klasse zur nächsthöheren zu gelangen; es haßt es, in derselben Klasse zu verbleiben und dort jahrelang zu vegetieren. Was sollen wir dann von intelligenten Personen halten, die mit dem Erwerb der niedrigeren Stufen zufrieden sind? Jesus durchschritt den gesamten Prozeß und inspirierte die ganze Menschheit durch sein Beispiel und seine Lehren, großzügig und freundlich, unvoreingenommen und scharfsinnig zu sein und allen Liebe und Licht zu bringen. Er zog Leute durch seine Wunder an und verwandelte sie in Apostel und beispielhafte Diener des Menschen.

Ihr müßt erkennen, daß der göttliche Strom, der in jedem Wesen fließt und wirkt, die eine universelle Wesenheit ist. Wenn ihr das Haus Gottes betreten wollt, werdet ihr mit zwei geschlossenen Türen konfrontiert: dem Wunsch, euch selbst zu loben und dem Wunsch, andere zu diffamieren. Die Türen sind durch Neid verriegelt, und außerdem hindert das riesige Schloß des Egoismus den Eintritt. Falls ihr ernsthaft bemüht seid, müßt ihr zum Schlüssel der Liebe *(prema)* greifen und das Schloß öffnen, dann den Riegel entfernen und die Türen weit aufreißen. Wahre Erziehung muß auch auf diese schwierige Operation vorbereiten.

Ihr unterzieht euch dem Studium verschiedener Fächer, aber die Krone und der Gipfel aller Studienfächer ist das Training des inneren Bewußtseins, *antahkarana.* Tyāgarāja, der berühmte Mystiker, Poet und Sänger riet all jenen, die begierig darauf sind, in heiligen Flüssen zu baden, im Ozean zu baden, da das Wasser aller Flüsse sich in ihm vereint. Deshalb bedeutet ein Bad im Ozean ein Bad in allen Flüssen gleichzeitig. Ebenso ist die Erkenntnis des Selbst (ātmavidyā), wenn sie gemeistert ist, der Schlüssel zu allem Wissen. Sie lehrt uns dasjenige, das, wenn man es weiß, alles andere beinhaltet und uns offenbart, daß das Eine in den Vielen ist und daß die Vielen in Wirklichkeit das Eine sind. „Alles ist von Gott eingehüllt" (īshāvāsyam idam sarvam), wie die Schriften *(shruti)* erklären. *Sādhana* ist der Name für die geistige Disziplin und die geistige Anstrengung, diese Einheit zu erkennen. Jesus opferte sein Leben und verlor sein Blut, um Liebe und Mitleid im Herzen des Menschen einzupflanzen, auf daß er glücklich sei, wenn andere glücklich sind und traurig, wenn andere traurig sind. Man kann Weihnachten nicht durch Festlichkeit und Spaß feiern. Feiert es lieber, indem ihr euch wenigstens für eines der Ideale, die er formuliert hat, entscheidet und es in die Tat umsetzt oder euch bemüht, wenigstens eines der Ziele, die er dem Menschen gesteckt hat, zu erreichen.

Laßt mich euch aufrufen, im Gedenken dieses heiligen Tages zwei Untugenden des Geistes aufzugeben: Eigenlob und üble Nachrede. Nehmt eine Gewohnheit an: die Gewohnheit des liebenden Dienstes an den Notleidenden. Wenn ihr all eure Zeit und Energie auf weltlichen Komfort und Sinnesfreuden verschwendet, gereicht ihr dieser menschlichen Existenz zur Schande. Das Leben darf nicht nur auf Essen verschwendet werden; Essen ist nur eine Lebensnotwendigkeit. Ihr haltet diesen Körper für etwas, das euch gehört. Nein, er ist der Tempel Gottes. Gott wohnt darin. Haltet ihn durch die Entwicklung von Mitleid und Liebe sauber, frisch und wohlriechend. Benutzt den Tempel Gottes nur für heilige Gedanken, Worte und Taten. Entweiht ihn nicht, indem ihr ihn für niedrige, triviale und unheilige Aufgaben mißbraucht. Wo immer ihr seid, was immer ihr tut, haltet an diesem Entschluß andauernd und mit Kraft fest. *Brindāvan*, 25.12.1976

Hanumān

Hanumān war es gelungen, seine Gedanken, Worte und Taten zu koordinieren. Deshalb zeichnete er sich in einmaliger Weise durch große physische Stärke, geistige Stabilität und einen tugendhaften Charakter aus. Unter den Persönlichkeiten des *Rāmāyana* glänzt er als unschätzbarer Edelstein. Er war auch ein großer Gelehrter, der vor allen Dingen die sechs Schulen der Grammatik gemeistert hatte. Er kannte die vier *Veden* und die sechs *shāstras*. Die *Gītā* sagt, daß derjenige ein Gelehrter ist, der dieselbe göttliche Kraft als Motivator in allem erkennt. *Hanumān* war ein gutes Beispiel für diese Sichtweise. Er rühmte sich nicht, viel zu wissen. Er verkörperte das wahre Bild von Demut, das aus echter Weisheit und Aufrichtigkeit stammt. Er erkannte, daß das *Rāma*-Prinzip, die Freude des Selbstes *(ātmarama),* jedes Wesen erleuchtet, und er bewunderte es mehr als alles andere. Während ihrer Wanderungen durch den Wald auf der Suche nach Anhaltspunkten über *Sītās* Verbleib kamen *Rāma* und *Lakshmana* am Berg Rishyāmukha an, wo sie in einem geschützten Tal eine Weile ausruhten. Sie waren niedergeschlagen und körperlich schwach. Der König der Affen (vanara), Sugrīva und sein Vertrauter, *Hanumān,* sahen sie vom Gipfel des benachbarten Berges aus. Anfangs fürchtete Sugrīva, sie könnten Gesandte seines Bruders Vali sein, der ihm ewige Rache geschworen hatte, oder auch dessen Spione, die sich inkognito bewegten. So bot sich *Hanumān* an, zu ihnen zu gehen, um mit genauer Information über ihr Vorhaben und ihre Identität zurückzukehren. Er meinte, es sei gefährlich, Schlußfolgerungen zu ziehen, ohne ausreichende Informationen zu besitzen.

Er sprach in liebevollen, sanften und gefälligen Worten zu den Brüdern. *Rāma* war über die grammatikalische Korrektheit seiner Sätze erstaunt. Sie beantworteten freiwillig alle seine Fragen, und *Hanumān* war von ihrer Aufrichtigkeit angetan. Er bot ihnen an, sie zu seinem Herrn und Monarchen zu bringen. Er wuchs an Körpergröße und trug sie auf seinen Schultern. Der Anblick *(darshan) Rāmas* und *Lakshmanas* nahm ihm alle Sünden, die Berührung mit dem Göttlichen *(sparshana)* verbrannte die Konsequenzen all seiner Taten vergangener Leben, und die Unterhaltung *(sambhāshana)* erfüllte seinen Geist mit Freude. Das ist die

Erfahrung all derer, welche die göttliche Kraft bereitwillig willkommen heißen. Die Folge davon war, daß *Rāma* und Sugrīva, die gleiche Befürchtungen und Probleme hatten, einen freundschaftlichen Pakt schlossen. Beide waren zuversichtlich, daß ihre Probleme durch die gegenseitige Hilfe zufriedenstellend gelöst würden.

Hanumān wurde der Bote *Rāmas*. Es gibt drei Klassen von Boten: solche, die Befehle des Herrn nicht verstehen und denen es gleichgültig ist, ob sie diese verstehen, was der ihnen zugewiesenen Arbeit zum Nachteil gereicht; solche, die nur genau das tun, was der Auftrag vorsieht; und solche, die den Hintergrund und die Bedeutung der Befehle erfassen und die sie voll ausführen, bis der Zweck erfüllt ist. *Hanumān* gehörte zur letzten und besten Kategorie. Er ließ in seinem Bemühen nie nach, wie groß auch immer das Hindernis war und meldete sich erst zurück, wenn sein Gewissen mit dem Resultat zufrieden war. Er konnte sich in die Befehle *Rāmas* einfühlen und wußte, was dessen Order bedeutete. Sobald er den Befehl erhielt, fühlte er in sich einen Impuls und ein neues Vertrauen, daß ihm von *Rāma* selbst die nötige Kraft und Intelligenz, Kühnheit und Abenteuerlust verliehen werde, eben weil er den Befehl erhalten hatte. Daher hatte er nie Zweifel an seinen Fähigkeiten und seinem Leistungsvermögen. Sein Körper und sein Geist waren allein von der Tatsache belebt, daß *Rāma* ihn um etwas bat. Eine elektrische Leitung hat innerhalb ihres Plastikmantels einen Kupferdraht; um gut funktionieren zu können, müssen beide von hoher Qualität sein. Ebenso müssen Körper und innewohnender Geist in guter Verfassung sein, und *Rāmas* Worte machten sie beide wirkungsvoll und aktiv.

Der Anblick *(darshan) Rāmas* verlieh *Hanumān* eine enorme Stärkung seiner Kräfte, sogar der physischen Kraft. Wie sonst hätte er einen Sprung von mehr als 160 km über das Meer bewältigen können? Eine Aufgabe, an die sich weder Jambavān, Angada oder andere Vanara-Helden herangewagt hätten, erfüllte *Hanumān* durch bloße Rezitation des Namens *Rāma*.

Indiens Jugend muß diesem Charakterzug *Hanumāns* besondere Aufmerksamkeit schenken. Er erwog nie das Für und Wider. Er fragte sich nicht: „Werde ich Erfolg haben? Warum wurde gerade ich für diese Aufgabe auserwählt?“ als *Rāma* ihn bat, den Verbleib von *Sītā* auszukundschaften. „Warum sollte ich die Chancen von Erfolg oder Mißerfolg abwägen?“ sagte er sich. „Der *Rāma,* der mich erwählt hat, wird die Verantwortung tragen.“ Er entschied sich, zu beten und sein Bestes zu geben. Während er über das Meer sprang, erhob sich ein Hügel und bot ihm Rast und Gastfreundschaft an. Er aber schlug die Einladung aus. Eine Dämonin erhob sich aus dem Meer und lud ihn ein, mit ihr zu kämpfen, bevor er seinen Weg fortsetzte, aber er schob sie beiseite und flog weiter. Er flog durch den Himmel wie einer von *Rāmas* Pfeilen.

Selbstvertrauen war die Grundlage seines Mutes; darauf baute er die Mauern der Selbstzufriedenheit; darüber legte er das Dach des Selbstopfers, und in dem Haus legte er sich nieder und erfreute sich der Wonne der Selbsterkenntnis.

Hier ist ein gutes Beispiel für die Hingabe *Hanumāns* an *Rāma*. Während der Vollendung der Brücke in der Nacht vor dem Marsch nach Lankā legte sich *Rāma* im kühlen, hellen Mondlicht auf den Sand an der Küste, wobei Sugrīva, *Hanumān,* Vibhīshana, Jambavān, Angada, Nala, Nīla und andere um ihn herum saßen. Er lag mit dem Kopf auf *Lakshmanas* Schoß. Plötzlich warf er die Frage auf, warum der Mond ein Zeichen habe und was dieser Fleck bedeute. Jeder wagte eine Antwort. Einige sagten, er sei der Schatten der Erde, andere, daß er ein großes Loch oder eine Spalte auf der Mondoberfläche andeute, und einige sagten, es müsse sich um einen riesigen Haufen Erde handeln. *Rāma* fragte *Hanumān,* der lange Zeit still gewesen war, was er darüber denke. *Hanumān* sagte, daß auf dem Mond die Reflexion des Gesichtes *Rāmas* zu sehen sei, den er anbete. Er besaß das einzigartige Vermögen, *Rāma* in allem zu sehen, worauf sein Auge fiel.

Hanumān wird als Affe geschildert, und Affen sind von Natur aus launisch und fröhlich. „Affig" ist zu einem Synonym für wankelmütig geworden. Aber in *Hanumāns* Verhalten war keine Spur von Wankelmütigkeit. Er war von göttlicher Herkunft und zeichnete sich durch die göttlichen Qualitäten aus, die in der *Gītā* erwähnt werden. Die Kontemplation über *Rāma* verlieh ihm ein großes Glücksgefühl. Er besaß die volle Herrschaft über seine physischen und sinnlichen Sehnsüchte. Aus ihm leuchtete *ātmischer* Glanz. Er hatte sein Leben auf der Basis von Wahrheit *(satya)* und Rechtschaffenheit *(dharma)* aufgebaut, und er leitete seine Gefährten auch auf den gleichen Pfad, indem er ihnen die Kraft seines Beispiels vorführte.

Von den drei Grundeigenschaften *(guna)*: Ausgeglichenheit *(sattva)*, Leidenschaftlichkeit *(rajas)* und Trägheit *(tamas)*, ist *rajas* die Qualität, auf die sorgsam geachtet werden muß, denn ihre erste Nachkommenschaft ist Lust *(kāma)*. Die Lust zerstörte *Rāvana,* der ein großer Gelehrter, Krieger, Herrscher und mächtiger Held war. Sie kann jede gute Qualität im Menschen überwältigen und neutralisieren und ihn auf die Ebene eines Tieres hinabziehen. Ärger ist der zweite unter den Nachkommen dieser Art. Der Zorn kann die Schatzkiste der Weisheit eurem Griff entreißen und sie in kleine Stücke zerbrechen. Er wird gewöhnlich mit dem Feuer (anala) verglichen, was auch „nicht genug" bedeutet. Es findet immer mehr Geschmack an mehr und mehr Brennstoff, um seinen grenzenlosen Hunger zu stillen.

Hanumān empfand keine Lust. Sein Zorn war nicht von der „Nichtgenug"-Sorte. Um *Sītā* zu finden, mußte *Hanumān* den Frauentrakt in

Rāvanas Palast aufsuchen, um den schlafenden Frauen ins Gesicht zu schauen und ihre Züge mit denen zu vergleichen, die *Rāma* ihm von *Sītā* beschrieben hatte. Er fühlte sich sehr schuldig aufgrund dieser Prüfung und erwog sogar den Selbstmord, weil er sich nach dieser Erfahrung zu beschämt fühlte, als daß er *Rāma* ins Gesicht schauen könnte. Aber er tröstete sich, daß es letztlich der Befehl *Rāmas* war, dem er gehorchte und fuhr mit der Suche fort. Er betrachtete jede Frau jedoch als seine eigene Mutter, und so suchte er nach seiner Mutter und nicht nach *Sītā*. Dies ist eine gute Lektion für die Jugend von heute.

Während der Krönung Shrī *Rāmas* in *Ayodhyā* wurden allen Ministern und ausgesuchten Besuchern, Mitarbeitern und Gefährten *Rāmas* - Vibhīshana, Sugrīva, Jambavān, Nala, Nīla etc. Geschenke übergeben. *Hanumān* erhielt nichts. Als *Sītā* dies sah, schmerzte es sie, waren ihr doch seine Selbstlosigkeit und Heldenhaftigkeit, seine Hingabe und Ergebenheit am meisten zugute gekommen.

Sie berichtete *Rāma,* der auf dem Thron neben ihr saß, von ihren Gefühlen. *Rāma* sagte ihr, daß sie ihm schenken könne, was immer sie wolle. So nahm sie ihre eigene schöne Perlenhalskette ab und legte sie in *Hanumāns* Hände. *Hanumān* nahm die Perlen sofort beiseite, zerbiß sie und spuckte sie voll Widerwillen aus! *Sītā* errötete vor Zorn. Sie flüsterte *Rāma* zu, daß *Hanumān* nichts anderes als ein einfacher Affe sein könne. Als *Hanumān* dazu befragt wurde, sagte er: „Ich habe nur ausprobiert, ob diese Perlen *Rāma* in sich hatten, ich konnte keine finden, in der er war, so warf ich sie weg. Wenn ein Ding nicht *Rāma* in sich birgt, ist es für mich wertlos wie ein Stein."

An diesem Punkt erhob sich Agastya, einer der angesehenen Weisen, die in der Halle versammelt waren und forderte *Hanumān* mit der Frage heraus: „*Hanumān*! Du sagst, daß du nichts tragen oder ertragen, essen oder schleppen wirst, was nicht nach *Rāma* klingt. Nun, du trägst diesen Körper mit dir herum, oder nicht? Klingt er für dich nach *Rāma*?" *Hanumān* nahm die Herausforderung an. Er riß sich ein einzelnes Haar aus dem Handgelenk und hielt es an das Ohr des Weisen. Horch! Es rezitierte „*Rāma, Rāma*" ohne Unterbrechung. *Hanumāns* Loyalität und seine Hingabe an alles, was seinem Herrn gehörte, waren derart tief und ernsthaft. Das ist der Grund, warum er erfolgreich war, wie immer die Anweisung lautete.

Nach den Krönungsfeierlichkeiten saßen *Sītā, Rāma* und seine Brüder zusammen und schwelgten in alten Erinnerungen. Einige von ihnen äußerten den Wunsch, mehr daran beteiligt zu sein, *Rāma* zu dienen. Bharata und Shatrughna waren die eifrigsten. So wurde eine Liste mit Dienstleistungen angefertigt, die man *Rāma* anbieten könne, und die einzelnen Punkte wurden auf die Anwesenden verteilt. *Hanumān* war zu dieser Zeit nicht anwesend, und als er hereinkam, äußerten die anderen mit einer gewissen Fröhlichkeit, daß er keine Chance mehr hätte, *Rāma* zu dienen; alles wurde nun von den anderen getan. Auch *Rāma* beteiligte sich an dem Spaß. *Hanumān* war unsagbar entmutigt. Er bat sie: „Bitte, geht die Liste noch einmal durch. Gebt mir irgendeinen Dienst, den ihr eventuell übersehen habt und sei er auch noch so gering." Sie waren sicher, nichts übersehen zu haben, und so wurde die Liste *Hanumān* selbst ausgehändigt. Glücklicherweise fand er einen Punkt, der nicht verteilt worden war. Wenn einer gähnt, ist es Brauch, mit den Fingern vor dem Mund zu schnipsen. Natürlich macht das normalerweise die Person, die gegähnt hat, selber, aber im Falle *Rāmas,* des Herrschers von *Ayodhyā*, wäre es sicher unter seiner Würde gewesen, dies selbst zu tun. *Hanumān* bat darum, daß ihm die Aufgabe übertragen werden möge, mit den Fingern zu schnalzen, wann immer *Rāma* gähne. Die anderen stimmten zu, denn sie dachten, daß die Chance, daß *Rāma* gähnte, tatsächlich sehr gering sei. Für *Hanumān* allerdings war es ein Gottesgeschenk. Denn so würde er andauernd, die Finger bereit, *Rāmas* Gesicht anschauen können, um den Brauch zu vollziehen, der seine Pflicht war.

Auch dies war die Gnade *Rāmas,* denn was kann ohne sein Wissen und seinen Plan geschehen? Wer kann den *Devotee* von der Gegenwart Gottes abhalten? *Rāma* zeigte durch diesen Zwischenfall, daß niemand seinen Wunsch verhindern und zwischen seinem *Devotee* und ihm stehen kann.

Brindāvan, 1.2.1977

Den Durst löschen

Diejenigen, die Mitglieder der Organisation sind, die sich dem Dienst am Nächsten widmet (sevādal), haben eine hohe Verantwortung. Sie müssen Mitglieder und durch sie die ganze Menschheit auf den Weg der spirituellen Bemühung *(sādhana)* führen, der das Individuum von der „Ich"- zur „Wir"-Haltung führt. Dies hat dem sevādal die Wichtigkeit verliehen, die er verdient. Man kann das nur erkennen, wenn man tief in seine Bedeutung eintaucht. Ihr müßt alle Arbeit zum Gottesdienst erheben und versuchen, jeden Moment eures Lebens mit dieser Haltung zu erfüllen. Nur dann könnt ihr eure Mitgliedschaft in dieser Organisation rechtfertigen.

Durch Aktivität erhält der Mensch Reinheit des Bewußtseins. Tatsächlich muß der Mensch Aktivität mit diesem Ziel vor Augen willkommen heißen. Und warum soll man nach einem reinen Bewußtsein streben? Stellt euch einen Brunnen mit verschmutztem und trübem Wasser vor, so daß der Boden des Brunnens nicht zu sehen ist. Wenn das Wasser gereinigt und geklärt ist, ist der Boden gut zu sehen. Ähnlich haben wir im Herzen des Menschen, tief unten in seinem Bewußtsein, das Göttlich-Absolute *(ātman)*. Aber er kann nur erkannt werden, wenn das Bewußtsein gereinigt ist. Eure Einbildung, eure Schlußfolgerungen, eure Urteile und Vorurteile, eure Leidenschaften, Gefühle und egoistischen Wünsche trüben das Bewußtsein und machen es undurchsichtig. Wie könnt ihr euch dann des *ātmans* bewußt werden, der die Grundlage von allem ist? Durch *sevā,* die ohne jeden Wunsch, das eigene Ego zu befriedigen, geleistet wird und die nur das Wohlergehen der anderen im Auge hat, ist es möglich, das Bewußtsein zu reinigen und den *ātman* zu enthüllen.

Um wessen willen leistet ihr also selbstlosen Dienst *(sevā)*? Ihr leistet *sevā* um eurer selbst willen. Ihr seid in *sevā* engagiert, um euch des *ātman* in euch bewußt zu werden, um die Verlockungen eures Egos abzulegen, um euch selbst zu erkennen und die Antwort auf die Frage zu erhalten, die euch quält, nämlich: „Wer bin ich?" Ihr dient nicht anderen, ihr dient euch selbst; ihr dient nicht der Welt, ihr dient euren eigenen besten Interessen.

Ihr mögt fragen: „Wie ist es möglich, das Ego durch Dienen zu transzendieren?" Indem *sevā* mit Liebe durchtränkt wird, kann Arbeit in Gottesdienst transformiert werden. Wenn die Arbeit Gott dargebracht wird, wird sie zur Anbetung. Dies macht sie frei von Ego. Sie wird auch von dem weltlichen Wunsch nach Erfolg und der weltlichen Angst vor Versagen befreit. Ihr merkt, wenn ihr die Arbeit so gut gemacht habt, wie ihr es vermögt, daß ihr euren Gottesdienst *(pūjā)* erfüllt habt; nun ist es an ihm, der die Verehrung akzeptiert hat, euch das zu geben, was er für das Beste hält. Durch diese Haltung wird die Arbeit frei von Verlangen (nishkāma). Regelmäßige Übung dieser Disziplin wird das Bewußtsein (citta) rein und klar halten. Wie kann der Mensch ohne diese elementare Ausrüstung eines reinen Bewußtseins hoffen, spirituelle Höhen zu erklimmen? Nahezu alle großen Weisen der Vergangenheit verbrachten die frühen Jahre ihres Lebens mit spirituellen Übungen, was ihnen ein reines Bewußtsein sicherte. Wie vielversprechend euer Weg auch sein mag, wie sehr ihr auch die Mittel für ein komfortables Leben ansammeln mögt, zu welcher Autorität auch immer ihr euch durch die Ausübung eurer Intelligenz entwickelt habt, euer Gewinn wird gleich Null sein, wenn eure Aktivität nicht mit göttlicher Reinheit übergossen ist, die dem Bewußtsein eigen ist.

Ich werde diesen Punkt näher erläutern. Nehmt einen gewöhnlichen Briefumschlag. Darauf schreibt in sehr kunstvoller Schrift mit goldener Tinte die Adresse einer Person. Legt einen Brief mit wunderschönen Worten voller wunderbarer Gefühle hinein und dann werft ihn in einen Briefkasten. Was passiert damit? Er wird sich nicht einen Zentimeter vom Briefkasten entfernen. Nun nehmt eine einfache Postkarte, ein billiges, unbedeutendes Ding. Schreibt die Adresse ohne besondere Aufmerksamkeit. Kritzelt darauf die Neuigkeit, die ihr mitteilen wollt. Klebt eine Briefmarke darauf und werft sie in denselben Briefkasten. Paßt auf, was passiert! Der kunstvoll geschmückte Briefumschlag ist unbeweglich, während dieses wenig kunstvolle, unleserliche Dokument mehr als tausend Kilometer zu der angegebenen Person reist. Deshalb, wie groß auch immer die Einzigartigkeit oder Wichtigkeit, die Begeisterung oder Attraktivität sein mag, der Dienst *(sevā)*, den ihr leistet, kann keine Früchte tragen, wenn er ohne ein reines Bewußtsein (citta) dargebracht wird.

Es verlangt euch danach, *sevā* zu leisten und eure Begeisterung, während ihr sie vollbringt, rettet euch vor Schaden. Gott ist der Zeuge. Gott hegt nicht den Wunsch, zu segnen, noch hegt er Zorn, der ihn veranlaßt, zu bestrafen. Ihr werdet gesegnet und bestraft als Ergebnis eurer eigenen Gefühle und Taten. Es geschieht so, wie ihr denkt und euch verhaltet (yad bhāvan tad bhavati).

Schlechte Taten bringen nie Gutes ein,
Gute Taten brüten nie Schlechtes aus,
Neem-Samen bringen niemals Mango-Früchte hervor,
Mango-Samen niemals Neem-Früchte.

Deshalb mag ein Mensch Experte auf vielen Wissensgebieten sein oder ein Meister seines Handwerks; ohne innere Lauterkeit ist sein Gehirn eine verlassene Einöde oder ein massiver Stein ohne jede Spur von Liebe, Barmherzigkeit oder weitreichender Tugend.

Von den neun Stufen der spirituellen Übung *(sādhana),* die zur Erkenntnis des Selbst führen, ist eine innere Haltung der Hingabe oder die Haltung des Dienens, wie in den Bhaktisūtras (einem Leitfaden der Hingabe) niedergelegt, dem Endziel ziemlich nahe; die *sevā*-Haltung ist der achte Schritt. Das Studieren von Texten, der Verzicht auf Reichtum zugunsten mildtätiger Zwecke, die Wiederholung des Namens oder das Singen von Psalmen und Hymnen mögen gute Übungen sein, um den Geist zu heiligen und um zu vermeiden, daß man auf Abwege gerät und ruinöse Freizeitbeschäftigung betreibt, aber sie reinigen selten das Bewußtsein des Menschen. Statt dessen dienen sie meist dazu, das Ego aufzublähen und Stolz und ein konkurrenzorientiertes Streben nach Überlegenheit zu schaffen. Ihr mögt in der *bhajan*-Halle sitzen und laut im Chor singen, aber euer Geist könnte in Befürchtungen über das Paar Sandalen verwickelt sein, das ihr draußen vor der Halle gelassen habt. Im Hinterkopf ist immer die Angst vor dem Verlust der Sandalen; dies verdirbt den *bhajan* und macht ihn zu einer unfruchtbaren Show.

Sevā ist ganz anders. Bei *sevā* gilt all eure Energie und Aufmerksamkeit der anliegenden Aufgabe, denn es ist eine geweihte Aufgabe. Ihr vergeßt den Körper und ignoriert seine Forderungen. Ihr stellt eure Individualität, euer Ansehen und eure Vorteile hintan. Ihr reißt euer Ego an seinen Wurzeln heraus und werft es fort. Ihr gebt euren Status, eure Eingebildetheit, euren Namen und eure Form auf und alles, was diese von anderen fordern. Dieser Prozeß macht das Bewußtsein rein. Welche Aufgabe immer ihr erfüllt, entsagt eurer persönlichen Individualität und teilt ihre Mühsal und Sorgen, ihre Früchte und Wohltaten mit Gott. Ihr braucht Gott nicht von irgendwo außerhalb hereinzuholen, er ist in euch, die ganze Zeit. Diese Wahrheit muß eure eigene Entdeckung sein, euer eigener Schatz, eure eigene Stärke. Dies ist der große Zweck des *Sevā*-Zweiges. Das ist der Grund, weshalb dem Dienst am Nächsten ein hoher Platz in der Sathya Sai Organisation zugewiesen ist.

Ein sehr frommer Mann war einmal auf dem Weg von Kāshī nach Rameshvaram, am anderen Ende dieses riesigen Landes. Bei sich trug er eine Menge heiligen Ganges-Wassers, um es mit dem Meer bei Rameshvaram zu vermischen. Das sollte das Ende seiner langen und mühsamen Pilgerreise zu vielen heiligen Plätzen und vielen geheiligten Flüssen sein. Als er auf halbem Wege war, sah er am Straßenrand einen Esel in den letzten Lebenszügen liegen. Dieser war zu schwach, sich bis zu einer Wasserquelle zu bewegen, um seinen Durst zu stillen. Seine trockene Zunge und die rollenden Augen deuteten den Schmerz extremen Durstes an. Der Pilger war durch den tragischen Anblick so bewegt, daß er sein kostbares Ganges-Wasser, das er bei sich trug, dem verzweifelten Tier in die Kehle schüttete. Einige Augenblicke später erholte sich der Esel und konnte so viel Kraft sammeln, um sich aus dem Todesgriff zu lösen. Als der Begleiter des Pilgers dies sah, fragte er: „Meister! Das heilige Wasser, das ihr von Kāshī mitgebracht habt, sollte dem Ozean bei Rameshvaram dargeboten werden. Warum habt Ihr diese Gotteslästerung begangen, indem ihr es in das Maul dieses verächtlichen Tieres geschüttet habt?“ Der Pilger antwortete: „Aber ich habe das heilige Wasser in den Ozean selbst geschüttet, siehst du das nicht?“ Jeder Dienst *(sevā),* der einem leidenden Lebewesen *(jīva)* erwiesen wird, erreicht den Herrn selbst und kann nie Gotteslästerung sein, denn Dienst *(sevā)* am Nächsten *(jīva)* ist Dienst an Gott (devatā). Seid immer stark in diesem Glauben.

Millionen kommen als Pilger nach Kāshī. Es heißt, daß jene, die Kāshī gesehen haben, nicht wiedergeboren werden. Eines Tages fragte *Pārvatī Shiva* in Kailāsa: „Herr, ich habe Leute sagen hören, daß all jene, die Kāshī aufsuchen, wo sich ein berühmter Schrein für deine Verehrung befindet, Kailāsa erreichen und dort in deiner Gegenwart bleiben. Millionen kommen nach Kāshī, aber ist dieser Platz groß genug, um sie alle zu beherbergen?“ *Shiva* antwortete: „All die Millionen können nicht nach Kailāsa kommen; ich werde ein Theaterstück entwerfen und dir klarmachen, wer von diesen Millionen hierherkommen kann. Auch du mußt eine Rolle spielen. Tu, wie ich dir sage."

Pārvatī wurde ein altes Weib von achzig Jahren und *Shiva* ein gebrechlicher alter Mann von neunzig Jahren. Die alte Frau hatte den alten Mann auf ihrem Schoß (genau am Haupteingang des berühmten *Shiva*-Schreins von Vishveshvara) und flehte in kläglichem Ton die Pilger an, die auf dem Weg zum Tempel an ihr vorbeigingen: „Mein Mann ist schrecklich durstig. Er stirbt beinahe vor Durst. Ich kann ihn nicht allein lassen und zum Ganges gehen, um Wasser zu holen. Kann ihm jemand von euch ein bißchen Wasser einflößen und sein Leben retten?"

Die Pilger kamen die Stufen des Ganges hinauf, wo sie ihr zeremonielles Bad in dem heiligen Fluß genommen hatten. Ihre Kleider waren noch naß und klebten an ihnen. Einige von ihnen lamentierten, daß ihr Frieden durch den Anblick des erschütternden Paares gestört würde. „Wir sind gekommen, um den *darshan* des Herrn zu empfangen und sieh, was unsere Augen sehen!" Es gab einige, die ihre Rufe glatt ignorierten und die Nase in die Luft hoben. Andere sagten: „Laß uns den Gottesdienst im Tempel beenden, erst dann können wir euch Gangeswasser bringen." Keiner bot dem betagten Patienten die benötigte Hilfe an.

In dem Moment kam ein Berufsdieb, der in den Tempel huschen wollte, um ein paar Taschen auszurauben, hörte die klägliche Stimme des alten Weibes und hielt bei ihnen an. Er fragte sie: „Mutter, was ist los?" Sie antwortete: „Sohn, wir sind hierher gekommen, um den *darshan* des Herrn Vishveshvara von Kāshī zu erhalten, aber mein Mann ist vor lauter Erschöpfung ohnmächtig geworden. Er könnte überleben, wenn jemand ihm ein wenig Gangeswasser brächte und es seine Kehle herunterlaufen ließe. Ich kann ihn nicht hier allein lassen, um Wasser zu holen. Bitte, hilf mir und verdiene dir ein Lob." Der Räuber war zu Mitleid gerührt. Er hatte ein wenig Gangeswasser in dem hohlen Kürbis, den er mit sich führte. Er kniete bei dem Sterbenden auf dem Schoß der Frau nieder, aber die Frau hielt ihn auf, indem sie sagte: „In dem Moment, wo das Gangeswasser seine Kehle hinunterläuft, könnte mein Mann sterben; er ist in den letzten Lebenszügen. Deswegen sage ein wahres Wort und gib ihm dann das Wasser." Der Räuber verstand nicht, was sie meinte, deshalb fragte er: „Wie meinst du das?" Sie erklärte es ihm: „Sprich so, daß er es hört, von einer guten Tat, die du im Leben begangen hast und schütte ihm dann das Wasser in den Mund." Das verursachte dem Räuber ein Problem. Er wußte weder ein noch aus. Er konnte den Wunsch nicht ganz erfüllen. Er sagte: „Mutter, ehrlich gesagt, ich habe bisher noch nie eine gute Tat begangen. Diese Tat hier, daß ich diesem durstigen Mann Wasser anbiete, ist die erste gute Tat, für die ich verantwortlich bin", und während er dies sagte, hob er den Kürbis an die Lippen des alten Mannes und gab ihm einen Mundvoll.

Genau in diesem Augenblick verschwand das Paar, und an seiner Statt standen *Shiva* und *Pārvatī,* die den Räuber segneten. *Shiva* sagte: „Sohn. Das Leben muß dem Dienst an anderen gewidmet werden und nicht den eigenen exklusiven Interessen. Deswegen, wie viele schlechte Taten du bisher auch begangen haben magst, wir segnen dich für dein selbstloses Anbieten des Gangeswassers, das verbunden war mit der Wahrheit auf deinen Lippen. Wir segnen dich mit dieser Vision. Denke daran, es gibt keine höhere Moral als die Wahrheit; es gibt kein fruchtbareres Gebet als *sevā*."

Auf der königlichen Straße zu spiritueller Erkenntnis werden in den Schriften drei Stadien erwähnt: *karma*-jijnāsā, *dharma*-jijnāsā und *brahma*-jijnāsā. Jijnāsā bedeutet Erkundung. Eine Person ist nur dann in der Lage, *brahman* zu erkunden und bei dieser Nachforschung erfolgreich zu sein, wenn ihr Bewußtsein durch das Erforschen der Wirkungsweise des Handelns und noch viel mehr des rechten Verhaltens *(karma* und *dharma),* die läutern und reinigen, trainiert und geformt wurde. Derjenige, der gut unterscheidet, bevor er sich auf irgendeine Handlung einläßt, wird in seinem Verhalten und Benehmen natürlich rechtschaffen sein.

Gutes Handeln *(karma)* führt automatisch zu guter Lebensführung *(dharma).* Nehmt das Beispiel des hausgemachten Kokosnuß-Chutney-Gewürzes. Es wird erst abgeschmeckt, nachdem es gemahlen und zubereitet worden ist, und erst nachdem es probiert wurde, merkt man, ob Salz hinzugefügt wurde oder nicht. Wenn du merkst, daß Salz fehlt, mußt du die notwendige Menge hinzufügen, um es schmackhaft zu machen; aber du wirst kein Salz hinzufügen, bevor du nicht eine kleine Menge gegessen hast. So gliedern sich die drei Stufen auf: 1. Mahlen und das Gewürz zubereiten, 2. es abschmecken und 3. das nötige Salz hinzufügen. Die Zubereitung ist *karma,* das Essen *dharma* und das Hinzufügen von Salz, um es zu würzen, ist *brahman.*

Eine Tat, die Gott geweiht ist, der in allen wohnt, wird so heilig wie der höchste *Sevā*-Dienst. Gebt euch selbst dieser *sevā* hin. *Avatare* Gottes sind in *sevā* engagiert; das ist der Grund, warum *Avatare* erscheinen. Von daher wird der *Avatar* natürlich erfreut sein, wenn ihr der Menschheit *sevā* anbietet, und ihr könnt so Gnade erwirken. Dies ist eine große Chance, die ihr als Mitglieder des Sathya Sai sevādal habt. Ich hoffe, ihr zieht den besten Nutzen aus dieser Gelegenheit. Ich segne euch, daß es so sei.

Brindāvan, 6.3.1977

Der Sieg aller Siege

Der spirituelle Weg ist der Pfad der Losgelöstheit, der Sinneskontrolle, des rigorosen Trainings des Geistes. *Pārvatī* versuchte zuerst, *Shiva* durch den Glanz physischen Charmes zu gewinnen; dabei verstärkte die Kriegslist Manomathana, der Gott der Liebe, ihre Verlockungen. Aber *Shiva* reduzierte den Gott der Liebe zu Asche und lehnte ihre Annäherungsversuche ab. Danach begann sie eine mühevolle Zeit der asketischen Einfachheit und war dadurch in der Lage, seine Gnade in einem solche Ausmaß zu gewinnen, daß sie zur linken Hälfte von *Shivas* heiligem Körper wurde. Der Mensch muß sich nach eindringlicher Selbstanalyse und anhaltender Überprüfung für den Weg entscheiden, den er gehen will. *Moksha* oder Befreiung bedeutet die Entfernung der Fessel der Unwissenheit, welche die Wahrheit vernebelt und eine Fata Morgana der Unwahrheit schafft. Tatsächlich ist Leben nur ein anderer Name für den Prozeß der Erlangung von abwechselnd Not und Glück, Hunger und Sättigung, Krankheit und Gesundheit, Wünschen und Erfüllung. Der Mensch greift nach einem neuen Wunsch, sobald der alte erfüllt ist. Er strengt sich immer an und ist ewig unglücklich, denn er sucht nicht das Ewige, das Andauernde, die Quelle und die Substanz. Er ist mit dem Vergänglichen, dem Trivialen und dem Zeitweiligen zufrieden.

Benutzt den Körper als Fahrzeug, um durch Wahrheit Befreiung zu erlangen. Es ist eure Pflicht, dafür zu sorgen, daß der Wagen auf den vier Rädern von Wahrheit *(satya),* Rechtschaffenheit *(dharma),* Frieden *(shānti)* und Liebe *(prema)* die Straße entlang dem Ziel entgegenrollt. Er wird auf der Straße nur fahren, wenn er weniger Gepäck hat, d.h. weniger Wünsche, weniger Befürchtungen und weniger Ängste. Wünsche, Befürchtungen und Ängste vermehren sich, wenn der Mensch denkt, er sei der Körper mit all seinem Zubehör und nicht der Besitzer des Körpers. Arbeit, Gottesdienst, Weisheit - *karma, bhakti* und *jnāna* - dieses sind die drei Wege zu Gott. Aber *karma* wird durch Wünsche *(kāma)* entstellt; *bhakti* wird durch Gier *(lobha)* verfälscht, und *jnāna* wird durch den Zorn *(krodha)* vernebelt. Durch Liebe *(prema)* kann man Begierde, Gier und Zorn leicht besiegen.

Lernt eine Lektion von der unbedeutenden Ameise. Wenn eine Ameise ein Stück Zucker entdeckt, hält sie mit dieser Nachricht nicht zurück und versucht nicht, es allein zu essen. Stattdessen versucht sie, ihre Freunde und Verwandten zu versammeln, denn sie liebt es, das Fest, das es zu feiern gilt, mit anderen zu teilen. Die Krähe - ein Vogel, der verachtet und oft ausgestoßen wird - krächzt immer wieder, wenn sie einen Haufen Futter entdeckt hat, bis ihre Freunde und Verwandten sich an dem Platz versammeln. Was geteilt wird, schmeckt gut, was zurückgehalten wird, ist bitter. Das Leben ist kurz und voller Kummer, deshalb tut alles, was ihr könnt, um Freude daraus abzuleiten, andere glücklich zu machen. Wenn es anderen schlecht geht, wie könnt ihr wirklich glücklich sein?

Die Größe des Menschen liegt in der Tatsache, daß er durch bewußte Anstrengung in der Lage ist, das Böse in sich zu verdrängen. Aber bei anderen Tieren werden, wie sehr man sie auch trainieren und erziehen mag, ihre grundlegenden Instinkte nur schlummern, bereit, bei der geringsten Provokation wieder auszubrechen. *Shivarātri* erklärt, daß durch einen vollen Tag Fasten und eine volle Nacht Wachen - dies steht symbolisch für die Beherrschung der Sinne - Dunkelheit in Licht verwandelt, ein Leichnam (shava) zu *Shiva* werden kann.

Warum sollte diese Kreatur, der Mensch, der mit besonderer Empfindsamkeit ausgestattet ist, um Freude und Leid mit anderen zu teilen, in diese sich verändernde Welt von Zeit und Raum geboren worden sein? Nichts, was geboren wurde, kann dem Tod entfliehen; nichts, was gebaut wurde, kann dem Verfall widerstehen. Warum ist der Mensch auf diese Bühne der dahineilenden Erfahrungen geschickt worden? Hinter allen Aktivitäten des Göttlichen steckt ein Zweck. Der Mensch muß das Göttliche in sich manifestieren und alle lebenden Wesen bei diesem Abenteuer führen und leiten. Er muß sich selbst und alle anderen Leben durch seine eigenen Bemühungen und durch sein Beispiel befreien. Er muß in seiner eigenen Quelle frei und sicher werden. Das ist es, was *moksha* genannt wird, Befreiung. Er ist befreit vom Kleinen zum Großen, von der Knechtschaft zu unbeschränkter Wonne.

Die Verbindung mit dem Ego geht der Mensch erst ein, wenn er durch scheinbare Vielfältigkeit fehlgeleitet wird und die Schöpfung nicht als Einheit betrachtet. Die Wirklichkeit, die in dem trüben Halbdunkel der uranfänglichen Unwissenheit *(ajnāna)* falsch ausgelegt wird, ist Gott. Das Ziel aller spirituellen Praxis *(sādhana)* ist, durch den Nebel hindurchzusehen, der Viele projiziert, wo nur der Eine ist. Wenn selbst nach Jahren der spirituellen Übung *(sādhana),* von welcher Religion auch immer vorgeschrieben, der Gottsuchende *(sādhaka)* immer noch Unterschiede, Eigenarten und Vielfältigkeit sieht, können wir schließen, daß er noch einen langen Weg gehen muß, bevor er das Ziel seiner menschlichen Existenz erreichen kann.

Wenn der Eine bekannt ist, kann es keine Angst mehr geben. Denn wie kann einer den Einen fürchten? Es kann auch keine Wünsche geben, denn wenn es keinen Zweiten gibt, wie kann der Wunsch, zu besitzen, entstehen? Es kann außerdem weder Neid, Haß, Gier, Stolz noch sonstige böse Leidenschaften geben, die den Menschen quälen und ihm keine Ruhe gönnen. Das Bewußtsein des Einen sichert einem unerschütterliche Ruhe (prashānti). Der Eine (nenne ihn Gott, paramātman, *brahman* oder das Universelle Absolute) ist alle Liebe, alles Wissen, alle

Weisheit, alle Süße. „Er ist Süße", sagen die *Upanishaden* (raso vai sah). Wie kann es irgendwelche Bitterkeit in ihm oder in der wirklichen Natur des Menschen geben, denn der Mensch wird doch durch ihn manifestiert, von ihm und für ihn.

Eine Ziege kann nicht von einem Tiger geboren werden. Was sich aus Gott ableitet, muß notgedrungen göttlich sein. Deshalb steht in den *Upanishaden* der Name Kind der Ewigkeit (amritaputra) für den Menschen. Der Mensch ist das Kind der Unsterblichkeit, von daher ist der *ātman* in ihm, der vom höchsten Selbst (paramātman) abstammt, auch unsterblich. Funken, die den Flammen des Feuers entspringen, sind wie das Feuer von brandstiftender Qualität. Der Körper ist ein Tempel Gottes und ist um Gottes Willen geschaffen worden, der sich entschied, darin zu wohnen. Bis der Mensch nicht Gott in sich erkennt und selbst herausfindet, daß er (Gott) das Mysterium ist, das ihm entwischte, während er in der Wildnis der Welt umherwanderte, muß er fleißig auf die Erhaltung seines Körpers achten.

Er kann jenes Bewußtsein nur erlangen, indem er den widerspenstigen Geist anbindet und nach innen lenkt. *Shivarātri* erinnert die ganze Menschheit an das Ziel der Geisteskontrolle. Den Weisen entsprechend ist der Mond die präsidierende Gottheit des Geistes, und sogar die moderne Wissenschaft hat eine feine Beziehungen zwischen den Launen des Geistes und den Mondphasen festgestellt. In der dunklen Hälfte des Monats sieht man den Mond weniger und weniger, je weiter die Tage voranschreiten, und daraus kann symbolisch geschlossen werden, daß auch der Geist einen Prozeß des Niedergangs durchmacht. Heute ist die 14. Nacht, und es ist nur noch wenig vom Mond übrig, was die Erde oder den Geist des Menschen beeinflussen könnte. Ein Spurt spiritueller Anstrengung - Nachtwache, *bhajan* oder Fasten - der in dieser Nacht (rātri) oder Zeit der Unwissenheit vorgenommen wird, hat das Erlöschen des Geistes zur Folge und damit die Unterwerfung aller Tendenzen und Haltungen, in die er den Menschen verwickelt hat. Auf diese Weise kann dunkle Nacht (rātri) in die himmlische Pracht *Shivas* sublimiert werden.

Bemüht euch - das ist eure Pflicht. Sehnt euch - das ist eure Aufgabe. Kämpft - das ist eure Bestimmung. Wenn ihr das tut, ernsthaft und konstant, kann Gott die Belohnung der Erkenntnis nicht lange zurückhalten. Der Fluß bemüht sich, sehnt sich und kämpft darum, mit dem Meer zu verschmelzen, von dem er kam. Er hat dieses Ende ewig wachsam in seinem Bewußtsein. Er versucht, sich selbst zu reinigen und durchsichtig zu halten, so daß er vom Meer willkommen geheißen werden möge. Er überwindet jedes Landschaftshindernis, um erfolgreich bis zu seinem Ziel zu reisen. Auch der Mensch muß die physischen, mentalen, intellektuellen, moralischen und materiellen Gegebenheiten benutzen, mit denen Gott ihn ausgestattet hat, so daß er zum Ziel der Erkenntnis gelangen kann.

Laßt euch durch den Glauben an zwei Welten nicht fehlleiten: diese und die nächste, das Jetzt und das Danach. Erkennt das Danach im Jetzt; diese Welt ist mit der nächsten verwoben. Es ist kein Funke Wahrheit an der Trennung von Weltlichem und Spirituellem, dem Göttlichen und dem Materiellen, dem Himmlischen und dem Irdischen. In allen Welten ist es sein Wille, der bestimmt. Nicht einmal ein Grashalm kann zittern, ohne daß sein Wille den Wind leitet und ihn in Bewegung versetzt. Die Glühbirne des Lebens wird von dem Strom erleuchtet, der aus dem Kraftwerk *(kaivalya)* kommt, das entsprechend seinen Gesetzen arbeitet, und der durch das Kabel der Liebe fließt. Wenn diese Liebe *(prema)* durch Selbstsucht befleckt wird, kann sie überhaupt nicht leuchten. Das Ego ist Lieblosigkeit, Liebe ist Selbstlosigkeit. Das Ego bekommt und vergißt, die Liebe gibt und vergibt. Liebe kann nie den Gedanken an Rache hegen, denn sie sieht alle anderen als sich selbst. Wenn die Zunge von den Zähnen verletzt wird, sucht sie dann nach Rache für den Übeltäter? Nein, denn sie sind beide zu euch gehörig und vollständige Teile eures Daseins. Ebenso erlaubt der Weisheit die Herrschaft über euch, wenn eine andere Person euch beleidigt oder euch Schmerz zufügt. Entdeckt die Wahrheit und zieht keine eiligen Schlüsse, laßt die Liebe immer euer Führer sein.

Natürlich ist das eine schwierige Aufgabe, aber nicht jenseits der menschlichen Fähigkeiten. An einer Aufgabe, die man, ohne zu kämpfen und ohne Anstrengungen zu unternehmen, lösen kann, ist nichts, worauf man stolz sein kann. Es ist die schwierige Aufgabe, welche die Herausforderung enthält und die dem Menschen das Beste und Höchste abfordert. Geht die Aufgabe mit Eifer und Vertrauen an; das ist schöner. Wenn der Sieg bei dieser Aufgabe einmal erreicht ist, wird euch der Rest dazugegeben.

Shivarātri, 16.2.1977

Die Ära *Rāma*

Sarva-jīva-dharam shāntam
Sarva-nāma-dharam Shivam
Saccid-ānanda-rūpam advaitam
Satyam Shivam Sundaram

Die Unterstützung aller Wesen, der Höchste Frieden,
bekannt unter allen Namen, das Höchste Glück,
das Sein-Bewußtsein-Glückseligkeit, das Eine ohne ein Zweites,
Wahrheit, Güte, Schönheit.

Reichtum schmilzt nur dahin, wenn ihr ihn ausgebt. Aber die Zeitspanne, die ihr auf Erden leben könnt, verkürzt sich mit jedem Moment, ob es euch gefällt oder nicht, ob ihr euch dessen bewußt seid oder nicht. Deshalb müßt ihr die Dringlichkeit der großen Aufgaben des Lebens empfinden. *Buddhi* oder Intelligenz ist ein besonderes Geschenk, das dem Menschen angeboten wurde. Sie ist ihm gegeben worden, damit er sich selbst erkennen möge, aber leider benutzt er sie heutzutage, um „andere" zu erkennen. Nachdem dem Menschen ein Spiegel gegeben wurde, um sein eigenes Gesicht zu betrachten und um seine eigenen Fehler zu korrigieren, hält er ihn dummerweise vor anderer Leute Gesicht!

Es gibt bestimmte fundamentale Pflichten, die der Mensch durch seine Intelligenz erfüllen muß. Auf drei von diesen beziehen sich die Schriften als rina oder Schulden. Der Mensch muß drei Schulden tilgen, als Folge seiner menschlichen Geburt oder irdischen Karriere. Die erste ist deva-rina, die Schuld, die an die Götter zurückgezahlt werden muß. Jedes Organ des menschlichen Körpers, sozusagen jede Funktion, wird beherrscht, kontrolliert und motiviert durch eine göttliche Kraft oder Gott. Als dankbare Wiedergutmachung schuldet ihm der Mensch, daß er seine Organe, Glieder, Funktionen und Fertigkeiten für das Wohl anderer Menschen und für das Wohlergehen der Gemeinschaft einsetzt. Die zweite Schuld wird *rishi*-rina genannt, die Schuld, die der Mensch gegenüber den Weisen, Sehern und alten Gesetzgebern hat. Lange vor der Geburt dieser Generation wurden ein wohltätiger Moralkodex und eine kostbare Sammlung von Leitlinien für das Reich des Geistes bewahrt und durch die Anstrengungen selbstloser Seher und Weiser überliefert. Jede Generation zieht Wissen und Inspiration aus den vorangegangenen, speziell aus den Wegbereitern, Pionieren und Brückenbauern auf den Gebieten von Ethik, Gesetz, Mystizismus, Soziologie und Religion. Diese Personen fördern die Eintracht und den Fortschritt und verhindern sozialen Konflikt; ihre Spuren stecken die Linien von individueller und sozialer Entwicklung ab. Von daher muß ihnen eine enorme Dankesschuld zurückgezahlt werden. Sie haben eine kostbare Menge Wissen über die Natur, das Bewußtsein und auch über die Mittel und Methoden, dieses Wissen zu testen und zu vermehren, überliefert. Aber heute vernachlässigt der Mensch dieses Erbe und gibt es sogar als ungültig und überflüssig auf. Das ist selbstmörderisch. Der Mensch muß dieses Wissen erhalten und nähren, verehren und nutzen. Das ist der Weg, wie die Schuld an die *Rishis* zurückgezahlt wird.

Die Feste des Religionskalenders wie dieses Yugādi (das Telugu-Neujahr) sind treffende Beispiele. Die *Rishis* haben diese Tage als heilige Tage festgelegt, und es ist eure Aufgabe, daß ihr euch über Bedeutung und Wichtigkeit der Feste und warum sie zu solchen ernannt wurden, bewußt werdet. Von dem, was im allgemeinen in jedem Haus getan wird, wenn dieses Fest beginnt, könnt ihr auf die eigentliche Absicht schließen, welche die *Rishis* hegten. An diesem Tag nehmen die Leute ein zeremonielles Bad, tragen neue Kleider, befestigen neue grünblättrige Blumengebinde über ihren Türschwellen, waschen und streichen ihr Häuser neu, zeichnen neue Muster auf die Fußböden und schmücken ihre Häuser. All dies erinnert an die eigentliche Absicht, nämlich neue Ideen aufzunehmen und die alten, verblaßten aufzugeben, höchste Glückseligkeit *(ānanda)* im Geist zu festigen, wieder Mut und Vertrauen zu fassen und Hoffnung und Glauben zu stärken.

Zeitalter *(yugas)* kommen und gehen; nala, das 50ste Jahr im Jupiterzyklus gibt den Weg frei für pingala, das 51ste Jahr im Jupiterzyklus. Ihr habt bald viele Meilensteine hinter euch gebracht, aber die Reise geht nicht voran. Ihr seid immer noch in überholten Überzeugungen und Vorlieben befangen. Betrachtet die richtigen Gesetzbücher, die von den *Rishis* niedergelegt wurden, mit einem Bewußtsein für die tieferen Absichten, die sie im Auge hatten. Folgt den *shāstras* und verrichtet die täglichen und jahreszeitlichen Riten, Rituale, Fastenzeiten, Gelübde und Nachtwachen, die von ihnen empfohlen wurden. Legt dabei immer die Betonung auf die innere Bedeutung, die Wichtigkeit und den spirituellen Aspekt der Feier. Das ist die beste Wiedergutmachung, die ihr leisten könnt.

Die dritte Schuld ist die Schuld, die an die Vorfahren, besonders an die Eltern, zu entrichten ist (pitrinām-rina). Auch diese Schuld ist universal, d.h. die Menschen in allen Ländern und Klimazonen müssen sie anerkennen, denn sie sind alle von Eltern geboren, denen sie Dank dafür schulden, daß sie sie mit einem Körper ausgestattet haben. Betet die Eltern an, macht sie glücklich, verschafft ihnen Zufriedenheit und Freude, indem ihr ihnen liebevolle Aufmerksamkeit und herzliche Fürsorge angedeihen laßt. Eine andere Pflicht ist, die Ahnenreihe mit Kindern fortzusetzen, die einen reinen Charakter, hohe Tugenden und vortreffliches Bemühen zeigen.

Dasharatha, der Herrscher *Ayodhyās*, der begierig danach war, seine Schuld an die Vorfahren zurückzubezahlen, mußte das vedische Opfer vollziehen, das den Aspiranten mit Söhnen segnen kann (putrakāmyeshti yāga). Dies geschieht in der Frühlingszeit (vasanta). Diese Jahreszeit umfaßt zwei Monate - madhu und *mādhava*, mesha und rishabha. Mesha ist der glorreichste Monat des ganzen Jahres. Es war in der Frühlingszeit, als *Dasharatha* das Opfer-Pferd freiließ, damit es sich ungehindert über den Kontinent bewegen möge, und im gleichen Monat kehrte es ungehindert nach *Ayodhyā* zurück. Der putrakāmyeshti yāga begann auch im Frühling, und die vier Söhne - *Rāma, Bharata, Lakshmana* und Shatrughna - wurden im Frühling geboren. Dies ist der Grund, warum der yugādi als Einweihungstag des vasanta navarātra (die neun Nächte des

Frühlings) begrüßt wird, der mit dem *Rāma*-navamī, dem Tag, an dem *Rāma* geboren wurde, seinen Höhepunkt hat.

Yuga bedeutet Zeitalter. Dieser Tag wird nicht samvatsara-ādi, der Neujahrstag genannt, sondern yuga-ādi, der erste Tag einer neuen Ära. Die Ära, die gemeint ist, ist das Zeitalter der Rechtschaffenheit *(dharma-yuga)* oder das *Rāma*-yuga, denn *Rāma* wird als die reine Verkörperung von *dharma* betrachtet (*rāmo* vigrahavān dharmah). Die vorrangige Pflicht von jedem, der an dieser Feier teilnimmt, ist deshalb, an *dharma* festzuhalten, *dharma* zu unterstützen und *dharma* zu nähren.

Rāma zeigte im Verlauf seiner Karriere als *Avatar,* daß Wahrheit *(satya)* und Rechtschaffenheit *(dharma)* die feinsten und fundamentalsten Tugenden sind, die der Mensch erwerben und aus denen er Nutzen ziehen kann. *Satya* und *dharma* sind wie die zwei Räder eines Karrens, wie die zwei Flügel eines Vogels. Wie kann sich ein Karren ohne Räder bewegen? Wie kann ein Vogel ohne Flügel fliegen? *Rāma* war bekannt und wurde angebetet als ein Mensch, der nie vom gesprochenen Wort abwich. *Rāma* war und wird als die Verkörperung von *dharma* angebetet. „*Rāmo* vigrahavān dharmah", sagt das *Rāmāyana.* Dies macht das *Rāma*-Prinzip deutlich.

Es ist meistens eine Frage des Endziels, das der Mensch sich im Leben setzt. Das Ziel muß die Verwirklichung der Einheit des Selbst mit dem Überselbst (paramātman) sein; warum sonst sollte das Selbst diese menschliche Form annehmen? Wenn reines „Leben" oder sogar „glückliches Leben" das Ziel wäre, hätte das Selbst in die Form von Vögeln oder Vieh gehüllt werden können. Allein die Tatsache, daß der Mensch mit Gedächtnis, Geist, Intelligenz, Unterscheidungsvermögen, der Fähigkeit, der Zukunft entgegenzusehen, dem Bestreben, sich von den Sinnen freizumachen etc. ausgestattet ist, ist ein Indiz dafür, daß er für ein höheres Ziel bestimmt ist. Falls der Mensch sich trotz allem immer noch nach einem geringeren Ziel sehnt, ist er ein Sünder (pāpin). Aber derjenige, der trotz Versuchungen und Hindernissen auf dem Weg ausharrt, der zu Selbst-Verwirklichung und Selbst-Erkenntnis führt, ist eine *gopī,* denn die Hirtenmädchen von *Brindāvan (gopīs)* waren die inspirierendsten Beispiele für diese Art von Seelen.

Die wirkungsvollste Disziplin, die der Mensch ausüben kann, um dieses edle Ziel zu erreichen, ist die Kontrolle und Unterwerfung der fünf Sinne. Vermeidet die Irrtümer und Bosheiten, die das Auge, das Ohr, die Zunge, der Geist und die Hand zu begehen bereit sind. Diese werden die fünf Fehler *(pancadoshāh)* genannt. Das Auge sucht immer das Gemeine und Vulgäre. Ungeachtet der Gefahr für das eigene Leben und den eigenen Körper schauen der Fahrradfahrer, der Motorradfahrer und der Mann am Steuer obszöne Plakate an, die für irgendwelche schmutzigen Filme werben. Das Auge muß in Schach gehalten werden, damit es weder den

Geist noch den Körper des Menschen ruiniert. Das Ohr ist begierig auf Skandal und Wollüstiges. Es überredet euch nicht, an Vorträgen teilzunehmen, die euch in eurer spirituellen Entwicklung wirklich helfen können. Selbst wenn ihr zufällig irgendeinen Vortrag anhört, rät euch das Ohr ab, indem es euch Kopfschmerzen bereitet. Aber wenn jemand einen anderen beschimpft, erlangen beide Ohren ihre höchste Konzentration. Die Zunge ist doppelt gefährlich; wenn sie nicht in Schach gehalten wird, verbreitet sie Schande und vermittelt Gelüste nach jeder Art von Leckerbissen. Es ist beinahe unmöglich, die Zunge auf dem Weg von Gebet *(japa)* und Meditation *(dhyāna)* zu leiten, wie süß auch der Name des Herrn sein mag. Suradāsa verwendete sich dafür, daß mit der Zunge die Namen *Govinda, Dāmodara* und *Mādhava* (Namen für *Krishna*) gerufen werden. Wenn das Auge, das Ohr und die Zunge unter Kontrolle und fähig sind, für die eigene Weiterentwicklung benutzt zu werden, können der Geist und die Hand auch leicht in Schach gehalten werden. Auf diese Weise ist es nicht nötig, daß der Mensch fragt, wo Gott wohnt, wenn er sich selbst erkannt hat. Er wohnt in den Herzen solcher Menschen und scheint deutlich in seinem angeborenen Glanz von Weisheit, Kraft und Liebe.

Vermittelt allen Freude! Liebe *(prema)* ist das Mittel, um dieses Ideal zu erreichen. Wenn Liebe euch sogar Gott näherbringen kann, wie soll sie dann versagen, wenn es sich um Menschen handelt? *Krishna* konnte durch kein anderes Mittel gebunden werden. Das ist der Grund, warum Sai erklärt hat: Beginnt den Tag mit Liebe, verbringt den Tag mit Liebe, füllt den Tag mit Liebe, beendet den Tag mit Liebe. Das ist der Weg zu Gott.

Yugādi, *Brindāvan*, 20.3.1977

Der Bruder unter Brüdern

Das Ideal der Brüderlichkeit, wie es im *Rāmāyana* beschrieben wird, findet in anderen epischen Werken der Weltliteratur nicht seinesgleichen. Als Lakshmana während eines Kampfes mit Dämonen (rākshasa) in Lankā in Ohnmacht fiel und nicht wieder erweckt werden konnte, beklagte *Rāma* das Unglück, indem er ausrief: „Oh weh! Lakshmana ist die Quelle meines Atems, es gibt auf der ganzen Erde keinen Bruder wie ihn!“ Lakshmanas Leben und seine Beziehung zu seinem Bruder *Rāma* sind strahlende Beispiele für die Menschheit.

Man kann sagen, daß Lakshmana das A in der heiligen Silbe AUM ist. Bharata, der zweite Bruder, ist das U; Shatrughna, der dritte, ist das

M. Und *Rāma,* der älteste, ist das vollständige AUM. *Rāma* ist die Konkretisierung des *brahman,* aus dem als erstes der Urlaut, AUM, entsprang. Als *Rāma* und Lakshmana sich nach dem Verlust *Sītās* durch den Dschungel kämpften, beschrieben die Weisen, die sie sahen, sie als „Sonne und Mond", so majestätisch und prächtig war ihre Erscheinung. Sie strahlten Mut und Entschlossenheit aus. Wenn körperliche Kraft und Standhaftigkeit des Geistes einander verstärken, wird die Erscheinung anziehend. Die Jugend heute besitzt weder physische Stärke noch geistige Standfestigkeit, deshalb erscheinen junge Leute schon sehr früh im Leben alt. Wenn der Körper schwach ist, wird der Geist auch schwach. Ihr müßt versuchen, körperliches Wohlbefinden und Gesundheit zu entwickeln, denn ein Edelstein muß in einem sicheren, stabilen Kästchen aufbewahrt werden. Der Edelstein der Göttlichkeit, der eure Wirklichkeit ist, muß auch in einem stabilen Kasten, nämlich eurem Körper, verwahrt werden.

Sogar während ihres Knabenalters achteten *Rāma* und Lakshmana sorgsam auf ihre Kleider, die sie trugen. Während ihrer spirituellen Lehrjahre legten sie ihre fürstlichen Roben ab, obwohl *Dasharatha* sie zu überreden suchte, kostbare Juwelen und Kleidung zu tragen. Als sie während ihres Exils im Wald lebten, trugen sie Felle und hatten ihr Haar auf dem Oberkopf zusammengeknotet. Sie begründeten dies damit, daß ein Kleid zur eigenen Befriedigung getragen werden muß und nicht, um jemand anderen zu imitieren. Sie waren nie Sklaven der Mode oder Konvention, sie legten die Normen für andere fest und imitierten nie andere, nur um deren Gunst zu erlangen.

Heldentum war das Erkennungszeichen der Brüder. Sie gingen alle Hindernisse geradeheraus an und besaßen das notwendige und kühne Geschick, Widerständen zu begegnen und sie zu überwinden. Die Jugend von heute muß diese Lektion lernen. Sie verzagt vor dem kleinsten Hindernis, und sie verliert den Mut bei der ersten Schwierigkeit, der sie begegnet. Wie die Helden des *Rāmāyana* sollte sie mutig voranschreiten, wie auch immer das Hindernis sei, sowohl auf weltlichem und moralischem als auch auf spirituellem Gebiet. Wenn die Wahrheit der Realität des Einen in Allem, die Realität Gottes, offenbar wird, wird es keinen Platz für Zorn oder Haß mehr geben! Sie wird nur das Gute in jedem suchen und finden. Gegenwärtig färbt die Leidenschaft ihre Sichtweise. Tulsīdās schrieb, während er sein episches Gedicht Rāmacaritmānas verfaßte, daß die Blumen in den Gärten von Lankā weiß waren. *Hanumān,* der ungesehen anwesend war, manifestierte sich mit mißbilligendem Gesicht und sagte, daß sie rot und nicht weiß waren, wie er es ja selbst gesehen habe. Tulsīdās lehnte es ab, das Adjektiv zu verbessern, aber *Hanumān* bestand auf der Korrektur des Irrtums. Die Meinungsverschiedenheit artete fast in eine Balgerei aus, und *Rāma* selbst mußte eingreifen. Er erzählte *Hanumān,* daß, da der Zorn auf die Dämonen seine Augen gerötet habe, die weißen Blumen ihm rot erschienen seien.

Lakshmana hatte von Geburt an ein reines Herz. Schon während seiner Jugend war er in der Lage, das Drängen seiner Sinne zu überwinden und sich als ihr Herr zu behaupten. Sein Charakter war ohne jeden Tadel. Er hieß jeden Befehl *Rāmas* freudig willkommen und erfüllte ihn willig und nach besten Kräften. Lakshmana verbrachte die ersten zwei Tage seines Lebens laut jammernd im Schoß seiner Mutter Sumitrā. Sie versuchte mit allen Mitteln - magischen und rituellen - ihn zu trösten, aber das Baby ließ sich weder trösten noch sich dazu bewegen, zu essen oder zu schlafen. Sie suchte Vasishtha auf, den königlichen Lehrer, der ihr riet, Lakshmana im Palast Kausalyās an die Seite *Rāmas* zu legen. Sie tat, wie ihr geraten, und in der Gegenwart *Rāmas* schlief Sumitrās Kind fest oder spielte glücklich. Er konnte keine Trennung von *Rāma* hinnehmen. Sein größter Wunsch war, in *Rāmas* Gegenwart zu sein. Er folgte *Rāma* wie dessen Schatten und blieb nie an einem Platz, an dem *Rāma* nicht war. *Rāma* war alles, was er wollte, alles, worum er sich sorgte.

Als *Rāma* sich mit Kleidern aus Rinde ins Exil in den Wald begab, tat Lakshmana dasselbe. Vierzehn Jahre lang gab er acht auf *Rāma* und dessen Frau, bewachte sie Tag und Nacht, ohne an seine eigene Bequemlichkeit oder gar an Essen und Schlaf zu denken. Tulsīdās (ein religiöser Dichter, 1532-1623) zollt Lakshmanas ergebenem Dienst hohe Anerkennung. Seinen Aussagen entsprechend jubelten große Scharen der Bevölkerung bei dem Anblick der Flagge auf der Kutsche, die *Rāma* nach seinem Exil nach *Ayodhyā* zurückbrachte. Aber sie wußten nicht, sagt er, daß Lakshmana, der ergebene Bruder, die Flagge von *Rāmas* Triumph hielt. Wie sonst hätte die Flagge so herrlich fliegen können ohne den ergebenen Dienst, den unerschrockenen Mut und die treue Loyalität des Bruders, der so freudig die Mühsal des Exils mit *Rāma* geteilt hatte?

Als der Herr *(Nārāyana)* sich entschloß, als Mensch *(nara)* mit dem Namen *Rāma* auf Erden zu erscheinen, hatte Lakshmana da eine entscheidende Rolle zu spielen. Er gab sein Eigenleben auf, um die Mission des *Avatars* zu verwirklichen. Er überschritt die Grenze, die *Rāma* festlegte, niemals auch nur um einen einzigen Schritt. Als *Rāma* ihm befahl, ein Feuer anzuzünden, in das *Sītā* im Rahmen einer Feuerprobe treten sollte, um der Welt ihre Keuschheit zu beweisen, gehorchte Lakshmana blutenden Herzens. Als *Rāma* ihm befahl, *Sītā* in den Wald zu bringen und sie dort allein und unbewacht zurückzulassen, gehorchte Lakshmana, obwohl sein Herz darüber voller Schmerz war.

Es gab zwei Gelegenheiten, bei denen Lakshmana unglücklicherweise entgegen den ausdrücklichen Befehlen *Rāmas* handeln mußte. Als Mārīca, nachdem er *Rāma* ein großes Stück von *Sītā* fortgelockt hatte -

indem er vortäuschte, ein goldenes Reh zu sein - schließlich getötet wurde, imitierte er *Rāmas* Stimme und rief vor seinem Tode aus: „Oh *Sītā*! Oh Lakshmana! Helft mir! Helft mir!“ Lakshmana wußte, daß dies ein Trick des Dämons Mārīca war und wich, entsprechend *Rāmas* Anweisungen, nicht von *Sītās* Seite. Auf *Sītās* beharrliches Drängen jedoch, daß er dem Hilferuf *Rāmas* nachgehen solle, und da er von ihr anderweitiger Motive beschuldigt wurde, ließ er sie schließlich allein in der Hütte zurück und begab sich auf die Suche nach *Rāma*.

Die zweite Begebenheit geschah gegen Ende der Ära des *Avatars*. Die Götter sandten den Gott des Todes *(Yama)* selbst zu *Rāma,* um ihn daran zu erinnern, daß sein Leben als *Avatar* beendet werden könnte und alle göttlichen Teilnehmer in ihre himmlischen Gemächer zurückkehren könnten. Als *Yama* in die Audienzhalle trat, wies *Rāma* Lakshmana an, am Eingang zu wachen und niemandem Eintritt zu gewähren, um das Gespräch nicht zu stören. Er befahl ihm unter Androhung des Todes, wachsam zu sein. Während Lakshmana Wache hielt, näherte sich ihm Durvāsa, der reizbare Weise und verlangte Eintritt. Als er aufgehalten wurde, erboste er sich und drohte, einen Fluch der Zerstörung über *Ayodhyā,* seine Einwohner und die gesamte Raghu-Verwandtschaft, die Sonnendynastie, auszustoßen. Lakshmana wog das Für und Wider ab und kam zu dem Schluß, daß sein Tod gegenüber dem der gesamten Bevölkerung *Ayodhyās* das geringere Übel sei. So ließ er Durvāsa ein und nahm die Bestrafung freudig an. Die Richtschnur all seiner Handlungen waren immer entweder *Rāmas* Wunsch oder das allgemeine Wohl. Er gab alles auf - seine Frau Ūrmilā, seine Mutter Sumitrā und das Leben als Prinz in *Ayodhyā* - alles für die Chance, *Rāma* zu dienen und seine Mission voranzutreiben. Als er Indrajit, einen Sohn *Rāvanas*, im Kampf tötete, umarmte *Rāma* ihn in grenzenloser Freude und rief aus: „Oh, lieber Bruder! Welch großen Sieg hast du heute errungen. Jetzt fühle ich mich, als hätte ich *Sītā* schon wieder in Sicherheit gebracht.“

Zwischen *Rāma* und Lakshmana gab es nie die geringste Spur von Neid oder Argwohn. Lakshmana war es höchst gleichgültig, was um ihn herum geschah, wenn es nur *Rāma* nicht betraf. Seine Größe ist unmeßbar. Er diente *Sītā* vierzehn Jahre, aber nicht einmal hob er seine Augen bis zu ihrem Gesicht. Sein Benehmen war das Höchstmaß an Rechtschaffenheit. Als das Bündel von Schmuckstücken, das *Sītā* während ihrer Entführung durch *Rāvana* heruntergeworfen hatte, von einer Affenhorde am Rishyāmukha-Hügel gefunden wurde, übergab man es Sugrīva. Sugrīva legte es *Rāma* und Lakshmana zur Identifizierung vor. Als *Rāma* Lakshmana befragte, ob dieser eines der Juwelen als *Sītā* zugehörig identifizieren könne, antwortete dieser, daß er nur für die Echtheit eines Schmuckstückes garantieren könne, welches *Sītā* um ihre Fußgelenke trug. Er sah es jeden Tag, wenn er *Sītā* zu Füßen fiel, und so konnte er es unzweifelhaft als ihres erkennen. So edel war der Charakter von *Rāmas* Bruder.

Als Lakshmana während des Kampfes mit Indrajit ohnmächtig wurde, wollte letzterer seinen bewußtlosen Körper hochheben und ihn als Geisel nach Lankā tragen. Aber da Lakshmana die Inkarnation der kosmischen Schlange, shesha, war, erschien er ungeheuer schwer und konnte nicht bewegt werden. So gab Indrajit die Idee auf und ging fort. In der Zwischenzeit traf *Hanumān* dort ein, und als er den Namen von *Rāma* äußerte, wurde Lakshmanas Gewicht auf das einer Feder reduziert, so ansprechbar war er selbst in der Bewußtlosigkeit auf den Namen *Rāmas* (Rāmanāman). Dies zeigt das Maß an Demut und Heldentum dieses bedeutenden Bruders von *Rāma*.

Sommerkurs, *Brindāvan*, 26.5.1977

Der Weg des *Yoga*

Kann Durst durch Wassertropfen gestillt oder Hunger durch Reiskörner gelindert werden? Die Erkenntnis der Wahrheit der Schöpfung und des Schöpfers schließt harte Disziplin und konstanten Glauben in die Wege ein, die von den Weisen vorgeschrieben wurden. Diese Wege führen die Menschen zum Ziel durch Selbsterforschung, Hingabe, aufopferungsvolle Arbeit, Meditation, Gottesdienst und andere derartige Disziplinen.

Es gibt auch den Weg des *Yoga,* der heutzutage im allgemeinen als ein Mittel zur Selbsterkenntnis gepriesen wird. Er wird als sicheres und einfaches Mittel der Befreiung propagiert. Die Allgemeinheit und auch Neulinge auf diesem Gebiet werden durch die hohen Versprechungen fehlgeleitet, und sie müssen rechtzeitig vor den Grenzen und Möglichkeiten des *Yoga* gewarnt werden, wie er derzeit gelehrt und vorgeschlagen wird.

Der allererste Grundsatz von *Yoga* als spiritueller Disziplin ist, „die Unruhe des Geistes zu besiegen." Dies ist indessen leichter gesagt als getan, denn der Geist muß nicht nur ruhen, sondern tot sein. Natürlich gibt es Personen, die diesen Sieg erlangt haben, aber keine von ihnen wird euch zur Verfügung stehen, um euch bei der Kontrolle des Geistes und dessen Unterwerfung zu führen. Sie wären derart in Seligkeit *(ānanda)* versunken, daß die Bedürfnisse des Körpers, der Zeit, der Kausalkette etc. sie niemals erreichen könnten.

Was von einem *Yoga*-Lehrer erwartet werden kann, ist nur ein verdünnter, begrenzter Pseudo-Typ eines *Yoga-darshana,* denn nur diejenigen, die auf halbem Weg des *Yoga* angehalten haben, stehen als Lehrer und Führer zur Verfügung. Wenn einer die ganze Länge der Straße gegangen ist, muß er notgedrungen die Welt und ihre Bedürfnisse zurücklassen.

Yoga bedeutet Vereinigung oder Paarung, und das individuelle Selbst (jīvātman) muß mit dem der höchsten Wirklichkeit (paramātman) gepaart werden; man muß seine Erfüllung in dem Ganzen finden, von dem man ein Teil ist. Wie die Flüsse das Wasser des Meeres in das Meer selbst zurücktragen, glücklich darüber, am Ende die Begrenzungen ihrer Namen, ihrer Größe etc. zu verlieren, ebenso verschmilzt das Individuum mit dem Universellen. Das ist *Yoga.* Es ist *Yoga,* was der Salzpuppe widerfährt, die in die Tiefe des Meeres fallengelassen wird, um die Tiefe des Wassers zu erkunden. Auch das Salz kommt aus dem Meer und wird eins mit ihm.

Der Mensch hat fünf Hüllen *(kosha)*, die seine Individualität verdekken: Die materielle, aus Nahrung bestehende (annamaya), die vitale oder Lebenskraft (prānamaya), die mentale, aus Geist bestehende (manomaya), die aus Erkenntnis oder der höheren Intelligenz bestehende (vijnānamaya) und die aus Glückseligkeit bestehende (ānandamaya) Hülle. Wenn der Mensch sich von der objektiven zur subjektiven Welt in sich wendet, kann er seine Individualität enthüllen und seine glückselige Natur erreichen. Aber die meisten Menschen schwelgen in der allerersten Hülle - der materiellen - und verbleiben ganz davon in Anspruch genommen und verwickelt in materielles Trachten und Vergnügen. Der Mensch erkennt nicht, daß er nur das sieht, was er sehen möchte; er kann nicht jenseits seiner Bedürfnisse sehen. Bevor seine Wünsche nicht gereinigt und gesäubert sind, kann er nicht zu den inneren Königreichen der Freude vordringen.

Wenn ihr jemanden fragt, woher die Wörter kommen, die er äußert, wird er antworten, daß sie von den Stimmbändern kommen. Nein. Die Stimmbänder können Stimme hervorrufen, aber keine Wörter. Die Wirbelsäule, vom niedrigsten Punkt (mūladhara-*cakra*) bis zum Punkt zwischen den Augenbrauen (ājnā-*cakra*), gleicht der vīnā (altes Instrument), deren Saiten Resonanz erzeugen, wenn an ihnen gezupft wird. In diesen Bereich greifen auch die vitale und die mentale Hülle ein. Wenn die spielenden Finger anhalten und bestimmte Punkte an der Griffleiste der vīnā in unregelmäßigen Abständen drücken, ruft das verschiedene Noten hervor, die Freude vermitteln. Wenn der Geist sich zu einer Idee entschließt, die mitgeteilt werden soll, spielt der Atem *(prāna)* auf den Saiten und Worte entstehen.

Das niedrigste *Cakra* am unteren Ende der Wirbelsäule (mūladhara-*cakra*) ist die Verkörperung der Urnatur *(prakriti)*. Es ist das Grundprinzip der Erde (prithivī tattva).

Das (svādhishthāna-*cakra*) ist der Wächter der vitalen Facette (prānamayakosha) des Individuums. Es ist das Feuerprinzip *(agni)*, Ursprung und Quelle der Körperwärme, welches den Prozeß der Verdauung und des Schutzes vor äußeren Veränderungen aufrechterhält.

Das manipūraka-*cakra* ist das nächsthöhere auf der Rückgrat-Ebene, oberhalb des Nabels. Es entspricht dem Solarplexus, dem Wasserprinzip (jalatva), der Gefühlsebene, es bewirkt die Blutzirkulation durch alle Körperteile ins Herz hinein und aus dem Herzen heraus.

Das anāhata-*cakra* liegt im Gebiet des Herzens. Es verkörpert das Luftprinzip (vāyu), das für den Atemvorgang verantwortlich ist, Einatmung und Ausatmung, die für das Leben und die Aktivität so wesentlich sind. Es belebt auch die Kraft des Rückgrats und fährt über die „Griffleiste des inneren Saiteninstrumentes (vīnā)."

Das vishuddha-*cakra* ist in der Rachenhöhle, nahe der Schilddrüse. Es repräsentiert das Ätherprinzip *(ākāsha)* und fördert Töne oder das Gehör (shabda).

Das ājnā-*cakra,* der Punkt in der Mitte zwischen den Augenbrauen, ist die Verkörperung von vijnāna, des Glanzes der Bewußtheit, denn wenn dieses *Cakra* erreicht ist, erblickt der Mensch flüchtig die Wahrheit, wird transformiert und hell und durchscheinend. Er ist nur noch einen Schritt von der endgültigen Verwirklichung entfernt.

Das sahasrāra-*cakra* befindet sich auf der Krone des Kopfes. Hier entwickelt die erwachte spirituelle Energie ihre volle Kraft und Herrlichkeit als Erleuchtung *(samādhi)*. Das ist das Ende aller spirituellen Anstrengung *(sādhana),* aller Suche.

Das Stadium der Begierde wirkt in den ersten beiden *Cakras,* das Stadium der Fähigkeit zum Handeln (kriyāshakti) wirkt in den nächsten beiden, und das Stadium des Bewußtseins (jnānashakti) ist in den zwei letzten am offenkundigsten. Das Bewußtsein ist da, in jedem latent, bereit, an die Oberfläche zu treten, wenn die Schleier der Unwissenheit entfernt werden. Die individuelle Lebenskraft (jīvatattva) wohnt wie ein leuchtender Blitz im Schoß einer blauen Wolke, zwischen dem neunten und elften Wirbel der Wirbelsäule. Sie wird nur dann wach und aufmerksam, wenn nach der Reinigung des Charakters und der Gewohnheiten eine Form des *sādhana* praktiziert wird.

Wird indessen der Pfad des *Yoga* beschritten, solange die Sinne stark und vorherrschend sind, wird die Wirkung auf die eigenen Gefühle und Leidenschaften verheerend sein. Man wird wahnsinnig und redet und schreibt absurde und liederliche Dinge über sich selbst und über andere. Ich kenne viele Fälle solcher spiritueller Sucher *(sādhaka),* die sich verirrt haben. Deswegen sind die Kontrolle der Sinne (shama), die Kontrolle der inneren Leidenschaften und Gefühle (dama), der Rückzug des Geistes von äußeren Sinnesobjekten (uparati), das Erlangen der Kraft, Hitze,

Kälte, Trauer und Freude, Gewinn und Verlust etc. mit Gleichmut zu ertragen (titikshā), das Vertrauen in die Schriften und die Erfahrungen der Weisen (shraddhā), die Seelenstärke und die tiefe Kontemplation (samādhāna), als Qualifikationen für den Suchenden betont worden.

Yoga, so wie er gegenwärtig gelehrt und gelernt wird, ist bestenfalls ein System körperlicher Übungen, ein Mittel, um Gesundheit und ein Gefühl körperlichen Wohlbefindens zu erlangen. Er kann keine spirituelle Disziplin sein, die zur Selbsterkenntnis führt. Der Körper, der sich aus den fünf Elementen zusammensetzt, kann durch diese *Yoga*-Übungen beeinflußt werden. Der Geist besitzt keine eigene Leuchtkraft, und er kann, wie der Mond, entweder das Licht der Sonne reflektieren oder das der Sonne in ihm. Die innewohnende Göttlichkeit *(ātman)* kann man nur durch Liebe kennenlernen; alle Behauptungen, die das Gegenteil besagen, sind unwahr und treffen nicht den Kern. Durch die göttliche Schlangenkraft (kundalinīshakti) und ihr Aufsteigen durch die *Cakras* ist es beinahe unmöglich, den universellen *ātman* zu erkennen: Selbst wenn er erkannt wird, ist diese Erfahrung nicht durch Unterrichtsstunden zu vermitteln. Die erlangte Vision muß die des „Einen ohne einen Zweiten" sein, nur dann kann sie echt sein. Das Innerste jedes Wesens muß als das Eine wiedererkannt werden.

Es gab einmal einen *Guru,* der seinen Schüler in den *Nārāyana-Mantra*: „*Om* namo Nārāyanaya" (*Om*, Verneigung dem *Nārāyana*) einführte. Als sich der Schüler entfernte, rief er ihn zurück und gab ihm eine zusätzliche Anweisung, indem er sagte: „Hab die Form *Nārāyanas* (Gott *Vishnu*) vor deinem geistigen Auge, wenn du den *Mantra* wiederholst." Der Schüler ging, aber der *Guru* rief ihn wieder zurück und sagte ihm: „Aber sei vorsichtig und denke nicht an einen Affen, wenn du den Namen rezitierst und die Form betrachtest." Der Schüler stimmte zu, aber jedes Mal, wenn er sich zum Meditieren hinsetzte, ließ der Affe sich nicht beiseite schieben. Er sagte sich fortwährend, daß er nicht an den Affen denken sollte, aber der Affe bestand darauf, in seinem Bewußtsein präsent zu sein. Daher beklagte er sich bei dem *Guru* und bat ihn um Rat. Der *Guru* sagte, daß *Nārāyana* allgegenwärtig sei und jedem Wesen immanent, und deshalb könne er über *Nārāyana* als Realität jedes Wesens meditieren, das in seinem Gesichtsfeld erscheine. Wie könnt ihr einige Dinge als „Nicht-Gott" von anderen als „Gott" trennen? Sie sind alles Glieder, Organe und Zellen seines Körpers. Wenn ihr alle diese Glieder, Organe und Zellen trennt, was ist dann noch vom Körper übrig?

Laßt euch deshalb nicht auf den *Yoga*-Pfad führen, da er voll Gefahren steckt und es keine tüchtigen Lehrer geben kann. Bestimmte körperliche Übungen *(āsana)* aber können, unter ordentlicher Anleitung, zur besseren Gesundheit praktiziert werden.

Sommerkurs, 16.6.1977

Das allumfassende Gebet

Om bhūr bhuvah suvah
tat savitur varenyam
bhargo devasya dhīmahi
dhiyo yo nah pracodayāt

Wir versenken uns in den erhabenen Glanz des Gottes Savitā,
der unsere höhere Einsicht inspirieren möge.

Die *Gāyatrī* ist das allumfassende Gebet, das in den *Veden,* den ältesten Schriften der Menschheit, sorgsam überliefert ist. Es ist an das immanente und transzendente Göttliche gerichtet, dem die Bezeichnung „savitā" gegeben wurde, was bedeutet, „das, aus dem all dies geboren wurde." Der *Gāyatrī-Mantra* kann als dreiteilig angesehen werden: 1. Lobpreisung, 2. Meditation und 3. Gebet. Zuerst wird das Göttliche gepriesen, dann wird darüber in Ehrfurcht meditiert, und zuletzt wird an das Göttliche appelliert, den Intellekt zu erwecken und zu stärken, der das Unterscheidungsvermögen des Menschen darstellt.

Die *Gāyatrī* wird als die Essenz der Lehren der *Veden* angesehen. *„Veda"* bedeutet Wissen, und das Gebet nährt und schärft das wissensvermittelnde Unterscheidungsvermögen. Tatsache ist, daß die vier mahāvākyas oder Kern-Erklärungen, die in den vier *Veden* sorgsam verwahrt sind, in diesem *Gāyatrī-Mantra* eingeschlossen sind.

Die *Gāyatrī* wird gewöhnlich bei Sonnenaufgang, am Mittag und bei Sonnenuntergang wiederholt. Aber Gott ist jenseits der Zeit, und es ist ein Ergebnis unserer Begrenztheit, daß wir von Sonnenauf- und -untergang sprechen. Wenn wir uns von der Sonne entfernen, ist das Dämmerung; wenn wir uns in das Sonnenlicht begeben, ist dies das Morgenrot. So braucht ihr euch nicht an die drei Zeitpunkte gebunden zu fühlen, um das Gebet zu rezitieren. Es kann immer und überall wiederholt werden, man muß nur sicherstellen, daß der Geist rein ist. Ich würde euch jungen Leuten raten, es zu rezitieren, wenn ihr euer Bad nehmt. Singt keine billigen und entwertenden Filmlieder. Rezitiert die *Gāyatrī*; wenn ihr badet, wird der Körper gesäubert; säubert auch euren Geist und Intellekt. Macht es euch zur Aufgabe, sie sowohl zu wiederholen, wenn ihr badet, als auch vor jeder Mahlzeit, wenn ihr aus dem Schlaf aufwacht und wenn ihr ins Bett geht. Und wiederholt auch dreimal „*shānti*" am Ende, denn jene Wiederholung wird den drei Wesenheiten in euch, Körper, Geist und Seele, *shānti* oder Frieden vermitteln.

Jedes menschliche Wesen hat vier Geburtstage. Der erste ist, wenn es aus dem mütterlichen Schoß austritt und, weder heilig noch nicht-heilig, nur nach Nahrung und Schutz verlangt; der zweite ist, wenn es seine spirituellen Studien beginnt, um von der Dunkelheit zum Licht zu gelangen; der dritte ist, wenn es Weisheit erlangt hat und die Disziplinen, welche die *Rishis* zur Erlangung der Selbst-Erkenntnis vorgeschlagen haben, gemeistert hat; der vierte und letzte ist, wenn es seine wahre Identität erkannt hat und mit dem ewig Absoluten *(brahman)* verschmilzt.

Die heilige Schnur ist ein Symbol der Reinheit, die notwendig ist, wenn ihr an den Opferhandlungen *(yajna)* des Lebens teilnehmen wollt. Das Leben ist eine kontinuierliche Serie von Opfern des Niedrigeren um des Höheren willen, des Winzigen zugunsten des Riesigen. Upanayana, das Wort, das dieser Einweihungszeremonie gegeben wurde, bedeutet die Verleihung eines anderen Auges. Eure zwei Augen können euch nicht die Pracht und Herrlichkeit des Königreiches des Geistes offenbaren. Sie sind auf die objektive Welt und deren vergängliche Reize gerichtet. Deshalb wurde euch der *Gāyatrī-Mantra* als drittes Auge gegeben, um euch die innere Vision zu offenbaren, durch die ihr *brahman* erkennen könnt.

Gāyatrī ist ein Schatz, den ihr euer ganzes Leben lang bewachen müßt. Wenn ihr die korrekten Töne des *Mantras* jetzt nicht erfaßt habt, lernt sie von euren Eltern und von eurem Familienpriester. Vielleicht kennen sie die *Gāyatrī* selbst nicht, oder sie mögen sie durch sträfliche Vernachlässigung vergessen haben. Dann würde ich sie bitten, sie durch euch zu lernen.

Gebt die *Gāyatrī* nie auf; ihr mögt jeden anderen *Mantra* aufgeben oder ignorieren, aber ihr solltet die *Gāyatrī* mindestens ein paarmal am Tag rezitieren. Es wird euch vor Schaden bewahren, wo ihr auch seid, in einem Bus oder Auto, einem Zug oder einem Flugzeug, in einem Basar oder auf der Straße. Westler haben die Schwingungen dieses *Mantras* untersucht; sie haben herausgefunden, daß, wenn er mit der richtigen, in den *Veden* festgelegten Betonung rezitiert wird, die Atmosphäre sichtbar erhellt. So wird brahmaprakāsha, der Glanz *brahmans,* zu euch hinabsteigen und euren Intellekt erhellen und euren Weg erleuchten, wenn dieser *Mantra* gesungen wird. *Gāyatrī* ist annapūrnā, die Mutter, die Kraft, die alles Leben anregt. Deshalb vernachlässigt sie nicht.

Ältere und Priester, die Verwalter dieses *Mantras,* haben ihn vernachlässigt. Aber ihr, als Erben und Wächter der großen Kultur dieses Landes, habt eine große Verantwortung, ihn zu bewahren und seine Wirksamkeit und seinen Wert zu demonstrieren.

Upanayana Tag, *Brindāvan*, 20.6.1977

Zielgerichtetheit

Bildung muß dem Individuum Qualitäten vermitteln, die seinen Frieden sichern und damit den universellen Frieden. Sie sollte den Geist von allen Spuren der Enge säubern und dabei helfen, Einheit und Liebe zu nähren. Dies ist die Botschaft Indiens *(Bhārat)* seit undenklichen Zeiten. Die *Veden* erklären dies zum Ziel von Bildung. Dies ist das Land, das die *Veden* verehrt (vedabhūmi), die den Weisen durch göttliche Offenbarung zuteil wurden. Die Saat dieser Botschaft sproß als junges Pflänzchen im Garten der *Upanishaden.* Dann wuchsen und blühten diese jungen Pflanzen in den alten *shāstras,* und der Wind trug den Wohlgeruch ihrer göttlichen Freude *(ānanda)* in die vier Ecken der Welt, um die Leute aller Kontinente zu wecken und zu beleben. In jenen Tagen lebten die Weisen mit ihren Schülern in Einsiedeleien, in ruhiger, bewaldeter Umgebung an Uferböschungen. Jede Einsiedelei war eine Universität mit dem Weisen als Kanzler. Sie waren auf allen Wissensgebieten bewandert und eifrig bemüht, ihr Wissen an jedweden weiterzugeben, der es aufnehmen und den besten Nutzen daraus ziehen konnte. Aufgrund ihrer eigenen Führungsfähigkeit, des Enthusiasmus' ihrer Schüler und der Erhabenheit ihrer Umgebung waren sie in ihrer Mission erfolgreich. Es war alles so einfach und ernsthaft, so frisch und frei.

Das Umfeld, das die heutigen Bildungsinstitutionen umgibt, ist das krasse Gegenteil von diesem alten Bild. Damals lebten die Schüler mit ihrem Lehrer in dessen Unterkunft und nahmen nicht nur Information, sondern auch Inspiration, nicht nur Manieren, sondern auch Moralvorstellungen auf. Sie standen mit der Morgendämmerung auf, badeten in kaltem Wasser und durchliefen die strenge Schule von Gebet, Studium, Meditation und Haushaltspflichten. Bei keiner dieser Disziplinen wurde ein Unterschied gemacht zwischen einem Prinzen und einem Bauern, dem Sohn eines Gelehrten oder dem eines Analphabeten. Es gab keine Gelegenheit, die Zeit mit nutzlosen Geschäften, belanglosem Geschwätz oder der Befriedigung von nichtigen Launen und Vorstellungen zu vergeuden.

Jeder Schüler war mit den Grundwerten der indischen Kultur vertraut, mit ihren Ursprüngen und Entwicklungen und ihrer essentiellen Gültigkeit für den Fortschritt ihres Landes. Heute hat sich die Zahl der Schüler enorm vergrößert, aber die Qualität von beidem, Lehren und Lernen, hat stark gelitten. Dem Lehrer zu dienen war Teil der Erziehung in jenen Tagen; es war leicht, dem Lehrer zu gefallen und ihm durch den Prozeß liebenden Dienens das Beste zu entlocken. Wie können Gehälter und Gebühren je einen Lehrer befriedigen? Sie vergrößern nur die Gier nach mehr. Früher waren der Reichtum und Frieden der Welt auf der Grundlage von Rechtschaffenheit *(dharma)* aufgebaut; jetzt hängen sie vom Reichtum (dhana) ab.

Die Schöpfung des Universums muß zu einer Zeit geschehen sein, zu der selbst „Zeit" unbekannt war. Zahllose lebende Wesen haben seitdem auf diesem Planeten gewohnt, und auch die Zahl der heute lebenden Arten ist unzählbar. Der Mensch wird als die Krone des Tierreiches angesehen, er ist der Gipfel der lebenden Wesen. Vom Menschen heißt es, er sei der Höchste. Warum? Weil er das einzige Tier ist, das sein eigenes Selbst untersuchen und die Göttlichkeit erkennen und entfalten kann, die seine Realität darstellt; andere Tiere haben kein Verlangen nach dieser grundsätzlichen Frage und der befriedigenden Weisheit. Dieses Verlangen hat viele dazu veranlaßt, vorauszusetzen, daß Gott existiert und andere, die Existenz Gottes zu verleugnen. Gott wird in der *Gītā* als „kleiner als der Kleinste und größer als der Größte" beschrieben. Laßt uns diesen Widerspruch ein wenig betrachten.

Wir können die Luft nicht sehen, die uns umgibt, die wir jeden Moment unseres Lebens ein- und ausatmen. Wie können wir dann das kleine Atom und die darin enthaltenen Energiepartikel sehen? Ebenso ist es mit einer verdeckten und damit eingeschränkten Sicht; wie können wir uns *brahman* vor Augen führen, die grundlegende Göttliche Kraft, die sogar die feine Energie innerhalb des unsichtbaren Atoms lenkt? Wenn natürlich die Sicht bis zu ihrem feinsten Aspekt (sūkshma-*buddhi*) gereinigt wird, und wenn wir, wie *Arjuna* es war, mit dem Weisheitsauge (*jnāna*-cakshus) ausgerüstet sind, können wir die Göttlichkeit identifizieren, die hinter der kleinsten Form oder dem kleinsten Partikel liegt.

Was das „größer als das Größte" anbelangt, führe man sich die Sonne vor Augen. Sie ist mehr als 150 Millionen Kilometer von der Erde entfernt. Würden wir mit 800 km/h vierundzwanzig Stunden am Tag in Richtung Sonne reisen, benötigten wir mehr als 20 Jahre, um sie zu erreichen. Die Sonne ist so groß, daß der Erdball in einen der tausend Teiche oder „Gruben" hineingeworfen werden könnte, die Astronomen auf ihr entdeckt haben. Die Sterne, die so winzig und mannigfaltig erscheinen, sind fast alle weit größer als die Sonne, und die Entfernungen zwischen ihnen sind fast immer größer als die Entfernung von Sonne und Erde! Wie kann der unscheinbare Geist des Menschen je die Unermeßlichkeit des gesamten Kosmos begreifen? Aber auch hier waren die Weisen aufgrund ihres geschärften Intellekts und ihres von Ekstase erfüllten Geistes in der Lage, sich Gott sowohl diesem Makrokosmos als auch jenem Mikrokosmos innewohnend vorzustellen und sogar als die Grenzen von Zeit und Raum überschreitend. Ihre Erfahrung hat sie dazu gebracht, ihre Verehrung durch Namen wie Gott, Allah, Jehova und Bhagavān auszudrükken. Diese sind Verkörperungen der Herrlichkeit und Anmut, von der sie kosten durften, der Liebe, die sie im Kern des Kosmos empfanden.

Das erschaffene Universum wird *prakriti* genannt. Vor der Manifestation herrschte Dunkelheit; nach der Manifestation war Licht. Die Dunkelheit war das *tamas*-Stadium, in dem es keine Aktivität gab. Das Licht war das *rajas*-Stadium, bei dem Bewegung, Aufruhr, Aufschwung und Niedergang abwechselten. Zu der Zeit wurden die „fünf Elemente“ geschaffen und erlangten bald verhältnismäßige Ruhe. Das war das *sattva*-Stadium, in dem Göttlichkeit durch sie schien. Diese fünf Elemente sind durch die fünf Sinne wahrnehmbar; d.h. sie sind eine Erwiderung auf die Bedürfnisse der Sinne. Das *sattva*-Stadium ist das göttliche Stadium, wenn Licht auf die Wahrheit fällt. Diese Wahrheit war sogar vor der Schöpfung und dem Kosmos da.

Wahrheit ist fundamentaler als das Atom. Jedes Atom und jeder Stern manifestiert für jene die Wahrheit, die das Auge der Weisheit besitzen. Jeder Aspekt der Wissenschaft hat ein charakteristisches Merkmal, wenn er sich einer bestimmten Gruppe von Dingen oder Wesen widmet. Was ist das spezielle Merkmal des Menschen? Wenn er so wie jedes Tier lebt und stirbt, wie ist dann seine Vorrangstellung zu rechtfertigen? Seine Überlegenheit liegt in seiner Fähigkeit begründet, sich seiner Wahrheit bewußt zu werden. Wir benutzen die Redewendung „Zielgerichtetheit“, wenn wir auf spirituelle Arbeit *(sādhana)* bezug nehmen. Die Bedeutung, die wir der Redewendung im allgemeinen zumessen, ist nicht korrekt. Jeder der fünf Sinne, jedes Organ oder jede Gabe hat einen Zweck, der ihm Gültigkeit verschafft. Sagen wir nicht: „Das hat keinen Zweck“, wenn wir eine Sache oder ein Argument verwerfen? Sehen ist der „Zweck“ des Auges, Hören ist der „Zweck“ des Ohres. Wenn es keinen Zweck gibt, ist es blind oder taub. Der Sinn ist dann von einer Krankheit betroffen, er hat einen Defekt. Selbst wenn ihr eine leichte Erkältung habt, verliert die Nase ihren „Zweck“, denn sie kann nun keine Gerüche wahrnehmen.

Nun, was ist der Zweck des Geistes? Wenn wir „Zielgerichtetheit“ sagen, muß das bedeuten, daß der Geist auf das Eine gerichtet sein sollte - das Eine, das als „ohne Zweites“ bezeichnet wird, das Eine, das wollte, daß es viele werde. Bis der Geist nicht alle anderen Zielsetzungen aufgegeben hat und versucht, sich des Einen bewußt zu werden, das die Vielen wurde, kann man sagen, daß auch der Geist krank ist und an einem Defekt leidet.

Die Weisen des alten Indien beherrschten diese „Zielgerichtetheit“ und konnten, wenn sie wollten, dieses Bewußtsein auf ihre Schüler übertragen. Solche Menschen sind heute rar. Wir haben Lehrer im Überfluß, aber keiner von ihnen hat sich mit Entschlossenheit dieser Aufgabe angenommen, seine eigene Identität zu entdecken. Mit dem Verschwinden der *Rishis* sind die Einsiedeleien (rishikula) jener Tage zu den Schulen (shkul) geworden (Wortspiel Sai Babas zwischen rishikula und engl. school).

Ich habe euch oft gesagt, daß ihr neben euren Eltern, euren Lehrern und den Älteren auch eure Taten verehren müßt, denn Taten erheben uns oder ziehen uns hinunter; sie ketten uns an Geburt und Tod oder sie befreien uns aus jener Kette; sie enden in Freude oder Kummer, Reichtum oder Armut, Gewinn oder Verlust, Vergnügen oder Schmerz. Ihr müßt erkennen, daß eure Begeisterung oder Verzweiflung, euer Erfolg oder Mißerfolg nichts als Konsequenzen eurer Handlungen sind. Während ihr handelt, stoßt ihr an bestimmte Naturgesetze, die ihr nicht übertreten könnt. Wenn ihr die Gewalt über etwas verliert, das ihr in der Hand haltet, wird es hinunterfallen; ähnlich ist es mit euch, wenn ihr ausrutscht, während ihr eine Leiter hinaufsteigt: Ihr werdet fallen, ohne Rücksicht auf Kaste, Glaubenszugehörigkeit oder Status. Das Gesetz macht keine Unterschiede. In jeder Tat oder jeder Handlung ist Gott als unsichtbarer Motivator anwesend; in jedem winzigen Ding, das ihr anfaßt oder beeinflußt, ist Gott als der innerste Kern anwesend. So versucht immer, euch zu erheben, indem ihr Gutes tut, gut sprecht, das Gute sucht und das Gute von anderen im Sinn habt.

Ihr verliert nicht viel, wenn ein Finger so beschädigt wird, daß er abgenommen werden muß. Der Körper kann weiterhin funktionieren und ein brauchbares Instrument sein. Sogar wenn ihr ein Glied verliert, könnt ihr funktionieren und aus euren Fähigkeiten Nutzen ziehen. Aber wenn ihr euren Charakter verliert, ist alles verloren! Ihr seid des Namens „Student" erst von dem Tag an würdig, an dem ihr euch diesen Gedanken einprägt. Erlaubt Faulheit, Haß und Zorn nicht, euer Herz zu beflecken. Die Welt freut sich darauf, daß ihr als Führer den Frieden schafft und sichert. Wie kann dies verwirklicht werden, wenn ihr Haß und Zorn kultiviert? Praktiziert Ruhe und entwickelt die Gewohnheit, zu überlegen. Regt euch nicht auf, und ergebt euch nicht dem Massenwahnsinn. Das ist ein Zeichen von Schwäche und Launenhaftigkeit.

Wenn euch jemand Vorwürfe macht oder euch beschimpft oder verletzt, tut ihm im Gegenzug nicht das gleiche an. Verhaltet euch edel und geduldig. Wenn ein Hund einen Mann beißt, beißt dieser den Hund nicht wieder. Erziehung muß euch von der Dunkelheit ins Licht führen. Nur jene, die in der Dunkelheit umherwandern, fallen in Gruben; kann ein Mensch, der im Licht wandert, in eine Grube fallen? Wenn er es tut, heißt das, daß er sich noch im Dunkeln befindet. Vid bedeutet Licht, und ein vidyārthin muß das Licht suchen und erlangen. Was nutzt euch ein Auge, das euch nicht die Fallen zeigt? Bildung muß euch mit jenem Typ von Auge ausstatten, das euch rechtzeitig die Gräben zeigt, die auf eurem Weg klaffen.

Wissen *(vidyā)* muß Demut, Selbstlosigkeit und die Ideale des Dienens vermitteln. Wenn ein Mensch seinen Magen und seinen materiellen Reichtum als seinen Himmel verehrt, wie kann er dann als Gelehrter geehrt werden?

Der gebildete Mensch muß bereit und fähig sein, seinen Eltern, seinem Dorf, seinem Staat, seiner Nation, seiner Sprache und seiner Kultur zu dienen. Die Luft eines Ballons ist durch Form und Größe des Ballons beschränkt; wenn sie nicht den Ballon sprengt und seine Grenzen überwindet, wie kann sie dann mit dem Universum verschmelzen? Ähnlich verhält es sich beim Menschen: Solange das Selbst nicht Bewußtsein erlangt und die Schranken des Ego besiegt, kann es nicht mit dem Allgegenwärtigen, immanenten Göttlichen verschmelzen.

Ihr seid in dieser Gesellschaft geboren; sie hat geholfen, euch zu bewachen und zu leiten, zu ernähren, zu erziehen und euch mit Träumen und Idealen zu versehen. Zahlt der Gesellschaft das zurück, was ihr dieser schuldet. Erklärt laut, daß ihr Inder (Bhāratīyas) seid. Entschließt euch mit Stolz und Enthusiasmus, *Bhārata* zu dienen. Die Geschichte und Kultur *Bhāratas* müssen von euch wie eure Eltern verehrt werden.

College Day, *Brindāvan*, 30.7.1977

Das Ich in dir

Der Umgang, den man pflegt, bestimmt den Charakter. Eine Person versucht, sich einer Gruppe anzuschließen, in der sie ihre angeborene Natur frei ausdrücken kann. Von daher ist es ein sehr wichtiger Bestandteil für das moralische und spirituelle Vorankommen, mit anderen spirituell orientierten Menschen zusammenzukommen *(satsanga)*. Der Mensch ist geneigt, den Wünschen, die in ihm aufsteigen oder den Impulsen, die ihm von außen eingegeben werden, nachzugeben. Sehr oft sind diese schädlich. So ruiniert er sich selbst, indem er ihnen die Chance gibt, seine Persönlichkeit zu überwältigen. Entdeckt den günstigen Einfluß, den gute Gesellschaft ausüben kann. Ein Stück Schnur ist wertlos; niemand wird es im Haar tragen wollen, noch es ehrfürchtig auf ein Abbild Gottes legen, aber wenn es sich mit ein paar duftenden Blumen verbindet, schmücken sich die Frauen das Haar mit der Blumengirlande, und *Devotees* legen sie auf das Idol, das sie bewundern. Ein Steinblock auf einem öffentlichen Platz ist ein sehr vernachlässigter und mißbrauchter Gegenstand - von Straßenhunden oft beschmutzt. Aber laßt den Stein in die Hände eines Bildhauers oder dessen Schülers geraten, so wird er die Form eines bezaubernden Gottesbildnisses annehmen, in einem Tempel aufgestellt und vielleicht jahrhundertelang die Huldigung Tausender empfangen. Nehmt das Beispiel der Ratte. In dem Haus, in dem sie wohnt, wird sie gejagt und verfolgt, vergiftet und getötet; aber wenn Gott

Ganapati sie als sein Reittier nimmt, wird sie als heiliges Tier angebetet. Die Schlange wird gehaßt und erschlagen, wenn sie erscheint, denn sie wird vom Menschen gefürchtet und gemieden. Aber in Verbindung mit Gott *Shiva* (um dessen Hand-und Fußgelenke und Hals sie sich rollt) empfängt die Schlange die Ehrerbietung von Millionen. Die Gesellschaft des Göttlichen verleiht ihr einen Heiligenschein.

Ebenso erniedrigt und verdirbt schlechte Gesellschaft den Menschen. Das Feuer wird als unverletzbar und heilig angesehen, und in jedem orthodoxen Heim, in dem die *Veden* die Richtlinien des Lebens bestimmen, wird es (bei religiösen Zeremonien) sorgsam gehütet. Aber wenn der Gott des Feuers in eine Eisenstange oder -kugel eintritt, muß er viele Hammerschläge erleiden, während die Stange oder die Kugel von Menschen zu einem Werkzeug geformt wird. Die Verbindung mit dem Eisen verursacht für das höchst verehrte Feuer dieses Ungemach.

Die dem Menschen zugewiesenen Lebensjahre, die das Ergebnis eines enormen Verdienstes sind, das in vielen vergangenen Leben erworben und angehäuft wurde, müssen zu dem Zweck genutzt werden, sich höher zu dem Göttlichen zu erheben. Für dieses Abenteuer ist geistesverwandte und inspirierende Gesellschaft wesentlich. Wir sollen nach Diamanten suchen, aber leider glauben wir irrtümlich, daß Glasperlen Diamanten seien. Reichtümer werden nur weniger, wenn man sie ausgibt, aber das Leben wird in seinem Verlauf jeden Augenblick kürzer. Auch wenn wir sorglos schlafen, macht uns jede Minute älter, bringt uns dem Grab näher. Um die Zeit in nützliche Kanäle zu leiten, muß das Leben reglementiert und eingeschränkt werden, Gewohnheiten müssen sublimiert, Tendenzen korrigiert und konstruktive Einstellungen angenommen werden. Auf diese Regeln wird im Sathya Sai Studentenheim besonderer Wert gelegt, auch wenn einige von euch diese Einschränkungen und Richtlinien für ihr Verhalten nicht schätzen. Sie mögen für euch jetzt beschwerlich sein, da ihr erst kürzlich in dieses Studentenheim eingetreten und in völlig unterschiedlichen Umgebungen aufgewachsen seid. Vielleicht verlangt ihr nach dem, was „Freiheit des Willens und der Tat" genannt wird. Aber wenn ihr euch nicht selbst ein Ideal gesetzt habt, wird aus dieser Freiheit leicht Zügellosigkeit, unkontrollierter Eigenwille und das selbst-ernannte Recht, in den Straßen umherzuschweifen. Was ist das Ende von „Freiheit"? Das wahre Ende von Freiheit ist nicht „Vergnügen", sondern „Weisheit". Svecchā ist das Sanskritwort für „Eigen-Willen". Das „Eigen" bedeutet hier das höhere Selbst, das Über-Selbst. Sein Wille ist es, ständig mit dem Höchsten zu verschmelzen und in göttliche Freude *(ānanda)* versenkt zu sein.

Bedenkt nur das Schicksal der Studenten in den meisten anderen Universitäten und Studentenheimen. Betrachtet nur die armseligen Zustände, die dort herrschen. Die Atmosphäre ist weder für akademische noch für die persönliche Entwicklung geeignet. Sie wird geprägt von politischer Zwietracht und sich gegenseitig ansteckender Aufregung. Hat sich der Mensch aus dem Tier entwickelt, nur um abzusteigen zu einer Erniedrigung, die schlimmer ist als die der Tiere? Kann der Mensch nur durch die Bedürfnisse von Hunger und Angst motiviert werden? Ihr wißt, eine Kuh kommt näher, um ein Büschel Gras zu fressen, aber angesichts eines Stockes läuft sie fort. Der Mensch sollte anders motiviert sein. Nochmals: Kann der Mensch glücklich sein, indem er sich Titel sichert oder sich Filme ansieht oder indem er in den Basaren umherschweift und seine Zeit ziellos vergeudet? In vielen Fällen sind die Eltern und die Älteren schuld, da sie für ihre Kinder ein schlechtes Beispiel sind. Sie trinken und spielen, hassen und kämpfen. Die Bildung muß euch davor bewahren, diesem falschen Weg zu folgen. Ich darf euch mitteilen, daß Studenten, die einige Monate in diesem Studentenheim in Übereinstimmung mit dessen Regeln und Vorschriften gelebt haben, durch ihre Pünktlichkeit, Ernsthaftigkeit und ihr diszipliniertes Benehmen die Anerkennung von Autoritätspersonen einiger Partneruniversitäten in Bangalore erlangt haben.

Ein diszipliniertes Leben ist das beste Angebot, das ihr dem Land oder dem Göttlichen in euch machen könnt. Eine einzige Person, die geordnetem Leben abgeneigt ist, kann durch ihr Beispiel die Laufbahn vieler anderer verderben, mit denen sie in Kontakt kommt. Deshalb muß jeder von euch das Ideal akzeptieren, nachdem er dessen Bedeutung erfaßt hat und von dem Wert überzeugt ist. In der menschlichen Natur sind Spuren tierischer Instinkte und Impulse erhalten geblieben, und nur wenn ihr Aufwallen kontrolliert und schließlich überwunden ist, kann sich die Göttlichkeit offenbaren. Dieses Heim verschafft euch die Gelegenheit, das Zusammenleben mit spirituell orientierten Menschen *(satsanga)* hilft euch, erfolgreich zu sein. Die Natur kann durch Ernährung verändert werden; selbst Hunde können aufhören, an Fleisch Gefallen zu finden, wenn sie darin trainiert werden, nur vegetarische Nahrung zu sich zu nehmen. Deshalb öffnet euch freudig dem *satsanga,* der hier zur Verfügung steht. Natürlich machen sich Störche über den Schwan (hamsa) lustig, und Krähen spotten über den Gesang des Kuckucks, aber trotz aller zynischen Bemerkungen schreitet der hamsa so stolz umher wie immer, und der Kuckuck ist in seinem Gesang fehlerlos. Diejenigen, die sich über andere lustig machen, werden schließlich aufgrund ihrer Eigenarten isoliert und verlacht.

Sehr oft verkehren sich aufgrund eines Fehlers in der Beweisführung die intelligentesten Pläne des Menschen ins Gegenteil. In Bobbili verbreitete sich vor Jahren sehr schnell eine infektiöse Krankheit, die Furunkel auf der Haut hervorrief. Man fand heraus, daß die Infektion durch Hausratten übertragen wurde. Da die Ratten durch Fallen nicht vollständig auszurotten waren, entschloß sich der Herrscher, die Leute zu ermutigen, sich Katzen als Haustiere zu halten, und er gab jedem Haushaltsvorstand eine großzügige, monatliche Reisration, um die Katzen zu füttern. Fünf Kilo Reis wurden den Haushalten pro Monat angeliefert. Doch nach einiger Zeit erreichten den Herrscher Beschwerden, daß die Mitglieder der Haushalte den Reis, der für die Katzen gedacht war, selber äßen. Deshalb befahl der Herrscher, daß sie sich mit den Katzen, die sie hielten, am Hof vorstellen sollten. Als sie mit ihren Haustieren auftauchten, stellte sich heraus, daß die Gerüchte über die Unterschlagung falsch waren. Jede Katze war erstaunlich gut ernährt und rundlich.

Eine Katze indessen, die von *Rāmakrishna* aufgezogen wurde, war mager und hungrig. Als der Herrscher ihn des Mißbrauchs an dem ihm vom Staat zugestandenen Reis beschuldigte, sagte er: „Herr! Keine dieser anderen Katzen hat je eine Ratte gefangen. Die Katzen sind dafür zu wohlgenährt. Wenn sie keinen Hunger haben, wie können sie dann auf die Suche nach Ratten gehen und sie töten? Meine Katze fängt mindestens ein Dutzend am Tag." Der Herrscher mußte zugeben, daß sein Plan ein großer Mißerfolg war. Er hatte genau das gegenteilige Ergebnis bewirkt! Denkt daran: Die festgelegten Regeln sind zu eurem eigenen Guten. Alles, was ich tue, sage oder anordne, ist zu eurem Guten, um eure zukünftigen Jahre glücklich und fruchtbar zu machen. Dieses ist die wertvollste Zeitspanne eures Lebens, und ihr müßt dankbar sein, daß ihr sie in dieser Atmosphäre, inmitten dieses *satsanga* verbringen dürft. All dies wird aufgrund meines Glaubens getan, daß ihr alle mein seid. Selbst wenn ihr leugnet, daß ihr mein seid, werde ich darauf bestehen, euch zu sagen, daß ihr mein seid. Denn ich bin die Göttlichkeit, die eure Realität ist. Das Ich in euch ist verwirrt und verängstigt, wenn ihr in Unredlichkeit und Eigensinn abschweift. Versteht deshalb den Wert des Planes von Arbeit und Gottesdienst, der euch hier vorgeschrieben ist, und laßt eure Persönlichkeit zum Besten formen, so daß ihr als beispielhafte, inspirierende Diener der Menschen und Gottes dasteht.

Shrī Sathya Sai Studentenheim, *Brindāvan*, 17.8.1977

Innere Andacht

Die Taten des Menschen erheben ihn oder verursachen seinen Fall. All jene Taten, die in Übereinstimmung mit den Prinzipien der Rechtschaffenheit stehen, verdienen die Würde der Bezeichnung Andacht oder Opferhandlung *(yajna)*. In den heiligen Texten werden zwei Formen von *yajna* erwähnt: die äußere und innere. Die äußere Form ist nicht so wichtig bzw. produktiv. Sie wird nur erwähnt, um dann außer acht gelassen zu werden, denn was kann eine Muschel ohne das Innere tun? Den Herrn anzubeten, während man über seinen Namen und seine Herrlichkeit meditiert, ist auch eine Form von innerem Opfer *(yajna)*. Der *yajna,* bei dem Tiere auf der Opferstätte geopfert wurden, ist ein äußerer Akt, aber er hat eine innere Bedeutung. Der Geist ist die Opferstätte und die tierischen Instinkte, die noch im Menschen vorhanden sind, sollten auf der des Geistes geschlachtet werden. Der Größenwahn des Menschen, der ihn drängt, blind nach Macht zu streben, ist der Büffel, der geopfert werden muß. Die Dummheit, die den Menschen übermannt und ihn schwach und fügsam macht, ist das Schaf in ihm, das als Opfer dargeboten werden muß. Die Schlauheit und der mit Strategien angefüllte Geist ist die Katze, die auf die gleiche Weise geopfert werden muß. Dies ist das innere Opfer, von dem das äußere Opfer eine Reflexion sein muß. Wenn die äußeren Riten vollzogen werden, müssen diese inneren Bedeutungen im Auge behalten werden. Es ist Sünde, das äußere Gebärdenspiel und die Formalitäten zu vollziehen, ohne das Wissen über die Bedeutung zu besitzen oder sie gar zu respektieren.

Der Mensch hat viele Tierleben durchschritten, bevor er als solcher auf die Erde kam. In ihm sind noch Eigenschaften der tierischen Natur in Form von Grausamkeit, Zorn, Gier, Haß, Unwissenheit über höhere Ideale etc. vorhanden. Der Mensch ist viele Tiere in einem. Er vereint in sich den Schakal, den Büffel, den Tiger, den Elefanten. Diese verbliebenen Spuren muß er aus seinem Wesen eliminieren. Wenn er es sich gestattet, sich in unnötige und nutzlose Kontroversen jenseits seines Verständnisses einzulassen, gebärdet er sich als Schaf. Wenn er von einer Idee zur anderen springt, von einem Ideal zum anderen, von einem Projekt zum nächsten, ohne sich bei einem voll zu engagieren, so offenbart er die Natur des Affen.

Die Natur des inneren Opfers *(yajna)* kann am besten verstanden werden, wenn wir die Geschichte des Kaisers Bali untersuchen. Er war der Enkel *Prahlādas,* des gefeierten *Devotees* des Herrn. *Prahlāda* hielt eine Reihe unmenschlicher Foltern aus, die ihm von seinem Vater angetan wurden, um ihn zu zwingen, seinen Glauben zu widerrufen. Bali legte dem Herrn all die Länder als Opfergabe zu Füßen, über die er herrschte sowie den Himmel selbst, den er als Belohnung für seine Frömmigkeit beanspruchen konnte. Er entschloß sich, das einzigartige Opfer zu vollziehen, das „vishvajit" genannt wird. Ein Merkmal dieses Opfers *(yajna)* ist, daß es nur von einem Kaiser vorgenommen werden kann als dem Sieger über seine Feinde und dem Herrscher über deren Völker. Der Kaiser erklärte durch dieses Opfer *(yajna),* daß er der unbestrittene Meister des Reiches sei, das er vergrößert hatte, und sofort nach dieser Erklärung befreite er sich in verschwenderischer Mildtätigkeit gegenüber allen Bevölkerungsschichten von den enormen Schätzen, die er durch Waffengewalt errungen und angehäuft hatte. Er war ein Herrscher, der das Wohlergehen und den Erfolg seiner Untertanen bei seinen Überlegungen an vorderste Stelle setzte. Er war das Symbol der Unterscheidungskraft *(prajnāshakti)*. Und der Herr, der als Vāmana, einer Inkarnation *Vishnus* in Zwerggestalt, zu ihm kam, ist das Symbol der jedem innewohnenden latenten Göttlichkeit. Wenn diese Göttlichkeit ihre Allgegenwart offenbart, nimmt sie den trivikrama-Aspekt an d.h. sie wird zur riesigen Gestalt, die mit drei Schritten das ganze Universum durchmißt.

Die Inkarnation des Herrn als Vāmana und seine Manifestation als trivikrama geschahen an einem Platz, der später Siddhāshrama genannt wurde. Dies war der Platz, den Vishvāmitra für seine Entsagungen ausgewählt hatte, denn *siddha* bedeutet Vollendung und Vishvāmitra bedeutet der Freund des Universums. Er war nicht nur ein großer Weiser, er war die Verkörperung des höheren Willens (icchāshakti).

Die Legende besagt, daß der Herr den Kaiser Bali hinunter in die niederen Regionen schickte. Dies deutet nur den Fußmarsch des Egos in das Reich der Vergessenheit an. Gewöhnlich wird angenommen, daß die Ausführung des Opfers *(yajna)* entsprechend den vedischen Vorschriften weltlichen Reichtum und himmlische Freude verleiht. Aber Kaiser Bali verzichtete auf materielle Vorteile und illusionäre Freude. Das ist der Grund, weshalb er die göttliche Gnade in einem solch großen Umfang erlangte, daß der Herr selbst Almosen von ihm erbat.

Jede Tat, die Gott geweiht ist, ist ein *yajna*. Manu, der alte Gesetzgeber, erklärte, daß der ehrerbietige Kniefall vor der Mutter, dem Vater und dem Lehrer in der Tat ein *yajna* ist; wenn dabei egoistischer Stolz und Gier fehlen und das Ziel das Wohl aller ist, ist die Tat sicherlich ein Opfer.

Im gesamten Kaiserreich Balis war niemand so arm, daß er um Almosen betteln mußte. Auch jene, die von außerhalb in sein Reich kamen, wurden gut versorgt. Das Opfer ist eine Übung in der Entsagung; sie sollte nicht nur dann und wann stattfinden, um dann wieder in Vergessenheit zu geraten. Der Geist der Entsagung muß in jeder einzelnen Tat im Verlauf des Lebens offenkundig sein. Bali war ein Beispiel dieses Typs der ständigen Entsagung. Diejenigen, die es schaffen, zu überleben, ohne sich um ein ehrliches Leben zu kümmern, sind mit der Krähe und jene, die falsche Wege beschreiten, um ihren Lebensunterhalt zu erlangen, sind mit dem Schakal verwandt.

Obwohl Kaiser Bali in einen gewalttätigen rākshasa-Stamm hineingeboren wurde (bekannt für seine dämonische Natur, mit der einen Ausnahme *Prahlādas*), erlangte er ein reines Herz, frei von Haß und Stolz. Er hatte die Launenhaftigkeit seines Geistes gemeistert. Als Belohnung für seine edle Natur erschien ihm der Herr als Bettelmönch. Er bat ihn um drei Fuß Boden. Dies war eine symbolische Frage, denn die drei Fuß bedeuten bhūr-, bhuvah- und suvah-*lokas,* die den grobstofflichen, feinstofflichen und Kausal-Körper des Menschen repräsentieren. Die *lokas* oder Welten befinden sich nicht eine über der anderen oder hintereinander. Sie sind eine in der anderen enthalten. Die sichtbare Welt *(loka)* ist der bhūr-*loka,* die vitale Atmosphäre darum ist der bhuvah-*loka,* und die Welt des *ānanda*, welche die vitale umhüllt, ist der suvah-*loka*. Der Mensch hat fünf Hüllen *(koshas)*, die ihn umgeben. Die materielle und mentale schließen den bhūr-*loka* mit ein, die vitale und die intellektuelle umfassen den bhuvah-*loka,* und diejenige die aus Glückseligkeit besteht (ānandamaya) ist der suvah-*loka*.

Der königliche Lehrer von Kaiser Bali war Shukrācārya. Er hatte durch seine Einfachheit und Gelehrsamkeit einen hohen Ehrenplatz unter den Mönchen erreicht, aber er stand dem Pfad der Entsagung im Wege, den Bali für sich festgelegt hatte. Shukrācārya konnte lehren, aber er selbst konnte das nicht leben, was er die anderen als erstrebenswert lehrte. Er war ein höchst respektierter Mönch, aber er hatte diesen einen großen Fehler. Gerade solche Leute, die sich selbst als „Theisten" und „Gläubige" bezeichnen, fördern Atheismus und Unglauben. Sie haben keinen Glauben in das, wozu sie sich bekennen; ihre Handlungen stehen im Gegensatz zu ihren Erklärungen. Gelehrte laufen Besitztümern nach, die sie als „trivial und temporär" bezeichnen. Sie predigen Hingabe an Gott, sind aber dem Mammon ergeben. Sie beklagen den Niedergang der Rechtschaffenheit (dharma), obwohl sie selbst deren Ursache sind.

Als Bali vortrat, um dem Herrn die drei Fuß Boden anzubieten, um die er gebeten hatte, protestierte Shukrācārya, der allwissende Lehrer und hob hervor, daß der Herr nur gekommen sei, um Bali zu ruinieren und ihn seiner Besitztümer zu berauben. Aber der Schüler war größer als der Lehrer. Er antwortete: „Wenn er der Herr selbst ist, der die Hand ausstreckt, um das Geschenk zu empfangen, um dessentwillen er gekommen ist, bin ich sicherlich das glücklichste Wesen auf Erden. Die Hand, die das Universum erschafft und erhält, liegt nun vor mir ausgestreckt und meine Hand, die ich darüber halte, läßt das Geschenk in sie fallen. Halte mich nicht davon ab. Sei glücklich, daß es mir möglich wurde, dies zu tun. Ich werde dem Himmel, meinem Reich und sogar meinem Leben für dieses große Glück entsagen."

Der Mensch fällt durch seine Gebundenheit (apekshā) und erhebt sich durch Bindungslosigkeit *(upekshā)*. Bali erreichte den Gipfel der Gelassenheit *(upekshā),* und sein Lehrer versagte, indem er versuchte, ihn hinabzuziehen.

Der vishvajit-*yajna*, der *yajna*, mit dem alle weltlichen Ziele erreicht werden, war der äußere *yajna,* aber der innere *yajna* war die große entsagende Unterwerfung Balis zu den Lotosfüßen des Herrn. Er schüttete als Opfer seine egoistische Natur in das geweihte Feuer des Herzens; er ging daraus demütiger und weiser hervor und grüßte das Göttliche in sich selbst, manifestiert als inkarnierter Vāmana.

Eröffnung der Opferfeier, *Prashānti Nilayam*, 15.10.1977

Verwirklicht die Vorsätze

„Wie kann es dem Menschen, besiegt von inneren Gegnern, gelingen, die äußeren Feinde zu überwinden? Wie kann einer Weisheit erlangen, wenn er mit Faulheit und Stumpfsinn belastet ist? Wie kann er, getrieben von Leidenschaft, Hingabe entwickeln? Einzig die Eigenschaften der Ausgeglichenheit und des Gleichmuts können Frieden und Harmonie verleihen."

Verkörperungen der göttlichen Liebe *(premasvarūpa)*! Die Welt heute ist wie eine Schule ohne Lehrer, wie ein Tempel ohne Götterbild, ein Garten ohne Wasser oder ein Kabel ohne Strom. Natürlich streben die Menschen der ganzen Welt danach, Macht zu erlangen, indem sie Reichtum, Autorität oder Wissen anhäufen, aber leider wird dabei auch das trügerische Übel des Egoismus verstärkt. So wird der Mensch schnell zum Feind der Menschheit und verliert rasch die Menschlichkeit selbst. Er wird weniger und weniger Mensch und mehr und mehr Dämon. Nur das Wissen um *brahman* (brahmavidyā) kann ihn kurieren und die Welt retten. Aber der Mensch zieht die Abkürzung vor, den komfortableren und attraktiveren materiellen Weg, und er leidet dabei an Verzweiflung, Angst und Haß. Egoismus ist die Wurzel und die Krone aller schlechten Gedanken und Tendenzen. Demut allen anderen gegenüber und Ehrerbietung gegenüber jenen, denen wir dienen - nur dies kann den Menschen zum Menschentum erheben.

Die Geschichte dieses heiligen Landes Indien *(Bhārata)* ist angefüllt mit Ereignissen, bei denen Egoismus und Gier unweigerlich zu Katastrophen führten. Die *Kauravas* waren hundert an der Zahl, besaßen enorme militärische Macht und verfügten über eine überlegene Anzahl von Soldaten, Ausrüstung und Generälen, aber sie wurden vollständig vernichtet, denn der Egoismus war in ihren Geist gedrungen und hatte sie geschwächt. Die *Pāndavas* waren nur fünf, waren ärmer und militärisch schwächer; aber sie konnten sich auf zwei Kraftquellen verlassen, die sie besaßen: die Kraft, im Recht zu sein und die Kraft, im Besitz der Gunst Gottes zu sein. Der militärische Sieg war nicht das höchste Ziel der *Pān-*

davas; sie sehnten sich danach, auf der Seite der göttlichen Ordnung *(dharma)* zu sein, wie immer die Verhältnisse auch sein mochten. Das allein verschafft Glück, Glück, das andauert und befriedigt. Andere Vergnügen bringen Kummer mit sich. Sie sind nur Unterbrechungen des Leids. Materielle Vergnügen sind vergänglich und trivial. Wir versuchen, aus ursprünglich schwerfälligem und kummerbeladenem Material Freude abzuleiten. Selbst wenn ein Klumpen Holzkohle mit weißer Seife gewaschen wird und wenn statt Wasser Milch benutzt wird, kann er je weiß werden? Er kann nur zu weißer Asche reduziert werden, wenn er ins Feuer geworfen wird. Ebenso kann auch euer Geist nur dann gereinigt werden, wenn er dem Läuterungsprozeß im Feuer der Weisheit *(jnāna)* unterzogen wird.

Unser Land, oder auch jedes andere kann heute nicht mehr durch politische Manipulationen oder militärische Allianzen gerettet werden, sondern nur durch die Entwicklung des Bewußtseins jedes einzelnen über seine innewohnende Göttlichkeit. Anstatt sich über den gesamten Globus und das ganze Universum auszudehnen, sollte der Mensch versuchen, seine eigene innere Welt zu untersuchen und den Plunder, der darin ist, hinauswerfen und die schlechten Impulse, die ihr Haupt erheben, zur Ruhe bringen. Der Frieden und der Wohlstand der Welt kann nur durch solche Forscher und Pioniere erreicht werden.

Bildung und Intellekt sind für dieses Abenteuer nicht so wesentlich. Weder *Rāmakrishna Paramahamsa,* noch sein Gefährte Sarada Devi waren sehr gelehrt, aber ihre Herzen waren heilig und rein. Sie befreiten sich durch Entsagung und Askese *(tapas)* und entdeckten ihre Realität. Sie folgten dem Weg der Wahrheit *(satya)* und dem göttlichen Gesetz *(dharma)*. Es ist nicht so, daß es in jenen Tagen keine Gelehrten und Lehrer (pāndita) gegeben hätte, aber sie sind alle in Vergessenheit geraten, während die Namen dieser beiden der Welt noch lange in Erinnerung bleiben werden. Guter Charakter, das Verlangen, anderen zu helfen, die lebendige Vorstellung des Göttlichen in allem - nur dies allein kann den Menschen retten und Seligkeit verleihen.

Heute ist auf jedem Gebiet des Lebens, sei es dem politischen, ethischen oder materiellen, eine Tendenz in Mode gekommen. Wenn zehn Leute über eine Angelegenheit übereinstimmen, hält es der elfte für angebracht, sie vollständig abzulehnen. Er tut es nur, um anzugeben. Er unterscheidet oder untersucht nicht, warum die zehn das sagen oder wie sie zu ihrer Schlußfolgerung gekommen sind. Er spricht blind dagegen, da dies als mutig angesehen wird. Reichtum und alles, was dadurch erworben werden kann, ist zum Ziel des Menschen geworden. Jesus hatte zwölf wichtige Jünger. Unter ihnen war Judas, welcher der Versuchung erlag, seinen Herrn zu verraten, als ihm dreißig Silberstücke angeboten wurden! Nur von Vertrauen und Glauben, von Gott und seiner Gunst zu sprechen, hat keinen Wert. Glauben und Hingabe sollten sich im täglichen Leben zeigen. Betet Gott durch die Arbeit an. Wir brauchen junge Männer, die sich begeistert in solcher Arbeit engagieren können. Die meisten verbringen ihren Tag mit Reden und Müßiggang. Sie müssen harte Arbeit willkommen heißen. Arbeitet hart im Geist der Hingabe, und ihr werdet erstaunt sein, welche Freude ihr daraus ableiten könnt. Alle Arbeit erscheint gleich, aber es besteht ein großer Unterschied zwischen hingebungs- und verehrungsvoller Arbeit und bloßer Plackerei. Ein Glas reines Wasser und ein Glas Zuckerwasser sehen gleich aus; trinkt sie - erst dann merkt ihr den Unterschied. Der unsichtbare Zucker macht das Wasser süß und kräftigend.

Jahrelange Meditation und Lobgesänge *(bhajan)* haben in euch keine Früchte getragen; ihr seid dort, wo ihr wart. Wie kann mit einem nassen Streichholz das Feuer entzündet werden? Wie kann das Licht der Weisheit in euch scheinen, wenn ihr in weltliche Wünsche und materielle Angelegenheiten verstrickt seid? Wie könnt ihr das Feuer der Weisheit *(jnāna)* entfachen?

Der Herr erzählt Nārada, einem der sieben großen *Rishis*, daß er ihn überall dort finden könne, wo seine Herrlichkeit von seinen *Devotees* besungen werde. Bedeutet das, daß er sich an den tausend Plätzen aufhält, wo *bhajans* gesungen werden? Nein. Die Voraussetzung ist „von *Devotees* besungen." Die *Devotees* singen, um Gott zu gefallen, um seine Majestät mit Beifall zu begrüßen, sie sehnen sich nicht nach Zurschaustellung, Anerkennung oder Ruhm, noch hegen sie Neid oder Stolz in ihrem Herzen.

Tansen war ein gefeierter Sänger, der zum Hof Kaiser Akbars gehörte. Er war so talentiert, daß, wenn er die Meghamālā-Melodie sang, die „Eine Reihe von Wolken" heißt, sich die Wolken dicht am Himmel versammelten; wenn er Varuna besang, regnete es; wenn er Nāgeshvara besang, versammelten sich die Schlangen vor ihm. Eines Tages, als Akbar ins Gebet versunken war, hörte er einen *Vishnu*-Verehrer, einen wandernden Bettelmönch, ein Lied singen, das sein Herz ungeheuer rührte. Akbar rief Tansen zu sich und fragte ihn, wieso er sein Herz nicht so rühren könne. „Du hast alle Gaben und bist der talentierteste Sänger, trotzdem rührte mich jener Mönch so wie nie etwas zuvor. Wieso?" Tansen antwortete: „Mahārāja, während ich singe, betrachte ich euer Gesicht, um zu sehen, ob euch der Gesang gefällt. Der Mönch singt und betrachtet dabei immer das Gesicht Gottes, und er ist glücklich, wenn es Gott gefällt." *Bhajan* muß vom Herzen gesungen werden und nicht nur von den Lippen ausgehen.

Heute ist Neujahrstag, verbunden mit der Geburt und dem Leben Jesu. Das ist eine gute Gelegenheit, um das Alte aufzugeben und das Neue zu begrüßen - in Gedanken, Worten und Taten. Jesus war die Verkörperung von Mitleid und Liebe. Sein Herz schmolz vor Mitgefühl, wenn er jemanden leiden sah. Sein ganzes Leben war dem Dienst gewidmet. Er opferte sein eigenes Leben im Interesse der Wahrheit. Solche Menschen werden in der Welt verehrt, wie sehr sich die Zeiten auch ändern mögen. Jesus praktizierte während seines Lebens satyanārāyana-Verehrung, d.h. er hielt an der Wahrheit fest. Unter uns gibt es Leute, die einmal im Jahr zum Gottesdienst gehen, und selbst an jenem Tag nehmen sie Zuflucht zur Unwahrheit. Wie kann der Mensch den Namen „Mensch" rechtfertigen, wenn er, der mit dem menschlichen Körper versehen ist, der als Instrument zur Realisierung des Göttlichen benutzt werden muß, sich in Selbstbetrug und Falschheit verstrickt?

Kaiser Alexander sah, als er von Indien an der Spitze seiner Kohorten zurückkehrte, einen *Yogi* im kühlen Schatten eines Baumes ausruhen, der an der Straße stand, die er passierte. Er fühlte sich dadurch, daß der *Yogi* ihn nicht erkannte und nicht in Ehrerbietung vor ihm aufstand, geringschätzig behandelt, trat näher an ihn heran, und unfähig, seinen Zorn über dessen Nichtachtung zu kontrollieren, trat er ihn mit dem linken Fuß. Der *Yogi* öffnete seine Augen und begann zu lachen. Dies erboste Alexander noch mehr. Er sagte: „Kerl! Du liegst auf dem Boden und hängst deinen eigenen Gedanken nach, während meine siegreiche Armee, die viele Schlachten gewonnen und meinem Reich viele Königreiche hinzugefügt hat, hier vorbeimarschiert. Weißt du nicht, daß ich Kaiser Alexander von Griechenland bin?" Der *Yogi* antwortete: „Herr, was ihr über euch sagt, mag wahr sein; ich akzeptiere, daß ihr ein mächtiger Herrscher seid. Aber was ihr mir mit dem linken Fuß angetan habt, zeigt mir jetzt, daß ihr ein Esel seid und nicht der Herrscher eines Kaiserreiches." Auch wir vergessen oft unseren hohen Status und erlauben uns schäbige Praktiken und gemeine Tricks. Wir nennen uns selber menschlich, aber wie oft benehmen wir uns schlimmer als Tiere!

Zu Weihnachten erwähnte ich, daß Christus sein ganzes Leben im Dienst an der Menschheit verbrachte. Er verbrachte allein zwölf Jahre, um die innere Sicht zu erlangen und Gott zu erkennen. Während er mit dem Dienst an den Kranken und Erniedrigten beschäftigt war, erklärte er sich selbst zum „Boten Gottes". Auch ihr müßt euch als Boten Gottes empfinden, wenn ihr euch im Dienst engagiert. Ruft seine Gunst und sein Mitleid für jene an, denen ihr dient. Später sann Christus einige Jahre über die Göttliche Natur in sich nach und kam zu dem Schluß, daß er der „Sohn Gottes" sei. Auf diese Weise rückte er näher an Gott heran. Ihr solltet euch ebenso darum bemühen, Gott näher zu kommen und zu spüren, daß er der Vater ist und ihr seine Kinder seid.

Anschließend lebte Christus fünf Jahre im indischen Himalaya-Gebiet. Er ließ sich in Kashmir nieder und traf dort Vertreter und Praktiker der advaita-Philosophie, die erklärt, daß es nur einen Gott gibt. Er erkannte die Einheit jenseits der Vielfalt und verbreitete dann die Wahrheit „Ich und mein Vater sind EINS."

Heute reisen Söhne und Töchter *Bhārats,* wo die Lektion der Einheit zuerst gelehrt wurde, in den Westen und propagieren „das Viele"; Westler kommen aus Kulturen, die das Vielfältige begrüßen, nach Indien, um „das Eine" zu erlernen und zu propagieren. Es ist eine totale Umkehrung! Wir müssen den Wert der Lehren der großen Männer, die wir verehren, akzeptieren und praktizieren. Reine Redekunst ist nicht genug, sie enthüllt nur Heuchelei. Wir müssen das Gute der westlichen Kultur willkommen heißen und es mit unseren eigenen vedischen Traditionen und spirituellen Idealen vereinen und den Kindern dieses Landes helfen, zu einem glücklichen, nützlichen Leben voranzuschreiten. Sie sollten in allen Lebensbereichen gleich schnell vorankommen - auf materiellem, moralischem und spirituellem Gebiet. Wir sollten auf Hindernisse gefaßt sein und sie überwinden. Ich sage euch - das Leben ist eine Herausforderung, nehmt sie an, Leben ist Liebe, genießt sie; Leben ist ein Spiel, spielt es. Leben ist ein Traum, erkennt das. Es ist nicht genug, wenn Kindern einige Verse, einige Geschichten und Kapitel der *Gītā* gelehrt werden, ihnen muß Disziplin beigebracht werden. Sie müssen eine umfassende Weltanschauung entwickeln. Sie müssen saubere und gesunde Gewohnheiten entwickeln. Sie müssen Sparsamkeit und den richtigen Umgang mit Geld lernen. *Bhārata* bleibt, seine finanzielle Stärke betreffend, hinter anderen Ländern zurück. Wenn Kinder lernen, wie man vorsichtig mit Geld umgeht, ohne es zu verschwenden, wird die Zukunft hell sein. Kinder müssen auch gute Manieren lernen und sie sowohl zu Hause als auch außerhalb praktizieren und guten Verhaltensnormen folgen.

Wir brauchen kein ganzes Jahr zu warten, um diese neuen Entschlüsse zu fassen und die alten aufzugeben. Sechzig Sekunden müssen vergehen, um eine Minute zu sein. Wenn sechzig Minuten vorüber sind, sagen wir, eine Stunde ist vergangen. Vierundzwanzig Stunden sind ein Tag, dreißig Tage sind ein Monat, und zwölf Monate sind ein Jahr. Ohne Sekunden gibt es kein Jahr, also macht das Beste aus den Sekunden. Laßt jede Sekunde eine Gelegenheit sein, einem neuen Gedanken nachzugehen, eine tiefere Liebe und ein weiteres Herz zu entwickeln. Wir fahren jetzt an einem Kilometerstein nach dem anderen vorbei, aber der Prozeß, das Herz zu reinigen oder den Glauben zu stärken, schreitet nicht voran. Der Geist des Menschen steht still. Vor zehn Jahren wurde Dharmakshetra eingeweiht. *Bhajans,* gemeinsames Singen zu Ehren Gottes (kīrtana) und Dienst am Nächsten *(sevā)* werden abgehalten. Viele nehmen daran teil, aber niemand hat versucht, den spirituellen Fortschritt einzuschätzen. Reinheit des Geistes, Egolosigkeit, Seelenstärke, diese sind es, die selbst eine kleine Tat für Gott akzeptabel machen. Natürlich ist der spirituelle Weg voller Mühsal, voller Hindernisse und voll Beschwerlichkeit, aber sie müssen überwunden werden, indem ihr euch auf Gott verlaßt. Wird ein Zuckerrohr Zucker abgeben, nur weil man es darum bittet? Kann ein Diamant seine Leuchtkraft entfalten, ohne daß er geschliffen wird? Jeder einzelne der großen Heiligen und Lehrer im Westen wie auch im Osten hat seinen Teil an Qual und Mühe durchlebt. So marschiert also voran, mutig und mit Selbstvertrauen. Ich wünsche euch allen ein glückliches, neues, langes und göttliches Leben.

Dharmakshetra, 1.1.1978

Der *Avatar Krishna*

Dieser Tag wird als Geburtstag *Krishnas* gefeiert. *Krishna* wurde im Gefängnis geboren, eine Tatsache, die uns lehrt, daß Gott sich in dem dunklen und engen Gefängnis unserer Herzen präsentieren oder inkarnieren muß, damit wir daraus Licht ableiten und Freiheit erwerben können. *Māyā* ist die Täuschung, welche die Wahrheit des Seins versteckt; sie führt dazu, die eigene Wahrheit im physischen Körper und dessen Ausstattung zu sehen und verleitet uns, dem Verlangen des Fleisches nachzugeben. Auf diese Weise vergißt der Mensch das Göttliche und hört statt dessen auf das Tier in sich und entsprechend fällt er von seinem hohen Ideal ab. Aber wenn *Krishna* im Keller seines Geistes geboren wird, ist er gerettet. Deshalb muß sich der Mensch Gottes in der Tiefe seines Herzens bewußt werden. Gestern hielten wir auf unserem Rückweg von Ooty am Bandipur-Wildschutzgebiet an und ritten auf einem gezähmten Elefanten in den Wald, um einen Blick auf wilde Elefanten zu werfen. Stellt euch das vor, auf einem Elefanten sitzend, suchten wir Elefanten! Als wir einen Blick auf einen Rüssel in einem Busch erhaschen konnten, waren wir vor Freude überwältigt. Während wir auf einem zahmen, domestizierten Elefanten saßen, suchten wir eifrig nach einem Elefanten in seiner natürlichen Umgebung, frei von künstlichen Gewohnheiten und Fertigkeiten. Ebenso ignoriert der Mensch ständig den göttlichen Funken *(ātman)* in sich und seiner natürlichen Umgebung und versucht statt dessen, die Schatten zu finden, die ihn anziehen.

Shrī *Krishna* wurde als achtes Kind von Devakī geboren. Dies ist von Bedeutung, da die Erfahrung der Einheit *(samādhi)* die achte Stufe des spirituellen Bemühens ist, die auf die Veredelung der menschlichen Natur und richtiges Handeln (yama), Hingabe an Gott und religiöse Pflicht (niyama), Körperhaltungen (āsana), Atemregulierung (prānāyāma), den Sinn auf Gott richten, sich von der Welt zurückziehen (pratyāhāra), ständige Konzentration (dhāranā) und Meditation *(dhyāna)* folgt. Diese sind als ashtānga-*Yoga* bekannt, die achtfache Disziplin. Man kann sich den Herrn nur vor Augen führen, wenn die sieben Stufen erfolgreich erklommen wurden und der Geist im Verlauf dieses Prozesses gereinigt wurde. Die Bezeichnung *samādhi* wird im allgemeinen mit einem zeitweiligen Verlust des Bewußtseins in Beziehung gebracht oder mehr noch: einer zeitweiligen Erhöhung des Bewußtseins. Aber wir müssen das Stadium an der Wirkung messen, die es auf die Person und deren Haltung sich selbst und anderen gegenüber hat. *Samādhi* verbindet Gleichheit (sama) und Intelligenz (dhī), d.h. Intelligenz, welche die fundamentale Gleichheit jedes Wesens begreift. Es verschwindet nicht nur jegliche Vorstellung von Unterschiedlichkeit und Eigenart, sondern auch von Beschaffenheit: Hitze und Kälte, Kummer und Freude, Gutem und Bösem. Wenn dieses Stadium erreicht ist, wird der Herr automatisch im Bewußtsein geboren.

In dem Moment, in dem *Krishna* geboren wurde, fielen seinem Vater die Ketten ab, mit denen er angebunden war; die Türen, die verriegelt waren, flogen auf und die Gefängniswärter waren so in Seligkeit versunken, daß sie keine Begebenheit und keinen Gegenstand in der materiellen Welt wahrnehmen konnten. Das Feuer des Hasses, das in ihnen brannte, wurde gekühlt, und die Dunkelheit wich der Dämmerung der Weisheit. Es fielen Regentropfen, um die Erde zu erweichen und den Staub zu entfernen. Wie können die Elemente dem göttlichen Willen zuwiderhandeln? Der Ton, die Berührung, das Licht, der Geschmack und der Geruch - sie alle wurden sublimiert, um die neue Ära von Frieden und Überfluß zu feiern. Der Vater Vasudeva tat, wie ihn „die Stimme" hieß, legte das Kind in einen Korb und trug es auf seinem Kopf über den Yamunā-Fluß (der sich teilte, um ihn durchzulassen) nach *Gokula*, wo zur gleichen Zeit Yashodā, die Gefährtin Nandas, ein Mädchen geboren hatte. Gerade als er das Gefängnis verließ, schrie ein Esel, um das gute Omen anzukündigen, aber Vasudeva hatte die Befürchtung, daß er die Wachen aufwecken würde. Deshalb hielt er, nachdem er den Korb auf den Boden gestellt hatte, die Füße des Kindes mit beiden Händen und betete zu Gott, daß er sie schlafen ließe. So innig war seine Hingabe an Gott.

Als er zum Haus Nandas, einem Hirten von *Brindāvan*, kam und den Schlafraum betrat, hatte Yashodā gerade ein Mädchen geboren. Es war niemand dort außer *Rādhā,* Nandas Schwester, die neun Jahre alt war. Vasudeva nahm ihr Baby hoch und legte den Herrn an ihre Seite. Das weibliche Kind symbolisiert, die geheimnisvolle, unergründliche Kraft (māyāshakti), welche eine göttliche Inkarnation begleitet. Auch die göttliche Energie (yogashakti) muß immer beim *Avatar* sein, und wurde als Balarāma geboren, von Rohinī, einer anderen Frau Vasudevas. Māyāshakti spielte ihre Rolle, sobald sie ins Bett der Mutter *Krishnas*, Devakī, gelegt wurde. Sie schrie laut, so daß sie die Wachen weckte, die Kamsa, dem dämonischen König, die Ankunft des Kindes mitteilten. Er hatte als achtes Kind einen Jungen erwartet, nahm aber trotzdem das Kind und schmetterte es gegen einen Fels. Māyāshakti flog hoch in die Luft, wobei sie erklärte, daß die Person, die Kamsa töten würde, in *Gokula* aufwachse.

Obwohl Kamsa eine Reihe von Kindern in *Gokula* niedermetzeln ließ, entging *Krishna* seinen Blicken. *Krishna* überwältigte und tötete verschiedene Abgesandte Kamsas, die dieser unter unterschiedlichen Vorwänden nach *Gokula* gesandt hatte. Pūtanā, eine Dämonin, die eine zauberhafte menschliche Form angenommen hatte, kam zum Haus Nandas und bot an, das Kind zu stillen. Sie sagte: „Mutter! Du hast eine Reihe neugeborener Babys verloren. Vielleicht kann meine Muttermilch dieses Kind retten." Yashodā glaubte, daß sie eine Frau von echtem Mitgefühl sei und daß ihre Milch heilige Wirkung haben würde und übergab Pūtanā das Baby *Krishna*. Aber *Krishna* kannte ihre Absicht, sog ihr den Atem aus und ließ sie tot zurück.

Aber laßt uns dem jungen *Krishna* mehr Aufmerksamkeit zuwenden als seinen Heldentaten. Alle diese Heldentaten offenbaren, daß, da *Krishna* göttlich war, niemand ihn verletzen oder unterdrücken konnte. Entsprechend dem Volksglauben durchstachen sie *Krishnas* Ohren und Nase, um den Tod abzuhalten, der in der Familie viele Kinder hinweggerafft hatte und zogen einen goldenen Ring durch das Loch in der Nase. Dieser Nasenring enthielt eine kleine Perle. Die Perle wird gefunden, indem man tief in das Meer eintaucht; dadurch symbolisiert sie Unterscheidungsvermögen *(viveka)*, das gewonnen wird, nachdem man tief in die Geheimnisse der objektiven Welt eingedrungen ist. Da die Perle die Nasenspitze markiert, soll sie ebenfalls die Notwendigkeit der Konzentration und Meditation über die Nasenspitze betonen - wobei die Augen weder ganz offen (denn das würde die Aufmerksamkeit ablenken), noch ganz geschlossen sind (denn dann würde der Schlaf einen übermannen und den Prozeß der Meditation beenden). Sie sollten halboffen sein, und der Blick sollte auf die Nasenspitze gerichtet sein, wo *Krishna* die Perle trug.

Krishnas Gesichtsfarbe war weder hell noch dunkel; sie war zu dreiviertel dunkel und zu einem Viertel hell, eine Mischung von beidem. Da die Eltern Verehrer von Gott *Vishnu* waren, malten sie eine Moschuslinie auf den Mittelpunkt seiner Brauen. Er trug silberne Reifen um seine Handgelenke, so wie sie in jenen Tagen von den Kuhhirten in jenem Landesteil getragen wurden. Aber die Reifen, die *Krishna* trug, waren keine gewöhnlichen. Sie enthielten eine tiefe, symbolische Bedeutung. Das Anlegen eines Reifens um das Handgelenk ist ein Ritus, den jeder Hindu vollziehen muß, bevor er sich auf ein Unternehmen heiliger Natur einläßt, wie z.B. einer Opferhandlung *(yajna)*, ein Gelübde ablegen oder ein neues Lebensstadium beginnen. Es stellt ein Symbol der Entschlossenheit dar, das Gelübde zu halten oder die Pflichten des neuen Lebensstadiums zu erfüllen. *Krishna* hatte drei Gelübde abgelegt, und die Armreifen waren Symbole seines Willens, sie zu erfüllen. Es waren folgende, die von ihm in der *Gītā* erwähnt sind: 1. „Ich werde mich in jedem Zeitalter inkarnieren, um *dharma* wiederzubeleben und wieder zu erwecken", (dharmasamsthāpanārthāya sambhavāmi yuge yuge) 2. „Ich werde die Last tragen, all jenen Frieden und Wohlstand zu sichern, die sich auf mich verlassen" (yogakshemam vahāmy aham) und 3. „Ich werde all jene retten, die sich mir von ganzem Herzen unterwerfen, und ich werde sie vom Rad der Geburt und des Todes befreien" (mokshayishyāmi mā shuca). So hat *Krishna* dem Menschen versichert, daß er ihn vor Armut und Kummer und vor der Sünde mit ihren schrecklichen Folgen retten werde, vorausgesetzt, daß er ihm nachfolgt und ihn anbetet. Auch versicherte er der Welt, daß er in menschlicher Form käme, um die Menschheit auf den Weg der Rechtschaffenheit zu führen, um sie so von ihrem Kummer und der Folge von Geburt und Tod zu befreien.

Indem er seine Güte all denen verspricht, die ihn bedingungslos verehren, sagt er, daß keiner aufgrund von Kaste, Glaubenszugehörigkeit, Hautfarbe oder Ursprungsland ausgeschlossen werde und niemand bevorzugt sei aufgrund seiner Gelehrsamkeit, seines Alters oder seiner Kaste. *Krishna* war die Verkörperung von Liebe *(prema)*; seine Liebe kannte keine Grenzen. Wie glücklich seid ihr, daß sich heute derselbe *Krishna,* der vollständige *prema-Avatar* unter euch bewegt! Ich werde euch genau den kaustubha (Name eines Juwels) zeigen, den ich damals trug. (Dabei ließ Baba seine Hand kreisen und im Nu enthüllte ein glänzender Lichtblitz ein einzigartiges Juwel in seiner Hand - den kaustubha, berühmt durch das *Bhāgavatam* und die *Purānas*. Ein großer, rechteckiger Smaragd, von unübertrefflicher grün-blauer Farbe, eingerahmt von herrlichen Diamanten, hing an einer goldenen Kette. Dann ging Baba zwischen den Studenten, Lehrern und anderen umher und gestattete jedem von ihnen gütig, das heilige Juwel von nahem zu betrachten).

Krishna bewegte sich als normale Person unter den Menschen und erreichte die Einhaltung seiner Vorschriften durch seine göttliche Liebe *(prema)*. Er hielt sich davor zurück, mit seinen göttlichen Insignien zu prahlen, die aus einer Muschel, einem Rad, einem Stab und einem Lotos bestanden. Nicht einmal eine Krone trug er. Als er ein Junge war, folgte er, nur mit einem Handtuch um den Kopf geschlungen, den Kühen auf die Weide. (An dieser Stelle verlangte Baba nach einem länglichen Handtuch und wand es um seinen Kopf, um zu zeigen, wie *Krishna* zu der Zeit auftrat. Er sagte, daß es in jenen Tagen, ebenso wie heute, in und um *Brindāvan* und *Gokula* Unmengen von Pfauen gab und daß er, immer wenn er eine ausgefallene Feder fand, sie sich zwischen die Falten seines Handtuchs steckte. Es war ein Moment höchster und seltenster Freude, wie Baba so als der Knabe *gopāla* vor Hunderten von vor Ehrfurcht erstarrten und ihn anbetenden *Devotees* stand.) Als die *Pāndavas* die Ashvamedha- und Rājasūya-Opfer, das Pferdeopfer und das Ritual der Königsweihe, zelebrierten, bat *Krishna* darum, daß ihm eine Aufgabe übertragen werden möge, so daß er von Nutzen sein könne. Obwohl er die gesamte *Kaurava*-Rasse hätte zerstören können, versuchte er sein Bestes, sie zu retten. Heute wie damals ist die Lehre und die Botschaft dieselbe: „Erkenne dich selbst, das ist der einzige Weg, um mich zu erkennen." Die Aufgabe, die vor euch liegt, ist, mit den Menschen innig verbunden zu sein, ihre Liebe durch Liebe zu gewinnen durch einen Prozeß, bei dem ihr ihre Sichtweise korrigiert, ihr Bewußtsein reinigt und sie zur Erkenntnis Gottes führt, der ihr innerster Kern ist. Wenn nicht die menschliche Form angenommen wird, kommt niemand näher; wenn die Erscheinung übermenschlich ist, bleiben die Leute auch fern. Deshalb ist es so, wie die *shāstras* sagen: „Das Göttliche muß in der Form der Menschen kommen, um die Menschheit zu retten" (daivam mānusharūpena).

Die „fünf Elemente" sind die Produkte des Willens des Herrn, deshalb gehorchten sie dem Willen *Krishnas*. Was immer *Krishna* sagte, wurde wahr.

Tatsächlich ist die einzige wahre Definition von Wahrheit: „Das, was *Krishna* sagt." Glaubt daran. Seid beständig in dem Glauben. Eines Tages, als *Krishna* mit *Arjuna* einen Spaziergang machte, zeigte er auf einen Vogel, der auf dem Zweig eines Baumes saß und fragte *Arjuna*: „Siehst du den Pfau?" *Arjuna* antwortete: „Natürlich sehe ich ihn." „Oh, *Arjuna*. Es ist kein Pfau, es ist ein Adler," sagte *Krishna* und *Arjuna* stimmte prompt zu, daß es ein Adler sei. Bald verbesserte *Krishna* sich und sagte, auf denselben Vogel deutend: „Es tut mir leid, es ist eine Taube." Auch *Arjuna* verbesserte sich und sagte: „Ja, ich sehe nun auch deutlich, daß es eine Taube ist." *Krishna* lachte *Arjuna* aus und sagte: „Es ist überhaupt keine Taube, es ist eine Krähe," und *Arjuna* antwortete ohne Bedenken: „Zweifellos ist es eine Krähe." Nun warf *Krishna Arjuna* Dummheit vor, da er zu allem, was er sagte, „ja" sagte, egal ob Pfau, Adler, Taube oder Krähe. *Arjuna* antwortete: „Was du sagst, ist die Wahrheit für mich. Du kannst eine Krähe zur Taube machen, einen Pfau zum Adler. Wieso sollte meine Meinung von dem abweichen, was du sagst? Dein Wort ist die Wahrheit, nach der ich mich richte."

Auch ihr müßt dieses Vertrauen entwickeln und euch nicht von eurem Egoismus oder dem Zynismus anderer ablenken lassen. Entwickelt Unterscheidungsvermögen *(viveka)* und Gleichmütigkeit *(vairāgya)*, dann werden eure Herzen in wohlriechender Schönheit erblühen. Hier habt ihr ein Bild von Sai, wie er auf einem Lotos steht. Sai *Krishna* wird sich selbst in den Lotos eures Herzens setzen. Er wird ewig bei euch sein, als Wächter und Führer und wird Güte über euch ergießen. Er wird die Mutter, der Vater und der Lehrer sein, der nächste Verwandte; er wird euer Alles sein.

Deshalb wünsche ich, daß ihr die Dinge, die euch als Bestandteil des Lehrplans gelehrt werden, gut lernt. Erfüllt eure Pflichten als Studenten nach bestem Vermögen und mit Intelligenz. Führt die Übungen aus, die euch zu eurer Verbesserung auferlegt wurden. Praktiziert die Rezitation des Namens Gottes *(japa)* und Versenkung *(dhyāna)* und kultiviert die Haltung von Dienen *(sevā)*. Werdet gute Söhne und gute Bürger, macht der Familie, der Gesellschaft und dem Land Ehre.

Shrī Sathya Sai Studentenwohnheim, *Brindāvan*, 6.9.1977

Kontrollierter Stolz

Das Bewußtsein des *ātman* oder des Göttlichen im Menschen kann keinem anderen geschenkt werden oder von einem anderen angenommen werden. Es ist die ganze Zeit vorhanden, versteckt hinter dem Schleier der Unwissenheit. Wenn das falsche Bild verschwindet, scheint das wahre in all seiner Herrlichkeit. Es ist wie die Sonne hinter einer vorbeiziehenden Wolke. Eure Pflicht ist es, diesen Schleier zu durchdringen und die Sonne des Bewußtseins weit scheinen und eure Gedanken, Worte und Taten leuchten zu lassen.

Für euch als Leute aus Andhra Pradesh ist es wünschenswert, daß ihr sowohl die Gegend, in der ihr geboren seid, als auch eure Muttersprache verehrt. Aber diese Ehrfurcht sollte nicht zur Mißachtung gegenüber anderen Gegenden und Sprachen führen. Seid stolz auf eure Sprache und Kultur, darin liegt kein Schaden. Aber laßt euch durch diesen Stolz nicht dazu verführen, andere Sprachen und Kulturen geringzuschätzen. Die Sprachen, in denen Gedanken geäußert werden, mögen vielfältig sein, aber die Gedanken, Emotionen und Gefühle sind die gleichen. Die Sprache des Herzens ist dieselbe, aber wenn sie die Zunge erreicht, kann sie verschiedene Formen annehmen. Wenn die Tatsache, daß das Eine sich als die Vielen manifestiert und viele Namen hat, bekannt und hochgeschätzt wird, existiert kein Spielraum für Haß und Mißachtung.

Toleranz und Ehrerbietung können nur auf dem spirituellen Weg kultiviert werden. Das ist der eine Weg, um in dieser Welt des endlosen Wetteiferns und der nicht-endenden Verzweiflung Frieden und Harmonie zu erlangen. *Satsanga,* die Versammlung der Gottsuchenden, ist ein Muß für das Wachsen spirituellen Verlangens und dessen Erfüllung. Selbst die Langsamen werden durch den Einfluß von *satsanga* bald einen eifrigen Enthusiasmus für das Spirituelle entwickeln. Ein Stück Faden mag glänzend und weiß sein, aber niemand wird es im Haar oder und den Hals tragen. In Verbindung mit Blumen zur Girlande geflochten, wird der Faden wertvoll. Ein Felsblock, der mißachtet und schlecht behandelt auf der Straße des Basars liegt, kann die Bewunderung von Millionen über Jahrhunderte erlangen, wenn er durch die Verbindung mit einem Künstler zu einem Tempelstandbild wird. Die gewöhnliche Ratte, wie die Pest verachtet, wird heilig, sobald sie von Anbetern *Ganeshas* als dessen Reittier gesehen wird. Auf der anderen Seite wird Feuer, das als Gott *Agni* angebetet wird, beim Schmieden des glühenden Eisens vom Hammer bearbeitet. Deshalb hat *Shankarācārya* in dem Lied Govindam gesungen: „Durch *satsanga* entwickelt ihr die Freiheit von der Täuschung, durch die Freiheit von der Täuschung entwickelt ihr Vertrauen in die Wahrheit, und durch das Vertrauen in die Wahrheit erlangt ihr die Befreiung selbst."

Wir werden zu dem, was wir fühlen und tun. Unser Handeln *(karma)* prägt die Zukunft, wie auch die Gegenwart. *Karma* ist der höchste Gesetzgeber unseres Schicksals. Deshalb muß man, um sein *Karma* zu reinigen, die Gemeinschaft guter Menschen suchen, da es sonst als Fessel wirken kann. Es ist unmöglich, den Konsequenzen des eigenen *Karmas* zu entfliehen. Die Vorschrift *(shruti)* fordert euch deshalb auf, euch vor jeder Handlung, die ihr begeht, niederzuwerfen und zu beten, daß sie weder irgendeinem anderen noch euch selbst Schaden zufügen möge. Als Kind der Unsterblichkeit hat der Mensch das Recht, ein edles Leben zu führen und seine Realität zu erkennen. Der Lotos wird im Schlamm geboren, erhebt sich über das Wasser und stirbt, wenn er aus dem Wasser gezogen wird. Er kann nicht lange überleben, wenn ihm das Wasser entzogen wird. Auch der Mensch wird in der Welt geboren, lebt darin und muß darin existieren. Ihr habt gewiß den Ausspruch gehört: „Alle Ehre, die den Menschen erwiesen wird, erreicht Gott." Hört auch dies: „Alle Schande, die den Menschen zugefügt wird, erreicht Gott." Dies ist das Gesetz, und es ist so unausweichlich wie jenes Gesetz, das bedingt, daß ein Stück Stoff zu Boden fällt, wenn ich es loslasse. Nur wenn der Mensch in der Lage ist, Gottes Gnade und die Unterstützung durch die göttliche Ordnung *(dharma)* zu erlangen, wird er nicht ins Unglück geführt. Er wird dann auf den Weg des spirituellen Fortschritts geleitet werden, denn *dharma* beschützt seinen Beschützer.

Solange der Mensch ein Leben lebt, das materiellen Vergnügen und Siegen hingegeben ist, kann er Kummer, Angst und Befürchtung nicht entfliehen. Nur die Innere Vision kann ihm Seligkeit *(ānanda)* garantieren. Denn Gott in uns *(ātman)* ist der Urquell von *ānanda,* ebenso wie

Egoismus der Gipfel allen Übels ist. Der Mensch muß Demut und einen Sinn für die Verhältnismäßigkeit entwickeln, was seine Ziele und Ideale angeht.

Ihr habt diese Bildungsinstitution geschaffen. Ihr müßt die Betonung auf die allumfassenden Ideale der Erziehung legen. Ihr müßt diejenigen ermutigen, welche die Sprache des göttlichen Selbst *(ātman)* sprechen und nicht nur die Sprache der Leute aus Andhra Pradesh. Letztere versorgt den Magen mit Nahrung; aber Freude für das Auge und Seligkeit für das Herz - diese werden von ersteren vermittelt. Der Mensch ist nicht nur ein Körper; er hat einen Geist, ein Herz, viele Bewußtseinsebenen und ein Verlangen nach der Realität. Viele praktizieren Meditation *(dhyāna),* aber der Beweis für ein Voranschreiten bei der Meditation muß in einem weiteren Horizont, größerer Standhaftigkeit, Frieden, Nachsicht und größerem Eifer, seinen Mitmenschen zu dienen, gesucht werden. Meditation muß das Göttliche im Menschen enthüllen und dadurch Selbstvertrauen, Opferbereitschaft und Genügsamkeit herbeiführen.

Richtet euer Leben deshalb so ein, daß es niemanden gibt, den ihr nicht mögt oder der euch nicht mag. Liebt alle als Verkörperungen desselben göttlichen Prinzips. Demonstriert diese Ideale durch euer Leben den Menschen aus Maharashtra. Laßt sie von den Leuten Andhra Pradeshs als großzügig und warmherzig sprechen. In Zusammenarbeit mit ihnen habt ihr diese Institution aufgebaut, und ich bin glücklich, sie zu segnen und euch meine Unterstützung und Hilfe geben zu können. Ihr seid mein; ich bin euer.

Wenn dies eine Bildungsinstitution ist, habe ich spezielles Interesse daran und bin immer bereit, sie zu besuchen und die Studenten zu segnen

Andhra Educational Society Junior College, 30.12.1977

Zarte Pflänzchen

Schüler!

Obwohl ihr in dieser Institution eine ziemlich strenge Lebensweise einhalten müßt, solltet ihr hier doch die Chance wahrnehmen, euren Charakter zum Besseren zu formen und euer Leben zu gestalten. Einem zarten Pflänzchen kann dazu verholfen werden, daß es gerade wächst, aber wenn es erst einmal ein Baum ist, kann es im Wachstum nicht mehr gelenkt werden. In der Kindheit wurdet ihr fehlgeleitet, weil ihr nicht wußtet, welche Tat richtig und welche falsch war. Es gab niemanden, um euch auf den guten Pfad zu leiten. Ihr seid in schlechte Gesellschaft geraten, weil niemand euch warnte oder rettete, nachdem es geschehen war. Niemand zeigte euch den Weg zu Gott und zur Güte. Wenn sie es getan hätten, hättet ihr den Ratschlag schnell aufgenommen, denn der kindliche Verstand ist in der Lage, sowohl das Gute als auch das Schlechte aufzunehmen. Niemand in eurer Nähe hatte Vertrauen in eure angeborene Göttlichkeit oder das Mitgefühl, euch vor dem Bösen zu retten und euch auf gute Wege zu führen.

Nun, vergeßt die Vergangenheit. Sie ist schon vergangen. Die Gegenwart ist die wichtigste Zeit für uns. Haltet an der Wahrheit fest und folgt dem richtigen Weg. „Sprich die Wahrheit, geh auf dem Weg der Rechtschaffenheit" (satyam vada; dharmam cara), sagen die *Veden*. Hängt nicht Gedanken der Verzweiflung oder der Niedergeschlagenheit nach. Seid glücklich, daß ihr die Chance habt, euch zu guten Jungen und Mädchen mit liebenswerten Manieren und Benehmen heranzubilden. Diese Leute der *Sevā*-Gemeinschaft kommen zu euch und schaffen durch Lied *(bhajan)* und Gebet eine Atmosphäre von Liebe und Gnade. Sie erzählen euch von Gott, dem *Avatar* und Heiligen. Nehmt *Rāmakrishna* und *Vivekānanda* als eure Ideale. Folgt ihrem Beispiel. In dieser Institution werdet ihr eine Erziehung erhalten, die euch befreit, anders als die Erziehung, die ihr als Kinder hattet und die euch gebunden hielt. Nehmt das, was euch gelehrt wird, voll und ganz auf in euch und setzt die Lehren, die euch vermittelt werden, in die Tat um.

Hegt untereinander keinerlei schlechte Gefühle. Helft anderen, wenn sie eure Hilfe brauchen und wenn ihr ihnen wirklich helfen könnt. Denkt nicht, daß es genug ist, wenn ihr nur *bhajans* singt, wenn die Leute der *Sevā*-Gemeinschaft kommen und bei euch sind. Singt sie leise und aufrichtig, auch wenn ihr spazieren geht oder arbeitet, schreibt oder rechnet. Der Name Gottes ist wie eine Taschenlampe, die eure Schritte im Dunkeln leitet. Stellt euch vor, ihr müßt in der Nacht durch einen Wald gehen. Ihr mögt gespannt sein, wie euch eine kleine Taschenlampe bei einer solch langen Reise im Dunkeln helfen kann. Nun, wenn ihr mit einer Taschenlampe in eurer Hand lauft, geht das Licht, das sie spendet, mit euch. Ebenso wirkt der Name Gottes auf eurer Zunge hell und klar wie eine Taschenlampe auf eurer langen Lebensreise durch die Nacht der Unwissenheit, um jeden Schritt zu leiten.

Entschließt euch, von diesem Moment an, gute, liebenswerte Kinder zu werden. Erledigt eure Pflichten gut und freudig zur Zufriedenheit derer, die euch gut wollen. Wenn es euch leid tut, daß ihr etwas falsch gemacht habt, wird das allein Gott gefallen und er wird euch verzeihen. Wenn ihr euch bemüht, euch zu ändern und zu bessern, wird Gott seine Gnade über euch ausschütten. Hier werdet ihr beschützt und erhaltet Ausbildung und die Gelegenheit zu lernen, wie ihr für euer großes Land nützliche Söhne und Töchter werden könnt. Immer wenn ihr das Bedürfnis habt, andere zu verletzen oder ihr Eigentum wegzunehmen oder Falsches über andere zu verbreiten, wendet euch an Gott um Hilfe. Bittet ihn, euch Stärke zu vermitteln, denn all diese Ideen werden aus Wut und Feigheit geboren, Eigenschaften, die wiederum der Schwäche entspringen. Wiederholt den Namen Gottes oder summt ein *bhajan* und ihr werdet merken, daß all eure schlechten Gedanken verflogen sind und ihr frei von Bösem seid.

Wenn ihr diese Institution verlaßt, müßt ihr anderen als Beispiel dienen, indem ihr ein aktives, nützliches Leben führt. Dies ist eine Werkstatt, in die ihr wie Autos kommt, die durch Unwissenheit und Vernachlässigung beschädigt wurden. Ihr müßt die Institution in guter Verfassung verlassen, frei von all euren Fehlern und ansprechend im Aussehen und Charakter. Eure Verwandten, eure Freunde, die Dorfältesten und alle, denen das Wohlergehen unseres Landes am Herzen liegt, müssen glücklich und stolz sein, zu sehen, wie ihr neue Fähigkeiten entwickelt sowie einen guten Charakter und Eifer, anderen zu dienen.

Hyderabad, 19.3.1978

Gott, die Quelle des Guten

Shivarātri ist für alle ein sehr erfolgversprechender Tag. Es ist der vierzehnte Tag des Mondzyklus, an dem der Mond abnimmt und die Sonne im Zeichen des Wassermann steht. Das Fest ist indessen mehr auf den Mond als auf die Sonne bezogen. Das ist der Grund, weshalb es *Shivarātri* genannt wird, die Nacht *Shivas*. Andere Nächte sind bloße Nächte, aber diese besondere Nacht ist die Nacht *Shivas,* die Nacht der Weihung, die Nacht der Hingabe, die Nacht der Erleuchtung.

Der Geist ist eng mit dem Mond verbunden. Candra, die Mondgottheit, ist die Gottheit, die den menschlichen Geist führt. Nach der Vollmondnacht verliert der Mond jeden Tag ein Sechzehntel seines Glanzes, und er nimmt weiter ab, bis er gerade in dieser Nacht mit nur einem Sechzehntel seiner Kraft zurückbleibt. Die Mondsichel kann man mit dem Geist vergleichen, mit all seinen Launen und seinem Eigensinn, die, nachdem sie von spiritueller Anstrengung *(sādhana)* besiegt wurden, reduziert sind. In dieser Nacht muß nur noch ein sehr kleiner Teil besiegt werden, und das kann dadurch geschehen, daß man die Nacht durchwacht und in Gedanken bei der Herrlichkeit Gottes verweilt. Die vorgeschriebene Nachtwache ist symbolisch für die immerwährende Nachtwache, die man einhalten soll, und der Brauch des Fastens für die Möglichkeit, die Sinne von den Genüssen zu trennen, nach denen sie sich sehnen. Das die ganze Nacht währende *bhajan*-Singen ist bezeichnend für das lebenslange Bewußtsein der göttlichen Gegenwart, das jeder kultivieren sollte. Da die Riten und Gelübde, die für *Shivarātri* niedergelegt wurden, in anderen Nächten des Jahres fehlen, ist ihre Beachtung an diesem Tag eine Erinnerung daran, daß sie nützlich sind.

Es gibt drei Typen von Menschen: den multi-zentrierten, den uni-zentrierten und den nicht-zentrierten Menschen. Die erste Gruppe, die ihren Sinnen, ihrem Geist und ihrer Intelligenz erlaubt, dorthin zu wandern, wo immer sie wollen, ist eine zahlenmäßig sehr große Gruppe. Ebenso die dritte Gruppe, die Leute umfaßt, die von einem Objekt zum anderen flattern, die in unachtsamer Leichtfertigkeit von einem Ding zum anderen hasten. Das *Shivarātri*-Fest ist sehr geeignet, um Konzentration und Zielgerichtetheit zu erlangen, die für die zweite Gruppe charakteristisch ist. Die Lieder zum Lobe Gottes *(bhajan)* und der endlose Fluß von gemeinsamem Singen und Tanzen zu Ehren Gottes (kīrtana und *nāmasmarana*) anläßlich dieser Gelegenheit, helfen, diese Zielgerichtetheit zu erreichen.

Ihr müßt erkennen, daß *bhajan,* Wiederholen des göttlichen Namens *(nāmasmarana),* Gottesdienst *(pūjā)* nicht dazu da sind, Gott zu gefallen oder ihn gnädig zu stimmen, sondern eurem eigenen spirituellen Fortschritt zu dienen. Oftmals schmeicheln die Leute den Reichen und Mächtigen - speziell im Beruf oder wenn sie ihnen wegen einer wertvollen Hilfe verpflichtet sind - um jene zu veranlassen, ihnen Geschenke zu machen. Aber Gott vergießt seine Gnade nicht über Menschen, weil sie ihn lobpreisen. Auch straft er sie nicht dafür, daß sie ihn nicht vergöttern. Die Rezitation göttlicher Attribute versetzt uns nur in die Lage, bei erhebenden Idealen zu verweilen, die sich mehr und mehr der Göttlichkeit nähern, die unsere Natur ist. Wir werden zu dem, was wir betrachten. Durch ständige Gedanken wird ein Ideal in unser Herz eingepflanzt. Wenn wir unsere Gedanken die ganze Zeit auf das Böse fixieren, das andere tun, wird unser Geist durch das Böse verunreinigt. Wenn wir hingegen unseren Geist auf die Tugenden oder das Gutsein anderer fixieren, wird unser Geist von Falschem gereinigt und unterhält nur gute Gedanken. Kein böser Gedanke kann den Geist einer Person durchdringen, die ganz der Liebe und dem Mitgefühl ergeben ist. Die Gedanken, die wir zulassen, formen unsere Natur; sie wirken nicht nur auf andere, sondern auch auf uns. So erleuchtet beispielsweise ein Blitz, der benutzt wird, um ein Foto zu machen, nicht nur das Gesicht desjenigen, der fotografiert wird, sondern bis zu einem gewissen Grad auch das Gesicht des Fotografen. Wenn ein Gemeindewagen mit Müll vorbeifährt, seid ihr durch den schlechten Geruch betroffen, auch wenn ihr abseits stehen mögt. Ebenso kann die Wirkung eines Gedankens, mag er ein momentaner, mag er auch ein trivialer sein, auf den Geist nicht verhindert werden. Da die alten Weisen diese wichtige Wahrheit kannten, erklärten sie: „Derjenige, der *brahman* (das ewige Absolute) kennt, wird *brahman.*" Der einzige Weg, um *brahman* zu werden, ist, nur in Gedanken an *brahman* zu verweilen. Wie kann man mit einem Klumpen Salz auf der Zunge die Süße von Honig oder Früchten schmecken? Wie kann man den Geschmack von Salz und Savoury (einer pikanten Vorspeise) kennenlernen, wenn man ein Stück Zucker auf der Zunge hat? Taucht euren Geist in gute Gedanken, und die Welt wird gut sein. Taucht euren Geist in schlechte Gedanken, und die Welt wird schlecht für euch sein. So sammelt also nur Gutes, tut, denkt oder plant nur Gutes, sprecht nur Gutes und handelt nur gut und als Resultat werdet ihr euch Gott nähern, der Quelle alles Guten. Dies ist die Botschaft *Shivarātris*.

Der Numerologie entsprechend bedeuten die ersten drei Silben des Wortes shi, va und rā zugleich die Zahlen 5, 4 und 2 und die vierte Silbe tri bedeutet „drei". 5, 4 und 2 ergeben ein ganzes, ein zusammengesetztes Bild der elf rudras. Rudra heißt derjenige, der den Menschen zum Weinen bringt. Die elf rudras sind: die fünf Sinne der Wahrnehmung, die fünf Sinne der Tat und der Geist. Diese ruinieren ihn, bringen ihn zum Weinen, indem sie ihn in die Irre führen, um trivialen vergänglichen Vergnügungen nachzujagen. Aber der *ātman* verbreitet, wenn man ihn sucht und sich auf ihn verläßt, seine Strahlen auf die elf und macht sie zu bedeutenden Partnern bei dem Prozeß der Selbsterkenntnis des Menschen. Die Strahlen des *ātman* erleuchten die Intelligenz, die erleuchtete Intelligenz weckt den Geist, und der wachsame Geist übernimmt die Kontrolle über die Sinne, wodurch für die Person der Pfad geebnet wird, um von Wissen zu Weisheit voranzuschreiten.

Eine andere Bedeutung von *Shivarātri* ist folgende: *Shiva* oder der Paramapurusha, die ewige absolute Person, beginnt den kosmischen Tanz (tāndava), um der Urnatur *(prakriti)* zu gefallen. Der Tanz ist ein göttlicher Plan, um die materielle Schöpfung anzuziehen, denn alle göttlichen Wunder wie diejenigen von *Rāma* (er, der gefällt und erfreut) und *Krishna* (er, der anzieht) sind dazu da, Leute an die göttliche Gegenwart heranzuziehen, um sie zu verbessern oder zu reinigen, ihren Glauben zu bestätigen und sie dann zur Übung *(sādhana)* des Dienens zu führen, auf daß sie in Ekstase verschmelzen mit der Quelle aller Ekstase - ein Wunder, das zur Läuterung *(samskarā)* führt, diese führt zum Dienst an der Gemeinschaft und dieser führt schließlich zur Vollendung. Der kosmische Tanz ist so schnell, daß aufgrund der Hitze, die sich durch die Aktivität entwickelt, aus *Shivas* Körper Feuer austritt. Um *Shiva* zu kühlen und zu erfreuen, führt *Pārvatī,* die Gefährtin, den Ganges über seinen Kopf, läßt den zunehmenden Mond inmitten der Locken seines Haares ruhen, legt kalte Sandelholzpaste auf seinen Körper, wickelt um seine

Hand- und Fußgelenke kaltblütige Schlangen und setzt sich schließlich, da sie die Tochter des Himālayas war (der Berge mit dem ewigen Schnee), auf seinen Schoß und wird ein Teil von ihm. In diesem Augenblick steht *Shiva* auf und beide, Mensch *(purusha)* und Natur *(prakriti)* tanzen zur unglaublichen Freude der Götter und aller Schöpfung zusammen. Den *Purānas* zufolge geschieht dies am *Shivarātri*-Tag.

Die Bedeutung dieses Mythos liegt in dem Geheimnis, das er lehrt, nämlich wie man dem Herrn gefallen und seine Gnade erlangen kann. Wie schade, daß ein Tag von solch heiliger Bedeutung durch eine Routine bedeutungsloser oder sogar schädlicher Freizeitvergnügungen begangen wird. Da eine Nachtwache festgelegt wurde, verbringen die Leute die Nacht damit, sich eine Reihe von Filmen anzusehen oder Karten zu spielen. Kann jemand, der sich im Bett hin- und herwälzt, weil er nicht stilliegen kann, für sich beanspruchen, daß er das Gelübde der Nachtwache einhält? Kann ein Storch, der auf einem Fuß auf der Sandbank eines Stromes steht und bereit ist, bei dem Auftauchen eines Fisches diesen zu fangen und zu schlucken, behaupten, er meditiere? Kann ein Mann, der es ablehnt, sein Mittagessen zu sich zu nehmen, da er sich mit seiner Frau gestritten hat, behaupten, daß er fastet? Auf dem spirituellen Pfad sind keine Abkürzungen oder Tricks möglich.

Shivarātri wird in allen Tempeln *Shivas* gefeiert. Shrī Shaila ist ein besonders berühmter Tempel *Shivas*. Über dieses Fest in Shrī Shaila wird eine schöne Geschichte erzählt. Am Fluß der Shrī Shaila-Bergkette liegt ein Dorf, in dem ein neunjähriger Junge, genannt Bala Ramanna, zur Grundschule ging. Er erfuhr von seinen Freunden, daß zu den *Shivarātri*-Feiern auf den Shrī Shaila-Bergen deren Schwestern und Schwäger nach Hause kämen.

Ramanna kam nach Hause und verlangte von seiner Mutter, daß auch sie seine Schwester und seinen Schwager zu dem Fest einladen solle. Seine Mutter belehrte ihn, daß er keine Schwester und von daher auch keinen Schwager habe, aber er hörte nicht zu. Er sagte, er müsse ebenso wie seine Freunde eine Schwester und einen Schwager haben. Nur um ihn zu beruhigen, sagte seine Mutter: „Du hast eine Schwester und einen Schwager, aber sie sind im Tempel auf dem Shrī Shaila. Ihre Namen sind bhramarāmbā und Mallikārjuna." Sie sagte ihm die Namen, durch die *Shiva* und seine Gefährtin bekannt sind - bhramarāmbā bedeutet Mutter der Bienen und Mallikārjuna heißt der weiße Jasmin. Diese Namen sind sehr passend, denn die Gefährtin erhält vom Herrn Inspiration, Anweisung und Weisheit, ebenso wie die Biene ihre Substanz aus der Jasminblüte zieht.

Als er hörte, daß seine Schwester im Tempel auf dem Shrī Shaila sei, bestand Ramanna darauf, dorthin zu gehen, um seine Schwester und seinen Schwager einzuladen, mit ihm nach Hause zu kommen und einige

Zeit dort zu bleiben. Er wollte ihnen einige Geschenke mitbringen, aber seine Mutter erwiderte, daß sie viel zu reich seien und daß jüngere Familienmitglieder den älteren nichts schenken sollten. Die Mutter sandte den Jungen mit einem Nachbarn, der zu dem Tempel ging, um dem Fest beizuwohnen. Sie gab ihm etwas Geld, damit er für den Jungen Geschenke kaufen könne.

Ramanna hastete den Berg hinauf, eilte in den Tempel und schrie: „Schwester ... Schwager," und fiel dem Standbild Bhramarambas zu Füßen. Er umarmte das Bildnis und begann, es fortzuschleifen, da er wollte, daß es ihn begleite. Er umfaßte das Bildnis Mallikārjunas und ließ es nicht mehr los. Schließlich warfen die Priester ihn in dem Glauben hinaus, daß er verrückt sei.

Voller Verzweiflung erklomm er einen hohen Fels und drohte, daß er hinunterspringen werde, wenn seine Schwester und sein Schwager nicht mit ihm kämen. In dem Moment hörte er eine laute Stimme aus dem Tempel: „Schwager! ... Ramana! ... Spring nicht! ... Wir kommen mit dir ..." und schon bald zeigten sich ihm Gott *Shiva* und dessen Gefährtin und begleiteten ihn in das Dorf hinab. Die Mutter und der Sohn waren so von göttlicher Seligkeit überwältigt, daß sie mit dem göttlichen Phänomen verschmolzen und nie mehr von sterblichen Augen gesehen wurden. Diese Geschichte hat zur Heiligkeit des Schreins von Bhramarāmbā und Mallikārjuna beigetragen.

In jenen Tagen hatten die Kinder und auch die Älteren ein unschuldiges Gemüt, einfache Herzen und hohe Ideale. Heutzutage haben Zynismus und Unglaube überhand genommen. Es geht eine Welle der Nachlässigkeit und der Faulheit durch unser Volk. In einem geäußerten Wort versuchen sie zehn Bedeutungen zu lesen, und nicht eine ist die richtige. Bei jedem Thema beginnen sie mit einer Reihe von Argumenten und Gegenargumenten und in dem aufgewirbelten Staub wird die Wahrheit ignoriert. Ihr Leben ist größtenteils künstlich, Ideale sind kümmerlich entwickelt, und daher liegt die Göttlichkeit außerhalb ihrer Reichweite.

Bala Ramana besaß unverfälschten Glauben. Deshalb war es ihm möglich, dem Herrn sein reines Selbst zu widmen und das Ziel zu erreichen. Ihr müßt niedrigere Dinge immer auf eine höhere Ebene erheben, indem ihr ihnen eine höhere Bedeutung einflößt. Ramanna glaubte, daß das Steingebilde Gott sei, er zog Gott nicht hinunter auf die Ebene eines Steinbildes. Ihr mögt ein Bild als Gott verehren, aber ihr solltet Gott nicht zum Bild machen. Holz, Stein oder Schlamm können als göttlich angesehen werden, aber Gott sollte nicht auf Holz, Stein oder Schlamm beschränkt werden.

Habt hohe Ideale. Bemüht euch, euch selber zu erheben. Strebt nach dem höchsten Ziel: Gott. Seid nicht entmutigt, welches Hindernis oder welcher Widerstand auch immer sich euch in den Weg stellt. Gebt das

Tier in euch auf, stärkt eure menschlichen Tugenden und schreitet mutig voran zu den Großtaten der Göttlichkeit. Schwankt nicht - heute geht ihr den Weg der Hingabe *(bhakti)*, morgen denjenigen des Vergnügens, am darauffolgenden Tag den Weg materiellen Gewinns und tags darauf den Weg der Schlauheit und Doppelzüngigkeit! Wenn alles gelingt, seid ihr ganz Hingabe; wenn etwas mißlingt, seid ihr voller Verzweiflung; wenn Disziplin verlangt wird, gebt ihr auf, wenn Liebe verteilt wird, steht ihr an vorderster Stelle - diese doppelte Haltung muß aufgegeben werden.

Das göttliche Prinzip, das Suchende sich durch jahrelange Askese und Entsagung vor Augen zu führen bemüht sind - durch die Rezitation des Namen Gottes *(japa)* und spirituelle Entsagungsübungen *(tapas)* - steht jetzt und hier vor euch; erkennt das Glück, das euch zuteil geworden ist. Ich habe an diesem Tag, dem heiligen *Shivarātri*-Tag, all die Irrtümer, denen ihr bis jetzt willentlich oder unwillentlich verfallen seid, verziehen. Hegt glückliche Gedanken, äußert allen gegenüber glückliche Worte und vollbringt gute Taten. Als Resultat erlangt ihr die Verkörperung des Glücks, *Shiva* selbst. Mahāshivarātri *Brindāvan*, 7.3.1978

Ratschläge für die *Gurus*

Die spirituelle Erziehung der Kinder *(bālvikās)* ist die elementare Basis der großen Bewegung, um die göttliche Ordnung *(dharma)* in der Welt wieder herzustellen. Die Älteren sind auf ihrem Weg schon weit gegangen, und es ist schwer, Veränderungen in ihren Gewohnheiten und Haltungen zu erwarten. Die Kinder müssen dahingehend geleitet werden, daß sie ihr Leben entlang guten Wegen wie Einfachheit, Bescheidenheit und Disziplin führen. Die Eltern müssen durch das Beispiel heiterer, fröhlicher und kooperativer Kinder dieser Erziehung liebevoll davon überzeugt werden, daß sie ihre Kinder auch in jene Klassen schicken. Wie ihr wißt, kann man Kinder nicht dadurch für sich gewinnen, daß man einen Stock in der Hand hält; statt dessen müßt ihr ein paar Süßigkeiten haben. Die Lehrer *(Gurus)* müssen deshalb Verkörperungen von Liebe und Geduld sein.

Das Vorbild dieser spirituellen Kindererziehung zieht eine Generation von Jungen und Mädchen heran, die ein reines und klares Bewußtsein haben. Der tatsächliche Lehrplan ist dabei nicht so wichtig wie die Schaffung einer Atmosphäre, in der edle Gewohnheiten und Ideale wachsen und Früchte tragen können. Die Schüler nehmen nur einmal in der Woche an dem Unterricht und dessen Erziehungsprogramm teil; an den anderen Tagen nehmen sie am Unterricht ihrer üblichen Schulen teil. Deswegen muß der Einfluß des *Gurus* außergewöhnlich stark sein, wenn er als Katalysator im Prozeß der Änderung der Verhaltensmuster dieser Kinder dienen soll.

Auch zu Hause muß das veränderte Verhalten des Kindes spürbar sein. Es mag angeraten erscheinen, die Mütter der Kinder ein- oder mehrmals im Monat zusammenzurufen und ihnen Richtlinien bei der Kindererziehung und höhere Ideale im sozialen und familiären Leben zu vermitteln. Ihr könnt ihnen Mittel und Wege vorschlagen, wie sie der Arbeit der spirituellen Erziehung folgen können, während sie ihren Kindern zu Hause maximale Freiheit gewähren. Auch während man ihnen Freiheit gewährt, sollte man trotzdem schädliche Tendenzen unter Kontrolle halten. Die Kinder sollten den Älteren in der Familie gegenüber respektvolles Verhalten an den Tag legen, und die Mütter sollten darauf achten, wie sie sich selbst in Gegenwart von Kindern verhalten, denn junge Leute lernen eine Menge durch Nachahmung. Ihr Zuhause sollte durch eine liebevolle Atmosphäre geprägt sein. Dies kann bei den Treffen mit den Müttern betont werden und könnte eine Ergänzung des Unterrichts darstellen. Das Zuhause der Kinder sollte, wie eigentlich das Heim aller Kinder, frei sein von Schwingungen wie Haß, Neid, Gier, Verdruß und Heuchelei. Die Nahrung, die das Kind zu sich nimmt, muß rein *(sattva)* sein. Da das Kind im Alter von zwei bis fünf Jahren zu seiner Mutter aufsieht, muß ihr Verhalten vorbildlich sein.

Arbeiter und Amtsinhaber, *Gurus* und *Sevā*-Mitglieder der Sathya Sai Organisationen in aller Welt, sie alle müssen sich vergegenwärtigen, daß sie der wachsamen Beobachtung der Öffentlichkeit ausgesetzt sind, wo immer sie sind und was immer sie tun. Sie müssen frei sein von den Gewohnheiten und Praktiken, die sie anderen aufzugeben empfehlen. Die *Gurus* sollten ihre eigenen Kinder in die *Bālvikās*-Klassen, die Klassen zur spirituellen Entfaltung der Kinder, aufnehmen; sie sollten nie zornig werden; sie sollten ihre Gefühle unter Kontrolle haben und ihre Depressionen oder ihre Unentschlossenheit nicht zeigen. Die Qualität der Arbeit ist wichtiger als die Quantität. Sie sollten sich deshalb nicht mehr vornehmen, als sie in der Lage sind, zufriedenstellend auszuführen. Laßt ihr eigenes Gewissen ihr Richter sein. Wenn sie das Gefühl haben, daß sie ihre Pflicht den Kindern oder der Gesellschaft gegenüber ausreichend erfüllt haben, mögen sie zufrieden ausruhen.

Natürlich fehlen die Umweltbedingungen, um die spirituellen Ideale des einfachen Lebens, der spirituellen Suche und des liebenden Dienstes etc. zu propagieren. Die *Gurus* müssen sich um die Kinder von Familien kümmern, die oft noch keine *Devotees* von Sai oder einer anderen Form von Göttlichkeit sind. Manchmal mögen auch die Ehepartner der *Gurus* den hingebungsvollen Einsatz entmutigen, mit dem die Arbeit getan wird. Aber wie dem auch sei, ich weiß, daß bei der Verbreitung der spirituellen Kindererziehung im Land ein großer Erfolg erzielt wurde. Aber es gibt noch immer Bereiche, auf die diese Arbeit ausgedehnt werden kann, speziell in den Slum-Gebieten und den Dörfern.

Außerdem gibt es noch viele andere Probleme. Löst sie mit Fingerspitzengefühl und tiefer Liebe. Geht diese Probleme mit dem Bedürfnis an, den Kindern besser zu dienen, dann könnt ihr sie leicht überwinden. Allmählich werdet ihr erkennen, daß dieses Programm nicht nur zur Erziehung der Kinder ersonnen wurde, sondern ebenfalls zur Erziehung der *Gurus*. Die Pflichten sind dazu gedacht, die Gedanken und Emotionen der *Gurus* zu erheben und zu sublimieren, besser als jede andere geistige Übung *(sādhana)* es kann. Bedenkt, daß ihr als *Gurus* ebenso einen *Guru* habt, der euch führt und euren Dienst *(sevā)* beaufsichtigt. Ihr seid ebenfalls Schüler, und auch ihr lernt die Lektionen von Gleichheit, Gleichmut und selbstloser Liebe, während ihr als *Guru* tätig seid.

Ihr müßt versuchen, in den Klassen Kinder verschiedener Glaubensrichtungen zu haben, so daß sich die Freundschaft zwischen ihnen zu Verständnis und das Verständnis zu Liebe entwickeln kann. Sprecht zu Anfang nicht über bestehende Unterschiede in den Religionen, sondern betont eher offensichtliche Übereinstimmungen, so daß die zarten Seelen, für die ihr verantwortlich seid, nicht verwirrt oder schockiert werden. Erzählt den Schülern Geschichten aus den Schriften aller Religionen, damit sie erkennen können, daß die Heiligen und Seher aller Länder gleich gut und großartig sind.

Laßt die Kinder erkennen, daß das Gebet universell ist und daß es in jedweder Sprache, an welchen Namen auch immer gerichtet, denselben Gott erreicht. Lehrt sie verstehen, daß man Gott durch ein Bild oder ein Standbild anrufen kann, um ernsthafte Wünsche des Menschen zu erfüllen, vorausgesetzt, daß sie für andere genauso hilfreich sind wie für einen selbst. Liebe kann alle Kinder aneinander binden, denn sie haben noch nicht gelernt, einander zu hassen. Auf ähnliche Weise kann Liebe die gesamte Menschheit einen, vorausgesetzt, daß der Mensch von Gier, Neid, Wünschen und Gebundenheit befreit ist. Der *Guru* sollte dem Schüler den allgemeinen Einfluß guter Ratschläge über das menschliche Verhalten, die in den Schriften aller Religionen enthalten sind, auf den Weg mitgeben. Die *Veden* lehren, daß der Mensch Gott aus Dankbarkeit für seinen Segen bewundern und anbeten sollte. Die Bibel lehrt, daß er für Frieden beten und Nächstenliebe praktizieren solle. Der Koran fordert, daß der Mensch den Leidenden gegenüber wohltätig sein solle und seinen Willen dem Allerhöchsten unterwerfen möge. Die buddhistischen Texte lehren die Lektion der Bindungslosigkeit und der Kontrolle der Sinne. Die Zendavesta ermahnt den Menschen, sich der bösen Neigungen zu entledigen und in seiner ihm angeborenen Herrlichkeit zu leuchten. Der *Guru* muß all diese Qualitäten in sich aufnehmen und sie dann seine Schüler durch Unterweisung und Beispiel lehren.

Vor allen Dingen muß sich der *Guru* mit Gleichmut, Geduld und Toleranz *(sahana)* ausrüsten; er sollte darauf vorbereitet sein, den Angriffen seiner Umwelt entgegenzutreten, ohne sich aufzuregen. Wenn jemand versucht herauszufinden, ob ihr ein ruhiges Temperament habt, so geratet nicht in Wut! Auch wenn ihr zu einem Kind oder zu Eltern barsch sprechen müßt, weil alle anderen Mittel, eine Sache zu erreichen, fehlgeschlagen sind, so laßt doch eure Herzen sanft sein, laßt sie nicht durch Vorurteile oder Haß verhärten.

Ihr müßt euch für diese Aufgabe des selbstlosen Dienens *(sevā)* durch individuelle geistige Anstrengung *(sādhana)* ausrüsten, die täglich aufrichtig und ordentlich ausgeführt wird. Das Rezitieren des *OM (pranava)* ist eine Form einer solchen spirituellen Anstrengung. In *Prashānti Nilayam* ist es vorgeschrieben, daß das Rezitieren des *OM* in der frühen Morgendämmerung einundzwanzig Mal andauern soll. Diese Zahl ist nicht willkürlich festgelegt; sie hat eine eigene Bedeutung. Wir haben fünf Handlungsorgane *(karmendriya)* und fünf Sinnesorgane *(jnānendriya)*; auch haben wir die fünf lebenswichtigen Lebensenergien *(prāna)*, die uns erhalten. Dann haben wir noch die fünf Hüllen *(kosha)*, die den göttlichen Funken umgeben, der die Realität ist. Diese ergeben zusammen zwanzig. So reinigt und klärt die zwanzigfache Rezitation all diese zwanzig Komponenten und macht den Menschen zur einundzwanzigsten Wesenheit, bereit für das Verschmelzen mit der Realität. Das Lebensprinzip (jīvatattva) verschmilzt mit dem Höchsten Absoluten (paratattva). Das Lebensprinzip kann als Reiter des dreißig Komponenten umfassenden Pferdes verstanden werden. Schließlich endet die Rezitation des *OM (pranava)* mit der dreimaligen Wiederholung von „*shānti*" (Frieden). Auch das vervollständigt den Prozeß der Reinigung und Klärung. Denn das erste Rufen nach *shānti* ist für die Reinigung des körperlichen Teiles des Selbst (ādhibhautika). Das zweite ist zur Reinigung des geistigen Teiles des Selbst (adhidaiva). Das dritte ist zur Reinigung des spirituellen Teiles des Selbst (ādhyātmika). Das *OM*-Rezitieren wird euch erheben, alle Gemütsbewegungen des Geistes beruhigen und das Empfangen der Gnade beschleunigen.

„*OM*" ist der uranfängliche Ton, der Ton, der durch die Schwingungen der Schöpfung durch den Willen des Formlosen, Attributlosen *(nirākāra, nirguna brahman)* geschaffen wurde. Man spricht von ihm als shabdabrahman, das *brahman*, das sich als Wort offenbart. *OM* ist eine Zusammensetzung der Laute A, U und M. Ebenso wie G, O, T, T, zusammen Gott (und nicht ge, o, te, te,) ausgesprochen werden, werden die Buchstaben A, U, und M als *OM* ausgesprochen. „A" entspricht dem Schlund, „U" der im Inneren des Mundes liegenden Zunge und „M" den

Lippen. Aber wenn *„OM“* ausgesprochen wird, rührt der Ton aus der Gegend des Nabels her.

OM muß langsam und mit Bedacht rezitiert werden. Der Ton muß sich wie ein Flugzeug anhören, das sich aus der Entfernung dem Punkt nähert, wo du bist und dann wieder in die Ferne fliegt - am Anfang leise und dann allmählich lauter werdend, um dann wieder in die Ruhe zurückzukehren; die Stille nach dieser Rezitation ist ebenso bedeutsam wie das *OM* selbst. „U“ ist der Zenit, kailāsa, der durch den Ton in seiner Anbetung erreicht wird. „A“ ist der tiefe Anfangspunkt und „M“ der Endlaut.

Im Shrī *Cakra,* der mystischen Figur, in deren Gestalt parashakti, das kosmische Energieprinzip (und die Gottheit, die darüber herrscht) angerufen und in der sie verkörpert wird, ist *OM* das eigentliche Zentrum, und um es herum sind alle anderen Symbole angeordnet. Auch der Mensch muß diese göttliche Verkörperung vornehmen. *OM* ist das wirkliche Lebensprinzip eines jeden *Mantras,* jedes Menschen (symbolisch gesprochen). *Mantra* ist das, was den Menschen rettet, den Menschen, der nichts als Geist *(manas)* ist, mit dem er über den *Mantra* meditieren kann. Ihr könnt dieses pranavasādhana erleben, indem ihr den Atem beobachtet, wie er kommt und geht und in Ruhe dem „so“ (dem leisen Ton, wenn die Luft einströmt) und dem „ham“ (dem leisen Ton, wenn die Luft ausströmt) lauscht. Ihr müßt über die Bedeutung von *so'ham* nachdenken (Er bin ich). Was bin ich? Du bist Das; du bist ein Funke des Göttlichen. Du bist nicht der Körper, die Sinne, der Geist, die Intelligenz etc., mit denen du dich jetzt identifizierst. Ihr alle seid Gott, nur seid ihr darin gefangen, euch selbst vorzutäuschen, daß ihr durch diesen Körper gebunden wäret.

Diese Art von *sādhana* ist ein Muß für alle Sai-Mitarbeiter, denn nur das allein kann ihnen Frieden *(shānti)* und das andere höchst wertvolle Geschenk, Liebe *(prema),* vermitteln. Sie wird ihre Sichtweise ändern und sie befähigen, die Einheit dort zu erleben, wo sie früher durch die Vielfalt verwirrt waren - Vielfalt der Sprache, Religion, Nationalität, Farbe und Kaste. Spirituelle Kindererziehung kann am besten dann durchgeführt werden, wenn diese neue Sichtweise entwickelt wurde. Deshalb sollten sich beide, *Gurus* und Schüler, dafür entscheiden, hingebungsvoll spirituelles *sādhana* zu praktizieren und die Erziehungsarbeit auch als Teil davon anzusehen.

Seminar für Lehrer der spirituellen Kindererziehung 6.6.1978

Auf jeder Bewußtseinsebene

Es ist die bindende Pflicht des Menschen in diesem wie auch in späteren Leben, die grundlegende Ursache des Universums und all die Liebe und Süße zu erkennen und zu erfahren, die sie in ihm hervorruft. Wenn das vollbracht ist, kann der Mensch ungehindert Seligkeit erfahren. All sein Elend kommt durch die Trennung von der Quelle allen Seins. Er ist die Verkörperung *(svarūpa)* von „Sein-Bewußtsein-Glückseligkeit" *(sat-cit-ānanda),* und er muß sich dieser Tatsache bewußt werden, damit er glücklich werden kann. Wenn er glaubt, daß er nicht „sat" sei, sondern ein geringeres Prinzip, das dem Verfall und dem Tod unterworfen ist, wird er von Angst und Unsicherheit heimgesucht. Wenn er meint, er sei nicht *„cit"* oder reine Intelligenz, wird er in Zweifeln und Dialektik gefangen bleiben und auf falschen Pfaden der Täuschung wandeln. Wenn er annimmt, daß er nicht *ānanda* sei, wird er von jedem vorbeikommenden Windstoß der Enttäuschung getroffen, und jede nichtige Niederlage wird ihn bekümmern. Die grundlegende Ursache des Universums ist *sat-cit-ānanda,* und da der Mensch auch ein Funke derselben Ersten Ursache ist, ist auch er aus denselben Komponenten zusammengesetzt.

Der ursprüngliche Wille wollte, daß sich all dies manifestiere. Er, der die Verkörperung dieses Willens ist, muß in Dankbarkeit bewundert und angebetet werden, denn wir alle sind Ausdruck desselben Willens. Er ist der Eine, der unsere Liebe und Huldigung verdient. Die Kuhhirtinnen und Kuhhirten *(gopīs* und *gopālas)* wußten, obwohl sie in spiritueller Lehre und philosophischer Disziplin ungebildet waren, daß *Krishna* die sichtbare Verkörperung dieses Willens war und beteten deshalb in tiefer Liebe seine Füße an. Die Blase steigt aus dem Wasser empor, schwimmt auf dem Wasser und verschmilzt schließlich mit dem Wasser selbst, wenn sie platzt. Die Blase ist die temporäre Phase des Wassers, mit einem temporären Namen und einer temporären Form. Wenn sie glauben sollte, daß, weil sie leicht und glänzend ist, sie vom Wasser getrennt sei, ist diese Idee eine Täuschung, die aus Unwissenheit geboren wird. Ebenso ist es mit dem Menschen. Der Mensch ist das göttliche Selbst *(ātman),* lebt als *ātman* und verschmilzt mit *ātman.* Alles, was man sich neben *ātman* vorstellt, ist falsch. Die Angst und Befürchtungen, die Sorge und der Schmerz, die Niederlage und das Leiden der irdischen Existenz des Menschen - all dies ist das Ergebnis seiner Identifizierung mit dem Falschen. Der Mensch ist Wahrheit, sein Bewußtsein ist Wahrheit. Deshalb sollte er von einer Wahrheit zur anderen voranschreiten, von einer Facette der Wahrheit zur nächst helleren und klareren. Niemand bewegt sich wirklich von der Unwahrheit zur Wahrheit. Was Unwahrheit genannt wird, ist nur partielle Wahrheit oder schwerfällige oder bewölkte Wahrheit. Das letzte Ziel ist die Enthüllung der Wahrheit.

Der Geist ist wie ein Felsblock, der durch den Intellekt zu einem Bild transformiert wird, vergleichbar der Bildhauerei. Wenn der Intellekt den Sinnen erlaubt, den Entwurf zu bestimmen, wird der Felsblock zu einem entsetzlichen Idol geformt. Wenn die Sinne indessen vom Intellekt sublimiert werden, wird das Bild, das vom Intellekt geformt wurde, einfach anbetungswürdig sein. Der Geist muß bei der spirituellen Disziplin vollständig mitarbeiten und ihr nicht bei jedem Schritt den Weg versperren. Das Ziel ist Befreiung, und der Geist muß dem Pilger auf jeder Station seiner Reise hilfreich dienen. Der Geist sollte keine Aktivität gestatten, welche der göttlichen Ordnung *(dharma)* entgegensteht und den spirituellen Fortschritt verhindert.

Die *gopīs* hatten ihren Geist dahingehend trainiert, daß er der spirituellen Disziplin Hilfestellung leistete und sie förderte, deshalb schwankten oder schweiften ihre Gedanken nie ab. Sie blieben *Krishna* treu, *Krishna*, dem Freund, dem Kamerad, dem Gefährten, dem Liebenden oder dem Geliebten. Als seine Freunde und Gefährten ihm erzählten, daß die Lebensmittelpakete, die sie von zu Hause mitgebracht hatten, nicht ausreichten, um ihren Hunger zu stillen, riet er ihnen, ein kleines Stück in den Wald zu gehen und die Brahmanenpriester, die dort ein riesiges Opfer *(yāga)* veranstalteten, um Essen zu bitten. Aber als sie dies taten, antworteten die Priester ihnen noch nicht einmal, denn durch das Gespräch mit Leuten einer niedrigeren Kaste wäre ihre zeremonielle Reinheit zerstört worden! Sie entschieden, daß das Opfer *(yāga)* noch nicht beendet, daß das abschließende Feueropfer noch nicht dargebracht sei und daß sie, bevor sie selbst nicht ihre Mahlzeit gegessen hätten, nicht daran denken könnten, Lebensmittel auszuhändigen.

Als die Jungen mit langen Gesichtern zurückkehrten, die anzeigten, daß sie kein Essen erhalten hatten, bat *Krishna* sie, nochmal dorthin und an den Männern vorbeizugehen, um statt dessen die Frauen zu fragen. *Krishna* versicherte ihnen, daß sie glücklich und mit großen Mengen Essens zurückkehren würden. Die Jungen trafen die Frauen in der Küche beschäftigt an. Als sie ihnen erzählten, daß *Krishna* sie gesandt hatte, um Essen zu holen, verließen sie die Küche und eilten zu *Krishna* mit riesigen Mengen köstlicher Nahrung, die sie für das bevorstehende Fest vorbereitet hatten. Ihre Herzen schmolzen bei dem Gedanken an *Krishna*, der dringend Essen benötigte. Sie hatten von den göttlichen Wundern *(līlā) Krishnas* gehört, die sein Dasein als *Avatar* enthüllten, z.B. von der Zerstörung und Niederlage der dämonischen Kraft, die sein Onkel Kamsa gesandt hatte, um ihn zu erschlagen. Als der *yāga* vorüber war, schauten die Priester in die Küche und fanden die Kessel leer; sie sahen, daß die Frauen weggelaufen waren, um in der Gegenwart *Krishnas* und seiner Gefährten zu sein. Die Frauen erhalten die Kultur dieses Landes mit größerer Anhänglichkeit und großem Glauben. Sie helfen den Männern auf dem Pfad der Moral und begeistern sie dafür, spiritueller Disziplin zu folgen. Ihre Herzen sind zart und voller Mitleid für die Hungernden und Notleidenden. Deshalb werden in diesem Land die Frauen bewundert und verehrt. Die Älteren zitieren die *shāstras* und sagen, daß ein Heim, dessen Fußboden naß ist von Frauentränen, niemals Frieden oder Wohlstand erleben kann. Shrī *Rāmakrishna Paramahamsa* war sehr vorsichtig darum bemüht, daß Saradamani Devi sich seine einfachen Späße und Spötteleien nicht zu sehr zu Herzen nahm, da sie dann Tränen hätte vergießen können. Wir verehren das Land, in dem wir geboren wurden als „Mutterland"; die Sprache, die wir auf dem mütterlichen Schoß lernen, verehren wir als „Muttersprache" und die Schrift, die uns Ethik lehrt, als die „Mutter-*Veda*". Auf diese Weise hat jeder Inder (bhāratīya) vier Mütter, die Mutter eingeschlossen, die ihn geboren hat. Der indischen Kultur entsprechend, müssen sie alle als göttlich verehrt werden.

Um den hohen moralischen Standards entsprechend zu leben, welche die indische (bhāratīya) Kultur von jedem von euch fordert, müßt ihr Liebe, Gewaltlosigkeit, Seelenstärke und Gleichmut entwickeln. Die letzten drei nähren das erste, die Liebe, die zu kultivieren ihr auszieht. Vielen Leuten ist es mit Hilfe der letzteren drei Qualitäten gelungen, ihren Geist in der universellen Liebe zu verankern. Eine große Zahl spirituell Suchender *(sādhaka)* jedoch gibt den Aufstieg auf halbem Wege auf, weil sie das Vertrauen in ihr wahres Selbst verliert. Sie glauben nicht an Gott, der die Verkörperung der Liebe und ihre wahre Nahrung ist. Das erste, schwache Flüstern eines Zweifels läßt ihr Herz sinken, und sie gleiten zurück in ein Leben sinnlicher Befriedigung. Allein *sādhana* kann solche Leute stählen, um weiter auf dem spirituellen Weg voranzuschreiten.

Die Weisen werden durch die Seligkeit ihres lauteren Bewußtseins emporgehoben. Die Bedürfnisse der Suchenden und Aspiranten werden durch die Erfahrungen von Leuten befriedigt, in die sie Vertrauen haben. Die Atheisten klammern sich mit dem dünnen Faden der Vernunft an die Ansichten, die sie hegen. Wenn sie Vertrauen in ihr eigenes Selbst hätten, müßten sie folgern, daß ihr Selbst seine Stärke und Freude nur aus dem Über-Selbst oder Gott ableitet.

Diejenigen, die Gott oder den Höchsten Willen oder die Erste Ursache leugnen, können für ihren Standpunkt keine wirklich befriedigende Rechtfertigung geben; genausowenig wie diejenigen die behaupten, daß es Gott gäbe. Beide müssen sich auf ihre eigene Erfahrung verlassen. Aber wie kann letzten Endes Süße von jemandem geleugnet werden, der es ablehnt, Zucker zu probieren? Wie können sie davon überzeugt werden, daß Zucker süß ist, wenn sie ihn nicht probieren? Wir müssen das große Wunder der Energie spüren, die das kleinste Atom und die kleinste Zelle und den größten, am weitesten entfernten Stern beeinflußt. Wie sonst können wir die Allgegenwart und Allmacht verstehen, wenn wir nicht Gott als den Architekten des Kosmos akzeptieren?

Ihr habt sicherlich einige Leute sagen hören, daß keine lebende Person als Gott angebetet werden kann, obwohl die Schriften *(shrutis)* erklären, „Gott muß in der menschlichen Form gesehen werden" (daivam mānusharūpena). Vielleicht können sie nur eine Leiche verehren! Sie möchten nicht *Shiva* (Gott *Shiva*), sondern shava (die Leiche, das Grab) verehren.

Manche Leute gehen der Wahrheit aus dem Wege, denn sie haben Angst, der Wahrheit über sich und andere ins Auge zu sehen. Die *Veden* erklären „sprich die Wahrheit" (satyam vada), aber diese Leute haben sich derart an Zweckmäßigkeit und zeitweiligen Gewinn gewöhnt, daß sie die blendende Wahrheit nicht aushalten können. Auch erscheint ihnen der Pfad der Pflicht *(dharma)* nicht angenehm. Sie sind eher an Seitengäßchen als an die gerade Autobahn des *dharma* gewöhnt. Die *Veden* sagen: „Geh auf dem Weg der Rechtschaffenheit" (dharmam carā), aber wie kann Rechtschaffenheit *(dharma)* für Leute angenehm sein, die an Unehrlichkeit gewöhnt sind? Auf diese Weise wiederholen Leute die zwei oben erwähnten vedischen Richtlinien, aber sie empfinden keine Notwendigkeit, sie im realen Leben zu befolgen. In Wirklichkeit ist Wahrheit Gott; Liebe ist Gott; *dharma* ist Gott. Die *gopīs* und *gopālas* sahen in *Krishna* die Verkörperung der Wahrheit, Liebe und *dharma*. Was er sagte, war Wahrheit; was er war, war Liebe; was er tat, war *dharma*. Sie waren so ins *Krishna*-Bewußtsein versenkt, daß sie in allem und jedem nichts anderes als *Krishna* sahen. Für sie existierte *Krishna* nicht als getrennte Wesenheit im Hause Nandas; er war direkt in ihrem eigenen Bewußtsein, auf all seinen Ebenen. Diese *gopīs* und *gopālas* waren in der Tat wahre Gottergebene *(bhakta)*. Sommerlager, 6.6.1978

Süße Hingabe *(bhakti)*

Die Yamunā-Sandbank: Ruhe ... Zauber ... Inspiration ... Erschauern. Die kühle Brise brachte süße und sanfte Töne göttlicher Musik von *Krishnas* Flöte an das Ohr. *Rādhā* kam mit einem großen Topf auf der Hüfte von der hohen Sanddüne bis zum Wasser. Auf halbem Wege hielt sie an, denn sie hörte aus *Krishnas* Richtung ihren Namen, der vom Wind getragen wurde: „*Rādhā, Rādhā*". Mit weitgeöffneten Augen sah sie sich nach allen vier Seiten um. Nirgendwo war jemand zu sehen und es war auch weit und breit kein Haus. Solcherart war *Krishna* immer.

Rādhā fiel in Ohnmacht und glitt, den Topf noch im Arm, zu Boden. Plötzlich erwachte sie in die Wirklichkeit. „Es gibt keinen Ort, an dem du nicht bist," sagte sie sich in ihrem Herzen, wobei sie sich an *Krishna* wandte. „Der Ruf kam sicher von dir, denn niemand sonst könnte so sanft und süß sein, so aufrichtig und drängend. Aber laß mich dich nur um eine Wohltat bitten. Du hast uns alle unsere Rollen spielen lassen; wir haben unseren Teil so gut gespielt, wie wir konnten. Du brachtest uns zum Weinen und zum Lachen. Du hast dich an beidem zur Zufriedenheit deines Herzens erfreut. Ich habe genug gehabt. Bitte, bitte laß mich dahin zurückkehren, wo ich hingehöre. Ich habe mich in Begierde, Enttäuschung, in Zorn und Vorahnung, in Befürchtung und im Sehnen an dich gewandt. Ich habe mich selbst an sinnlichen Reizen, melodiösem Klang, sanfter Berührung, köstlichem Geschmack, bezauberndem Anblick und verwirrendem Wohlgeruch ergötzt. An meinen Fußgelenken trug ich das Glockenspiel der Illusion. Ich habe beides kennengelernt, den Applaus und den Spott der Welt. Wenn ich sang, schlug die Täuschung in Begleitung den Takt. Verblendung *(tamas)* und Leidenschaft *(rajas)* ermutigten mich, nach ihrer Hintergrundmelodie zu tanzen. Nun werden meine Glieder schwach. Ich bin all dessen überdrüssig. Meinethalben kann das Spiel enden. Bitte, bitte, erhöre mein Gebet."

Aber *Krishna* hörte es nicht. Er kam näher und näher. Der Herr ist ein klarer Spiegel, in dem sich das reine Herz klar spiegelt. *Rādhā* war sein Bild, die Verkörperung seiner Ekstase. *Rādhā* war *Krishnas* Freudenenergie (āhlādinīshakti), und so waren beide unzertrennlich, unteilbar. Deshalb rief *Krishna: „Rādhā, Rādhā",* als sie auf der Yamunā-Sandbank erschien.

Rādhā fuhr fort: „Dies ist die beste Gelegenheit für mich, dir den Edelstein meiner Hingabe zu Füßen zu legen. Leider ist er noch ungeschliffen und stumpf. Lange Zeit war ich in dem falschen Glauben, daß die Welt nur süß sei, aber sie ist auch bitter. Ich habe genug. Ich bin, wie du weißt, die, welche die Natur trägt *(prakriti*-dharā*),*" rief *Rādhā* aus. „Deshalb bin ich den drei Grundbedingungen *(guna),* Sein *(sattva)*, Leidenschaft *(rajas)* und Verblendung *(tamas)* unterworfen. Da die Schöpfung *(prakriti)* weiblich ist, bin ich notgedrungen auch weiblich."

Die Schöpfung *(prakriti)* ist weiblich und so ist ihre Repräsentantin, *Rādhā,* auch eine Frau (strī). Das Sanskrit-Wort strī hat drei Konsonanten - sa, ta und ra. Diese drei Konsonanten bezeichnen die drei Grundeigenschaften *(guna)* in der Reihenfolge - sa bedeutet Reinheit, Ausgewogenheit, Klarheit, frei von Leidenschaft (sattvaguna), ta bedeutet Dunkelheit, Dumpfheit (tamoguna), ra bedeutet Egoismus, Begierde, Anhaftung (rajoguna). Frauen besitzen in reichlichem Maße sattvaguna. Aufgrund ihrer Natur sind sie hilfsbereit, zart, mitleidig, demütig und vertrauensvoll. Als nächstes haben sie auch ein gutes Maß an tamoguna.

Sie sind schüchtern, zurückhaltend und nicht unternehmungslustig. Es ist gut, daß Frauen so sind. Sie sind von Natur aus nur mit einem kleinen Anteil rajoguna ausgestattet. Natürlich ist dies nur die allgemeine Wahrheit; es mag Ausnahmen geben, bei denen rajoguna vorherrscht und sich tamoguna im Hintergrund hält. Rajoguna macht die Frauen auf aggressive Weise kühn, abenteuerlustig und begierig darauf, von Einschränkungen jeder Art frei zu sein. Der Tag, an dem rajoguna als Charakteristikum der Frau akzeptiert wird, wird das Ende der Weiblichkeit kennzeichnen.

Der Mann hat nur ein Zuhause, doch die Frau hat zwei, deren guten Ruf sie erhalten muß - das Haus, in dem sie geboren wurde und aufgewachsen ist und das Heim ihres Ehemannes. Wenn sie mit allen Vorschriften bricht und ungezügelt in die Freiheit läuft, wird sie zur Gefahr für den Ruf und den guten Namen beider Familien: dem ihrer Eltern und dem ihrer Schwiegereltern. Indiens Kultur und seine spirituelle Tradition haben der Frau immer einen hohen Platz zugesprochen, da auf ihr die Stärke des gesamten sozialen Gefüges ruhte. Sie ist ihrem Mann eine Kameradin und Führerin, die erste Lehrerin ihrer Kinder, ein Vorbild für deren soziale Einstellung, ein Vorbild für ihre Sprache und eine Wächterin über ihre Gesundheit und ihr geistiges Glück. Sie wird „Halber Körper ihres Mannes" (ardhāngī) genannt. Es gibt viele Tempel, in denen Gott als ardhanarīshvara angebetet wird, d.h. der Herr in halb männlicher, halb weiblicher Gestalt (wobei die rechte Hälfte männlich und die linke Hälfte weiblich ist). Die Ehre und Herrlichkeit eines Landes liegen in den Händen der Frau.

Immer, wenn ein religiöser Ritus vollzogen wird oder der Gott oder die Göttin durch einen Ritus günstig gestimmt werden sollen, muß die Frau an der Seite ihres Mannes sitzen, sonst ist der Ritus unwirksam. Dies ist der hohe Status, welcher der verheirateten Frau in den indischen Schriften zugeschrieben wird. Keine mildtätige Gabe besitzt Gültigkeit, solange die Frau nicht ihre Zustimmung gibt, indem sie das Geschenk zum Zeitpunkt der Übergabe heiligt. Natürlich besitzt sie keine Autorität, solche Riten selbst zu zelebrieren, deshalb wird sie „diejenige ohne Macht" (abalā) genannt. Die hier gemeinte Macht ist die spirituelle Macht über Riten. Unglücklicherweise hat sich der Gebrauch dieses Wortes so weit verbreitet, daß die Frauen nun selbst glauben, daß sie auf allen Gebieten grundsätzlich schwach und machtlos seien. Dies ist ein großer Fehler; Frauen sind nicht schwach, nur wird ihnen die Befugnis vorenthalten, Riten zu vollziehen. Als *Rāma* sich entschloß, das Pferdeopfer (ashvamedha) zu vollziehen, wurde der Einwand erhoben, daß *Sītā* sich im Exil im Wald befände, und ohne seine Gattin habe er nicht das Recht, den ashvamedha zu vollziehen. Einige Weise dachten, daß man ein goldenes Abbild der abwesenden Ehefrau an die Seite des Opfernden stellen könnte. So wurde ein goldenes Abbild *Sītās* angefertigt und an den Platz neben *Rāma* bestellt, bevor das Opfer begann. Abalā (Frau) bedeutet nicht das Fehlen von physischer oder mentaler Stärke. Die Ehefrau kann das Heim des Mannes wahrhaftig zum Tempel, zur Schule, zu einem Ratszimmer oder einer Einsiedelei machen.

Rādhā lebte das Leben einer idealen Frau, wie es die Normen der göttlichen Urordnung *(sanātana dharma)* vorgeben. Ihre Gedanken hatte sie die ganze Zeit in reiner, unaufhörlicher Hingabe auf den Herrn fixiert, und so sicherte sie sich die Seligkeit, mit ihm zu verschmelzen. Dies war die Form der *bhakti,* die in den Schriften madhura-*bhakti* genannt wird. Es gibt sechs Ströme von Hingabe *(bhakti)*, die alle zum Herrn fließen und für sechs unterschiedliche Typen spiritueller Haltungen charakteristisch sind. Es sind dies: Frieden und Leidenschaftslosigkeit *(shānta)*, Freundschaft (sākhya), Hingabe und Dienstfertigkeit (dāsya), Zärtlichkeit (vātsalya), Liebe und Bindung (anurāga) und höchste Süße (madhura). Madhura ist die höchste von den sechsen, da sie die höchste Seligkeit verleiht. Milch läßt man gerinnen, schlägt sie, produziert Butter und klärt sie zu ghee, Butterschmalz. Ghee ist das Ende, das Höchste. Ebenso ist madhura *bhakti* das letzte Wort, insofern sie das Erlebnis des Verschmelzens mit dem Herrn bezeichnet. Die Reise endet und die Füße stehen still, wenn das Ziel erreicht ist. Wenn diese Erfahrung erreicht ist, gibt es nichts mehr, wo man hingehen könnte, nichts mehr, was man tun könnte. Die Gesamtheit Gottes wird bei madhura-*bhakti* erfahren: sein Fülle-Aspekt (pūrna) und sein Liebe-Aspekt *(prema).*

Mit *shānta-bhakti* praktiziert der Aspirant Gleichmut und betrachtet alles, was ihm widerfährt, als Geschenk der Gnade Gottes. Deshalb ist er von Erfolg oder Mißerfolg unberührt; er ist immer für all das dankbar, was Gott ihm gewährt. Bei sākhya-*bhakti* sieht der Aspirant Gott als seinen ständigen Berater, Vertrauten, Kameraden und Helfer an. Er fühlt die ständige Gegenwart des Herrn und ist sich nie seiner unbewußt. Bei dāsya-*bhakti* fühlt sich der Aspirant als Diener, als Instrument Gottes und schwelgt in der Rolle, die Gott ihm auf der Bühne des Lebens zugedacht hat. Bei vatsala-*bhakti* liebt der Aspirant den Herrn, so wie eine Mutter ihr Kind liebt, mit Zärtlichkeit, Ängstlichkeit, Mitgefühl, Wachsamkeit usw. In der anurāga-*bhakti* ist der Suchende der Manifestation des Herrn zutiefst verbunden, allen Formen von Göttlichkeit, und er ist höchst beglückt, wenn er eine Gelegenheit erhält, ihm zu dienen.

Da der Mensch als grundlegenden Charakterzug die Qualität der Liebe besitzt, braucht er sie nur zu hegen und zu pflegen, um den Herrn aufs höchste lieben zu können, d.h. die Schöpfung des Herrn ebenso wie den Herrn selbst. Dann wird der Baum des Lebens die süßen Früchte der madhura-*bhakti* tragen. Die Frucht wird die bittere Schale der Ich-Bezogenheit haben, die man entfernen muß. Bestimmte egoistische Wünsche und Attribute mögen als „Samen“ zurückbleiben, die ebenfalls entfernt werden müssen, bevor der süße Brei der Liebe dem Herrn angeboten wird. Als *Rādhā* sagte, sie besäße die Gewänder von Begierde und Zorn, meinte sie, daß sie von ihnen unberührt sei. Als sie sagte, daß sie die fünf Elemente auf fünf verschiedene Arten, mit den fünf Sinnen verbunden - sehen, fühlen, schmecken, riechen und hören - als „Kette“ um den Hals trüge, meinte sie damit, daß sie durch den Kontakt mit ihnen nicht besudelt würde. Natürlich wußte der Herr, daß sie der Göttlichkeit vollkommen hingegeben war. Ihre Liebe war madhura-*bhakti*, ihre Liebe *(prema)* enthielt keinen Makel. *Rādhā* erhielt von ihm die höchste Erfüllung von *bhakti*. 9.6.1978

Der Lehrer und seine Aufgabe

Die *Gurus* vergangener Zeiten waren in *Yoga* bewandert;
sie befreiten sich von der Abhängigkeit von Wünschen
und aller Faszination für das Physische.
Seit Jahrhunderten führen die *Gurus* solche Leben
und leiten andere Menschen.

Die Erziehung ist dafür verantwortlich, jedes Lebensgebiet fruchtbar und nützlich zu machen! Sie hat der Nation gegenüber die Pflicht, die Leute auszubilden und sie zu aufrechten Mitmenschen zu machen. Leider folgen die heutigen Bildungsinstitutionen dem gegenteiligen Pfad. Unter den lebenden Wesen hat der Mensch allein die Fähigkeit, die Göttlichkeit in sich selbst und allem anderen sowie die Heiligkeit seiner Mission zu erkennen; nur er hat die Fähigkeit, sein Menschsein zu erkennen, was Losgelöstheit, Entsagung, tugendhaftes Verhalten und diszipliniertes Benehmen bedeutet. Aber diese Qualitäten werden durch die heutige Bildung nicht in irgendeinem besonderen Ausmaß entwickelt.

Wir glauben heute, daß der Erwerb von Wissen dazu da ist, Reichtum zu erlangen. Aber das ist nicht richtig. Bildung sollte sich in Wirklichkeit auf die Vollendung des Lebens beziehen. Sie hat mehr mit dem Ziel des Lebens zu tun als mit den Mitteln des Lebensunterhaltes. Nur durch Erziehung und zwar bessere Erziehung, können wir in den Geist des Menschen die heiligen Ideale des menschlichen Lebens einpflanzen.

Die Kuh gibt nur Milch um ihr Kalb zu nähren. Das Kalb springt, nachdem es seinen vollen Anteil bekommen hat, vor Freude herum und fühlt sich stark und glücklich. Aber wir bemächtigen uns der Milch, die für das Kalb bestimmt war und stärken uns an ihr. Ebenso wird die Erziehung, die zur Erfüllung des Lebens gedacht ist, von uns zum Führen eines komfortablen Lebens mißbraucht. Wir sollten das „Vollfüllen" als zweitrangiges und die Erfüllung als vorrangiges Erziehungsziel betrachten.

Was heute in den Schulen gelehrt und gelernt wird, kann nicht als indische (bhāratīya) Erziehung angesehen werden. Obwohl unser gegenwärtiges Erziehungssystem als nationale Erziehung gepriesen wird, ist es tatsächlich antinational. Es führt manchmal zur Verarmung von Familien, die sogar ihren Besitz verkaufen müssen, um die Ausgaben für ihre Kinder decken zu können. Und worin besteht der Nettogewinn? Durch Bildung erhält der junge Mensch nur einen Titel, der einem Klingelbeutel gleichzusetzen ist, mit dem er um einen Arbeitsplatz bettelt! Indische (bhāratīya) Ausbildung sollte in vorbildlicher Weise Selbstvertrauen und unabhängiges Leben betonen. Sie sollte den Studenten den Mut verleihen, gegen Ungerechtigkeit, Disziplinlosigkeit, Unmoral und Falschheit aufzustehen. Sie sollte festen Glauben in den *ātman,* die Wahrheit des Menschen, vermitteln. Diese Prinzipien, die der indischen Erziehung zugrundeliegen sollten, werden von uns, um die Wahrheit zu sagen, auf das Gröbste mißachtet. Unsere frühere Erziehung räumte der Ausübung göttlicher Qualitäten im Menschen von Alters her einen großen Spielraum ein. Indien wurde für seine Kultur gefeiert, denn in den Ausbildungsstätten für das spirituelle Wissen der *Veden* (gurukula) früherer Zeiten lehrten große Lehrer ihre Schüler diese Ideale und verwirklichten sie in ihrem eigenen Leben. Auch heute hängt so vieles bei der Reform unseres Bildungssystems von der Qualität des Lehrers ab.

Der Beruf des Lehrers ist der verantwortlichste in jedem Land. Wenn der Lehrer vom Pfad der Wahrheit abweicht, wird die ganze Nation leiden. Darum müßt ihr jede Anstrengung unternehmen, um aufrichtig zu leben. Ihr tragt die Verantwortung für Kinder, die zu euch aufblicken und nach Führung verlangen und die so unschuldig sind, daß sie noch kein Wissen über die Welt und deren Machenschaften haben. Nur wenn der Lehrer selbst mit der Disziplin verheiratet ist und gute Gewohnheiten pflegt, können sich die Schüler zu idealen Individuen und Bürgern herausbilden. Wenn der Lehrer Opfer schlechter Gewohnheiten, unerwünschter Manieren, schlechter Gesellschaft und üblem Verhalten wird, werden die Schüler natürlich auf schlechte Wege geführt. Wenn der Lehrer den Schülern ein schlechtes Beispiel gibt, kann es passieren, daß sich die Schüler gegen ihn wenden und ihm gegenüber das Böse anwenden, das sie von ihm gelernt haben. Auf diese Weise muß der Lehrer die Verantwortung dafür tragen, das Wohlergehen der Welt zu fördern oder die Welt ins Unglück zu stürzen. Natürlich gibt es auch heute noch Lehrer, die den alten Idealen folgen. Die Kultur *Bhārats* ist auch heute noch frisch und grün, da es im Land einige Lehrer gibt, die voll heiliger Gefühle und geheiligter Ideale sind.

Um ehrlich zu sein, diejenigen Lehrer, welche die Chance erhielten, an diesem Camp teilzunehmen, können sich glücklich schätzen. Aus dem enorm großen Andhra Pradesh, in dem Tausende von Lehrern in den Schulen arbeiten, wurdet nur ihr, ungefähr sechshundert von euch, dazu ausgewählt, diesem Camp beizuwohnen. Und euch ist die Pflicht zugewiesen worden, die Kinder eurer Schulen zu idealen Schülern heranzubilden. Jede Dorfschule muß zu einem gurukula und jeder Lehrer muß zu einem *Rishi* transformiert werden, der die Kinder auf dem materiellen, moralischen, ethischen und spirituellen Weg führt, bis sie ideale Bürger *Bhārats* werden. Auch ihr gehört zu der Linie der alten *Rishis,* da ihr für diese Aufgabe ausgewählt wurdet. Heutzutage ist der *Rishi* aus der Gemeinschaft der *Rishis* (rishikula) verschwunden, so daß die miserable „shkul" oder Schule daraus geworden ist! (Wortspiel mit dem englischen school. Anm. des Übersetzers)

Jede Religion lehrt den Menschen den Pfad der Rechtschaffenheit;
er muß ihn nur kennen und gehen.
Wenn der Blick vorwärts gerichtet ist,
können auch Unterschiede nicht behindern.
Höre auf die Wahrheit, oh Kind *Bhārats*!

Ihr solltet Diskussionen über religiöse Dinge und Zweifeln keinen Platz einräumen. Ihr müßt die Wahrheit erkennen, die alle Religionen ohne Unterschied versöhnen und zueinander bringen kann. Lehrt die Kinder diese Wahrheit und pflanzt in die Seelen der Jungen und Mädchen Liebe und Harmonie. Sie sind jetzt hübsche Kletterpflanzen, die von euch abhängen und davon, daß ihr für ihr ordentliches Wachsen und Blühen sorgt.

Das heilige Unternehmen wurde vom Premierminister und dem Erziehungsminister begonnen. Sie haben das Pflänzchen gesetzt. Ihr Lehrer seid mit der Aufgabe betraut worden, es zu pflegen und es zu einem schönen Baum heranwachsen zu lassen, welcher der Welt Blumen und Früchte anbietet. Ihr müßt der Blume des Friedens zur Blüte verhelfen und zur Frucht des spirituellen Gleichmutes, auf daß die ganze Menschheit daran teilhaben kann. Tatsächlich seid ihr nicht nur Lehrer an euren eigenen Schulen, sondern Lehrer der menschlichen Rasse.

Deshalb müßt ihr in eurem Herzen Opfergeist und die Tugenden der Nächstenliebe und der Bewußtheit des Göttlichen kultivieren. Nur dann seid ihr befähigt, diese in den Herzen der Kinder zu entwickeln. Unglücklicherweise fehlen diese Prinzipien der indischen Erziehung in den Schulen von heute. Ihr müßt euer Bestes versuchen, um das System wiederherzustellen und es wirklich wieder indisch (bhāratīya) zu machen. Natürlich werdet ihr diese Aufgabe am Anfang schwierig und anstrengend finden, aber seid versichert, daß euch diese Aufgabe immer leichter fallen wird, je weiter ihr voranschreitet.

In den kommenden Tagen werden wir jedes Thema und die Möglichkeiten, es zu leben, noch einmal aufnehmen und seine selbstverständlichen Folgerungen diskutieren. Aus diesen Diskussionen werden Resolutionen und Programme entstehen, die wir später betrachten werden. Während dieser zehn Tage wird jeweils ein Tag der Betrachtung eines Aspektes spiritueller und kultureller Erziehung gewidmet sein. Wie soll man unter Kindern eine Einstellung von Liebe hervorrufen? Wie kann man sie die Verwandtschaft erkennen lassen, welche die ganze Menschheit vereint? Wie kann man in ihnen ein Gefühl gegen Kastenunterschiede, regionale Unterscheidungen und religiöse Vorurteile hervorrufen? Wie kann man die Pracht des Göttlichen hervorbringen, die den Kern der Menschlichkeit ausmacht? Diesen Themen muß spezielle Aufmerksamkeit geschenkt werden.

Unter den Studenten von heute gibt es nur wenig moralisches und spirituelles Bewußtsein, und der Wunsch, zu unterscheiden, was richtig und was falsch ist, ist kaum vorhanden. *Bhārata* ist die einstige Kinderstube des *Yoga* und die Heimat der Entsagung. Die Studenten dieses Landes sollten ihr Leben nicht damit verschwenden, materiellem Komfort nachzujagen. Sie müssen ein Leben im Sinne von Dienst und Opfer führen. Wir müssen uns entschließen, die Studenten in diese Richtung zu lenken. Wir können stolz sein, daß in Andhra Pradesh zum ersten Mal ein Versuch in einem derart großen Maßstab von einer Institution durchgeführt wird, die unter dem Schutz der Regierung steht. Denkt daran, daß die bloße Teilnahme an diesem Camp keinen großen Erfolg vermittelt. Ihr Lehrer müßt wahrhaft Fleiß aufbringen, um dieses Experiment zum Erfolg zu führen.

In den Schulen haben wir Lehrer, die Geschichte, Geographie oder Mathematik unterrichten. Der Geographielehrer rollt eine Landkarte aus, deutet auf ein Land und erklärt, wie die Leute dort leben. Der Mathematiklehrer schreibt 3 + 3 + 3 = 9 an die Tafel. Der Geschichtslehrer berichtet die Geschichte eines Herrschers. Aber der Sportlehrer muß vor den in Reih und Glied stehenden Schülern stehen und selbst demonstrieren, was sie tun müssen, wenn er eins, zwei, drei, vier etc. sagt. Jeder Lehrer muß, ähnlich wie der Sportlehrer, das tun, was er sagt. Er muß durch sein Leben die Wahrheit und Gültigkeit dessen demonstrieren, was er den Kindern zu tun anrät. Zum Beispiel bestraft er sie dafür, Zigaretten zu rauchen. Aber wenn er selbst Raucher ist, welche Autorität besitzt er, anderen zu raten, es zu lassen? Durch diese Heuchelei verliert der Lehrer jeden Respekt in den Augen der Schüler. Wenn ihr jedoch die Regeln beachtet, die ihr ihnen auferlegt und versucht, sie in die Praxis umzusetzen, wird euer Ratschlag mit Sicherheit befolgt. Wann könnt ihr dieses Stadium erreichen? Es ist nur dann möglich, wenn ihr wenigstens Verkörperungen von Menschlichkeit werdet und wenn ihr erkennt, was die grundlegenden menschlichen Qualitäten sind.

Der Gedanke, der im Geist entsteht, das Wort, das von der Zunge gebildet wird, und die Tat, die von der Hand begangen wird - wenn diese drei Stadien desselben Prozesses bilden, sind sie Zeichen der Menschlichkeit. Heutzutage scheint der Mensch Mensch zu sein, aber ihm fehlt die Menschlichkeit, teilweise weil er in die eine Richtung denkt, in die zweite Richtung spricht und in die dritte handelt. Sprecht das aus, was ihr denkt, tut, was ihr sagt; das ist das Zeichen wahrer Menschlichkeit. So müßt ihr zuerst entsprechend eurem eigenen Ratschlag handeln und Übereinstimmung eurer Gedanken, Worte und Taten herstellen und dann die Kinder leiten. Sonst könnt ihr als Lehrer nicht viel Staat machen.

Durch die Jahrhunderte hat Indien viele Religionen, Glaubensrichtungen und Sekten großgezogen. Aber die Essenz aller *shâstras* ist die eine Wahrheit, daß in jedem Wesen das Göttliche existiert. Das Lehren dieser Essenz ist heute sehr notwendig. Wie der Erziehungsminister gerade sagte, muß das Fundament eines Hauses sehr stark sein. Auch ein kleines Haus benötigt ein Fundament. Damit ein Baum wachsen kann, müssen die Wurzeln in der Tat stark sein. Ohne Wurzeln wird der Baum beim ersten Windstoß umfallen. Ebenso wird ein Haus ohne Fundament beim ersten Windstoß zu einem Haufen zusammenfallen. Ähnlich müssen die Schüler in der Schule eine feste Grundlage finden, um in ihrem Leben zufriedenstellend voranschreiten zu können. Und was ist eine stabile Grundlage? Die beste Grundlage ist moralisches, ethisches und spirituelles Wissen und Erfahrung.

Aber es hat keinen Zweck, nur über Grundlagen zu sprechen. Wann werden wir darauf aufbauen? Wir diskutieren die ganze Zeit nur den Plan. Die gegenwärtige Bewegung zur Gründung von Grundschulen für spirituelle Erhebung sind nur das Fundament. Oberschulen wären die Wände und Hochschulen das Dach. Alle drei müssen zur gleichen Zeit geplant werden. Sie werden sich gegenseitig ergänzen. Heute legen wir den Grundstein, aber das ist nicht das Ende. Das Gebäude muß errichtet werden. Die kleine Pflanze ist eingepflanzt, aber das ist nicht alles. Sie muß gewässert, gedüngt und sorgsam gepflegt werden.

Als Mensch geboren zu werden, ist das höchste Glück einer Individualseele *(jīva)*. Deshalb müßt ihr aus dieser seltenen Gelegenheit den besten Nutzen ziehen. Ihr müßt im täglichen Leben das praktizieren, was euch der göttliche Kern *(ātman)* zu tun drängt. Wenn das geleistet ist, werden auch die Dorfbewohner durch ihre Kinder auf den spirituellen Weg geführt, und ganz Andhra Pradesh wird mit neuem Enthusiasmus erfüllt sein. Ich wünsche, daß ihr in dieser Richtung alle Anstrengung unternehmt. Ich wünschte, ihr würdet in dieser Hinsicht ein Gelübde ablegen; denn glaubt mir, es gibt kein höheres Opfer als dies, keinen edleren *Yoga* als diesen, kein höheres Anerbieten an Gott als dies. Die Kinder, von denen ihr glaubt, daß sie eure seien, sind aus der Lust geboren, aber die Kinder, die um der Erziehung willen zu euch kommen, werden durch eure Liebe angezogen. Jene sind Kinder, die erwünscht waren (kāmaputras), diese sind Kinder der Liebe (premaputras). Glaubt daran, daß diese Kinder ein größeres Anrecht auf eure Liebe haben als eure physischen Kinder. So entschließt euch also, um ihretwillen Opfer zu bringen. Der Verzicht *(tyāga)* ist wahrer *Yoga*. Gib und du gewinnst. Lust *(bhoga)* wird zu Krankheit *(roga)*. Nimm und du verlierst. Erkennt die Wahrheit dieser Ansichten. Natürlich sind viele unter euch, die ihre Gültigkeit intellektuell erkennen. Aber bisher hattet ihr keine Gelegenheit, diese Ansichten in die Tat umzusetzen.

In der *Gītā* befiehlt *Krishna Arjuna*: „Sei ein Instrument, oh du beidhändiger Bogenschütze (savyasācin)!" Der gegenwärtige Plan diente dazu, euch alle hierher zu bringen, damit wir Glückseligkeit *(ānanda)* teilen können. Der Plan zur Gründung von Schulen zur spirituellen Erhebung hat uns zusammengeführt, um eine Brücke zwischen Menschlichkeit und Göttlichkeit zu schlagen. Ohne diese Brücke der Liebe wird die Reise von dort nach hier und von hier nach dort unmöglich sein.

Verkörperungen der Liebe! Ich wünsche sehr, daß ihr eure Herzen mit Liebe füllt, um die Kinder unter eurer Obhut entlang dem Pfad der indischen Ideale zu führen. Um eure Vorschläge sammeln und kodifizieren zu können, müßt ihr Studiengruppen bilden. Ihr müßt die Prinzipien, die dem Plan zur Gründung von Schulen zur spirituellen Erhebung (abhyudaya) zugrundeliegen, analysieren und untersuchen und während dieser zehn Tage genügend Ideen sammeln, um die nächsten zehn Monate zu planen. Der Zeitfaktor spielt eine äußerst wichtige Rolle. Dieser Körper ist uns dafür gegeben, ihn während jeder Minute seiner Existenz wirksam zu nutzen. Die Arbeit ist in all ihren Details geplant, so daß jeder Augenblick der zugewiesenen Zeit dadurch lohnenswert gemacht werden kann, daß wir die selbstlose Arbeit, d.h. das Ausführen des gegebenen Planes, verrichten. Das menschliche Leben ist uns gegeben, damit wir es als *karma*, als Pflicht, verbringen. Tatsächlich muß die Zeit als göttlich angesehen werden. Gott wird als „Er, der die Zeit ist" (kālakāla), „Er, der jenseits der Zeit ist" (kālātīta) und als „Er, der das Prinzip der Zeit lehrt" (kālatattvabodhaka) beschrieben.

Verschwendet deshalb nicht eure Zeit, indem ihr außerhalb des Camps umherwandert und euch einbildet, hierher gekommen zu sein, um irgendwie zehn Tage in *Brindāvan* zu verbringen. Nehmt nach besten Kräften an den Seminaren und Studiengruppen teil. Stellt anderen eure

Zweifel dar und versucht, sie zu lösen. Verbringt eure Zeit in der Gesellschaft anderer, aber nicht mit Geschwätz, sondern mit fruchtbarer Diskussion. Nehmt, nachdem ihr in eure Dörfer zurückgekehrt seid, die Kinder ein- bis zweimal pro Woche mit hinaus zum sozialen Dienst und helft ihnen, ihre Faulheit abzulegen. Faulheit produziert Rost, der den Menschen bald in Staub verwandelt.

Wenn der Mensch versucht, glücklich und gesund zu sein, ist die erste Übung, die er vollziehen muß, die schlechten Gedanken, Gefühle und Gewohnheiten aus seinem Geist zu entfernen. Was ist der nächste Schritt? Er muß gute Gedanken, gute Gefühle und gute Gewohnheiten willkommen heißen. Diese Übungen können in der Kindheit begonnen werden. Das Schlechte zu entfernen und es durch das Gute zu ersetzen, das müßt ihr als Lehrer für euer Publikum leisten. Ihr müßt die Kinder davor bewahren, daß sie durch das Böse von Ungerechtigkeit, Gewalt, Unmoral und Falschheit verdorben werden. Das ist die spirituelle Praxis *(tapas)*, die euch als Pflicht auferlegt ist. In diesen zehn Tagen müßt ihr genügend Mut und Inspiration sammeln, um dieses *tapas* zu beginnen. Ihr braucht keine weiteren spirituellen Übungen auszuführen. Widmet all eure Geschicklichkeit, Stärke und Gelehrtheit diesem großen Opfer *(yajna)*. Geweihtes Handeln *(karma)* ist Opfer. Laßt dieses Opfer selbstloser Pflichterfüllung zur Praxis im ganzen Land werden.

Diese Seligkeit kommt nicht aus Büchern, noch kann sie für irgendeine Geldsumme gekauft werden. Sie kann nur durch hingebungsvolle Arbeit erlangt werden. Wenn ihr dieses Training beendet habt und zurückfahrt, können durch euch drei- bis viertausend Lehrer jedes Jahr Inspiration erhalten. Dieser Plan hilft euch als Individuen und der gesamten Gesellschaft.

Nach dem Training verbleiben viele arbeitslos. Aber der Arbeitsplatz (udyoga) ist nicht so wichtig. Was wichtig ist, ist die Verbindung mit Gott *(Yoga)*. Wie kann udyoga ohne *Yoga* Glück verschaffen? Jeder, vom Wächter am Tor bis hin zum Premierminister in der Hauptstadt, ist am Arbeitsplatz interessiert. Aber der wahre Arbeitsplatz (udyoga) hat *Yoga* zur Grundlage; das harmonisiert unsere Psyche und befähigt uns, bei der Wahrheit und auf dem Pfad der Rechtschaffenheit *(dharma)* zu bleiben.

„Bücher sind mit gelehrtem Zeug vollgepackt.
Die Gehirne sind nur mit Staub angefüllt."

Ihr müßt eine Bildung erlangen und weitergeben, die euch zu heiligen, vollständigen und freien göttlichen Wesen formt.

Der Dummkopf hat alles Wissen gemeistert.
Er stolziert umher, ein Gelehrter von großem Ruf (reputation).

Aber er besitzt kein Wissen darüber, wer er ist;
und er wagt es nicht, ein einziges Laster aufzugeben.
Sein Ruf basiert auf Disputieren (disputation).
Aber der Topf seiner Gelehrtheit leckt aus vielen Löchern.
Er studiert und studiert, bis er stirbt,
aber noch immer weiß er nicht, wie man nicht stirbt!

Was auch immer man lernt oder nicht lernt, nachdem man als Mensch geboren ist, muß man etwas über den göttlichen Kern *(ātman)* lernen, denn nur das kann einem Seligkeit und Unsterblichkeit vermitteln.

Entscheidet euch heute, alles, was ihr habt, um der reinherzigen Kinder willen zu opfern, die sich in der Führung auf euch verlassen. Solange ihr von finanziellen Erwägungen gefangen seid und solange ihr glaubt, daß euch nur finanzielle Vorteile glücklich machen können, werdet ihr bleiben, wie ihr seid. Aber ihr könnt an jenem Tag Glückseligkeit erlangen, an dem ihr euch zu hingebungsvollem Dienst entschließt. Ob ihr den erwarteten Komfort erhaltet oder nicht, ihr solltet der Aufgabe Aufmerksamkeit schenken, um deretwillen ihr gekommen seid, und die Mittel kultivieren, den *ātman* zu verwirklichen.

Trainings-Camp für Lehrer, *Brindāvan*, 25.7.1978

Lehren ist eine spirituelle Übung

In diesen Tagen schreitet Indien auf dem Gebiet der Wissenschaft und Technik schnell voran. Kein Wunder, daß es viele Menschen gibt, die übermäßiges Vertrauen in die Schlußfolgerungen der Naturwissenschaften setzen und die Wissenschaft des Geistes lächerlich machen. Die wissenschaftsorientierten Menschen würden die Frage: „Wer bist du?" beantworten, indem sie sagen: „Ich bin ein Körper, der 45,8 l Wasser enthält, 4,5 kg Kalk, genug Blei, um 9.000 Stifte daraus zu machen, genug Phosphor, um davon 11.000 Streichhölzer herzustellen und soviel Eisen, wie in einem 5 cm langen Nagel enthalten ist." All dieses Zeug würde nur etwa 100 Rupien kosten, aber selbst wenn du 10 Millionen Rupien ausgibst, kannst du keinen menschlichen Körper herstellen. Denn der menschliche Körper ist, wie spirituell denkende Menschen es ausdrücken würden, aus dem göttlichen Willen entstanden, ist aufgrund göttlicher Macht lebendig und ist dank göttlicher Gnade in der Lage zu handeln.

Eine andere interessante Tatsache ist, daß keine zwei menschlichen

Wesen körperlich gleich sind. Wenn wir einen Gegenstand herstellen, bereiten wir eine Gußform in der gewünschten Größe und Gestalt vor, und mit ihrer Hilfe produzieren wir Hunderte von gleichförmigen Gegenständen. Aber in Gottes Schöpfung haben keine zwei lebenden Wesen dieselbe Form. Sogar Zwillinge sind unterschiedlich. Obwohl sich zwei Blätter desselben Baumes oberflächlich ähneln, wird eine genaue Untersuchung feine Unterschiede enthüllen. Wie sind ein solches Wunder und solche Vielfalt in der Schöpfung möglich? Der Mensch muß die Unermeßlichkeit des Spieles des göttlichen Willens erkennen, mit dem dieser sich in überreichlicher Vielfalt manifestiert. Aber was sagt die Wissenschaft zu diesem Willen? Sie erklärt nur, daß wir nicht an Dinge glauben sollten, die wir nicht sehen.

Der göttliche Wille ist jenseits unserer Macht zu sehen, deshalb kann er nicht als real bewiesen werden! Diese Einstellung ist nicht richtig. Nehmt dieses Halstuch, das ich aus der Hand fallen lasse. Es fällt auf den Boden, anstatt sich in die Luft zu erheben. Wir schreiben dies der Anziehungskraft zu, obwohl wir sie nicht sehen.

Heutzutage liebt der Mensch es, Informationen anzusammeln, indem er Bücher liest. Es gefällt ihm, sich in Argumentationen und Erklärungen zu vertiefen. Er kann Dinge analysieren und darüber sprechen. Auf dem Gebiet des Spirituellen bringen euch Studium, Experimente und Analysen nicht sehr weit. Was gefordert wird, ist innere Erfahrung, die aus wirklicher Tätigkeit resultiert. Welchen Sinn hat es, wenn wir vor uns einen Teller Nahrung haben und lediglich die Bezeichnungen der einzelnen Lebensmittel wiederholen? Um den Geschmack genießen zu können, ist es notwendig, die Zunge und die Finger zu aktivieren. Ebenso muß das Instrument des Geistes angewandt werden, um das Göttliche zu erkennen, wobei der Geist das Mittel ist, das uns entweder bindet oder befreit.

Aber wenn wir das Instrument, das Geist genannt wird, benutzen, müssen wir alles darüber wissen. Die Wissenschaft würde bescheinigen, daß die Natur des Geistes von der Nahrung, die wir essen, abhängt. Den groben Anteil der Nahrung scheiden wir aus, aber den feineren Teil benutzt unser System, um die Intelligenz zu versorgen und der feinste Teil wird zu Geist. Vedantisch gesprochen, können wir dies anhand eines Beispiels illustrieren: „Was habe ich in meiner Hand?" - „Ein Stück Stoff." - „Was enthält der Stoff?" - „Garn." - „Woher kommt das Garn?" - „Aus Baumwolle." Erst Baumwolle, dann Garn und schließlich Stoff - die Namen und Formen sind verschieden, aber das Grundmaterial ist dasselbe. Ohne die Baumwolle und das Garn können wir keinen Stoff herstellen. Ebenso kann der Geist ohne Nahrung keine Unterscheidung vornehmen, kann er keine Vorzüge erkennen und nicht entscheiden, ob etwas getan oder nicht getan werden soll. Wenn jeder Faden herausgezogen wird,

wird der Stoff nicht-existent. Ebensowenig kann der Geist existieren, wenn es keine Gebote oder Verbote gibt. Der Geist ist nur ein Bündel von Wünschen, er ist keine wirkliche Wesenheit, er hat keine eigene Macht. Nehmt ein anderes Beispiel. In welche Richtung auch immer ein Fotoapparat gerichtet sein mag, wenn der Film belichtet wird, gibt es Bilder von den Dingen aus der jeweiligen Richtung. Es hängt alles davon ab, wohin das Objektiv gerichtet ist. Ähnlich nimmt der Geist die Natur der Gefühle an, von denen wir uns angezogen fühlen. Wenn jemand uns beschimpft, geraten wir in Wut und verhalten uns wie toll. Wenn jemand uns lobt, springen wir auf vor Freude und denken gut von der Person, die uns lobt. In beiden Fällen ist die Ursache unsere emotionale Verwirrung. Wir müssen die Geheimnisse des Geistes erkennen und wie er mit uns spielt. Wir müssen lernen, uns nicht aufzuregen und standhaft zu bleiben, ob wir gelobt oder beschimpft werden.

Ein anderes kleines Beispiel. Wenn der Geist Gott oder der Güte zugewandt wird, wird er menschlich. Wenn er schlechten Gedanken und bösem Egoismus zugewandt wird, wird er dämonisch. Wenn wir den Schlüssel nach rechts drehen, öffnen wir das Schloß; drehen wir ihn nach links, schließen wir es. Derselbe Schlüssel verrichtet zwei gegensätzliche Operationen, entsprechend der Richtung, in die er gedreht wird. Wenn der Geist guten Gedanken zugewandt wird, entwickelt er Losgelöstheit. Wird er Gedanken wie „Ich" und „Mein" zugewandt, verursacht das Anhänglichkeit. Anhänglichkeit bedeutet Gebundenheit, Losgelöstheit Befreiung.

In der Sprache Telugu haben wir fünfzig Buchstaben, und jeder Buchstabe hat seine spezielle Form, seinen besonderen Namen und Ton. Die Aussprache von jedem dieser Buchstaben muß von denen gelernt werden, die sie kennen. Ähnlich mögen wir einen Haufen Blumen haben und eine bestimmte Länge Faden. Aber irgendjemand muß sie zur Girlande binden. Wir mögen eine Lampe mit Öl haben und einen Docht. Aber die Lampe kann sich nicht selbst anzünden; wir müssen jemanden haben, der sie für uns anzündet. Wir mögen viele Edelsteine und das notwendige Gold besitzen, aber ohne Juwelier können sie nicht in ein Schmuckstück verwandelt werden. Ebenso hat der Mensch in seinem Körper Knochen, Muskeln, Blut, Gehirn etc., aber es muß eine Kraft geben, die sie alle miteinander in Einklang arbeiten läßt. Dies ist nur Gott möglich.

Die Weisen und Seher, die seit alten Zeiten bis heute von Zeit zu Zeit die Natur Gottes untersucht haben, fanden heraus, daß es nur einen Gott gibt und daß dieser einzige Gott unter verschiedenen Namen und Formen bekannt ist. „Das eine Sein wird vielfältig von den Weisen beschrieben" (ekam sat, viprāh bahudhā vadanti), sagen die *Veden*. Wie kann der Eine viele Namen und Formen haben? Nun, stellen wir nicht verschiedenartige Süßigkeiten her, die unterschiedliche Namen und Formen haben, die aber alle Zucker enthalten und deshalb süß schmecken? Wenn die Tatsache des Einen, der alle Namen und Formen trägt, fest geglaubt wird, ist für Täuschung kein Platz mehr.

Um diese Einheit zu erkennen, benötigt man Übung; um sich durch die Vielfalt täuschen zu lassen, braucht man jedoch keine. Damit Gras üppig wächst, bedarf es unsererseits keinerlei Bemühungen, aber wenn Korn geerntet werden soll, muß das Feld gepflügt, gejätet, gewässert, gedüngt und umzäunt werden. Ebenso ist intensive geistige Anstrengung *(sādhana)* erforderlich, um eine Ernte von Tugenden einzubringen, während solche Anstrengung zur Aneignung von Lastern nicht erforderlich ist. Der Mensch muß sich sehr anstrengen, um die höheren Ebenen spiritueller Entwicklung zu erreichen. Er muß viele Hürden überwinden und sich mit vielen Schwierigkeiten und Enttäuschungen abfinden.

Nur der Mensch kann sich durch Anstrengung auf höhere Ebenen der spirituellen Evolution erheben. Kein anderes Tier kann das. Die Tierbändiger eines Zirkus können einem Tiger beibringen, verschiedene Tricks und Fertigkeiten vorzuführen, aber seine Natur können sie nicht ändern. Sie können nicht erreichen, daß sich der Tiger von Brot ernährt, er muß Fleisch fressen. Dieses Bedürfnis läßt sich nicht ausrotten. Aber der Mensch ist anders. Seine Natur kann mit Hilfe seiner eigenen disziplinierten Anstrengungen verändert werden. Durch seinen Willen kann er die schlechten Gedanken und Ideen kontrollieren, die in ihm auftauchen. Aus diesem Grund ist die Geburt als Mensch als seltenes Geschenk anzusehen.

Der Mensch ist tatsächlich das höchste unter den Lebewesen. Die *Veden* proklamieren vier große Wahrheiten über den Menschen. Du bist Das *(tat tvam asi)*. Die höchste Weisheit bist du (prajnānam *brahma*). Dieses Selbst *(ātman)* ist das universale Göttliche *(brahman) (*ayam *ātmā brahma)*. Ich bin *brahman* (aham brahmāsmi). Wie sollen wir die Richtigkeit der Behauptung „Du bist Das“ beweisen? Nehmt an, es wäre ein Felsblock auf einem Hügel. Ein Bildhauer entdeckt ihn dort und meißelt daraus ein wunderschönes Abbild *Krishnas,* das in einen Tempel gebracht wird, wo es den Zeremonien entsprechend nach allen vorgeschriebenen Riten angebetet wird. Die abgeblätterten Stücke desselben Felsblockes liegen zuhauf an der Stelle des Hügels, wo der Bildhauer das Abbild meißelte, da sie keine Transformation durchgemacht haben. Diese Splitter stellen keinen Schatz dar, es wird kein Tempel gebaut, um einen von ihnen als Idol aufzustellen. Trotzdem erklären die Splitter: „Wir sind Das - wir sind dasselbe wie das Abbild dort“; obwohl sie nie unter den Meißel des Bildhauers geraten sind. Alles ist Stein - wir bauen mit Stein, wir beten den Stein an, wir brechen den Stein mit Metall. Viereckige Steine sind Bausteine, flache Steine werden als Treppen benutzt und runde Steine werden zu Figuren gemeißelt. Stein ist eine Substanz, die wir entsprechend seiner Form und Struktur benutzen. Auf ähnliche Weise können wir die Göttlichkeit erkennen, die latent im Menschen vorhanden ist. Wir glauben, daß unser Auge sieht und die Zunge schmeckt; aber, ehrlich gesagt, sieht unser Auge gar nicht, und auch die Zunge schmeckt nicht. Es ist der göttliche Wille in uns, der alle Sinne miteinander arbeiten läßt. Im Augenblick z.B. wird von euch allen angenommen, daß ihr im schönsten Gebäude von *Brindāvan* sitzt und mir zuhört, aber einige von euch denken an ihre Familien in ihrem Dorf und hören mir überhaupt nicht zu. Meine Worte fallen auf eure Ohren, aber eure Gedanken sind nicht hier.

Welche Stellung hat der Geist, was andere Begabungen des Menschen angeht? Stellt euch unseren Körper als Auto vor, das von Gott mit den vier Rädern Pflicht *(dharma)*, Reichtum *(artha)*, Begierde *(kāma)* und Befreiung *(moksha)* entworfen wurde. Das Auto hat zwei Scheinwerfer, die Augen. Es hat eine laute Hupe, den Mund. Es ist mit einem Lenkrad, dem Geist, ausgestattet und mit einem Schalthebel, dem Intellekt. Die äußeren Räder werden vom Lenkrad innen gesteuert. Das Auto fährt in der Gesellschaft die Straßen des Lebens entlang. Die Reifen müssen ordentlich mit der Luft des Glaubens gefüllt sein. Wir müssen den Glauben ab und zu überprüfen. Wenn mehr Luft in einem Reifen ist und weniger im anderen, bedeutet das Gefahr. Zwischen den vier Zielen des menschlichen Lebens *(purushārtha)* muß Gleichgewicht herrschen.

Wir müssen einige Eigenschaften kultivieren und andere zerstören. Wir müssen dies im Hinblick darauf tun, daß wir für selbstlosen Dienst *(sevā)* geeignet werden. Wir sind in diese Welt geboren, um *sevā* zu leisten. In diesem Zusammenhang möchte ich euch einige Ratschläge erteilen. Lehren ist in erster Linie ein selbstloser Dienst, und ihr habt ein wenig Verzicht zu leisten. Wenn ihr in die Schulen zurückkehrt, für die ihr verantwortlich seid, müßt ihr euch mehr als bisher anstrengen, und entsprechend habt ihr das Gefühl, mehr Geld fordern zu müssen. Es ist nicht falsch, das zu tun. Aber laßt mich euch sagen, daß, ob ihr darum ersucht oder nicht und ob sie es euch bewilligen oder nicht, ihr diese Aufgabe im Geiste von *sevā* übernehmen müßt. Nur ein Dienender *(sevaka)* kann zu einem Führer heranwachsen; dient und gewinnt dadurch die Stellung eines Führers. Nur ein guter Diener kann ein großer Meister werden.

Im Verlauf unserer Leben müssen wir die Hilfe von vielen tausend Menschen annehmen. Wir müssen diese Schuld zurückzahlen, indem wir zumindest so vielen Menschen helfen, wie wir können. Mit echtem Eifer und echter Bereitschaft, anderen zu dienen, könnt ihr in jeder Gruppe oder Gemeinschaft glücklich sein. Erfahrt Seligkeit durch *sevā,* die ohne den Wunsch, dadurch etwas zu bekommen, geleistet wurde. Freut euch eures Glückes, wenn ihr die Chance habt, jemandem zu helfen. Allein der Eifer, anderen zu dienen, wird euch mit der Kraft und Geschicklichkeit ausstatten, die für den geforderten Dienst notwendig sind.

Heute betrachten wir „Dienen" mit Geringschätzung. Wir machen uns über diejenigen lustig, die anderen dienen möchten. Aber im Dienst liegt ein großer Wert. Nur Dienen hilft, den Egoismus, der uns belastet, mit seinen Wurzeln herauszureißen. Egoismus ist eine schlechte Eigenschaft, die den Abstieg nach sich zieht. Wir alle kennen das endgültige Schicksal der anscheinend so Hohen und Mächtigen wie Hiranyāksha, Hiranyakashipu, *Rāvana* und Kumbhakarna. Diese Menschen hatten sich aufrichtigen, asketischen Disziplinen unterworfen und daraus viele Fertigkeiten und Kenntnisse erworben, aber durch ihr Ego wurden sie ruiniert. Das Böse des Egos verursacht den Fall des Menschen. Wenn Egoismus nicht vorhanden ist, scheint *ātman* in seiner ursprünglichen Herrlichkeit. Der *ātman* ist Seligkeit. Er ist Schönheit und Weisheit, aber wir lassen es zu, daß er vom Ego getrübt wird. Engagiert euch in demütigem Dienst, und der Egoismus wird verschwinden.

Laßt mich das mit einer Geschichte erläutern. Eines Tages näherte sich ein Schüler seinem Lehrer und fragte ihn: „Herr! Warum schießen die Jungen auf dieser und auf jener Seite des Feldes den Ball hin und her und überall herum?" Der Lehrer antwortete: „Sie treten den aufgeblasenen Ball, um ein Tor zu schießen."

Unser Leben ist ein Fußballfeld, und jeder von uns ist ein Ball. Unsere guten Eigenschaften wie Wahrheit, Rechtschaffenheit, Frieden und Liebe sind auf der einen Seite, und schlechte Eigenschaften wie Gebundenheit, Stolz und Haß befinden sich auf der anderen Seite. Beide Parteien schießen den Ball und versuchen, ein Tor zu erzielen. Der arme Ball muß diese Stöße so lange aushalten, wie er die Luft des Egoismus in sich hat, aber wenn jene Luft einmal heraus ist, hören die Stöße auch auf.

Wir müssen untersuchen, was dieses „Ich" bedeutet. Wenn ich nach eurem Namen frage, sagt ihr: „Ramana, Lakshmana, Krishnamūrti, Venkanna" etc. Wenn ihr gefragt werdet, wer dieser Ramana oder Lakshmana sei, hebt ihr eure Hände und sagt: „Ich, ich." Ich frage eine Reihe von Leuten und benutze eine Reihe von Namen, aber die Antwort von jedem ist „Ich". Woher kommt dieses „Ich"? Man kann es in jedem finden. Hat dieses „Ich" eine Form? Ist es der Körper, der Geist oder der Intellekt oder das Bewußtsein? Es ist keins von alledem. Das „Ich" ist nicht der Körper. Wenn ich sage „mein Halstuch" impliziere ich, daß „ich" mich von dem Halstuch unterscheide. Ich sage „mein Tisch" oder „mein Stuhl", weil ich nicht der Tisch oder der Stuhl bin. Nun haben wir das „Ich" in jedermann, von daher muß es in jedem dasselbe sein. Es ist das Eine unter den Vielen. 1 + 1 + 1 + 1 ist gleichbedeutend mit 4. Aber ich + ich + ich + ich ist nur mit „Ich" gleichbedeutend, da das „Ich" in allen dasselbe ist. Dieses zu erkennen bedeutet, die eigene wahre Identität wahrhaftig zu kennen, den Einen, *ātman*. Ohne dieses Wissen ist das Leben Verschwendung. Jeder muß eines Tages sterben, aber man verdient nur dann den Namen „Mensch", wenn man erkennt, wer man ist und auf diese Art und Weise wahres Wissen oder Weisheit erlangt.

Meine lieben Schüler und Lehrer! Ihr mögt ein wenig von meiner Wahrheit verstanden haben oder auch nicht, aber wenn ihr die Wahrheit dessen, was ich sage, begreifen könnt, werdet ihr frei von Befürchtungen und Angst sein. Glaubt mir oder glaubt mir nicht, das spielt keine Rolle. Ich muß euch die Wahrheit offenbaren.

> Die Schlösser oder Türme, die ihr in euren Träumen seht,
> sie schmelzen zu nichts dahin, wenn ihr eure Augen öffnet.

Ich rede jetzt zu euch und ihr alle hört mich. Ihr seht mich mit euren Augen an. Ihr habt das Gefühl, als sei all dies wahr. Euch geschehen bestimmte Dinge, und sie erscheinen euch echt und kein Traum zu sein. Später geht ihr zur Kantine, eßt euer Abendessen und geht zu Bett. Dann habt ihr einen Traum, in dem ihr mit jemandem aus eurem Dorf redet. Während ihr träumt, erscheint euch die Sache sehr real, aber wenn ihr aufwacht, stellt sich heraus, daß sie irreal war, und der Wachzustand erscheint real. Aber beides sind Träume - einer ein Nachttraum und der andere ein Tagtraum. Während beider Träume seid ihr gegenwärtig, und ihr erlebt beide. Von daher seid ihr allein real; der Rest ist eine Mischung von Richtigem und Falschem. Versteht dies und behaltet das Gleichgewicht zwischen Vergnügen, Schmerz, Freude und Kummer.

Ihr mögt denken, daß Swami ein ausgeglichenes Wesen hat, weil er anders als ihr keine Verantwortlichkeiten hat. Aber bedenkt, die Lehre an dieser Universität und zahlreiche andere Arbeiten funktionieren nur deshalb auf solch ideale Weise, weil ich die Show leite. Ihr denkt, daß Swami genüßlich im Tempel (mandir) schläft. Wißt ihr, worin ich das Glück finde? Ich bin glücklich, wenn ich bei euch bin. Das ist der Grund, weshalb ich erkläre: „Mein Leben ist meine Botschaft." Ich bin zu jeder Stunde andauernd mit der einen oder anderen Arbeit befaßt. Ich bin an nichts gebunden, noch möchte ich mich von irgend etwas lösen. Ich bin ständig in vollständiger Seligkeit *(ānanda)*. Ich habe immer ein Lächeln auf den Lippen. Warum? Was geschehen muß, geschieht. Freude ist ein Intervall zwischen zwei Schmerzmomenten. Freude kann nie von der Freude hergeleitet werden. Sie kann nur von Kummer und Schmerz herrühren. Wenn eine Person sich ständig in einem klimatisierten Raum befindet, kann sie nicht wissen, was Kühle bedeutet. Sie muß zumindest einmal in der heißen Sonne gewesen sein, um den Wert einer Klimaanlage ermessen zu können. Keine Lampe kann bei vollem Tageslicht richtig scheinen. Nur die Nacht kann ihren Wert enthüllen.

Viele Leute kommen zu mir und klagen: „Swami! Wir haben großen Kummer; wir leiden unter starken Ängsten.“ Wenn ich solche Worte höre, weiß ich, was mit ihnen geschieht. Ich habe weder die Erfahrung von Kummer, noch von Befürchtungen gemacht. Ich weiß, daß dies nichts als Traumerfahrungen sind. Tatsächlich sind sie nicht real. Einige Leute mögen euch preisen, andere mögen euch verschmähen: Beides ist in Wahrheit irreal!

Wenn ein Brunnen gegraben wird, wird die Erde, die ausgehoben wird, zu einem Hügel an seiner Seite. Neben jeder tiefen Grube muß notwendigerweise ein hoher Hügel sein. Ich betrachte beide mit Gleichgültigkeit. Die Erde, die in dem Brunnen war, ist nun zu dem Hügel geworden. Dies ist die ewige Wippe. Die Sonne geht im Westen unter, wenn der Mond im Osten aufgeht. Diese Dualitäten sind Teil der Natur. Versucht, so lange ihr hier seid, Gleichmütigkeit zu praktizieren.

Verkörperungen der Liebe! Ihr seid Opfer bestimmter schlechter Gewohnheiten geworden, willentlich oder unwillentlich. Laßt mich euch sagen, daß sie für die Gesundheit schädlich sind. Man sagt zu Recht, daß Gesundheit das erste Erfordernis ist, um eine oder alle vier menschlichen Ziele *(purushārtha)* zu erreichen. Diese schlechten Gewohnheiten werden euch schwächen. Sie werden euch eures ehrenhaften Status in der Gesellschaft berauben. Da ihr von ihnen versklavt seid, werdet ihr nicht in der Lage sein, eine Pflicht ordentlich zu erfüllen. Eure Frauen und Kinder werden unter eurer Vernachlässigung leiden. Dieses neue Erziehungsprogramm kann nur gut gelingen, wenn euer Leben gesund ist. Was können Regierungspläne und -projekte schon erreichen? Wie können Girlanden ohne Blumen Girlanden sein? Eine Blume macht noch keine Girlande, alle Blumen müssen sich vereinen, so daß die Girlande, die sich Regierung nennt, gebildet werden kann. Deshalb müßt ihr, um eurem Land dienen zu können, mit starken Körpern, heiligen Idealen und selbstlosen Vorhaben ausgestattet sein. Lehrer können jedes hohe Ideal erreichen, vorausgesetzt, sie sind kooperativ, diszipliniert, dienst- und opferbereit und zum Erfolg entschlossen. Dann kann auch die Regierung von euch richtig ausgeübt werden.

Tyāgarāja sang: „*Rāma*! Verleih mir die Stärke deiner Gnade (anugraha), die alle Planeten (graha) veranlaßt, gut zu weissagen. Laßt uns auch Helden sein, voll des Geistes des Dienens und Opferns. Ist es uns je möglich, das zu praktizieren, was sie predigen?“ Ohne Saat in der Vergangenheit gibt es keine Pflanze in der Gegenwart. Habt nicht das Gefühl, es sei keine Saat der Hingabe und Widmung in euch. Dieses Seminar soll euch das Gute bewußt machen, das in euch ist und euch über Methoden unterrichten, mit deren Hilfe ihr es entwickeln und kultivieren könnt. Laßt euch nicht durch zynisches Denken irreführen, daß ihr nur zu einem Training hergeschickt worden wärt, aber hier nichts für euch zu lernen wäre: „sraddhāvān labhate jnānam.“ „Wer rechtes Vertrauen besitzt, gewinnt Weisheit“. Nehmt das Beispiel eines Adlers. Er hat große, starke Flügel, aber solange er nicht den Willen hat zu fliegen, kann er sich keinen Zentimeter bewegen. Nehmt das Beispiel einer Ameise. Wenn sie es will, kann sie bis zum Zehnfachen ihres eigenen Gewichtes tragen. Glauben bewegt, Zweifel hindert. Ebenso können wir jede Art von Arbeit ausführen, wenn wir Glauben- und Willensstärke entwickeln, aber wenn wir keine Notwendigkeit verspüren zu handeln, ist keine Aktivität möglich. Hundert Männer können ein Pferd an ein Seeufer tragen, aber sie können es nicht veranlassen zu trinken. Das Pferd selbst muß es wollen. Ich wünsche, daß ihr Vertrauen und die Kraft entwickelt, in den Kindern heilige Ideale zu kultivieren und die indische Rechtschaffenheit wiederzubeleben und zu fördern. Ich wünsche, daß ihr den Kindern, die das Indien von morgen bestimmen, ordentliche Lebensgrundsätze mit auf den Weg gebt. Auf diese Weise werdet ihr die indische Kultur aufrechterhalten und stabilisieren.

Trainings-Camp für Lehrer, *Brindāvan*, 25.7.1978

Die Liebe muß siegen

Denke darüber nach, oh Mensch, ob du aus deiner täglichen Plackerei irgendwelche anhaltende Freude gewinnst? Eine Plackerei, die vom morgendlichen Aufstehen bis zum Schlafengehen nicht aufhört und grenzenlos ist, eine Plackerei, die dir oft nicht einmal einen Augenblick Zeit läßt, um dir die Herrlichkeit und Größe Gottes vor Augen zu führen. Kein Wunder, daß, obwohl Gott überall ist, es nur wenige gibt, die ihn irgendwo gesehen haben. Das Sprichwort besagt, daß *Govinda* (ein Name für *Krishna*) allen gehört, aber es gibt kaum Menschen, die ihn für sich beanspruchen. Es gibt Tausende, welche die Schönheit und Majestät Gottes in bezaubernder Prosa und Dichtkunst preisen, aber es gibt nur eine winzige Anzahl von Seelen, die seine Gnade teilen. Denn die Süße des Nektars kennen nur diejenigen, die ihn auf der Zunge haben, nicht diejenigen, die ihn in Tassen, Schmuckkästchen oder gar Tonnen sammeln! Es gab drei Mystiker in Andhra Pradesh, die, um es so auszudrücken, den Nektar auf ihrer Zunge hatten. Von daher waren sie in der Lage, die Ekstase, die sie erlebten, den Gott, den sie erkannt hatten, zu besingen. Wie ihr wohl ahnt, waren es Potharaju, Goparaju und Tyāgarāja. Sie waren sich ständig des göttlichen Prinzips, der Kette und des Schusses, der Ursache und der Wirkung, des Anfangs und des Endes des gesamten Kosmos bewußt. Sie wichen kein bißchen vom Pfad der Hingabe und der Versunkenheit in Gott ab. Jeder von den dreien hatte ein für allemal erkannt, daß sie sich nur auf ihn als Meister und Beschützer verlassen konnten. Heute beten die Leute die Starken, die Reichen und die Erhabenen als ihre Schutzherren und Beschützer an. Sie rennen hinter solchen Personen her und erniedrigen sich, um ihnen zu gefallen. Aber für diese drei war Gott der einzige Beschützer, Meister und Schutzherr.

Hätte Tyāgarāja nur gewollt, so hätte er verschiedenen Herrschern am Thron zur Seite stehen können. Er hätte von königlichen Schutzherren unschätzbare Geschenke erhalten können. Aber er wies die Ehrerbietungen zurück, mit denen seine Zeitgenossen ihn zu überschütten bereit waren. Er sagte: „Oh Geist, sage mir, sind es die Schätze, die von hohen Würdenträgern vergeben werden, oder ist es die göttliche Gegenwart *Rāmas* im Herzen, die unvermischte Freude vermitteln kann?“ Die Gesandten des Palastes mußten umkehren und die Geschenke, die sie mitgebracht hatten, wieder mitnehmen.

Potharaju hatte den weltlichen Reichtümern gegenüber die gleiche Einstellung, denn auch er war in göttliche Freude versunken. Einst hatte sein Schwager Shrīnātha ihm geraten, dem Herrscher des Königreiches das berühmte Telugu-Gedicht Bhāgavatam zu widmen, da der König ihn dafür mit Diamanten überschütten und für immer von jeglicher Armut befreien würde. Potharaju antwortete: „Lieber würde ich mich, meine Frau und meine Kinder von dem ernähren, was ich im Dschungel an Früchten und Wurzeln finden kann, als daß ich diese liebliche, zarte, engelhafte Braut der Poesie mit reichen Barbaren verheiraten wollte, nur um als Gegengabe verschmutzte Nahrung zu erhalten. Ich werde dieses Epos nur Gott widmen, ihm, der mich inspirierte und meine Lippen singen machte. Niemand sonst verdient dieses Geschenk. Ich bin nur der höchsten Gottheit, Rāmacandra, durch Loyalität verbunden.“

Dann haben wir noch Goparaju, der den Tempel bei Bhadrācala baute. Heute ist es schwierig, Menschen zu finden, die nicht Tempel-Schätze veruntreuen. Goparaju aber verwandte sein Leben und seine Mittel, ja sogar die Leben und das Geld seiner Freunde und Verwandten, um den *Rāma*-Tempel bei Bhadrācala wieder aufzubauen und zu renovieren. Später, als er wegen angeblicher Veruntreuung staatlicher Einkünfte im Gefängnis war, ging er mit *Rāma* ins Gericht: „Für die Summe von 10.000 Varatras habe ich für *Sītā,* die Mutter, eine grüne Edelstein-Halskette machen lassen. Ich ließ dir, mein Rāmacandra, eine Diamantenkrone arbeiten. Du hast sie kühl akzeptiert und dich damit wichtig gemacht! Nein, nein, *Rāma,* ärgere dich nicht über meine herabsetzende Rede. Da diese Leute hier ungerechte Hiebe austeilen, platze ich mit harten Worten heraus. Bitte verzeih mir!“ Seht, wie verbunden und liebevoll

Goparaju *Rāma* gegenüber empfand und wie sehr er von *prema* der Gottheit gegenüber erfüllt war.

Solche großen Persönlichkeiten gibt es nicht nur in Andhra Pradesh, sondern auch in anderen Regionen. Die indische Kultur hat solche Verkörperungen der Hingabe immer gelobt und sie dem gewöhnlichen Mann als Beispiel vorgehalten. Ihr müßt über diese Heiligen lesen, sie verehren und in ihre Fußstapfen treten, so weit es euch möglich ist. Dieses ist eine Form von spiritueller Praxis *(sādhana),* die „Gemeinschaft mit Weisen und Guten" *(satsanga)* genannt wird. Diese unsterblichen Poeten und Mystiker können uns mehr Inspiration und Weisheit vermitteln als die derzeitigen. Ein Stein, der mitten auf einer belebten Straße liegt, wird von jedem, der vorbeikommt, getreten, aber wenn er in die Gesellschaft eines Bildhauers gelangt, wird er zu einem schönen Abbild geformt und in einem Tempel aufgestellt, damit er von *Devotees* angebetet werde. Die Schlangen, die *Shivas* Körper schmücken, haben keine Angst vor den Menschen ringsumher, während Schlangen sonst eine tödliche Angst davor haben, daß Menschen ihnen Schaden zufügen könnten. Solange sie sich auf *Shivas* Körper, in heiliger Gesellschaft *(satsanga)* befinden, sind sie vor Schaden sicher. Ihr müßt den ehrenwertesten und frömmsten Umgang suchen und pflegen. Die Ratte, deren Gegenwart von allen verabscheut wird, wird bei dem Gottesdienst für *Ganesha (Ganesha-pūjā)* zum angebeteten Objekt, da die Ratte traditionellerweise das göttliche Gefährt *Ganeshas* ist. In den meisten *Shiva*-Tempeln werdet ihr das Abbild des Bullen direkt gegenüber dem Symbol des Göttlichen *(linga)* aufgebaut finden. *Devotees* erhalten *Shivas darshan,* indem sie durch den Zwischenraum zwischen den Ohren der Bullen hindurchschauen, denn der Bulle erhält die Schau *(darshan)* durch konzentrierte Hingabe, an der sie teilhaben möchten. Nun wird der Bulle aufgrund seiner Verbindung mit Gott *Shiva* als dessen Gefährt verehrt. Darum sucht Freunde, durch deren Gesellschaft eure Fähigkeiten verbessert werden. Mehr noch, als Lehrer müßt ihr sowohl für die Kinder als auch für die Eltern Vorbild sein, denn sie sehen oft zu euch auf als der einzig gebildeten Person in der Nachbarschaft.

Vor kurzem versprach Nathaniel, ein Lehrer aus Warangal, daß er seine Schule in ein Gotteshaus verwandeln würde. Aber die Schule ist immer ein Haus Gottes. Sie als Karawanserei, als Gefängnis oder als Besserungsanstalt zu benutzen, ist Gotteslästerung. Behandelt sie als heiligen Platz, an dem Sarasvatī, die Gottheit über das Wissen und die Künste, gegenwärtig ist und verehrt wird. In dieser Atmosphäre werden sich die Schüler von selbst zu wertvollen Vorbildern für die ganze Welt formen.

Der Lehrer wird, wenn er dies beachtet, dem Kind gegenüber eine intelligente Liebe entwickeln. Er wird die Schüler anspornen, ihr Verhalten mit der heiligen Atmosphäre der Schule in Einklang zu bringen. Schließlich mag sogar die Mutter des Kindes einige seiner Fehler ignorieren oder einige seiner besonderen Angewohnheiten schätzen, aber der Lehrer muß wachsam genug sein, um sie zu erkennen und sie durch sanfte, süße Überzeugungskraft zu korrigieren. Der Schüler wird sicherlich zuhören und gehorchen, wenn er die Aufrichtigkeit hinter der Liebe des Lehrers spürt. Predigt der Lehrer indessen Liebe und verhält sich, als hätte er keine Liebe, dann wird das Überzeugen nicht gelingen. Seid gewarnt davor, euch auf den leichten Weg zu begeben und mit dem Strom zu schwimmen. Heldentum erfordert von euch die Entwicklung eurer Individualität und daß ihr dem Ideal folgt, das ihr für das beste haltet. Imitiert nicht andere aus bloßer Gedankenfaulheit. Setzt euch hohe Ziele und seid nicht entmutigt, wenn ihr das Ziel verfehlt. Es ist weit besser, auf einen Tiger zu schießen und ihn zu verfehlen, als auf einen Hasen und ihn zu treffen. Und wenn ihr euch ein Ideal gesetzt habt oder ein Ziel gefunden habt, so haltet durch alle Schwierigkeiten hindurch daran fest. Nicht umsonst heißt das Lied:

> Was immer du hältst: Wenn du es einmal hast,
> halte daran fest, bis du siegst;
> was immer du erbittest: Wenn du es einmal erbeten hast,
> erbitte es, bis du siegst;
> was immer du dir wünschst: Wenn du es dir einmal gewünscht hast,
> wünsche es dir inniger, bis du siegst;
> was immer du dir vornimmst: Wenn du es dir einmal vorgenommen hast,
> verfolge den Plan noch stetiger, bis du siegst.
> Er muß den Sieg gewähren, um das Klagen zu beenden -
> klage, weine und bete, bis du siegst.
> Sei wachsam! Verliere nicht den Mut und laß in deinen Bemühungen nicht nach!

Goparaju von Bhadrācala, sagte: „Ich werde es meinen Füßen nicht erlauben, vom Weg abzuweichen; ich werde dich nicht verlassen, bevor ich nicht der Furchtlosigkeit versichert werde.“

Es gibt zwei Wege, sich Gott zu nähern. Einer ist der des Anfängers, eines Anhängers, der sich noch im elementaren Stadium befindet. Er schwärmt: „Herr! Du bist die Verkörperung der Gnade, du bist ānandasvarūpa, du bist allmächtig“ und hofft, damit die Gnade Gottes zu erwirken. Aber je inniger er ihn in seinem Herzen liebt, desto mehr verschwindet die Distanz. Im allgemeinen ist es so, daß du eine Person, die erst kürzlich zu deinem Freund geworden ist, mit einem Handdruck und einem Lächeln begrüßt, das weitgehend künstlich ist; aber wenn ein alter

Freund hereinschaut, empfängst du ihn mit einem formlosen Hallo und bietest ihm mit einem Augenzwinkern und voller Herzenswärme einen Platz an. In der Flut formeller Anbetung fehlt meistens die Liebe. Tatsache ist, daß im Umgang mit dem persönlichen Gott die Liebe das hervorragende Merkmal ist. Habt deswegen Vertrauen, habt Geduld und vollbringt Taten der Liebe und des Dienstes. Liebe wird tausendfach mit Liebe belohnt. Trainingslager für Lehrer, *Brindāvan*, 30.7.1978

Musik des Geistes

Gott ist das Echo in den Bergen, das Rascheln der Blätter, das Flüstern der Menschen, das Plappern der Kinder, das *OM,* das überall ertönt. Gott ist überall gegenwärtig, aber um ihn zu erkennen, mußten die Heiligen tausend Wege vorschreiben. Er ist in jedem, aber er entgeht der Entdekkung durch alle, nur einigen gelingt es ihn zu finden. Er, der allmächtig ist, ist der Geber aller Geschenke, die Vorsorge, die uns mit allem Notwendigen versorgt - er bleibt allumfassend (sarvam āvritya tishthati).

Außer Gott gibt es nichts. Die Natur ist seine Manifestation. Der Mensch muß Gott in allen menschlichen Wesen erkennen und in allem anderen, was existiert. Da der Mensch *(jīva)* seine Sichtweise auf den physischen Rahmen begrenzt, beschränkt er seine Aufmerksamkeit und sein Interesse, seine Liebe und seine Bindung auf einen kleinen Kreis von Beziehungen und Freunden. Er grenzt auch Gott auf einen bestimmten Namen und eine bestimmte Form ein, und er sieht sein Mitgefühl und seine Gnade, seinen Segen und seine Wohltaten auf einen kleinen Kreis von „Anhängern" beschränkt, die jenen speziellen Namen und die dazugehörige Form anbeten. Menschliche Wünsche sind begrenzt, von daher wird von ihm, der die Erfüllung garantiert, auch erwartet, daß er in seiner Gnade begrenzt ist. Im Idealfall sollte deshalb der Betende in vollständiger Ergebung sagen: „Dein Wille geschehe" und nicht um dies und das bitten, denn er hat weder das Wissen noch die Weitsicht, zu wissen, was das Beste für ihn ist.

Die *Bhagavadgītā* lehrt, daß Neid und Gier durch das Praktizieren von Liebe und Losgelöstheit überwunden werden können. Die Leute haben beschlossen, einen Tag als den Geburtstag der *Bhagavadgītā* zu feiern, und sie begehen ihn mit pompösem Gottesdienst *(pūjā)* und Reden. Inmitten dieses Tumultes werden die grundlegenden Lehren der *Bhagavadgītā* ignoriert. Wann genau entstand die *Gītā*? Was bedeutet *Gītā*? Das Wort bedeutet „Lied". Da Bhagavān oder Gott allgegenwärtig ist, muß das Lied Gottes auch allgegenwärtig sein. So ist in Wirklichkeit *OM (pranava)*, die *Gītā* Gottes. Das Lied Gottes kann nicht nur für wenige sein oder für einige Leute oder in einer Sprache, die nur von einer Nation verstanden wird. *OM* ist universell, ewig, voll der Essenz aller spirituellen Bedeutungen. So kann nur *OM (pranava)* allein die wirkliche *Gītā* Gottes sein. Und sie kann keinen Geburtstag haben, den der Mensch feiern sollte, denn sie entstand vor der Zeit.

Unser Selbst hallt mit dem *OM (pranava)* wider, aber inmitten des Markthallengeschreis, des Lärmes des Arbeitsalltags ist unser kleines Selbst nicht in der Lage, es zu hören. Unsere eigenen Sinne beanspruchen unsere Aufmerksamkeit. Unser Verstand lechzt danach, freigelassen zu werden, um an den Vergnügen der äußerlichen Welt teilzunehmen. Unsere Leidenschaften und Vorurteile müssen offensichtlich beruhigt werden, nur dann können sie das *OM,* das Lied des Herrn, hören, das aus unserem Herzen aufsteigt.

Marschiert vorwärts, die Augen auf das Ziel gerichtet. Kümmert euch nicht um die Vergangenheit mit ihren Fehlern und dem Versagen. Folgt nicht länger den Launen und Grillen des Geistes. Sie erfüllen das Ohr mit Lob oder Schande und drängen euch ab vom spirituellen Weg.

Folgt dem Ruf des Göttlichen, der den Herzen der Mitmenschen entspringt. Dient ihnen in einer Haltung der Anbetung. Verlangt nichts als Gegengabe, akzeptiert noch nicht einmal Dankbarkeit, denn ihr habt die Tat dem innewohnenden Gott gewidmet. Das wird euch so sehr reinigen, daß ihr dann in der Lage sein werdet, dem „*so'ham*" (er ist ich) zu lauschen, das euer Atem jeden Moment wiederholt. „*So'ham*" verändert sich selbst zu *OM,* wenn die Unterscheidung zwischen „Er" und „Ich" in der höchsten Versenkung *(samādhi)* spontan verschwindet.

Glaubt daran, das „*so'ham*", das mit dem *OM* verschmilzt, ist das Sai Prinzip, das Sai *tattva*. „S" steht für Sai, „A" für und (and) und das „I" (ich) für den Suchenden selbst. Der Name Sai erinnert euch an „*tat tvam asi*" (Sai und ich sind eins: *so'ham)*. Im ersten Stadium sagt der Suchende „ich bin in Sai", im zweiten Stadium „Sai ist in mir" und im dritten und letzten Stadium „Sai und ich sind eins"; wobei die Dualität zwischen beiden abgelegt ist. Wenn die Wahrheit das Individuum wie ein Lichtblitz inmitten dunkler Wolken trifft und in ihm andauert, verleiht sie Seligkeit, und in dem Moment der Erleuchtung wird das *OM* in all seiner Herrlichkeit offenbart. Durch das Praktizieren der Lehren *Krishnas* erlangt man die Erleuchtung, das strahlende Licht der Weisheit, *OM*.

Krishnas Flöte ist der Ausdruck, die Erläuterung der vier *Veden* und *OM* ist ihre Quintessenz. „A", „U", „M" und der Punkt (bindu), der den Widerhall des Tones im Raum *(ākāsha)* des Herzens anzeigt, sind symbolisch für die vier *Veden*. Das *OM* ist auch für das *Rāma*-Prinzip symbolisch. Die vier Brüder, *Rāma,* Lakshmana, Bharata und Shatrughna repräsentieren den Rig-, Yajur-, Sāma- und Atharva-*Veda*. Wenn der Mensch den göttlichen Aspekt seiner Natur vernachlässigt und es unterläßt, geistige Übungen *(sādhana)* zu befolgen, die ein Bewußtsein von dem allgegenwärtigen und allmächtigen *OM* festigt, wird er Opfer der vom Ego bestimmten Impulse und Instinkte. Er entwickelt einen Glauben an Dinge und materiellen Gewinn. Er verbringt sein Leben damit, Reichtum, Macht und Autorität über seine Mitmenschen anzuhäufen. Er glaubt, andere in seiner Macht zu haben, sei eine wünschenswerte Errungenschaft. Gäbe es einen freien Platz im Himmel, würde er sich sicher um die Stelle Gottes bewerben, denn er glaubt, alle notwendigen Empfehlungsschreiben zu besitzen! Er vergißt, daß das eigentliche Empfehlungsschreiben für Überlegenheit der unerschütterliche Glaube in die eigene Realität des *ātman* ist. Was nutzt es einem, nur das eigene, winzige Selbst zu kennen? Es ist wie die sogenannte gelehrte Doktorenschaft, die von diesem und jenem etwas weiß, aber keine Behandlung solcher Krankheiten wie Krebs und der einfachen Erkältung kennen. Die Wissenschaft muß den Menschen demütig machen, da er so wenig von dem weiß, was wissenswert ist.

Der göttliche Aspekt eurer Persönlichkeit wird die Demut, das Festhalten an der Wahrheit, der Liebe und der Bereitschaft zu dienen, die Tapferkeit und die Losgelöstheit unterstützen. Hegt und pflegt die ersten Verkörperungen dieser Qualitäten in eurem Leben und praktiziert sie, wann immer sich euch eine Gelegenheit bietet. Die innewohnende Brüderlichkeit, welche die menschliche Rasse heiligt, wird durch das Unkraut des Neides zerstört, das in den Köpfen der Menschen steckt. Dieses Unkraut vernichtet die eigene Persönlichkeit. Es wächst so üppig, daß es das Individuum selbst erwürgt. Das Leid ist der Schatten, der das Ego heimsucht. Wenn ein Nachbar von euch über einen schmerzlichen Verlust klagt, tröstet ihr ihn, indem ihr ihm sagt, daß es nicht weise ist, den Verlust weltlicher Dinge zu beweinen, daß Weinen die Toten nicht wiederbringen kann. Aber wenn der Tod eure eigene Familie heimsucht, trauert ihr so sehr, daß derselbe Nachbar das gleiche Argument wiederholen muß, um euch zu trösten. All dies geschieht, weil keiner, weder der Nachbar noch ihr, Vertrauen in das unsterbliche Selbst *(ātman)* entwikkelt hat; und keiner hat den Namen (nāman) auf der Zunge und Liebe *(prema)* im Herzen.

Ein Mann baut sich ein schönes Haus und ist stolz auf den Effekt des Farbanstriches und auf den Garten, der es umgibt. Falls während eines Wahlkampfes einige Schlingel Parolen an die Mauern kritzeln, die den Garten umgeben, erzürnt er sich und droht den Bösewichten Prügel dafür an, daß sie das reine Weiß der Mauern zerstört haben. Aber wenn er das Haus einmal verkauft hat und es ihm nicht länger gehört, berührt es ihn nicht einmal mehr, wenn das Haus zu einem Haufen Steine zerlegt wird!

Solch eine hinterlistige Wirkung hat das Lauschen auf das Ego. Bevor ihr geboren wurdet, hattet ihr keine Freunde und Verwandten, wenn ihr sterbt, lassen sie euch allein. Warum entwickelt ihr dann eine solche Bindung an sie nur für dieses dazwischenliegende Leben und vergeßt um ihretwegen den eigentlichen Zweck, zu dem euch dieses Leben verliehen wurde? Seid euch immer der Nichtigkeit weltlicher Errungenschaften bewußt, sogar während ihr eure Talente, eure Fertigkeiten und alles andere zum bestmöglichen Vorteil im Dienste an Gott im Menschen benutzt.

Prashānti Nilayam, 13.8.1978

Zuneigung

Zuneigung (sneha) ist die achte der neun Stufen der Hingabe *(bhakti)*, wie sie in dem *Bhāgavatam* oder anderen Texten beschrieben werden. Sie wird im allgemeinen mit „Freundschaft" übersetzt, eine Bezeichnung, die sich durch die Anwendung auf vergängliche zwischenmenschliche Beziehungen verständlicherweise verwässert hat. Freunde kommen aus vielfältigen Gründen und Umständen zusammen, die meistens von weltlichem und zeitweiligem Interesse sind. Leute, die genügend Geld zur Verfügung haben, schließen recht schnell Freundschaften; ebenso jene, die über eine große Gönnerschaft verfügen oder anderen Vorteile verschaffen können. Auch jene, die Autoritätspositionen innehaben, versammeln Freunde um sich, die natürlich so lange Freunde bleiben, wie das Wetter gut ist, aber verschwinden, wenn die Autorität entschwindet. Die meisten Freundschaften basieren auf eigennützigen Erwägungen und bestehen nur so lange, wie die eigenen selbstsüchtigen Interessen dadurch unterstützt werden. Wie das Sprichwort heißt: „Wenn der See voll ist, gibt es viele Frösche, wenn er ausgetrocknet ist, quakt nicht einer darin."

Freundschaft sollte eine spirituelle Bindung sein, eine von Herz zu Herz gehende Beziehung, die auf dem vollen Verständnis des anderen und der gegenseitigen reinen Hingabe basiert. Studenten sollten falschen und flüchtigen Freundschaften gegenüber wachsam sein und sich nicht durch „Hallo" und Händeschütteln ablenken lassen. Pflegt keine enge Freundschaft mit jemandem, solange ihr nicht wißt, daß die Motive auf der anderen Seite rein, selbstlos und spirituell sind. Wahre Freundschaft ist nur zwischen einer göttlichen Seele *(ātman)* und einer anderen göttlichen Seele *(ātman)* möglich, d.h. zwischen zwei Personen, von denen jede erkannt hat, daß *ātman* der Kern ihres Wesens ist. Deshalb erwidert ein „Hallo“ mit einem „Hallo“, ein „Auf Wiedersehen“ mit einem „Auf Wiedersehen“ und zieht euch in euch selbst zurück. Nirgendwo auf weltlicher Ebene könnt ihr inmitten der trivialen, vergänglichen Freundschaften der Kinder dieser Welt echte Zuneigung erlangen, die als vorletztes Stadium vor *sharanāgati* oder *ātmanivedana* beschrieben wird, die totale Unterwerfung und Hingabe an Gott.

Arjuna und *Krishna* hatten untereinander diese echte, lautere Zuneigung. *Arjuna* hielt *Krishna* für seinen Freund oder Kameraden (sakhi). Bei Spielen, Mahlzeiten oder in Ruhepausen oder wenn er aus anderem Anlaß an *Krishnas* Seite saß, besaß er die Verwegenheit, „Worte scherzhafter Unehrerbietigkeit“ zu gebrauchen. Die beiden aßen oft Mahlzeiten von demselben Teller. Oft legte *Arjuna* seinen Kopf in *Krishnas* Schoß oder *Krishna* seinen in *Arjunas*. Sie halfen sich gegenseitig unter allen Umständen und sprachen sanft und zart miteinander. Habt nicht den Eindruck, daß *Arjuna* insgeheim von *Krishnas* Einfluß überwältigt war. Er war dem Charakter nach reif, sehr gelehrt in der vedischen Kunst, und er war ein furchtbarer Krieger und Bogenschütze, voller Mut und Heldenhaftigkeit. *Krishna* war der höchste Geist des Universums (purushottama), *Arjuna* war der beste unter den Menschen (narottama). Es war eine Freundschaft zwischen der Verkörperung des Höchsten und der Verkörperung des Besten. *Krishna* war der *Avatar*, *Arjuna* die in Glückseligkeit lebende Person. Es war ein Zusammenkommen von der Manifestation des *Avatars* (avatāramūrti) und der Erscheinungsform von Glückseligkeit (ānandamūrti). *Arjuna* wurde von *Krishna* oft als Freund des Kuru, Freund *Krishnas* (kurunandana) angesprochen. Dieser Name hat eine tiefe Bedeutung. Kuru bedeutet „Tat, *karma*“. Nandana bedeutet „glücklich, erfreuend“. Von daher bedeutet der Name „der, welcher erfreut ist, wenn er in Tätigkeit ist.“ In allen achtzehn Kapiteln der *Gītā* ist *Arjuna* wachsam und aktiv, wobei er an jeder Diskussion aufmerksam teilnimmt. *Arjuna* hatte auch mehrere geheimnisvolle Fähigkeiten, die sich aus seiner spirituellen Vortrefflichkeit ableiteten. Als die *Pāndavas* sich im Wald aufhielten, erklärte *Arjuna*, daß die Waffen der *Pāndavas* für alle anderen außer ihm und seinem ältesten Bruder Dharmarāja unsichtbar gemacht würden. Und so geschah es.

Rāmakrishna Paramahamsa war von der Zuneigung fasziniert, die in der Beziehung von *Krishna* und *Arjuna* ein Vorbild fand. Durch das Bhāgavatam und die *Bhagavadgītā* lernte er, wie der Gottsuchende *(sādhaka)* alle neun Stadien der Hingabe *(bhakti)* durchschreiten könne. Außerdem war er entschlossen, mit den Hirtenmädchen *(gopī)* zu wetteifern und jene Hingabe (viraha-*bhakti*) zu erlangen, die sich in einem Trennungsgefühl (viraha) und der damit verbundenen Sehnsucht äußert, während die süße Hingabe (madhura-*bhakti*) der *gopīs* der direkten Gegenwart des Geliebten entspringt. Als er das *Rāmāyana* las, entschied er sich, mit *Hanumān* zu wetteifern und dessen Hingabe als Diener (dāsa-*bhakti*) auszuüben. Von allen Versen (shloka) in der *Bhagavadgītā* beeindruckte *Rāmakrishna* vor allem derjenige, der die Haltung von Vertrauen und völliger Hingabe *(ātmanivedana* oder *sharanāgati)* betonte:

> Werde eins mit mir; sei mir hingegeben; opfere mir; verbeuge dich vor mir. Indem du derart die Einigung anstrebst, wirst du sicherlich zu mir gelangen.
>
> Manmanā bhava madbhakto madyājī mām namaskuru
> Mām evaishyasi yuktvaitam ātmānam matparāyanah
>
> *(Bhagavadgītā*, 9. 34*)*

Eines Tages, als *Rāmakrishna* nach Kamarpukur ging, brach mitten auf einem Friedhof die Nacht mit heftigen Regenfällen über ihn herein. Natürlich war er in einem derart ekstatischen Zustand, daß es ihn kaum kümmerte, wo er zu der Zeit war, ob Tag oder Nacht, früh oder spät, ob es regnete oder trocken war. Als er aufwachte, rief *Rāmakrishna* Gott bei den verschiedenen Namen - *Rāma, Shiva, Krishna, Kālī, Hanumān.* Dann erkannte er plötzlich, daß alle diese Namen sich nur auf den Einen bezogen, und er wiederholte still bei sich den Vers aus der *Gītā* (shloka), der ihn an die vollkommene Hingabe *(sharanāgati)* an den Einen erinnerte.

Was *Rāmakrishna* passierte, erinnert mich an eine kleine Geschichte. Der Haushaltsvorstand eines Hauses rief seinen Sohn, gab ihm einen Fünf-Rupien-Schein und bat ihn, Gemüse vom Markt zu holen. Während er zum Markt ging, steckte der Junge das Geld in seine Tasche und sagte: „Für eine Rupie Brinjals, für eine Rupie Kohl" und so weiter. So wies er dem Geldschein verschiedenem Gemüse zu. Er begann mit einem Fünfer und schloß mit einem Fünfer! Auch *Rāmakrishna* begann mit dem Einen und endete mit dem Einen. Der Eine wird die Vielen und die Vielen werden als der Eine erkannt.

Viele interessante Vorfälle ereigneten sich in Dakshineshvar. Als *Rāmakrishna* einmal aufgefordert wurde, zum Tempelbüro zu gehen, um seinen Monatslohn in Empfang zu nehmen, war er sehr böse, denn er wollte kein Gehalt dafür, daß er die Gelegenheit hatte, seine Mutter anzubeten. Als an einem anderen Tag Diebe in den *Krishna*-Tempel einbrachen, der an den *Kālī*-Tempel in Dakshineshvar anschloß, holte Mathuranāth *Rāmakrishna* dorthin und bat ihn, eine Liste von *Krishnas* Juwelen zu erstellen, soweit er sich an sie erinnerte. Als Mathuranāth entdeckte, daß das Idol vollständig beraubt worden war und sämtliche Juwelen gestohlen worden waren, geriet er in großen Zorn und begann, *Krishna* selbst zu beschimpfen. „Du wirst bewundert als der Bewacher der vierzehn Welten, aber du kannst nicht einmal die Juwelen auf deinem Körper bewachen," sagte er. *Rāmakrishna* tadelte ihn laut für diese Gotteslästerung. „*Krishna* hat *Lakshmī* zur Gefährtin, und für ihn sind dein Gold und die Edelsteine so billig wie Dreck. Denn tatsächlich, was ist Gold anderes als Dreck in anderer Form?" Er veranlaßte Mathuranāth, seinen dummen Ausbruch zu bereuen, indem er ihm die wahre Natur der Gottheit bewußt machte.

Wenn ihr nur eure Wünsche und euren Willen, eure Vorlieben und Phantasien an Gott abtretet, wird er euch richtig leiten und euch Frieden und Freude vermitteln. Überlaßt alles Gott; akzeptiert als seinen Willen, was auch immer geschieht.

Ambarīsha war ein König, der sich an alle vedischen Gebote hielt und alle Riten und festgelegten Rituale befolgte. Er war edel, aufrichtig und der Gottheit *Vishnu* sehr ergeben, der Form, die den versorgenden und erhaltenden Aspekt Gottes verkörpert. Ein wichtiger Ritus, den Ambarīsha alle vierzehn Tage peinlichst genau befolgte, war, am ekādashī-Tag zu fasten und das Fasten aufzugeben, sobald dvādashī nahte. Ekādashī ist der elfte Tag der zweiwöchigen Mondphase und dvadashī der zwölfte. Das Fasten muß mit einem Opfer an *Vishnu* beendet werden, und dieses muß entsprechend dem Mondkalender vollzogen werden, sobald der zwölfte Mondtag angefangen hat. Einmal erschien der große Weise Durvāsas, der für seine häufigen Zornes- und Temperamentsausbrüche bekannt war, ein paar Stunden vor Anbruch der zwölften Mondnacht im Palast des Ambarīsha. Er wurde vom König herzlich willkommen geheißen. Ambarīsha schlug ihm vor, an den Ganges zu gehen, seine Waschungen vorzunehmen und rechtzeitig zum Abbruch des ekādashī-Fastens zurück zu sein. Aber der Weise hatte seine eigene Zeiteinteilung und war nirgends zu sehen, als der Augenblick gekommen war. Ambarīsha war nun in Verlegenheit. Er konsultierte seinen Lehrer, der ihm riet, ein paar Tropfen von dem heiligen Wasser zu trinken, da das als das Beenden der Fastenzeit angesehen werden konnte. Am ekādashī-Tag ist auch Wasser nicht erlaubt. Er sagte, daß Durvāsas keinen Grund hätte, böse zu werden, da die Wassertropfen, die von ihm getrunken würden, nur Zeichen dafür seien, daß er das Gelübde halte. Aber als der Weise kam und alles erfuhr, wurde er wild und verfluchte Ambarīsha dafür, das Fasten in seiner Abwesenheit gebrochen zu haben, ohne ihn als seinen Gast an dem Mahl teilnehmen zu lassen. Als der Fluch Form annahm, erschien das Wurfgeschoß *(cakra) Vishnus* auf der Bildfläche und stellte sich Durvāsas entgegen.

Ambarīsha nahm den Fluch als Geschenk Gottes an und unterwarf sich ihm im Geist völliger Hingabe *(sharanāgati),* denn er hatte keinen eigenen Willen. So kam Gott ihm zu Hilfe. Ambarīsha hatte *Vishnu* nicht angerufen, um ihn vor dem Zorn Durvāsas zu retten. Er akzeptierte auch das als den Willen *Vishnus*. Das Wurfgeschoß *(cakra)* verfolgte den erschreckten Weisen in alle drei Welten, und als Durvāsas *Vishnu* zu Füßen fiel, befahl jener ihm, zu Ambarīsha selbst zu gehen und ihn um Verzeihung zu bitten. Die Haltung der Unterwerfung oder *ātmanivedana* läßt eine Person ihre gesamte Persönlichkeit dem Herrn zu Füßen legen.

Auch im *Rāmāyana* haben wir eine Episode, die dies illustriert. *Rāma* und Lakshmana durchkämmten den Wald, um zu entdecken, wo *Sītā* war. Sie waren müde und durstig. Plötzlich kamen sie an einen klaren Teich. Sie legten ihre Bogen auf den Boden und ließen ihre Pfeile fallen, die teilweise in dem nassen Sand versanken. Nachdem sie ihren Durst gelöscht hatten, nahmen sie ihre Bogen über die Schultern und zogen die Pfeile aus dem Sand. *Rāma* bemerkte einen Blutfleck an seiner Pfeilspitze und wurde neugierig, wo dieser herrührte. Lakshmana entdeckte einen kleinen Frosch, der von *Rāmas* Pfeil getroffen worden war, als er jenen zu Boden fallen ließ. *Rāma* fragte den verwundeten Frosch: „Armes Ding! Warum hast du nicht geschrien, als du getroffen wurdest?" Der Frosch antwortete: „Immer wenn ich in Not bin, rufe ich dich, *Rāma*. Aber wenn *Rāma* selbst Schmerzen verursacht, wen soll ich dann rufen? Ich habe es als seine Gnade akzeptiert." *Bhīshma* verehrte *Krishna* sogar, als er mit seinem Wurfgeschoß *(cakra)* kam, um ihm das Leben zu nehmen. Sein Sinn für vollkommene Hingabe *(sharanāgati)* verließ ihn nicht einmal im Moment des Todes, der ihm von Seiten genau der Person zugefügt werden sollte, die er als Gott verehrte. „Töte oder errette mich, ich werde in meiner Treue nicht schwanken," sagte er.

Rāmakrishna hatte die gleiche Haltung der völligen Hingabe. Er hatte große Schmerzen aufgrund einer Krebserkrankung und seine Jünger baten ihn, zur Mutter um Erleichterung der Schmerzen zu beten. *Vivekānanda* war verzweifelt, als sein Herr es ablehnte, diesen kleinen Gefallen von der Mutter zu erbitten, mit der er buchstäblich in ständigem Kontakt war. Aber *Rāmakrishna* erwiderte, daß er, wenn es der Wille der Mutter war, leiden müsse und nicht um Linderungsmittel beten werde. *Rāmakrishna* hatte seine Gedanken entsprechend der Richtlinien, die in dem oben genannten Vers (shloka) der *Gītā* empfohlen werden, geformt. Aber seine Jünger waren unnachgiebig. Sie drängten ihn so, daß er eines Tages zur Mutter betete, daß ihm geholfen werden möge, trotz der Krebsgeschwulst im Rachen ein wenig Nahrung zu sich zu nehmen. *Rāmakrishna* erzählte seinen Jüngern, daß ihn die Mutter in dem Moment wegen seiner Unwissenheit ermahnte: „Ißt du nicht durch eine Billion von Rachen? Wieso bist du traurig, daß dieser eine Rachen unfähig ist, Nahrung durchzulassen?" „Der Herr ist all dies" (vāsudevah sarvam iti). Diese Wahrheit wurde den Jüngern durch jene Offenbarung zur Kenntnis gebracht.

Das Stadium der Zuneigung *Arjunas* ist das Stadium, in dem jeder

Unterschied zwischen dem *Devotee* und Gott verschwindet und die beiden Freunde eins sind. Wenn dieses Stadium äußersten Vertrauens, unerschütterlichen Glaubens, jeglichen Fehlens von Zweifeln, Angst und Befürchtungen erreicht ist, ist das nächste Stadium des *ātmanivedana* oder der völligen Unterwerfung natürlich leicht zu erreichen. Dies ist wahre Freundschaft, nach der die Jugend streben muß. Sieh Gott in jedem Wesen, dann wird wahre Zuneigung erblühen. Diese wahre Zuneigung kann nur dann erreicht werden, wenn *Krishnas* Rat befolgt wird.

„Er, der keine Spur von Haß gegenüber irgendeiner Kreatur hegt, der allen gegenüber freundlich und mitleidig ist, der frei ist von der Bindung ‚ich' und ‚mein', der Schmerz und Freude gleichermaßen willkommen heißt und der trotz aller Provokationen gelassen bleibt..." (adveshtā sarvabhūtānām maitrah karma eva ca nirmamo nirahamkāra sama duhkhasukhah kshamī). (*Bhagavadgītā*, 12.13)

Entwickelt diese Qualitäten in euch, denn sie sind das Zeichen wahrer Zuneigung. Nur wenn ihr auf eurer Reise zu Gott entlang den neun Stadien der Hingabe *(bhakti)* voranschreitet, könnt ihr dieses göttliche Vorbild wahrer Freundschaft erreichen. College Hostel, 20.8.1978

Lernen und Befreiung

Die Menschen streben nach einer erfolgreichen Zukunft, nach Macht, Autorität und einem glücklichen und sorgenfreien Leben, aber sie streben keinen reinen, klaren und liebenden Intellekt oder einen Charakter an, der niemandem Schaden zufügt. Deshalb ist die Jugend dieses Landes und auch anderer Länder heute von tiefer Unzufriedenheit ergriffen, die sich in der Auflehnung gegen Regeln, Vorschriften, Lehrpläne und soziale Normen äußert und darin, daß sie auf jedes kleine Problem mit großer innerer Unruhe reagiert. Was ist der Grund für diese Erscheinung?

Die Ursache liegt darin, daß die indische Jugend es gelernt hat, die althergebrachte Kultur Indiens und ihre Ideale zu vernachlässigen. Sie imitiert unerwünschte und fanatische Verhaltensnormen. Sie ist dem Unglauben ergeben und hat nirgends Wurzeln.

Die fundamentalste Lehre der alten Kultur ist die Liebe. Über Generationen hinweg ist die Jugend dieser Länder ermahnt, ermutigt und durch Lehre und Vorbild geschult worden, die Armen und Hilflosen, die Behinderten, die Analphabeten und die Verkrüppelten zu lieben, denn derselbe göttliche Funke, der in uns ist, ist in ihnen ebenso offenkundig und aktiv. Die Erziehung muß den Menschen mit Mitleid und dem Geist des Dienens ausstatten - dies muß mit Klugheit, zum richtigen Zeitpunkt und in ausreichendem Maße geschehen. Das heißt, Erziehung muß nicht nur informieren, sondern sie muß auch transformieren.

Solange Wissen nicht in Weisheit transformiert wird und Weisheit sich nicht im Charakter ausdrückt, ist Erziehung ein unfruchtbarer Prozeß. Wenn Erziehung dieses Geschenk der Transformation verleiht, wird das Leben mit Sicherheit friedvoll, glücklich und voll gegenseitiger Hilfe und Kooperation. Aber das Ziel der Erziehung ist zum Erwerb bestimmter Fertigkeiten und intellektueller Tricks verkommen. Sie versorgt die Erzogenen mit Lebensmitteln, Kleidung und Unterkunft und meint, daß mit dieser Errungenschaft ihre Aufgabe erfüllt sei.

Die Weisen, welche die Erziehungsziele festlegten, haben gesagt: „Das ist die wahre Erziehung, die den Menschen befreit - befreit von Gier, Haß, Rastlosigkeit, Kleinlichkeit und Impulsen des Ego“ (sā vidyā yā vimuktaye). Heute fügt die Erziehung dem ohnehin rastlosen Herzen des Menschen noch mehr Rastlosigkeit hinzu, sie befreit ihn nicht aus dem Gefängnis der Wünsche, in das er abgeschweift ist. Der Mensch baut Erholungszentren, in denen er sein müdes Gehirn kühlen und seine erschöpften Nerven wiederbeleben kann, aber er muß noch Tempel des Friedens bauen, wo er lernen kann, unbeteiligter Zeuge der Geschehnisse der Welt zu sein, im Bewußtsein seiner Umwelt und ihrer relativen Bedeutung. Das wird ihm Gleichmut verleihen. Vertrauen in den allwissenden, allmächtigen Gott wird ihm die Freiheit geben, die Höhen und Tiefen der Geschichte mit Interesse zu beobachten.

Ebenso wie der Körper Pausen benötigt, braucht auch der Geist Ruhe. Vertrauen in Gott ist der beste Garant für geistige Ruhe. Der Mensch muß dem Pfad der Tugend folgen, spirituelle Anstrengungen unternehmen und am sozialen Dienst begeistert teilnehmen. Diese drei Dinge müssen akzeptiert, verehrt und ins tägliche Leben integriert werden. Die Erziehung muß der heranwachsenden Generation das Ziel des Lebens klarmachen und ihr Wege und Mittel aufzeigen, wie sie es erreichen kann.

Die Frauen wenden sich heute in immer größerem Ausmaß der modernen Ausbildung zu. Sie arbeiten in Büros, Schulen und Fabriken. Auch steigen sie auf einigen Gebieten in Autoritätspositionen auf. Aber die meisten von ihnen werden eher durch das Verlangen nach persönlicher Profilierung getrieben als durch Ideale des Dienens. Sie wünschen immer größeren materiellen Komfort. Aber wer versorgt die Familie, wenn die Frauen einem Arbeitsplatz nachlaufen? Wenn sowohl Vater als auch Mutter ins Büro gehen, um Geld zu verdienen, was wird dann aus den Kindern? Wie kann die Küche funktionieren, wenn man über Büchern sitzt? Es mag wohl mehr Geld verdient werden, aber das führt nur zu mehr Ängsten, größerer Unruhe und größerem Verlust. Frauen, die einen Beruf ausüben, erlangen kein Glück, das seines Namens würdig wäre. Die gebildete Frau gebraucht ihr Wissen und ihre Fähigkeiten, um ihre Kinder zu gesunden, tugendhaften und disziplinierten Patrioten zu erziehen, so daß sie für ihr Land, ihre Kultur und ihre Gemeinde von großem Nutzen sind. Geldverdienen ist nicht das Ende aller Erziehung. Es ist die Habsucht, um jeden Preis so schnell wie möglich Geld zu verdienen, die zu dem Bösen geführt hat, das wir heute in der Gesellschaft sehen. Geld brütet Stolz aus, Stolz nährt Haß.

Niemand hat die goldene Eigenschaft der Zufriedenheit. Der unzufriedene Mensch ist so gut wie verloren. Den menschlichen Wünschen sind keine Grenzen gesetzt. Jeder Wissenschaftler und Kaufmann, jeder, der Macht über andere ausübt, sehnt sich danach, höher und höher zu steigen und immer mehr Macht auszuüben. Die menschliche Habsucht ist derartig groß, daß, gäbe man bekannt, daß im Büro Gottes eine Stelle frei wäre und um Bewerbungen gebeten würde, Hunderte von Kandidaten begierig darauf wären, den Platz auszufüllen. Keiner unternimmt die strenge Selbstüberprüfung, um herauszufinden, ob er die Verdienste, die Fähigkeit und den Titel besitzt, um den Posten auszufüllen, um den er bittet. Diejenigen, die zufrieden ihre Pflicht auf dem Posten erfüllen, den sie innehaben, sind sehr selten. Jeder, fähig oder unfähig, wirft mit Steinen anläßlich der geringen Aussicht, eine Frucht von dem vollen Baum zu erlangen. Studenten müssen Demut kultivieren und die Gewohnheit, sich selbst zu überprüfen.

Eine andere Ursache für die vorherrschende Unzufriedenheit der Jugend ist die chronische Heuchelei der Älteren. Gerade die Leute, die vom Rednerpult die Effizienz der Wahrheit proklamieren, gerade jene Priester, die ausschweifend über die göttliche Ordnung *(dharma)* und Frieden *(shānti)* sprechen, leben, ohne die Wahrheit, *dharma* oder *shānti* zu beachten. Die Entschlossenheit, entsprechend seiner Berufung zu handeln, ist verschwunden. Wir können uns dann Frieden und Wohlstand, Moral und Aufrichtigkeit in einem Land schaffen, wenn diejenigen, die hohe Ideale predigen und lehren, entsprechend ihren eigenen Ermahnungen leben.

Bloße Unwissenheit ist die grundlegende Ursache für die Nichtbeachtung, die der indischen Kultur entgegengebracht wird und für die Faszination, welche die westliche Kultur ausübt. Begreifen diese Leute wenigstens die westliche Kultur in ihrem vollem Umfang? Nur die äußere Verzierung wird übernommen. Wie kann eine Person, die ihre eigene Kultur und ihr eigenes Erbe nicht versteht, die Bedeutung und Wichtigkeit einer fremden Kultur verstehen?

Das wahre Zeichen von Bildung ist Demut, denn es gibt noch so vieles, was untersucht und gelernt werden muß, und es gibt immer viele Menschen, die noch weit gebildeter sind. Sie tragen an ihrer Gelehrtheit erheblich leichter. Disziplin ist erforderlich, um beim Lernen Fortschritte zu erzielen, aber noch mehr wird sie im Umgang mit anderen benötigt. Eine undisziplinierte Person stellt eine Gefahr für die Gesellschaft dar; sie kann jeden Augenblick Amok laufen. Der Mensch muß beachten, welche Grenzen, Regeln, Ge- und Verbote von den Weisen in der Vergangenheit niedergelegt wurden, um die soziale Sicherheit und den individuellen Fortschritt zu gewährleisten.

Der Verhaltenskodex, der für die Studentinnen dieser Universität festgelegt wurde, hilft euch, Qualitäten zu entwickeln, die euch später im Leben gut zustatten kommen. Das Auge, das Ohr, die Nase, die Zunge - die vier Sinne: Sehen, Hören, Riechen und Schmecken befinden sich alle im Kopf. Natürlich sind das Auge und die Zunge mit Türen ausgestattet, denn die Türen können das abhalten, was nicht erwünscht ist und willkommen heißen, was wünschenswert ist. Wünscht euch nur nützliche Dinge zu sehen, wünscht euch nur das auszusprechen, was für Frieden und Harmonie förderlich ist. Gestattet euch keine Schwätzerei. Wenn ihr die Neigung habt, redselig zu sein, werdet ihr unter einem schlechten Gedächtnis, übler Nachrede und nervöser Schwäche leiden.

Ihr tragt die große Verantwortung der Mutterschaft und habt die Pflicht, eure Kinder zu starken und guten Bürgern dieses Landes zu erziehen. Mit dem Universitätsexamen müßt ihr auch ein gewisses Allgemeinwissen erwerben, das für Haushaltsvorstände und andere grundlegend wichtig ist. Sonst wären Ehemann und Ehefrau, obwohl beide ein Universitätsexamen besitzen, verzweifelt, auch wenn das Baby nur eine leichte Erkältung hat. Auch müßt ihr mit einigen spirituellen Disziplinen wie Rezitieren des Namens Gottes *(nāmasmarana),* Meditation und *Yoga* vertraut sein, um nicht von jedem widrigen Wind davongetragen zu werden.

Das Beste ist, ihr prägt eurem Herzen die dualistische Natur der Welt ein, die eine Mischung von Vergnügen und Schmerz, Freude und Trauer, Sieg und Niederlage ist. Übt euch in der kontinuierlichen Gegenwart Gottes und lernt, alle eure Aktivitäten dem Herrn zu Füßen zu legen, als Akt der Anbetung. Dann werdet ihr von jedem Fehler frei sein. Shrī *Krishna* riet *Arjuna,* den Kampf aufzunehmen und befahl ihm gleichzeitig, den „Feinden" gegenüber keinen Haß zu empfinden. Dies mag als zwei unvereinbare Haltungen erscheinen, denn Krieg ist Leidenschaft *(rāga),* und Verzicht auf Haß ist das „Nichtvorhandensein von *rāga*" *(vairāgya). Arjuna* fragte *Krishna,* wie er diese beiden Haltungen miteinander vereinbaren solle. *Krishna* sagte: „Behalte mich immer im Geiste und kämpfe." (mām anusmara yuddha ca) „Kultiviere nicht das egoistische Gefühl, daß du es bist, der kämpft. Ich benutze dich als mein Instrument", sagte er. Sogar das Essen, das ihr zu euch nehmt, ist dazu da, ihn günstig zu stimmen, der in unseren Körpern als das innere Feuer (vaishvānara) wohnt und begierig ist, die Nahrung zu verdauen, die wir aufnehmen. Der Herr empfängt das Essen, verdaut es und versorgt die verschiedenen Gliedmaßen mit Kraft.

Diese Schule wurde vor zehn Jahren gegründet. Damit will ich sagen, daß sie nun ein lebhaftes Mädchen von zehn Sommern ist. Ein kleines Mädchen von zwei oder drei Jahren wird sich nicht allein außer Haus wagen. Ein erwachsenes Mädchen von zwanzig Jahren kann gut auf sich aufpassen, wo immer es sich befindet. Aber ein zehnjähriges Mädchen kann nicht zu Hause gehalten werden, noch weiß es draußen allein auf sich aufzupassen. Deshalb müssen wir es alle mit großer Umsicht und Sorgfalt führen und leiten. Wir müssen darauf achten, daß die Ideale und Ziele dieser Schule erhalten bleiben und gefördert werden. Der Erfolg und der Ruf dieser Schule basieren auf eurer Disziplin, eurer Hingabe und eurem Pflichtbewußtsein. Ihr müßt jetzt und später ein Leben von vorbildlicher Tugend leben und euren Eltern und eurer Alma mater Ehre bereiten.

Sehnt euch nicht nach zuviel Bewegungsfreiheit. Frauen leiden am meisten, wenn sie von diesem Wunsch getrieben werden. Ihr müßt die Träger der Erziehungsideale dieser Schule sein. Die Lehrerinnen müssen sich ihrer Verantwortung bewußt sein, daß sie für die Studentinnen ein Vorbild darstellen. Wenn eine Lehrerin ihre Pflicht vernachlässigt oder ihr Verhalten verschlechtert, sind davon Hunderte von Studentinnen betroffen. Die moralische Stärke und die Tugend der Lehrerinnen spiegeln sich in den Schülerinnen wider, auf die sie Einfluß ausüben. Ihr müßt ihnen wie euren eigenen Kindern dienen, Kindern, die eure Liebe brauchen und verdienen. Seid wie Mütter zu diesen Kindern und laßt diese Schule klingen durch die Liebe, die gegeben und die Liebe, die empfangen wird.

College für Frauen, Anantapur, 30.8.1978

Feind Nummer Eins

Die heutige Welt liegt krank darnieder, von Angst, Befürchtungen und allerlei Phobien geplagt. Es ist nicht so, daß es kein Mittel gäbe, sie zu kurieren, sie ganz und gar gesund zu machen. Was aber ist die Behandlung, welche die Welt wieder auf die richtige Bahn bringen kann? Der Mensch muß seine hohe Bestimmung erkennen, sein kostbares Erbe, seine angeborene Stärke und seine Tugenden. Das wird Haß und Neid und Argwohn hinwegfegen, die diese entsetzliche Situation verursacht haben. Entwickelt das Band der Bruderschaft, dies ist das Mittel, das verschiedene Fachleute vorgeschlagen haben. Aber das ist nicht genug. Friede und Harmonie können nicht dadurch wiederhergestellt werden, daß die Leute sich sagen, sie seien Brüder. Wir finden immer wieder Brüder und Schwestern, von derselben Mutter geboren, die sich gegenseitig bekämpfen, nur selten haben sie Vertrauen zueinander. Sie beschmutzen ihren Geist mit Zorn und Neid und machen sich und ihren Brüdern und Schwestern das Leben schwer. Kindliche Ehrfurcht und brüderliche Kooperation fehlen heute unter den Menschen. Sie kämpfen um Besitzanteile und verbringen einen Großteil ihrer Zeit und ihres Geldes vor Gericht, um gegenseitig Rache zu üben.

Als Konsequenz des Stolzes auf die eigene Macht und Stärke mag eine Person tausend andere verletzen, aber der Stolz wird schließlich sie selbst am meisten verletzen, denn Stolz und Egoismus sind wie der Teufel, der schwer auszutreiben ist, wenn er den Menschen besetzt. Der Mensch kann nicht beanspruchen, ein Mensch zu sein, solange dieses Ego, das ihn veranlaßt, andere zu ruinieren und zu beherrschen, nicht durch geistige Disziplin *(sādhana)* zerstört wird. Die *Gītā* lehrt, daß der Mensch „ohne mein", ohne die Vorstellung des Besitzes (nirmama) und ohne Ichbewußtsein (nirahamkāra) sein muß. Das Göttliche in ihm kann sich nur dann manifestieren, wenn die dunklen Kräfte des „Mein" und „Ich" unwirksam gemacht werden. Das Ego zu überwältigen ist eine fast unmögliche Aufgabe. Wir haben von den sechs Feinden gehört, die den Menschen in jedem Moment seines Lebens heimsuchen. Aber die Empfindung von „Ich" und „Mein" ist weit tiefer verwurzelt. Einige Menschen haben die sechs Feinde erfolgreich bekämpft - die Lust, den Zorn, die Gier, die Gebundenheit, den Stolz und den Haß. In der Tat haben viele diesen Sieg errungen. Aber der Held ist rar, der sein Ego zerstört hat und dessen ruchlosen Bedürfnissen entkommen ist.

Egoismus ist ein dorniger Busch. Wenn er im Herzen gepflanzt und gepflegt wird, muß man die Strafe bezahlen. Der Egoismus macht aus Freunden Feinde, er ruiniert viele gute Sachen und Projekte. Er erlaubt zwei guten Männern nicht, zusammenzuarbeiten. Der Kummer folgt ihm wie ein Schatten. Wo kein Ego ist, blühen Freude, Frieden, Mut, Kooperation und Liebe. Wenn der Mensch sich bewußt wird, daß dasselbe göttliche Bewußtsein, das ihn motiviert, ebenso alle anderen bewegt, dann treibt die Liebe das Ego in den Hintergrund und übernimmt die Verantwortung für die Handlungen, die Worte und Gedanken des Menschen.

Betrachtet folgendes Beispiel: Jemand verliert ziemlich plötzlich seinen Sohn und befindet sich in tiefer Trauer. So geht ein Nachbar zu ihm und versucht, ihn mit verschiedenen Argumenten und Anekdoten zu trösten und aufzuheitern. „Mein lieber Freund! Weshalb wird der Mensch geboren? Warum stirbt er? Der Grund, wieso er geboren wurde, erklärt auch, warum er starb. Geburt bedeutet Tod. Das Schicksal spielt ein seltsames Spiel mit uns. Wir sind wie Puppen in einem Spiel. Welchen Sinn hat es, über die Toten zu trauern?“ Er überschüttet die von dem schmerzlichen Verlust betroffene Person mit allem Wissen der *Upanishaden*, das er hat. Aber deren Schmerz dauert an, bis ihr selbst die Wahrheit klar wird, ohne daß ihr jemand hilft.

Ein paar Monate später verliert derselbe Nachbar seinen Sohn. Nun kommt jener Nachbar, der ein paar Monate vorher die belehrenden Worte entgegengenommen hatte, zu ihm und wiederholt der Reihe nach dieselben Zitate. Er sagt, daß der Sohn nur solange lebt, wie die Folgen früheren Handelns *(karma)* andauern, und daß sein Leben dann beendet ist, wenn er kein *karma* mehr habe, das er wiedergutmachen müsse. Ebenso können auch wir unsere Söhne nur solange mit uns am Leben erhalten, wie wir durch gute Taten in vorausgegangenen Leben ausgehandelt haben. Es ist alles nur eine Frage des Bezahlens alter Schulden. Aber diese Argumente können den bekümmerten Mann nicht trösten, denn nicht der Mann, der dort predigt, hat seinen Sohn verloren, sondern der, der trauert. Wenn das Ego wach ist, kann keine Weisheit wirksam werden. Das Gefühl „nicht mein Sohn“ ist die Ursache für die Ruhe, mit welcher der Rat erteilt wird.

Wir bauen ein Haus für uns selbst und sind glücklich, daß es unser ist. Wenn jemand ein Kinoplakat an unsere Wand klebt, haben wir das Gefühl, „unser Haus“ sei beschmutzt worden und gehen sogar vor Gericht, um den Missetäter zu bestrafen. Während der Wahlkampagne sind die Wände durch auffallende und ekelhafte Sprüche verunstaltet, und wir ärgern uns allesamt, weil sie unsere Wände beschmutzen. Nun stellt euch vor, wir verkaufen das Haus an jemanden und ziehen fort. Danach sind wir nicht im mindesten mehr bekümmert, selbst dann nicht, wenn das Haus bombardiert wird. Es war das Ego, das den ganzen Kummer bereitet hat. Wie gelangte jener Egoismus in unsere menschliche Struktur? Ist er ein Unkraut, das in uns wuchs und von uns gepflegt wird, bis er unsere Wurzeln und Zweige zerstört? Wo war dieses Ego am Anfang? Wo waren wir, bevor wir geboren wurden? Wo werden wir sein, nachdem wir gestorben sind? All unsere Ideen und Folgerungen sind Produkte der Zeitspanne zwischen Geburt und Tod. Die Tatsache, daß das Mädchen, das du geheiratet hast, als Kind ernsthaft krank war, hat dich nie bekümmert, bis sie „dein“ wurde. Wir haben uns diese Bindung selbst geschaffen, als zusammenfügenden und stabilisierenden Faktor im Leben. Aber wir haben dem Egoismus erlaubt, enorme Ausmaße anzunehmen, so daß er unseren spirituellen Fortschritt behindert. Kultiviert Liebe, aber keine Täuschung. Liebe deine Frau und deine Kinder und tue ihnen gegenüber deine Pflicht als Ehemann und Vater. Aber bleibe immer an die wahren Werte gebunden. Verliere nicht den Sinn für die Relationen. Nimm dieses Beispiel: Da steht eine Arekanußpalme, die, groß und schlank, im

Winde schwankt. Sie wirft einen langen Schatten, der ebenfalls auf dem sandigen Boden hin- und herschwankt. Gott ist die Wahrheit, und die Welt ist sein Schatten. Du hast das Bedürfnis, ein paar Nüsse zu pflükken, aber du hältst den Schatten für den Baum und gehst entlang der dünnen, dunklen Linie und greifst nach den unwirklichen Nüssen. Das kann als eine Täuschung bezeichnet werden. Nun klettere den richtigen Baum hoch, der die Wahrheit ist, und du erhältst die Früchte. Außerdem erscheint dein Schatten, wie er auf der dünnen, dunklen Linie, dem Schatten des Baumes, entlanghüpft und Nüsse abpflückt. Das bedeutet: Wenn du auf dem Pfad der Liebe fortschreitest, dem Pfad Gottes, kannst du beide Welten erlangen. Die Liebe wird dein Herz so erweitern, daß du den Pflichten gegenüber deinen Freunden und Verwandten nicht entfliehen kannst. Bedenke immer, Frau, Sohn und Mutter - alle Verwandtschaft ist grundsätzlich physisch, körpergebunden und zeitlich begrenzt.

Das Ego bringt eine Welle von Wünschen und Bedürfnissen nach der anderen hervor, und es fleht um unsere Anstrengung, sie zu befriedigen. Es ist eine nicht endende Serie. Deshalb versucht, eure Wünsche zu reduzieren und den Bereich eurer Liebe zu erweitern, um aus dem Teufelskreis herauszukommen. Das Leben beinhaltet viele Konfrontationen, Kameradschaften, Trennungen, Konflikte und Vernachlässigungen. Wir müssen beide Arten von Kontakten aufgeben - die unerfreulichen und die erfreulichen. Bindet euch an Gott, und die Täuschung der Welt wird sich automatisch lösen. Nehmt die Fälle von Hiranyāksha, Hiranyakashipu, Kamsa, *Rāvana* und anderen. Sie hatten allen Reichtum und alle Macht, um glücklich und zufrieden zu sein. Aber sie wurden von ihrem Ego beherrscht, das sie schließlich in den Ruin führte.

Das Ego greift den Weisen, den Gelehrten und den Gläubigen *(sādhaka),* die Leiter von Klöstern und die *Gurus* noch mehr an als andere Menschen. Ihr Ego läßt sie behaupten, daß sie alle anderen in der Auseinandersetzung besiegen könnten, daß sie beweisen könnten, daß alle anderen im Unrecht seien und daß sie diejenigen seien, die Gott am nächsten sind. Wenn der Egoismus im Menschen Einzug hält, folgt schnell der Neid und besetzt das Herz. Einige *Gurus,* die religiöse Institutionen unter sich haben, lachen euch aus, wenn sie hören, daß ihr auf dem Weg seid, dem diesjährigen dashaharā-Fest, einem Fest zu Ehren der Gangā, in Puttaparthi beizuwohnen. „So bist auch du ein Opfer dieses Sai-Baba-Wahns geworden“, hänseln sie euch. So etwas sollte eine spirituell vorangeschrittene Person nicht sagen. Sie sollte sich lieber freuen und sagen: „Gut! Es steht dir frei, an irgendeinen Ort zu gehen, an dem du Seelenfrieden finden kannst, wo du Glückseligkeit *(ānanda)* erlangst und wo du dir der Göttlichkeit bewußt wirst. Ich bin froh, daß du einen solchen Ort gefunden hast. Gott ist Einheit und ist allgegenwärtig.“

Mönche mit ockerfarbenem Gewand sollten frei von egoistischem

Stolz und Neid sein. Ich sage euch immer, daß Gott überall präsent ist, in jedem, daß alle Namen und Formen seine sind. Ich weise euch an, zu irgendeinem Ort zu gehen, an dem ihr eure spirituellen Übungen ruhig fortsetzen könnt, wo ihr die Atmosphäre der Göttlichkeit spürt und wo ihr Liebe empfangt und durch Dienst Liebe kultivieren könnt.

Als *Arjuna* den riesigen Khandava-Wald zu Asche machte, erhob sein Ego nicht den Kopf. Aber als er vor der *Kaurava*-Armee stand, befahl ihm sein Ego, zu fliehen. Er hatte für den Kampf enorme Vorbereitungen getroffen, nach Jahren der Entbehrungen und Gefahren hatte er besonders zerstörerische Waffen angehäuft. Als *Krishna* sich anbot, mit den *Kauravas* zu verhandeln und ein Zeichen zu erhalten, daß sie den Gesuchen der *Pāndavas* nachgegeben hätten, so daß ein Krieg vermieden werden könnte, diskutierte *Arjuna* mit ihm und sagte ihm, daß seine Mission fehlschlagen müsse: „Können Jasminblüten Duft ausströmen, wenn man sie ins Feuer wirft? Warum willst du deine süßen, überzeugenden Worte an ihre tauben Ohren verschwenden? Kann lebenserhaltender Nektar aus lebenstötendem Gift gewonnen werden? Nun denn, bereite dir das Vergnügen, dich in ihre Mitte zu begeben. Was mich betrifft, ich bin in diesem Moment ganz für den Kampf.“ *Arjuna,* der so kühn und kriegslustig war, wurde plötzlich von der Täuschung des Ego befallen. Er sagte: „Ich habe nicht das Bedürfnis, über einen Friedhof zu regieren. Ich würde lieber betteln und mich irgendwie durchschlagen, als diese Verwandten von mir zu töten.“ *Krishna* sagte ihm in der *Gītā*, 2. 71: „Nirmamo nirahamkārah sa shāntim adhigaccati“ (Der allein kann den höchsten Frieden (prashānti) erlangen, der bar jeder „ich“- und „mein“-Tendenzen ist und frei von der Täuschung „diese sind meine“, „diese sind nicht meine“, „dies bin ich“ und „dies bin ich nicht.“ 11.10.1978

Auch er ist Er

Die Leute hoffen, sich durch Wohltätigkeit verdient zu machen; einige glauben, daß Askese besser sei; andere sind strikt an das gebunden, was sie für die ewige Ordnung *(sanātana dharma)* halten, sie meinen, dies sei ein besserer Weg, um die göttliche Gnade zu erlangen. Aber all jene Wege und sogar der hochgelobte Pfad der Wahrheit und Rechtschaffenheit *(dharma)* sind nicht so fruchtbar wie der Pfad selbstlosen Dienens *(sevā)*. Dieses heilige Land *Bhārat* hat durch die ständige Ausübung des Ideals aufopferungsvoller *sevā* in der Welt große Anerkennung gefunden.

Verkörperungen der göttlichen Seele *(ātman)*! *Shiva* ist allgegenwärtig, er ist der innere Motivator aller Wesen. Er ist immer gegenwärtig, überall, sowohl in unserem Inneren, als auch in dem, was uns umgibt. An diese fundamentale Wahrheit muß jedes *Sevā*-Gruppenmitglied fest glauben, und indem es diese erkennt, muß es allen gegenüber demütig und voller Ehrerbietung sein. Ihr müßt den verschiedenen Anfällen von Leidenschaft, Emotion, Impulsivität und intellektuellem Zweifel entgegentreten. Ertragt sie trotzdem tapfer, und überwindet sie durch Gebet und Meditation.

Der Herr wird viele Prüfungen abhalten, um zu sehen, ob euer Glaube fest ist und ob eure Einstellung zu selbstlosem Dienen *(sevā)* vollkommen und allumfassend ist. Die Schwächeren auf diesem Weg des Dienens werden durch diese Prüfungen bald ins Wanken geraten; sie gleiten vom richtigen Pfad ab und verlieren die Herrschaft über sich selbst, und so werden sie von ihren Feinden, nämlich der Gruppe der Sechs, überwältigt: Lust, Zorn, Gier, Täuschung, Stolz und Haß. Diese liegen auf der Lauer, um ihre geistige Anstrengung *(sādhana)* zu vereiteln. So werden sie zu Sklaven des nur Körperlichen und Materiellen. Das *Sevā*-Gruppenmitglied, das in der Kraft des Glaubens erstrahlt, daß „Gott in ihm selbst ist, so wie er ebenso in allen anderen ist", kann die Mitglieder seiner Familie, seine Nachbarn, die Gesellschaft, in der es lebt und sich bewegt und das gesamte Land, zu dem es gehört, transformieren. Seine Liebe und sein Licht werden ihm ungebeten eine Menge respektvoller Aufmerksamkeit verschaffen.

Reinheit des Herzens zu erlangen, ist eine Vorbedingung des Dienens *(sevā)*. Ihr müßt eure Motive und Fertigkeiten überprüfen, eure Pläne und Qualifikationen. Und ihr selbst müßt herausfinden, was ihr durch *sevā* zu erreichen hofft. Ihr solltet jegliche Spur von Egoismus oder gar Hoffnung auf Anerkennung und auf die Möglichkeit, Swami nahe zu sein, aufspüren und ausmerzen. Wenn ihr einen unbezähmbaren Drang verspürt, Dinge zu besitzen, die eurer Zufriedenheit dienen oder wenn ihr ein Gefühl der Überlegenheit anderen gegenüber empfindet, die zu euren Freunden und eurer Verwandtschaft zählen, dann verlaßt die Gruppe lieber früher als später.

Ihr habt einige Grundanweisungen gehört, die ich kontinuierlich gebe. Ich habe euch gesagt, daß ihr sie als Anweisungen für das Leben betrachten sollt. „Pflicht ist Gott; Arbeit ist Gottesdienst", und eine andere Regel: „Die Gedanken im Himmel, die Hände helfend in der Gesellschaft!" Vollbringt heilige und nützliche Taten, ungetrübt von Ego und dem Verlangen, daraus Nutzen zu ziehen. Beginnt die heilige Pilgerfahrt zum göttlichen Ziel und macht jede Minute eures Lebens heilig und sinnvoll. Dann wird diese Erde, euer Arbeitsfeld, sicherlich in ein Feld der Arbeit (karmakshetra) und der Tugend (dharmakshetra) transformiert.

Bei der Beurteilung von *sevā*, die von einem Mitglied der Gruppe geleistet wurde, ist es nicht die Quantität oder Anzahl der individuellen Einsätze, die zählt. Nein, beurteilt lieber das Motiv, das den Betreffenden zu helfen veranlaßte, die Echtheit der Liebe und des Mitleids, mit dem *sevā* durchtränkt war! Ihr mögt als Erklärung sagen, daß es eure Pflicht war und ihr es deshalb tun mußtet; ihr mögt sagen, daß es eine Verantwortung war, die euch durch das Halstuch und das Abzeichen auferlegt wurde. Aber die Erklärung, die Swami gefällt, ist, daß ihr eure *sevā* ohne jegliche Spur von Ego geleistet habt und daß ihr daraus unübertreffliches Glück *(ānanda)* gewonnen habt. Vor Beginn jeglichen Dienens müßt ihr die egoistische Tendenz ausmerzen, jegliches Gefühl von mein und dein loswerden und den Stolz zu Asche verbrennen, der sich aus dem Gefühl ableitet, daß ihr einem anderen, der ärmer und unglücklicher ist als ihr, einen Dienst anbietet. Ich finde, daß die Mitglieder der *Sevā*-Gruppen bisher selten dieses Stadium erreicht haben. Sie züchten noch immer den dornigen Busch des Egos in ihrem Herzen. Und die Dornen werden sie stechen, mehr als alle anderen. Das Gefühl von „ich" und „mein" ist die Wurzel allen Übels in der Welt.

Zögert nicht, Demut und Gehorsam, Disziplin und Mitgefühl auszuüben. Legt den Stolz ab, den ihr aufgrund eures Status, Reichtums, eurer Gelehrsamkeit oder eurer dienstlichen Stellung empfindet. „Kann ich, der ich ein hochrangiger Offizier, ein reicher Kaufmann, ein großer Gelehrter, ein wohlangesehener Mann bin, auf die Ebene dieses sich grämenden Mannes herabsteigen?" Fragt nicht solche dummen Fragen. Jede einzelne dieser Qualifikationen, mit denen ihr protzt, wird mit dem Tod oder manchmal eher verschwinden. Die Glückseligkeit *(ānanda),* die ihr vermittelt, die Liebe, die ihr teilt, nur diese werden Besitztümer sein, die euch erhalten bleiben.

Andere, die nicht durch ein spirituelles Bedürfnis motiviert sind, mögen euch auslachen, mögen eure Aktivitäten karikieren und euch sogar Hindernisse in den Weg legen. Aber verliert nicht die Herrschaft über euren Mut oder haßt solche Personen. Entwickelt keinen Zorn. Achtet auf die Göttlichkeit, die in jedem Menschen latent vorhanden ist; das wird euch Frieden und Glück bescheren. Achtet auf den Einen, der die Wahrheit der Vielen ist. Ihr habt euch, den Staaten entsprechend, in Gruppen getroffen und seid über die Arten von *sevā* zu bestimmten Schlußfolgerungen gekommen. Diese sind nun vorgestellt worden. Rajesh Khanna aus Neu-Delhi hat euch den Miniatur-Erste-Hilfe-Kasten gezeigt, den jedes *Sevā*-Gruppenmitglied in seiner Tasche bei sich tragen kann, so daß es zu jeder Zeit auf jede Eventualität vorbereitet ist. Das ist in der Tat eine gute Idee, die von anderen Staaten übernommen werden kann. Gesundheit ist das erste Erfordernis für alle Aktivitäten - physische, geistige, intellektuelle und spirituelle. Jede Verletzung, jede Krankheit, die jemanden befällt, muß mit liebevoller Fürsorge behandelt werden. Aber notwendiger noch als diese Hilfen ist eine andere Form von *sevā*. Tragt in der inneren Tasche (dem Herzen) einen Kasten mit einigen Tabletten der Unterscheidungskraft, ein bis zwei Löffel Sinnenkontrolle und ein paar Päckchen Puder, die als Mischung von Liebe *(prema)* und Geduld vorbereitet wurden. Benutzt diesen Kasten, um anderen und eurem eigenen Selbst Mut und Mitgefühl einzuflößen.

Die Kontrolle der Sinne wird euch gegen eine Menge Böses schützen. Läßt man den Sinnen freien Lauf, kann dies schlimme Folgen haben. Euer Auto ist auf euren eigenen Namen zugelassen und ihr fahrt es selbst, aber wenn ihr die Bremse nicht rechtzeitig betätigt, werden zwangsläufig Unfälle geschehen. Euer Körper kann mit einem Auto verglichen werden. Eure Augen sind die Scheinwerfer, euer Magen ist der Benzintank, euer Mund ist die Hupe, der Geist ist das Steuer, die Reifen sind Rechtschaffenheit *(dharma)*, Wohlstand *(artha)*, Verlangen *(kāma)* und Befreiung *(moksha)*. Die Luft in den Reifen ist der Glaube, Intelligenz oder *buddhi* ist die Zündung.

Die Anbetung der individuellen Seele *(jīva)*, ein anderer Name für *sevā*, kann nur mit Erfolg verrichtet werden, wenn das Herz rein ist. Wenn der Geist des Dienenden *(sevaka)* unrein ist, sind alle verschiedenen Arten von Dienst, über die man schreiben oder reden mag, bloße Prahlerei. Vollbringt jedes noch so kleine bißchen *sevā* mit einem Herz, das von Glück *(ānanda)* übersprudelt und einem Geist, der mit Liebe angefüllt ist. Das wird sehr viel mehr Gnade bringen als riesige Projekte, die mit Stolz und Pomp ausgeführt werden.

Heutzutage hat der Glaube an Gott und Güte abgenommen. Die Mittel sind dem Zweck untergeordnet. Der Erfolg wird durch faire oder unfaire Mittel angestrebt, wobei die unfairen die häufigeren Hilfsmittel darstellen. Der Mißbrauch offizieller Positionen, das Terrorisieren unwissender und unschuldiger Leute, um seinen Willen durchzusetzen, das Schaffen von Situationen der Angst und Verzweiflung, um die moralische Kraft der Leute zu unterminieren - dies sind anerkannte Taktiken geworden. Ein Sieg, der durch fragwürdige Mittel erzielt wurde, ist genauso beschämend wie eine Niederlage; eine erlittene Niederlage, bei der die Mittel ehrlich und voller Mitgefühl waren, muß als Sieg gefeiert werden. Wenn ihr nicht vom rechten Pfad abweicht, wenn ihr an der Wahrheit festhaltet und nicht den Mut verliert, ist euer Versagen so anerkennenswert wie ein Erfolg. Die *Sevā*-Gruppenmitglieder sollten nicht wie Maschinen denken und nicht mechanisch werden. Sie müssen Vertrauen in den *Mantra*, nicht in die Maschine *(yantra)* haben, und sie müssen jede Person als Verkörperung Gottes sehen. Ihr sucht einen Bambus aus, der gerade und kräftig ist. Aber wenn ihr ein Zuckerrohr aussucht, dann achtet ihr auf den Zucker, der darin enthalten ist. Ebenso dürft ihr *Sevā*-

Gruppenmitglieder nicht aufgrund dieser oder jener Qualifikation aussuchen, sondern einzig aufgrund der spirituellen Anstrengung *(sādhana),* durch das sie der Göttlichkeit in jedem Individuum gewahr werden.

Auch den folgenden Rat gebe ich euch noch: „Auch wenn ihr nicht helfen könnt, so könnt ihr doch zumindest Zuspruch geben." Das bedeutet, daß ihr eure Sprache von Zynismus und Sarkasmus reinigen müßt und aufrichtig und liebevoll sein sollt. Ihr mögt, was Methoden und Programme betrifft, anderer Meinung sein als eure Mitarbeiter, aber das sollte weder in eurem noch in ihrem Herzen eine Narbe hinterlassen. Inhaber bestimmter Positionen in dieser Organisation sind Führer, die selber die Hauptlast tragen und Leiter, die den Weg beschreiben, auf den sie andere führen möchten. Sie sollen weder kommandieren noch bestrafen; sie können nur überzeugen und beraten. Der Name von Sathya Sai ist jedem Flügel dieser Organisation verbunden. Es ist Sathya Sai, der die Aktivität jedes Flügels inspiriert. Diese Tatsache haben sich viele von euch nicht zu Herzen genommen. Sai ist die innere Inspiration und das Licht für jeden Mitarbeiter. Die einzelnen Sektionen sollten sich nicht so frei fühlen, den Launen und Vorlieben der Mitglieder oder Amtsinhaber entsprechend zu handeln. Jeder ist vom anderen abhängig. Wenn ein Dorn den Fuß sticht, vergießt das Auge Tränen. Es gibt eine Göttlichkeit, die das gesamte System der physischen, mentalen und intellektuellen Aktivität im Körper bewegt und motiviert. Innen und außen, alles was ist, ist angefüllt mit Gott. Wenn ein Organ glücklich ist, sind alle glücklich. Wenn ein Glied erkrankt ist, sind alle unglücklich.

Der Name Dal (Zweig, Abteilung), den ihr tragt, hat noch eine andere große Bedeutung. Dal bedeutet das Blütenblatt einer Blume. Die Lotosblüte hat tausend Blütenblätter. Sie entspringen alle der zentralen Fruchthülle. Jedes Blütenblatt zieht seine Kraft, Nahrung, Farbe, seinen Duft und seine Anmut aus der Fruchthülle. Losgelöst von der Fruchthülle kann das Blütenblatt nicht überleben. Die Gebundenheit und Zuneigung kann erhalten bleiben, wenn das Blütenblatt den Idealen und Lehren Sais anhängt. In meiner Botschaft an euch bleibt kein Platz für Unterschiede oder Unterscheidungen, die ihr bei denen seht, denen ihr dient. Mögen alle Wesen in allen Welten glücklich sein (lokasamastāh sukhino bhavantu). Das ist mein Wunsch und mein Segen.

Liebe *(prema)* zu entwickeln ist die eine und einzige spirituelle Übung *(sādhana),* die euch mit dieser Auffassung und dem Glauben ausstatten kann. Wenn zwischen den Mitgliedern der einzelnen Organisationsbereiche irgendein Gefühl des Hasses, der Meinungsverschiedenheit oder des Neides gegen ein anderes Mitglied entsteht, behandelt das wie eine schwere Sünde. Es ist Gotteslästerung, eine Form von Verrat gegen die Organisation selbst. Laßt die Vergangenheit Vergangenheit sein. Die Vergangenheit können wir nicht wiedergutmachen; die Zukunft gehört uns nicht. Laßt uns nicht darüber nachdenken, was schon geschehen ist. Gebt von diesem Moment an Neid, Stolz, Haß auf und pflanzt in eure Herzen Liebe und gegenseitige Hilfe. Gebt die schädliche Gewohnheit auf, bei den anderen Fehler zu suchen; sucht die Fehler bei euch selbst. Ihr entdeckt die Fehler nur, weil ihr die Fehler habt. Fehlerlose Leute können nie Fehler in anderen finden.

Wir haben hier zehntausend *Sevā*-Gruppenmitglieder, die zum selbstlosen Dienst für andere ausgebildet sind und sich dieser Tätigkeit gewidmet haben. Ich habe Zweifel, ob ihr der Pflicht, die ihr freiwillig übernommen habt, euch selbst und anderen gegenüber gerecht werdet. Aus den Berichten, die ihr vorgelesen habt, entnehme ich, daß ihr im Zuge des Dienstes im ländlichen Bereich in die Dörfer geht, die von den Vereinigungen (samiti) angenommen wurden, und dort Straßen repariert, Abflüsse reinigt, Medikamente verteilt, *bhajans* leitet und Vorträge haltet. Ist das die Arbeit, welche die Sathya Sai *Sevā*-Gruppen leisten sollten? Stellt euch vor, ihr habt ein Glas, aus dem ihr immer Wasser trinkt. Reicht es aus, wenn das Glas nur von außen gereinigt wird? Innere Sauberkeit, innere Gesundheit, innere Erleuchtung - all diese sind bei weitem wichtiger, und jede Sathya Sai *Sevā*-Gruppe muß gerade dies auf breiter Front aufgreifen. Findet heraus, wieviel Familien sich aufgrund der schlechten Gewohnheiten der Brotverdiener in Not und Armut befinden. Trinken, Spielen und andere Laster müssen mit Demut und Liebe, durch Überzeugungskraft und sogar persönliche Unterwerfung in Angriff genommen werden. Die Regierung baut Krankenhäuser, plant Straßen, regelt die Wasserversorgung und verbessert die äußeren Lebensbedingungen. Nur einer spirituellen Schar von Gläubigen *(sādhaka)* wie euch kann es gelingen, ihre Gewohnheiten zu verändern und sie auf den Pfad des Friedens, des Wohlstands und der Harmonie zu leiten. Jede Anstrengung, den Dorfbewohnern durch eine Anstellung ein paar Groschen mehr zu verschaffen, macht die Sache nur noch schlimmer, wenn ihre moralische Einsicht nicht genügend gestärkt wird, um der Versuchung des Trinkens und Spielens zu widerstehen. Leitet sie langsam, aber sicher auf den Weg zu Gott, dann werden diese Gewohnheiten eine nach der anderen wegfallen.

Hofft nicht, dadurch Gnade zu erlangen, daß ihr auf die Menschheit herabblickt und zu Sai aufblickt. Denkt auch daran, daß eure Kleidung, die Art, wie ihr euch bewegt, die Art zu sprechen und sogar euer Aussehen euren Charakter anderen gegenüber offenbart. Habt immer sanfte, liebevolle Worte auf den Lippen; richtet den Blick auf heilige Dinge. Tragt einfache, saubere Kleidung. Imitiert nicht diejenigen, die von der letzten Mode fasziniert sind, was Kleidung und Haartracht anbelangt. Wie könnt ihr *sevā* leisten, wenn ihr euch so weit vom einfachen Mann entfernt? Ich rate euch: „Folgt dem Meister." Mit Meister meine ich das

Gewissen in euch, die Stimme Gottes. Dann könnt ihr „dem Teufel entgegentreten“ und seinen Versuchungen unversehrt widerstehen. Und ihr müßt immer wachsam sein, daß alle Gewohnheiten und abgelegten Haltungen sich nicht wieder einschleichen. So ist die dritte Regel: „Kämpft bis zum Ende“, und dann werdet ihr schließlich in der vierten Runde den Sieg erlangen: „Beendet das Spiel.“

Von dem Moment der Geburt an hat euer Atem eure Realität verkündet, denn unaufhörlich wiederholt er den *Mantra „so'ham“*, „ich bin Er“, ich bin *Shiva*. Seid euch darüber im klaren, und ihr könnt niemals fehlgehen. Ihr könnt niemals jemanden verletzen und beleidigen, denn auch er ist Er. Wenn die Wiederholung von *so'ham* aufhört, wird der Mensch zu shava, einem Leichnam, reduziert. Deswegen kultiviert die göttlichen Qualitäten der Liebe, des Mitgefühls, der Demut und Ehrerbietung allen lebenden Wesen und Ehrerbietung der Erde und allen Elementen gegenüber. Dadurch könnt ihr selbst die Gnade Gottes auf euch ziehen und euer Leben nützlich und fruchtbar gestalten.

Herzlichen Glückwunsch

„Dasselbe göttliche Mitgefühl, das Dhruva segnete, Gajendra rettete, Kucela wieder einsetzte und *Prahlāda* unterstützte, ist wieder auf die Erde gekommen: als Zufluchtsort derer, die keine Zuflucht finden; als der Herr des Friedens, der Harmonie und der Rechtschaffenheit; als göttliche Manifestation (mūrti) von „Sein-Bewusstsein-Glückseligkeit“ *(sat-cit-ānanda)*; als der Puttaparthi Sathya Sai, die Seinsrealität des Universums *(sat)*, des Weltherrschers (cakravartin), des Königs aller Könige.“

Wie faszinierend ist das Gesicht des Babys, das im Schoß der Mutter ruht! Es hat keine Angst in seinen Augen, es hat Freude auf den Lippen, es ist voller Frieden. Es ist unberührt von jenen bösen Kräften, die den Menschen seines Friedens und der Freude berauben - Neid, Gier, Zorn und Haß. Es hat keine egoistischen Wünsche, es will auf andere keinen Eindruck machen und nicht angeben. Es hat keine Pläne für die Zukunft und fühlt kein Bedauern um die Vergangenheit. Sein Vertrauen in die Liebe und Stärke der Mutter ist so unerschütterlich, daß selbst, wenn der Himmel zusammenbräche, seine Ruhe nicht gestört würde. Weshalb verschwinden diese Ruhe und diese Freude, wenn das Baby erwachsen wird und machen Angst, Befürchtungen und Haß Platz? Die Ursache liegt in der wachsenden Herrschaft der Sinne und ihrem Geschrei nach Befriedigung. Der Mensch tendiert heute wieder dazu, nur die „Vielen“ zu sehen;

die Vision des Einen läßt er links liegen. Als Ergebnis trifft er auf Konkurrenz und Konflikt und verbringt sein Leben in Kummer, Enttäuschung und Verzweiflung.

Indem das Kind mehr Informationen und Erfahrungen sammelt und gebildeter und intellektueller wird, erlebt es die Welt als Schlachtfeld gegensätzlicher Kräfte und Armeen und kämpft deshalb mit falschen Mitteln um den Sieg. „Jeder Kopf hat seine eigenen Gedanken", sagen die Schriften, „keine zwei stimmen überein." Unterschiede brüten Meinungsverschiedenheiten aus, und schließlich wird das Leben zu einem Feld, auf dem ein Ego das andere bekämpft. Die Situation ist ebenso schlecht wie die auf medizinischem Gebiet, wo Spezialisten, die nur Krankheiten des Auges, der Nase, des Halses, des Magens, der Leber, des Herzens, der Haut etc. diagnostizieren und behandeln können, vergessen, daß alle diese durch den Organismus, der Körper genannt wird, vereint sind und daß es nicht ratsam ist, sich mit ihnen als unterschiedlichen Teilen getrennt zu befassen. Das Universum, das Individuum, Gott (paramātman), alle sind untrennbar miteinander vereint. Die Wissenschaftler protzen mit den kleinen Einblicken, die sie in die Wahrheit haben, als seien es große Siege. Sogar die Technologie, welche die Wissenschaft bisher unterstützt hat, ist für die Menschheit voller Gefahr. Sie teilt den Kosmos und die dahinterliegende Kraft und spezialisiert sich auf kleine Teile, wodurch sie falsche Bilder der Realität vermittelt.

Auch *Devotees* sind in diesem Spiel verfangen und sehen viele, wo es nur Einen gibt. Sie suchen lieber den Weg, der anerkannt ist, der ihnen Ruhm einbringt als den Weg, der ihnen Befreiung und Erleuchtung sichert. Sie stellen ihre eigene Idee von Gott in den Vordergrund und kämpfen um Vorrang und Unterstützung. Der vedische Lehrsatz *(sūtra)* „Ich bin Einer, ich werde Viele sein" (eko'ham, bahuh syām) wird ignoriert. Es ist der Eine, der vorgibt, Viele zu sein. So soll man lieber die Auswirkung des Einen als die der Vielen spüren, während man sich in der Welt bewegt.

Der Glaube ist sehr wesentlich für den Pilger auf dem Weg zur Allseele. Der Mensch ist augenblicklich - in diesem kurzen Intervall zwischen Geburt und Tod - in zeitweiligen und trivialen Scheinbeschäftigungen verfangen, und er betrügt sich selbst, indem er in diese Beschäftigungen Vertrauen setzt anstatt in die wahren und dauerhafteren Realitäten und Erfahrungen. Er hält nicht an der Unterscheidungskraft und den tieferen Realitäten fest, deshalb wird er von jedem Anflug von Zweifel oder Enttäuschung davongetragen.

Das Baby in dem Schoß der Mutter ist ruhig und unbeteiligt, da es Vertrauen in die Mutter hat. Die Mutter zeigt auf jemanden als seinen Vater, auf jemand anderen als seinen Großvater, auf wieder jemand anderem als Schwester oder Bruder, und das Kind akzeptiert diese Behauptungen ohne Frage. Die Mutter vermittelt dem Kind das Vertrauen in den Vater. Ebenso erklärt Mutter Natur, daß es einen Vater gibt, der diese Welten erschaffen hat und sie mit Energie und Motivation versorgt; aber der Mensch akzeptiert es nicht, weil er die Fähigkeit zu glauben verloren hat. Glauben ist die Grundlage jeder Handlung; ihr lauft nicht vor dem Barbier fort, nur weil er eine scharfe Rasierklinge hat. Ihr setzt Vertrauen in ihn und erlaubt ihm, euch die Haare zu schneiden, wobei ihr euch stillschweigend seinen Eigenarten unterwerft. Ihr gebt für viel Geld eure Kleider zum Wäscher, da ihr das Vertrauen habt, daß er sie euch gewaschen und gebügelt zurückbringt. Ihr habt Vertrauen in den Fahrer eures Wagens, in den Ingenieur, der euer Haus baut. Glaubt ebenso an den inneren Motivator, den göttlichen Funken *(ātman)* in euch, die Stimme Gottes. Die Leute gehen jetzt umher und raten anderen, nur die Dinge zu glauben, die jemand „gesehen" und „erfahren" hat. Irgendwo passiert etwas, und die Nachricht wird in den Zeitungen veröffentlicht. Es wird ohne weiteres geglaubt. Glaubt ebenso an die Erfahrung von Sehern und Weisen, die nichts anderes wollten, als die Wahrheit zu ergründen und sie mit denjenigen zu teilen, die sich ihrer nicht bewußt sind. In Indien hatten wir Millionen, die an Gott und die Gottsuchenden glaubten und die selbst die Wahrheit Gottes erkannten. Dies hat ihr Leben glücklich und zufrieden gemacht.

Natürlich muß der Suchende viele Hindernisse überwinden, sowohl innere als auch äußere. Aber jedes von ihnen ist eine Herausforderung, die seinen latenten Glauben hervorbringen soll. Wo keine Dunkelheit ist, findet das Licht keine entsprechende Würdigung. Ohne die Qual des Hungers wird niemand nach Essen suchen. Angesichts des Todes liebt die Mutter ihr Kind besonders und behandelt es liebevoller.

Das ist der Grund, warum ein Heiliger seinen Anhängern riet: „Bittet Gott nicht um irgendetwas. Laßt ihn euch behandeln, wie er es will." Bat Jatāyu *Rāma* darum, zu kommen und die letzten Riten zu vollziehen? Sandte Sabari etwa dringende Bitten an *Rāma*? Erwerbt die Qualifikationen Heiligkeit, Reinheit, Glauben, universelle Liebe; er wird sich euch sofort nähern, um euch zu trösten, zu erfreuen und zu retten! Die Reinheit des Herzens, die Herrschaft über die Sinne - wenn ihr diese beiden Voraussetzungen besitzt, ist Gnade euer Recht. Da der Mensch glaubt, daß Seligkeit in der äußeren Welt verfügbar sei, weicht er vom inneren Pfad ab und ist im Unglück gefangen. Er sucht sie in der Familie - bei der Frau und den Kindern - und geht, um ihnen einen gewissen Lebensstandard zu sichern, schlechte Wege. Der fundamentale Fehler ist sein Glaube, daß der Körper das Ein und Alles der Existenz ist. Er ignoriert den Bewohner des Körpers, der erkannt, verehrt und auf den reagiert werden muß.

Der *Avatar* ist die Seelenkraft (ātmashakti), die sich das Kleid der

Aktivität (kriyāshakti) und Gelassenheit (yogashakti) angelegt hat. Im allgemeinen wird der Prozeß der Inkarnierung als „Herniederkommen" von einem höheren auf einen niedrigeren Status beschrieben. Aber nein. Wenn das Kind in der Wiege weint und jammert und um Hilfe ruft, beugt sich die Mutter hinab und nimmt es in ihre Arme. Ihr Sich-Hinabbeugen kann nicht als „Herniederkommen" beschrieben werden. Das Flugzeug muß hoch oben fliegen, es kann nicht die Straße entlang fahren. Aber es fliegt nicht immer. Es landet auf dem Flughafen, weil dort Leute sind, die ein Ticket erworben haben, das sie berechtigt, mit dem Flugzeug zu fliegen. Wenn ihr die Voraussetzungen erwerbt, wird die Inkarnation des *Avatars* kommen und euch retten. Wenn man jedoch andererseits seine Schuld vergrößert und tiefer und tiefer sinkt, wie kann man dann gerettet werden? Habt Liebe und Seligkeit *(ānanda)* in euren Herzen. *Ānanda* entsteht durch reines Sehen, reines Hören, reine Sprache und reine Handlungen.

Der Tag, an dem ihr euch in dieser Glückseligkeit einrichtet, dieser Tag wird für euch mein Geburtstag sein. Ich muß euch noch etwas erzählen. Swamis Geburtstag wird in Puttaparthi gefeiert, weil so viele Tausende trotz der Kosten und vieler Schwierigkeiten während der Reise hierherkommen. Habt nicht den Eindruck, ihr müßtet kommen, weil Swamis Geburtstag ist. Ich habe nicht den Wunsch, daß mein Geburtstag gefeiert wird; solche trivialen Gedanken können mir nicht kommen. Mein einziger Wunsch ist, meine Glückseligkeit mit euch zu teilen, euch zu ermuntern, ein Leben voller *ānanda* zu führen. Mein Geburtstag ist, wenn ihr *ānanda* erlangt. Meine Mission ist: „Mögen alle Welten glücklich sein. Möge in allen Welten Glück herrschen" (lokāsamastāh sukhino bhavantu). Werdet euch der Einheit der Menschheit bewußt, fördert durch Liebe und Dienst die Freude und Zufriedenheit aller auf Erden, erfüllt euer Herz mit jenem Verlangen. Dann wird es wahrhaftig zum Sai-Tempel. Von dem Moment an bin ich, wo ihr seid.

Seit heute morgen sind viele mit dem Gruß „Herzlichen Glückwunsch" zu mir gekommen. Niemand braucht mir Glück zu wünschen, da ich immer und überall glücklich bin. Warum sollte die Verkörperung der Glückseligkeit (ānandasvarūpa) über einen glücklichen Geburtstag sprechen? Auch ihr müßt immer glücklich sein und nicht auf den alljährlich wiederkehrenden Geburtstag warten, um *ānanda* anzusammeln.

Prashānti Nilayam, 23.11.1978

Isa

Die Anhänger jeder Religion rufen den einen allgegenwärtigen Gott an, der ihre Gebete erhört, aus welchem Teil der Welt sie auch sein mögen oder welche Sprache sie auch immer sprechen. Es ist derselbe Gott, der allen Menschen Gesundheit, Gedeihen, Frieden und Glück verleiht. Keine Religion hat einen gesonderten Gott, der Gnade nur über diejenigen ergießt, die sich zu seinem Glauben bekennen!

Es ist die Bestimmung des Menschen, sich vom „Mensch-Sein" zum „Gott-Sein" zu entwickeln, so wie er schon vom Tier zum Menschen vorangeschritten ist. Auf dieser Pilgerfahrt muß er verschiedene Hindernisse überwinden und Prüfungen bestehen. Um dem Menschen den Weg zu ebnen und ihm zu helfen, diese Schwierigkeiten zu überwinden, erscheinen Weise, Seher, verwirklichte Seelen, göttliche Persönlichkeiten und Inkarnationen Gottes unter den Menschen und erleuchten seinen Weg. Sie wandeln unter den Leidenden, den Suchenden, die vom Weg abgekommen sind und ermutigen sie. Bestimmte Personen werden nur zu diesem Zweck hier geboren. Sie können die kārana-janmas genannt werden, denn sie nehmen eine Geburt (janma) für einen bestimmten Zweck (kārana) auf sich. Solche Vorbilder und Führer erscheinen in allen Völkern und Ländern. Sie vermitteln den Glauben an höhere Ideale und lehren, als wäre ihre Stimme die Stimme Gottes. Dabei beraten sie aus dem Herzen heraus.

Selbstverständlich gibt es Aspiranten, die durch ihre Hingabe, ihre Gottesverehrung und ihr diszipliniertes Leben die Vision des allgegenwärtigen, allmächtigen und allwissenden Einen erlangen. Sie sind mit der Glückseligkeit, die sie für sich selbst gewonnen haben, zufrieden. Es gibt andere, die sich danach sehnen, ihre Seligkeit mit denen jenseits der Grenze zu teilen; sie leiten an, führen und werden dadurch gesegnet. Sie lehren, daß die Vielfalt eine Täuschung und die Einheit die Wirklichkeit ist. Sie instruieren andere, daß jeder einzelne eigentlich drei in einem ist: derjenige, der er selbst zu sein glaubt; derjenige, für den andere ihn halten und derjenige, der er wirklich ist.

Jesus war ein kāranajanman, ein Meister, geboren zu einem bestimmten Zweck, nämlich mit der Mission, Liebe, Barmherzigkeit und Mitgefühl im Herzen des Menschen wiederherzustellen. Er war nicht an das Selbst gebunden; er beachtete nie seinen Kummer und Schmerz, seine Freude oder seinen Vorteil; er hatte ein Herz, das auf den Ruf des Seelenschmerzes, den Schrei nach Frieden und Brüderlichkeit antwortete. Er wanderte durch das Land, predigte die Liebe und goß sein Leben aus wie ein Trankopfer als Opfergabe für die Menschheit.

Wie die meisten Suchenden suchte auch er das Göttliche in der objektiven Welt der Natur, aber er erkannte bald, daß die Natur ein kaleidoskopartiges, von der eigenen Vorstellungskraft geschaffenes Bild ist, und fortan suchte er Gott in sich. Hierbei brachte ihm sein Aufenthalt in den Klöstern des Himalaya, in Kashmir und anderen Zentren östlichen Asketentums und philosophischer Betrachtungen größeren Erfolg. Nachdem er sich anfänglich als Bote Gottes bezeichnete, erklärte er nach seiner Rückkehr aus dem Osten, daß er der Sohn Gottes sei. Denn die ehemalige Einstellung beinhaltete die Dualität, eine Herr-Diener-Beziehung, in der man sich den Anweisungen des Meisters nicht entziehen konnte. Man mußte die in den heiligen Schriften niedergelegten Pflichten erfüllen. Dies störte ihn, und er empfand sich als Widerspiegelung Gottes (pratibimbana), während Gott der Spiegel (bimba) war. Die Verbindung zu Gott vertiefte sich: Das „Ich" war nicht länger ein entferntes Licht oder eine Wesenheit, das Licht wurde Teil des „Ich". Wenn das Körper-Bewußtsein vorherrscht, empfindet man sich als Diener oder Botschafter; herrscht jedoch das Herz-Bewußtsein vor, empfindet man Nähe und Vertrautheit. Darum erscheint in diesem Stadium die Vater-Sohn-Beziehung natürlich. Später, nachdem sich das *ātman*-Bewußtsein gefestigt hatte, erklärte Jesus: „Ich und mein Vater sind eins", ebenso wie man sagt: „Ich war im Licht", dann „Das Licht war in mir" und jetzt: „Ich bin das Licht."

Jesus konnte behaupten, daß sein Leben seine Botschaft war, denn er lebte unter den Menschen, wie er sie zu leben anwies. Jeder muß seine spirituelle Pilgerfahrt beginnen, indem er erklärt, er sei Gottes Diener oder ein Bote Gottes und muß versuchen, diesem hohen und verantwortungsvollen Status entsprechend zu leben. Das ist das Stadium der Dualität *(dvaita)*. Dann entdeckt er das Göttliche in sich und erkennt, daß Gott sein kostbares Erbe ist, das er in Anspruch nehmen und nutzen muß. Das ist das Stadium des qualifizierten Monismus (vishishtādvaita), in dem man fühlt, daß man Gottes Sohn ist, von gleicher Natur wie er. Schließlich geht man im Gottes-Bewußtsein auf, „die Salzpuppe hat sich im Meer aufgelöst." Dies wird in der Hindu-Philosophie beschrieben und ist die Essenz aller religiösen Lehren und Disziplinen.

Man kannte ihn unter dem Namen Jesus. Er wurde vom Volk als Christus verehrt, da es in seinen Gedanken, Taten und Worten keine Spur von Ego entdeckte. Er war ohne Neid oder Haß, er war erfüllt von Liebe und Barmherzigkeit, Demut und Mitgefühl. Jesus war nicht sein ursprünglicher Name, sondern Isa, was, wenn man die Buchstaben umstellt, Sai ergibt. Isa oder Sai, beide bedeuten „Īshvara", Gott, das Ewig-Absolute, Sein-Bewusstsein-Glückseligkeit *(sat-cit-ānanda)*. In den tibetanischen Manuskripten des Klosters, in dem Isa einige Jahre verbrachte, wird der Name Issa geschrieben, was „Herr aller Lebewesen" bedeutet.

Als Jesus erklärte, er sei ein Botschafter Gottes, wollte er hervorheben, daß jeder ein Botschafter Gottes ist und als solcher sprechen, handeln und denken muß. Das ist das wahre Tätigsein (karmakānda), das die *Veden* meinen: spirituelle Ausübung der Arbeit *(sādhana)*, Wiederholung des heiligen Namens *(japa)*, Dienst *(sevā)* und Meditation *(dhyāna)*. Bei weiterem Voranschreiten - so behauptete Jesus - kann jeder alle als Söhne Gottes erkennen, als seine eigenen Brüder und Schwestern, die Verehrung verdienen. Mit dieser Stufe auf dem ewigen religiösen Weg befassen sich die *Veden* im Abschnitt der Verehrung (upāsanakānda). Schließlich reift das Wissen zur Weisheit heran, und wenn man erkennt: „Der Vater und ich sind eins", ist das Ziel, der Abschnitt der Erkenntnis (jnānakānda) der *Veden* erreicht.

Die Geburtstage von solch bedeutenden Menschenlehrern wie Jesus (kāranajanma) müssen von der ganzen Menschheit gefeiert werden; ihre Lehren gehören der gesamten menschlichen Rasse. Sie sollten nicht auf ein einzelnes Land oder eine Gemeinschaft beschränkt werden. Jesus fand, daß die Gelehrten und diejenigen, die in Ritualen gefangen sind, die wahre Religion vernebelt hatten. Er engagierte sich dafür, sowohl Spiritualität als auch Moral zu lehren, denn Erziehung ist das eigentliche Licht des Lebens. Jesus sah, daß die Leute hinter Glasperlen herliefen und sie für Diamanten hielten, denen sie hohen Wert beimaßen. Er besuchte die heiligen Stätten und bemerkte, daß sie zu Märkten geworden waren, in denen die Gnade gehandelt und kommerzialisiert wurde. Er verurteilte die Priesterschaft, welche diese Praktiken tolerierte und förderte. Dadurch zog er sich den Zorn der Tempelherren und Klostervorsteher zu. Sie überredeten einen der Jünger von Jesus, ihn für dreißig Silberlinge zu verraten.

Den römischen Herrschern wurde erzählt, daß er versuchte, sich selbst zum König zu erklären, und so konnte er des Verrats angeschuldigt und bestraft werden. Aufgrund der Beharrlichkeit seiner Ankläger befahl der Gouverneur seine Kreuzigung. Als Jesus an das Kreuz genagelt wurde, hörte er die Stimme des Vaters sagen: „Alles Leben ist eins, mein lieber Sohn! Behandle alle gleich", und Jesus bat darum, daß jenen verziehen werden möge, die ihn kreuzigten, da sie nicht wüßten, was sie täten. Jesus opferte sich um der Menschheit willen.

Lobgesang und Kerzen, Lesungen aus der Bibel und das Krippenspiel genügen nicht, um die Geburt Jesu zu feiern. Jesus sagte, daß das Brot, welches sie während des letzten Abendmahls zu sich nahmen, sein Fleisch sei und der Wein sein Blut. Damit wollte er sagen, daß alle lebenden Wesen aus Fleisch und Blut so behandelt werden sollten wie er und daß zwischen Freund und Feind, uns und den anderen kein Unterschied gemacht werden sollte. Jeder Körper ist sein Körper, erhalten durch das Brot; jeder Tropfen Blut, der in den Adern eines jeden lebenden Wesens fließt, ist sein, angeregt durch die Wirkung des Weines. Das heißt: Jeder Mensch ist göttlich und muß so verehrt werden.

Ihr arbeitet als Botschafter oder Diener Gottes; später verehrt ihr ihn, wie ein Sohn seinen Vater verehrt, und schließlich erlangt ihr die Weisheit, daß ihr und er eins seid. Das ist die spirituelle Reise, und Jesus hat den Weg klar aufgezeigt. Sehr früh im Leben erklärte er, daß er gekommen sei, um den spirituellen Weg zu erleuchten. Selbst als Knospe strömte er Duft aus. Er hatte das Licht in sich, wie sonst könnte ein winziges Glühwürmchen als Lampe erscheinen?

Um den Menschen zu erhöhen und dessen Bewußtseinsebene anzuheben, muß er sich als Mensch inkarnieren. Er muß auf ihre eigene Art und in ihrer Sprache zu ihnen sprechen, er muß sie die Methoden lehren, die sie annehmen und praktizieren können. Vögel und Vieh benötigen keine Inkarnation als Vögel oder Vieh, die sie leitet, denn sie neigen nicht dazu, von ihrem *dharma*, dem Pfad der Rechtschaffenheit, abzuweichen. Nur der Mensch vergißt das Ziel des Lebens oder läßt es außer acht.

Weihnachten, *Prashānti Nilayam*, 25.12.1978

Arbeitet für den Frieden

Die Städte sind zum stürmischen Meer geworden, von gewaltigen Wellen bewegt, und ihre Bewohner leben von Dunkelheit umgeben in Booten, die hin- und hergeworfen werden. Für diese verzweifelten Leute ist das spirituelle Ideal, das hell leuchtet, das einzige, was sie zu Sicherheit und Geborgenheit führen kann. Die Landbevölkerung wird von der Kultur der Städte schnell angesteckt, und so breitet das Elend sich aus. Das ist der Geist der Zeit. Der Mensch, in diesem Geist verfangen, häuft alle möglichen Arten von Wünschen an und verzweifelt, wenn er sie nicht erfüllen kann. Sein Leben endet in unterschiedlichem Elend. Der Mensch vergißt, daß sein innerster Wunsch nach Selbst-Erkenntnis und dem Guten von ihm gehegt und gepflegt werden muß. Alle anderen Wünsche sind schlecht und bedeutungslos. Der Mensch ist mit der Kraft ausgestattet, das wesentlich Gute vom oberflächlich Erfreulichen zu unterscheiden, aber er kultiviert diese Gabe nicht und zieht aus ihr keinen Nutzen.

Die *Pāndava*-Brüder hatten großes Glück. Der Älteste, Dharmarāja, stieg zum Herrscher auf. Der zweite war der mit der schrecklichen Keule bewaffnete, unbezähmbare Bhīma. Der dritte war *Arjuna,* Sohn von *Indra*, des Herrn der Götter. Der Herr war *Arjuna* gnädig und erwies ihm die Ehre, ihm als Wagenlenker zu dienen! Trotz dieser Bevorzugung wurden die Brüder den härtesten Prüfungen ausgesetzt. Welche Lehre kann man aus ihren Leben ziehen? Niemand kann vorhersagen, wann ihm irgendeine Schwierigkeit entsteht. Alles obliegt dem Willen der Vorsehung; alles geschieht entsprechend dem göttlichen Plan.

Wo genau hält Gott sich auf? Er ist überall, in allen Wesen. Er wird allgegenwärtig und allwissend genannt. Tatsächlich ist er Liebe, und die Liebe durchdringt alles. Das ist alles, was wir wissen müssen. Es gibt kein Lebewesen, das ohne eine Spur von Liebe wäre. Liebe führt zu reiner und andauernder Glückseligkeit *(ānanda)*. Viele suchen diese Glückseligkeit in Verbindungen mit anderen Individuen; andere suchen sie, indem sie Ruhm, Macht, Reichtum etc. anhäufen; wenige versuchen, sie durch Verzicht auf materielle Besitztümer und den Wunsch nach weltlichen Vergnügungen zu erlangen. Nur die Bindungslosigkeit kann Glückseligkeit *(ānanda)* vermitteln. Die *Upanishaden* erklären, daß allein Entsagung die Seligkeit der Unsterblichkeit hervorbringen kann (*tyāga* amritatva). Man muß alle Bande der Verwandtschaft und Freundschaft ignorieren; man muß all seine Bindungen und Neigungen aufgeben, und wenn das Herz auf diese Weise befreit ist, muß man Gott in all seiner Herrlichkeit darin einrichten. Dies ist das einzige Mittel, um ewigen, uneingeschränkten *ānanda* zu erhalten.

Die Yādavas von Dvārakā waren *Krishna* durch verwandschaftliche Bande verbunden, worüber sie sehr glücklich und stolz waren. Aber wie erging es ihnen am Ende? Sie bekämpften sich gegenseitig und wurden zerstört. Die Hirtenmädchen *(gopī)* jedoch trugen *Krishna* in ihren Herzen. Sie überwanden ihr Ego und identifizierten sich mit dem Herrn. So verwirklichten sie das Ziel. Das Geheimnis spirituellen Triumphes ist völlige Unterwerfung.

Die Leute loben den verstorbenen Nārāyana Bhat, Gründer der Loka Sevā Vrinda Bildungsinstitution, die jetzt durch die Shrī Sathya Sai Loka Organisation übernommen wurde. Aber Lob ist kein Ersatz für Liebe. Liebe muß begeisterte Erfüllung der Arbeit, der man sein Leben gewidmet hat, bewirken. Das allein rechtfertigt, daß ihr nicht nach der Anzahl der Verbeugungen vor dem Abbild Gottes oder der Anzahl der Wiederholungen seines Namens beurteilt werdet. Verbeugt euch vor euren Taten und macht sie heilig. Laßt eure Taten mit euren Gedanken und Worten übereinstimmen.

Hingabe *(bhakti)* bedeutet im allgemeinen die Wiederholung des Namens Gottes, das Rezitieren von Psalmen und Hymnen, Rituale, die vollzogen werden, um Gott zur Gnade zu bewegen. Selbst Meditation über Gott und sein Mitgefühl können nicht als echte *bhakti* bezeichnet werden. All diese Formen von spiritueller Anstrengung *(sādhana)* werden von einer Spur Eigeninteresse überschattet. Vyāsa hat erklärt, daß die höchste Form der Anbetung die des Dienstes am Menschen ist. Beleidige oder verletze niemanden, das ist wahre Gottesanbetung. Denn in Wirklichkeit bist du selbst der andere. Das Erkennen dieser Wahrheit bedeutet

Befreiung *(moksha)*. Teilt eure Freude, euren Reichtum und euer Wissen mit anderen, denen es weniger gut geht; das ist das sicherste Mittel, um göttliche Gnade zu erlangen.

Vollbringt alle Taten mit so viel Liebe, als würdet ihr sie Gott darbringen. In Wirklichkeit eßt ihr, um das „Ich" in euch zu befriedigen; ihr kleidet euch, um demselben „Ich" in euch zu gefallen. Der Mann liebt seine Frau um seines „Ichs" willen, und die Frau bewundert ihren Mann, um ihrem „Ich" Freude zu bereiten. Und wer ist dieses „Ich", das ständig jedem einzelnen innewohnt? Es ist Gott selbst. „Der Herr wohnt im Herzen jedes Wesens" (Īshvar sarvabhūtānām), sagt die *Gītā*. Er ist das ewige Selbst *(ātman)* in jedem Wesen. Er ist der *ātman* in jedermann, der paramātman. Ihr habt ihn in eurer Unwissenheit unter der doppelten Hülle von Verstand und Körper versteckt und ihr glaubt, daß der Verstand und der Körper euer wahres „Ich" seien. Aber es gibt drei „Du" - das, von dem du meinst, du seist es; das, von dem die anderen meinen, du seist es und das, was du wirklich bist. Du denkst, du seist der Körper, andere denken, du seist der Verstand, während du eigentlich „Geist" oder *ātman* bist.

Aber nicht nur du, sondern alle sind *ātman,* Funken des paramātman. Denkt deshalb nicht schlecht über andere, es wirkt sich zu eurem eigenen Nachteil aus. Ihr habt von der Behauptung gehört, jede Huldigung, die irgendeinem Gott dargebracht wird, erreicht den einen Gott, (keshava). Ich behaupte nun: Jede Verletzung, die du irgendeinem lebenden Wesen zufügst, erreicht keshava - denn keshava ist die innere Realität von allem. Wenn ihr ihnen nicht dienen könnt, laßt sie in Frieden, erweist ihnen keinen schlechten Dienst. Augenblicklich verlangen alle Herzen nach Frieden. Vom Premierminister bis hin zum Bettler streben alle den Frieden an. Friede kann auf keinem Markt erworben werden, er kann von keinem Industrieunternehmen hergestellt werden. Er kann nur durch Taten erlangt werden, die von Liebe erfüllt sind. Ihr könnt ein Glas Salzwasser, das ihr in der Hand haltet, nicht einfach durch Sprüche zu süßem Trinkwasser machen.

Dies hier ist ein heiliger Platz, denn ihr erweist der richtigen Entwicklung der Kinder, für die ihr sorgt, echte Aufmerksamkeit und richtet eure Anstrengungen darauf, sie in großartige Individuen zu verwandeln, die es wert sind, Söhne und Töchter dieses heiligen Landes genannt zu werden. Das ist das einzige Mittel, mit dem wir das Wohlergehen und den Wohlstand dieses Landes sicherstellen können. Politik ist machtlos; sie kann uns nicht retten. Maschinen und Geschäftemacherei können uns nicht befreien. Frieden kann nur erlangt werden, wenn wir in unseren Herzen die heiligen Ideale der Kultur Indiens (Bhārats) errichten und auf deren Ziel zumarschieren.

Dienst an Gott nährt die Hungrigen mit Ehrerbietung und Demut, und das ist der Dienst, der heute dringend benötigt wird. Der Schrei nach Nahrung wird heute überall gehört. Wenn aber jeder hart arbeitet, wird es das Problem gar nicht geben. Wir reden von Mägen, die gefüllt werden müssen, aber jeder Magen kommt mit zwei Händen auf die Welt. Wenn diese Hände untätig und ungelernt bleiben, können sie ihre Bestimmung, Nahrung für den Magen zu finden, nicht erfüllen. Arbeitet hart - das ist die Botschaft und teilt das Ergebnis mit anderen. Je härter ihr arbeitet, desto größer ist der Gewinn, und desto mehr könnt ihr mit anderen teilen. Arbeitet hart und, was noch besser ist, arbeitet mit anderen in liebender Verwandtschaft zusammen. Kanara Distrikt, Karnataka, 25.1.1979

Farbe auf der Leinwand

„Es gibt nur einen Gott und er ist allgegenwärtig." Das ist wahr. Um sich aber auf den Allgegenwärtigen konzentrieren zu können, bedarf es eines festen Punktes oder einer vorläufigen Form. Und um das Göttliche als jederzeit überall gegenwärtig begreifen zu können, muß der menschliche Geist mit Hilfe bestimmter psychologischer Prozesse, die man *sādhana* nennt, abgeklärt und gereinigt werden. Dies ist der Grund, warum nicht nur bei den Anhängern des Hinduismus, sondern auch bei den Christen und Buddhisten regelmäßige Riten zur Anbetung der Gottesbilder vorgeschrieben sind. Zyniker bezweifeln den Sinn einer solchen Anbetung und behaupten, daß das nur den Aberglauben stärkt. „Kann Gott ein Stein oder ein Stück Papier sein?" fragen sie. Diese Einstellung ist nicht richtig. Durch das Festhalten an traditionell festgelegten Verehrungsritualen ist vielen Suchenden die Vision des Allgegenwärtigen zuteil geworden, sie verharrten in jener unsagbaren Seligkeit.

Pūjā, die formelle Gottesanbetung zu festgelegten Zeiten, verbunden mit der Rezitation von Hymnen und Liedern, ist in der Tat der erste Schritt auf der spirituellen Pilgerreise. Zweifellos haben viele Sucher durch jahrelanges Asketentum in den Höhlen des Dschungels ein Gottesbewußtsein erlangt. Aber es ist fruchtbarer und befriedigender, früh mit *pūjā* zu beginnen und die Riten des Darreichens von Blumen, verbunden mit Gebeten (arcana), das Besingen seiner Herrlichkeit *(bhajana)* und seine Anbetung als lebendige Gegenwart (ārādha) gewissenhaft auszuüben. Mīrā Bāī, Sakkubai, Surdāsa, Kabir, *Shankarācārya* und viele andere Heilige und verwirklichte Seelen haben in ihrem Leben bewiesen, daß die Zeit, die Aufmerksamkeit und Energie, die auf diese religiösen Praktiken verwendet werden, gut genutzt sind. Nur durch solche Anbetung war es ihnen möglich, das Göttliche in der speziellen Form zu erkennen, die sie dafür quasi als Instrument benutzten.

Die gesamte englische Literatur basiert auf dem Austausch und der Kombination der 26 Buchstaben des Alphabets. Andacht *(pūjā),* Wiederholung des Namens Gottes *(japa)*, Gottesdienst (arcana) und Anbetung (ārādha) sind die Buchstaben des spirituellen Alphabetes. Das rechtzeitige Zusammensuchen der verschiedenen, für die Verehrung notwendigen Gegenstände: Lampen, Kampfer, Blumen, Teller, Tassen, Glocke und Buch erfordern stundenlange Konzentration auf das Göttliche. Der Gottesdienst *(pūjā)* selbst benötigt nochmals eine bis zwei Stunden konzentrierter und reinigender Aufmerksamkeit. Nach den Rezitationen und Meditationen erhebt sich der Ausführende als stärkerer und standhafterer Pilger auf dem Pfad.

Der Allgegenwärtige fehlt auf den Ikonen oder Bildern nicht. Wir verkleinern Gott nicht und sperren ihn in ein Bild von Stein; wir bestätigen und erkennen, daß er auch in der Ikone ist. Wir erheben das Bild in die Dimension des Absoluten; wir vergrößern das Bild weit über seinen Rahmen hinaus. Und durch den Prozeß der spirituellen Praxis *(sādhana)* wird uns deutlich, daß auch das Bild zu einem Werkzeug gemacht werden kann, mit dessen Hilfe der Geist seinen Beschränkungen entflieht.

Als der Mahārāja von Alwar in Rajasthan mit Swami *Vivekānanda* darüber stritt, daß Gott niemals auf einem von einem Künstler gemalten Bild wahrgenommen werden könne, bat *Vivekānanda* den Premierminister, der ehrfürchtig dabeistand, das Bild des Mahārājas von der Wand zu holen und darauf zu spucken! Er sagte: „Zögere nicht. Der Mahārāja sagt, es sei nur ein Farbklecks auf einem Stückchen Leinwand und man solle sich nicht durch die Vorstellung irre machen lassen, daß das der Mahārāja sei." Aber alle Anwesenden zogen sich ängstlich zurück. Für sie war das Bild des Mahārājas der Verehrung wert.

Die in den heiligen Schriften *(shāstras)* niedergelegten sechzehn Formen der Gottesanbetung dienen dazu, dem Aspiranten bewußtzumachen, daß er sich in der Gegenwart Gottes befindet und daß jede seiner Gesten und Bewegungen von Hingabe und Verehrung bestimmt sein sollte. Sie sollen die Reinigung des menschlichen Geistes von allem Ego und allen Fehlern sicherstellen. Dies ist die Reinigung aller Bewußtseinsebenen (cittashuddhi).

Das grundlegende Bewußtsein (citta) muß von Impulsen befreit werden, die hinabziehen. Welchen Sinn hat es, ein seltenes und teures Gericht in einem schmutzigen Topf zu kochen? Welchen Sinn hat es, kostbaren Samen auf felsigen Boden zu säen? *Pūjā* ohne ein reines Herz darzubringen, ist reine Zeitverschwendung. Andererseits trägt schon eine kurze *pūjā*-Sitzung in göttlicher Wachsamkeit, bei der man sich seiner gewahr ist, reiche Früchte. Thiru-thondar, ein tamilischer Heiliger, bekannte sich dazu, das Abbild Gottes zur Reinigung seines Geistes (cittashuddhi) verehrt zu haben. Man muß dabei darauf achten, daß man den Stein nicht beachtet, sonst verschwindet das Göttliche aus dem Blickfeld. Form und Material sind unzertrennlich, aber der Sucher muß sich vorrangig auf die Form konzentrieren, von der er hofft, daß sie sich in all ihrer Herrlichkeit manifestiert und nicht auf das Material. Er muß lange und intensiv bei dem Gedanken verweilen, daß Gott in jedem Teilchen des Universums zu finden ist, daß er nicht an Begrenzungen von Zeit und Raum gebunden ist.

Cittashuddhi zu erlangen und zu besitzen erfordert unaufhörliche Bemühungen. Man muß immer mit gottesfürchtigen Menschen zusammensein und mit Tätigkeiten beschäftigt sein, die dem Dienst an Gott in verschiedenen menschlichen Formen gewidmet sind. In der *Gītā* spricht *Krishna Arjuna* als „kurunandana" an. Üblicherweise wird diese Anrede von Gelehrten mit „Nachkomme der Kuru-Sippe" erklärt, aber die Bedeutung liegt weit tiefer. Kuru heißt in Sanskrit „tun" (tätig sein), und nandana bedeutet „er, der sich daran erfreut." Dies zeigt, daß *Krishna* die Transformation *Arjunas* von Inaktivität zu Aktivität guthieß, denn *Arjuna* war jemand, dem es Freude bereitete, immer aktiv zu sein. Ohne Arbeit war er traurig und entmutigt. Für die meisten von euch ist der Sonntag ein Tag, der euch Freude bereitet, aber für *Arjuna* war der Tag ein wahrer Feiertag, an dem er sich Gottes Arbeit widmen konnte.

Ihr habt sicherlich davon gehört, daß die Leute in Indien glauben, daß die Rezitation der neun Namen *Arjunas* - hintereinander aufgesagt - bei einem Gewitter vor dem Blitz retten kann. Dies ist der Beweis, daß nicht nur die Namen Gottes, sondern auch die Namen seiner treuen Anhänger Macht über die Elemente haben, sofern sie immer rein waren und in ständigem Kontakt mit dem Absoluten. Dies erklärt, weshalb auch berühmten Anhängern wie Tyāgarāja und Kabir Verehrung und Huldigung (ārādha) entgegengebracht wird. Sie besitzen keine eigene Identität, sie sind durch die Verehrung des Begrenzten eins mit dem Grenzenlosen Einen geworden.

Brindāvan, 6.2.1979

Der Meister spricht

Der Makrokosmos und der Mikrokosmos - brahmānda und pindānda - das Universum und das Individuum - alles entsteht aus der einen Wahrheit. Obwohl sie Manifestationen und Erzeugnisse der Wahrheit sind, wird jene dadurch nicht beeinträchtigt. Sie ist unter dem Namen *brah-*

man bekannt. Wenn dieses unveränderbare, transzendente und immanente *brahman* sich entscheidet, zu „werden“ anstatt zu „sein“, bezeichnet man dies als „Gott“, „Īshvara“ oder als „Allmächtiger“. Die göttliche Grundlage all dessen, was ist, ist das spirituelle Absolute, das paramātman oder Überselbst genannt wird. Ebenso ist es die Grundlage, die Basis, der Ursprung, die Realität des Menschen.

Aber trotz des „Werdens“, das nur die Illusion der Vielfältigkeit des einen Seins vortäuscht, bleibt es das Eine. Solange man nicht nachforscht, erkennt man nur die Vielfältigkeit, die weder real noch irreal ist. Sie ist relativ real, zeitweise real, pragmatisch real. Sie ist falsch *(mithyā),* nicht wahr *(satya),* eine Mischung von *satya* und asatya - offenkundig real, jedoch fundamental irreal, für praktische Zwecke real, aber irreal, wenn die eigentliche Natur enthüllt wird. *Mithyā* ist die Mischung von *satya* und asatya, das Wissen, welches in der Dämmerung ein Seil für eine Schlange hält; dieses Wissen hört auf, wenn man um das Seil weiß.

Die Wolken scheinen am Himmel zu kleben, ebenso vermittelt uns *māyā* (oder die Tendenz, das, was die Sinne uns mitteilen, für wahr zu halten oder unsere Vorlieben und Vorurteile auf die Außenwelt zu projizieren) ein falsches Bild von *brahman.* Sie macht uns glauben, die Welt sei real. Durch ihre Wirkung werden unser Denkprozeß, unsere sinnlichen Eindrücke, unsere Ansichten über Gott, die Schöpfung und den Menschen entstellt.

Die grundlegende Wahrheit, auf die *māyā* ihr kaleidoskopartiges Bild projiziert, wird von Sehern als Sein-Bewußtsein-Glückseligkeit *(sat-cit-ānanda)* beschrieben. Daraus dürfen wir aber nicht schließen, daß das Allumfassende *(brahman)* drei und nur drei Attribute besitzt. Es existiert jenseits von Zeit und Raum. Es weiß und kann erkannt werden. Es ist die Quelle und der Gipfel der Glückseligkeit. *Sat-cit-ānanda* verkörpert nicht drei voneinander unterschiedliche Wesenszüge; sie weisen auf den Einen hin, dessen drei Aspekte durch Erfahrung erfaßt werden können - jedoch nicht durch Worte, denn Worte prallen an jener Gottheit ab. Wir können nicht behaupten, daß *brahman* einer Klasse oder Gattung angehört; es kann nicht durch Eigenschaften beschrieben werden, wie die drei *(sat-cit-ānanda),* denn es ist ohne Eigenschaften; man kann nicht sagen, daß es bestimmte Aktivitäten ausführe, denn es hat keine Aktivität. Aktivität entsteht nur durch Wünsche. Auch kann es nicht durch die Beziehungen zu anderen Wesenheiten beschrieben werden, denn es ist Eins ohne ein Zweites.

Māyā ist nur der göttliche Wille, der die Manifestation des Kosmos auslöste: Ich bin Eins, ich werde Viele sein (eko'ham, bahuh syām). *Māyā* ist in jedem Wesen und in jeder Aktivität dieses Wesens; sie hat drei Aspekte des Ausdrucks durch die drei Tonarten und Stimmungen dieses Willens: den *sāttvika-*, den *rājasa-* und den *tāmasa*-Aspekt (die ruhige, zufriedene und gleichmütige Stimmung; die stark leidenschaftliche Stimmung und die träge, faule, energielose Stimmung). Wenn die Schöpferkraft *(māyā)* uns in die *sāttvika*-Stimmung dieses göttlichen Willens hineinzieht, werden wir zunehmend Sucher der höheren Weisheit *(jnāna)*, welche die Einheit offenbart. Überwältigt uns die *rājasa*-Eigenart jenes Willens, werden wir dazu verleitet, nach weltlichen Siegen, vergänglichem Reichtum und Ruhm zu trachten. Der *tāmasa*-Wille sucht den schnellsten, leichtesten Weg, um ein glückliches Leben zu führen. Dies sind die Reflexionen der Grundformen des Willens in unserem Verstand, die *brahman* annimmt, wenn es durch das ursprüngliche Bedürfnis bewegt wird, sich selbst auszudrücken. Die Facetten dieses Willens werden Kraft der Weisheit *(jnāna-shakti),* Kraft des Verlangens (icchā-*shakti*) und Handlungsfähigkeit (kriyā-*shakti*) genannt.

Die drei Grundformen beeinflussen Wesen und Dinge unterschiedlich stark, deshalb gibt es die Vielfalt und Verschiedenartigkeit der objektiven Welt. *Ātman,* ob im Individuum oder im Universum, ist eins, nur eins. Das individuelle Selbst (jīvātman) und das göttliche Selbst (paramātman) sind eins und unteilbar.

Die Philosophen aller Länder haben zu allen Zeiten versucht, die Wahrheit Gottes, die Welt der Dinge, den Menschen und ihre gegenseitigen Beziehungen zu erforschen. *Māyā* ist der Wille, der alle drei hervorruft. Sie ist ein klarer und makelloser Spiegel. Wenn sich in diesem Willen oder Spiegel die *sāttvika*-Natur widerspiegelt, ist das Ergebnis Gott. Spiegelt sich die *rājasa*-Natur, so ergibt sich *jīva* oder das individualisierte Selbst. Es ist allzeit darauf bedacht, zu wachsen, sich zu schützen, zu überleben und sicher zu sein. Wenn sich in dem Willen die *tāmasa*-Natur widerspiegelt, ist das Ergebnis Materie, d.h. die Welt der Dinge. Alle drei sind paramātman, ihre Realität jedoch leiten sie aus der Widerspiegelung des paramātman ab. Indem sie diese Spiegelung erfahren, erhalten sie unterschiedliche Formen und Charakteristika. Das Eine wird die Vielzahl; jedes einzelne der Vielen ist wirklich, allein weil das Eine in ihm ist. Auch *māyā* ist eine Komponente des Einen, durch die Betonung dieser Komponente hat das Eine sich selbst in die Vielen transformiert.

Jetzt wissen wir, daß *māyā* wie ein Spiegel ist. Der Spiegel reflektiert in sich all das, was sich vor ihm befindet. Die Tatsache, ob und in welchem Grad der Spiegel konvex oder konkav ist oder wieviel Staub er angesammelt hat, verzerrt sicherlich das Bild, aber die Dinge selbst, die widergespiegelt werden, können dadurch nicht verzerrt oder beeinflußt werden. Der Herrscher (īshvara) die Natur *(prakriti)* und die individuelle Seele *(jīva)* sind alle drei Bilder des göttlichen Selbst (paramātman) im Spiegel der *māyā,* entstellt durch die entsprechende Grundeigenschaft *(guna)*, welche die Oberfläche des Spiegels trübt. Der Spiegel läßt das Eine als die Vielen erscheinen. Aber das Eine ist immer das Eine.

Das Eine weiß all dies. Deshalb hat es keine Wünsche, keine Begierden und entfaltet keine Aktivität, irgendetwas zu realisieren. Shrī *Krishna* sagt zu *Arjuna*: „Na me pārthāsti kartavyam trishu lokhesa kincana." (Bh. G. 3. 22) (Es gibt nichts, was ich in den drei Welten zu tun hätte). Er wollte die Welt zu seiner Erbauung. Er legte fest, daß jede Tat ihre Konsequenz habe. Er ist es, der die Folgen verteilt, aber er ist nicht in die Taten verwickelt.

Hierdurch wird klar, daß es weder dem personalisierten Gott noch dem individualisierten Selbst noch der objektiven Welt je gelingen kann, den Anfang der *māyā* zu erkennen, der ihnen zur Existenz verholfen hat und der die Kette von „Aktion-Folge-Aktion" in Gang setzte. Es kann einem jedoch gelingen, das Ende von *māyā* zu erkennen. Wann wird sie enden? Sie wird enden, wenn die objektive Welt ignoriert, beiseite geschoben, verleugnet wird oder aber, wenn entdeckt wird, daß sie dem Göttlichen immanent ist. Dann ist das Individuum *(jīva)* nicht mehr; wenn *jīva* nicht mehr ist, wird Īshvara überflüssig und verschwindet. Und wenn Īshvara verblaßt, ist allein *brahman*. Wo es kein Kind gibt, wie kann da eine Person, die Mutter genannt wird, existieren? Es ist ein bedeutungsloses Wort. Wenn ein personalisierter Gott, eine Persönlichkeit, die sich von dem Rest unterscheidet, genannt Individualseele *(jīva)* und die geistige Schöpfung dieser Seele, genannt die objektive Welt *(prakriti)* in dem entwickelten Bewußtsein des Menschen nicht mehr existieren, kann illusionäre Schöpfungskraft *(māyā)*, die Vorfahrin aller drei, nicht weiterbestehen.

Der Himmel wird als begrenzt oder klein empfunden, wenn man ihn in ein Haus oder in einen Topf eingeschlossen sieht. Wird er aber erst aus dem Behälter (upādhi) erlöst, so taucht er ein in den unendlichen Himmel außerhalb dieser Grenzen. Der Himmel wird nicht reduziert oder in Form oder Qualität verändert dadurch, daß er in dem Behälter festgehalten wird. Ebensowenig wird der eine *ātman*, der die Körper von Billionen Lebewesen durchdringt, durch die upādhis beeinträchtigt, denen er für einige Zeit innewohnt.

Viele werden von der quälenden Frage nach dem Ursprung des Kosmos geplagt. Wodurch gelangt er zur Existenz? Sie entwickeln verschiedene Theorien und stellen viele einander widersprechende Hypothesen auf. Aber für Suchende besteht keine Notwendigkeit, wie eine Katze um den heißen Brei herumzuschleichen. Welches ist die Ursache für Träume? Wodurch entstehen sie? Die richtige Antwort lautet: Der Schlaf ist die Ursache. Ebenso verdankt der Kosmos seine Existenz *māyā*. Der Kosmos ist ebenso vergänglich und launisch wie ein Traum. Es ist schwierig, Gesetze zu finden, die seine unendlichen Mysterien erklären und beherrschen. Es ist lohnender herauszufinden, wie man sie nutzen und aus ihnen lernen kann, die Mysterien selbst zu erforschen. Den Ursprung des Kosmos und sein mögliches Ende untersuchen und bestimmen zu wollen, ist größtenteils Zeitverschwendung. Ihr seid ein Teil der Schöpfung, versucht deshalb euch selbst zu verstehen, und behaltet euer Ziel im Auge.

Dem Individuum *(jīva)* sind auch emotionale, leidenschaftliche oder aktive Qualitäten gegeben. Die untergeordnete Qualität ist *tamas* und die übergeordnete ist *sattva.* Īshvara ist die *sāttvika*-Widerspiegelung des göttlichen Selbst *(brahman).* Der Mensch muß deshalb danach streben, sich auf die *sattva*-Ebene zu erheben. Er muß immer auf der Hut sein, um nicht auf die niedrigere Ebene abzugleiten - die *tamas*-Ebene der Dinge und des materiellen Fortschritts. Dieses Ideal muß der *Guru* dem Schüler vor Augen halten und ihn entsprechend anleiten. Er muß ihn ermutigen, sich des ihm innewohnenden Gottes bewußt zu werden. Aspiranten und Lehrer gebrauchen oft das Wort ādhyātmika oder „spirituell". Was genau impliziert ādhyātmika? Sind *bhajans* oder Gebete in der Gemeinde ādhyātmika? Schließt es die Wiederholung des Namens Gottes oder die Meditation mit ein? Oder bedeutet es religiöse Rituale und Zeremonien? Oder erstreckt es sich auf Pilgerreisen an heilige Stätten? Nein, nein! All dies sind nur nützliche Aktivitäten. Im eigentlichen Sinne bezieht sich ādhyātmika auf zwei weitgesteckte Ziele oder wenigstens das ernsthafte Bemühen, sie zu erlangen: Eliminierung der tierischen Züge, die dem Menschen noch anhaften und Vereinigung mit dem Göttlichen.

Bedenkt, wie weit es dem Menschen gelungen ist, das animalische Erbe von Lust, Gier und Haß zu überwinden, wenn er Zeit, Geld und Energie für diese sogenannten spirituellen Übungen erübrigt. Welchen Fortschritt erreicht er, indem er den Autoren von Texten lauscht? Hat er dadurch seine tierischen Eigenschaften reduziert? Dies ist die Frage, die sich der Mensch stellen sollte. Aber genau diese Aufgabe wird gegenwärtig von ihm ignoriert. Die geistigen Übungen *(sādhanas),* die bislang aufgenommen wurden, fördern nur den Stolz und die Zurschaustellung, den Neid und Egoismus. Diese Eigenschaften werden nicht im geringsten durch jene geistige Anstrengung *(sādhana)* ausgemerzt. Die Leute nähern sich dem Haus Gottes als Pilger, aber sie beten zu ihm nur um mehr Geld, Ruhm und Macht, denn ihre Gedanken, Worte und Taten kreisen nur um diese vergänglichen und trivialen Zeichen weltlichen Erfolges. Die Welt und all ihr Pomp bemühen sich nur um den tamoguna, die Grundeigenschaft von Dunkelheit und Dumpfheit, die den Menschen nie auf die höhere *sāttvika*-Ebene heben kann.

Der *Guru* muß das individualisierte Selbst ermahnen, das universelle Selbst zu erkennen. An diesem Gurupūrnimā-Tag, was wörtlich die Lichtfülle des Lehrers bedeutet, müssen wir dankbar all jene *Gurus* verehren, die vielen zur Befreiung verhalfen. Sie sind die höchsten *Gurus*. Es gibt auf der Welt auch viele andere. Es gibt den *Guru*, der euch ein *Mantra* gibt, euch über dessen innere Kraft aufklärt und euch anleitet, ihn ständig und ernsthaft zu wiederholen. Er ist der dīkshā-*Guru*; die Einführung in den *Mantra* wird im spirituellen Sprachgebrauch dīkshā genannt. Er geht davon aus, daß seine Pflicht mit dem Geschenk des *Mantra* und der Anweisung, ihn mit Bedacht und Überzeugung anzuwenden, endet. Er macht sich nicht die Mühe, die Leute dahingehend anzuleiten, ihre Sinne beherrschen zu lernen und so dem Siege entgegenzugehen. Für den Schüler ist der *Mantra* eine Formel, die er wie ein Papagei nachplappert. Er mag sogar um den Wert des Geschenkes wissen, aber ohne die spirituelle Übung *(sādhana)* der Selbst-Verbesserung ist es überhaupt kein wertvolles Geschenk.

Andere *Gurus* empfehlen, die eine oder andere Form Gottes zu verehren. Wieder andere - die Lehrer-*Gurus* - erteilen Unterricht, der dem Zweck dient, euer Bewußtsein zu verändern. Aber all diese verschiedenen *Guru*-Typen ignorieren den Einen und teilen Aufmerksamkeit, Bewunderung und Hingabe auf die vielen auf, die nur relativ real sind. Sie zeigen keine Methoden auf, mit Hilfe derer man Reinheit und Klarheit gewinnen kann. Sie haben Angst, den tierischen Trieben ihrer Schüler entgegenzutreten. Ihre Lehren füllen zwar den Kopf, lassen das Herz jedoch nicht erschauern. Sie behaupten, daß Gott, die Natur und der Mensch getrennt seien, obgleich sie alle auf dem Spiel der Täuschung *(māyā)* und dem Universellen *(brahman)* basieren. Sie kümmern sich um das Untergeordnete, nicht um das Elementare; um das Mannigfaltige, nicht um die Einheit; um das Triviale, nicht um das Wahre. Das Elementare ist *brahman*, der, widergespiegelt durch *māyā*, aufgeteilt erscheint in Gott, Natur und Mensch. Diese drei sind nur die unrealen Bilder des Einen. Und auch *māyā* ist ein Aspekt *brahmans*, wie *Krishna* in der *Gītā* sagt: „Mama *māyā*“ oder „meine *māyā*“. So kann, wenn wir die Gnade des Herrn gewinnen und mit *brahman* verschmelzen, seine *māyā* für uns nicht mehr existieren.

Man kann sich auch von *māyā* befreien, wenn man die drei *gunas* seiner Veranlagung ablegt. Auch die Eigenschaft der Reinheit und Ausgewogenheit (sattvaguna) muß transzendiert werden. Weshalb? Die *Gītā* erklärt, daß auch das Bedürfnis nach Befreiung eine Bindung ist. Man ist vollkommen frei; Bindung ist nur Illusion. Von daher ist das Verlangen nach der Auflösung der Bindung das Ergebnis von Unwissenheit. *Krishna* sagt: „*Arjuna*, befreie dich von den drei *gunas*.“ In Wahrheit bedeutet das Wort „*guna*“ „Seil“ und alle drei *gunas* binden den *jīva* mit Wünschen. Befreiung bedeutet Befreiung von trügerischer Bindung. Die Yādavas waren durch ein Zusammengehörigkeitsgefühl an *Krishna* gebunden. Sie fühlten sich ihm verwandt, aber dieses Gefühl rettete sie nicht vor der völligen Zerstörung. Die Hirtenmädchen *(gopīs)* empfanden sich als sein, nicht als sei er ihrer. Deshalb waren sie Empfänger seiner Gnade. Wenn das Gefühl von „ich“ und „mein“ verschwindet, ist der einzige Gedanke des Menschen „du“ und „dein“. Er entdeckt dann überall „du“ und erreicht dadurch die Vision der Einheit.

Heute haben sich Tausende von euch hier versammelt, weil Gurupūrnimā ist, der „Vollmond des *Guru*“. Der vortreffliche *Guru* muß die Vorstellung der Einheit ohne Mißklänge erleichtern, welche die Teilung von „mein“ und „dein“ im Menschen verursachen. Ein solcher *Guru* war der Weise Vyāsa. Der heutige Tag heißt Vyāsa-Pūrnimā, damit die Menschheit ihm den Dank erweisen kann, der ihm gebührt. Vyāsa ist der Herr. Der Herr selbst oder *Nārāyana* kam als Mensch, als Vyāsa, um die Texte der *Veden* zusammenzustellen und zu vergleichen und um die Menschen auf den Pfad zu Gott zu leiten, weg von der tierischen Form, aus welcher der Mensch entstand. Vyāsa hat den Pfad geebnet und den Aufstieg erleichtert.

Aber das Traurige ist, daß der Mensch den Pfad verpaßt hat. Er hängt an seinem altmodischen Glauben an die Wirksamkeit weltlicher, materieller und vergänglicher Rituale und Riten, die seinen Geist durch Angst oder Stolz schwächen. Der wahre *Guru* sollte sich von solchen schwächenden Taktiken fernhalten und die stärkende Bewußtheit des göttlichen Selbst *(ātman)* verleihen. Nur dann sollte er als *Guru* verehrt werden. Wieso sollte ein *Guru,* wenn ein Ruf aus den höheren Regionen von *sattva* erschallt, diesem gegenüber taub bleiben und in den Regionen von *tamas* und *rajas* herumkriechen? Wie kann er zufrieden sein, wenn er seine Schüler auf diesem niedrigen Niveau hält?

Der Trend unter den spirituellen Führern und Suchenden ist jedoch, die Höhen zu vermeiden und in den Tälern herumzuwandern. Bedenkt einmal, wie lange weltliche Erfolge dauern. Sie sind nichts als ein Spiel funkelnder Namen und Formen jenseits des Göttlichen, das der Kern jeden Wesens und jeden Dinges ist. Erwerbt euch die Vision des Göttlichen, der allem innewohnt. Wir sind nicht bekümmert, wenn etwas gut ist, nur, wenn etwas schlecht ist. Dies ist deshalb der Fall, weil das Gute natürlich und das Böse Verirrung ist. Wir sind besorgt und alarmiert, wenn jemand auf die schiefe Bahn gerät, Schmerzen hat oder sich vor Trauer verzehrt. Auch dies ist deshalb so, weil die Natur für uns allzeit richtiges Verhalten, Glück und Freude vorgesehen hat. Es ist ein Jammer, daß der Mensch diese Wahrheit nicht mehr versteht.

Verkörperungen des göttlichen *ātman*! Richtiger gesagt, ist der Mensch verhüllter *ātman*: Er ist das Gefäß des unendlichen, des immer erfüllten, des einen unteilbaren *ātman*. Der Mensch bleibt im günstigsten Falle Mensch, zufrieden mit der in ihm dominierenden Leidenschaft (rajoguna). Viele sind mit ihren Handlungen in der objektiven materiellen

Welt zufrieden. Ihr Ziel ist es einzig und allein, materiellen Reichtum anzuhäufen und materielle Bedürfnisse zu befriedigen. Überprüft euch selbst und stellt fest, auf welcher Ebene ihr euch befindet, indem ihr eure Bedürfnisse und Aktivitäten kritisch überprüft. Wenn ihr zu einem Ergebnis gekommen seid, könnt ihr eure Gedanken und Triebe verbessern.

Diese dergestalt sublimierten Triebe müssen eine wohltuende Auswirkung auf eure Aktivitäten haben, denn nur durch Handlungen können Eigenschaften *(guna)* aufgegeben oder gewonnen werden. Handlungen verursachen Geburt und Tod und füllen das tägliche Leben. Sie unterstützen Gut und Böse, Freude und Trauer.

Der Mensch läßt absichtlich die Handlungen unbeachtet, welche die Last des Lebens erleichtern, das Rad der Wiedergeburten anhalten und den *ātman* erhellen könnten. Es ist der *ātman,* der alles erleuchtet, aber dessen Existenz betreffend tappt der Mensch im Dunkeln. Ebenso wie alles Süße aufgrund des in ihm enthaltenen Zuckers süß ist, sind alle Dinge und Sachen erkennbar, weil der *ātman* hinter dem Erkenntnisvermögen steht. Er ist der universale Zeuge. Er ist die Sonne, die alles aktiviert, ohne selbst aktiv zu werden. Bemüht auch ihr euch darum, die Position des Zeugen anzunehmen.

Die Weisen haben Methoden beschrieben, durch die man den Zeugenstatus erreichen kann. Meditation *(dhyāna),* die vorletzte der acht Stufen vor dem Einswerden *(samādhi),* ist die wichtigste, die garantiert, daß die Weisheit ungeteilt und unberührt ist. Die sechste Stufe ist Konzentration (dhāranā). Konzentration ist das Stadium, in dem die Wiederholung des Namens Gottes *(japa)*, Gottesdienst *(pūjā)* und andere Praktiken vollzogen werden, um den Geist für die Meditation vorzubereiten.

Meditation *(dhyāna)* bedeutet weder bloßes Aufrechtsitzen oder Ruhigsein, noch Bewegungslosigkeit. Sie ist das Verschmelzen all eurer Gedanken und Gefühle mit Gott. *Dhyāna* kann nur dann erfolgreich sein, wenn der Geist sich in Gott auflöst. Die *Gītā* beschreibt echte Meditation als: „Die Menschen, die mich verehren, ohne jeglichen anderen Gedanken oder anderes Gefühl." *Krishna* versicherte solchen Personen, daß er selbst ihre Last tragen würde und allzeit leitend und schützend an ihrer Seite sei. In Meditation erfahrene Personen sind sehr selten; die meisten Menschen unterziehen sich nur den äußerlichen Übungen. Sie sind von daher unfähig, Gnade zu erlangen. *Dhyāna* wird in den meisten Fällen aus Sorgen, aus Angst um die Familie oder wegen finanzieller Probleme unterbrochen. Aber da alles eine Manifestierung der *māyā* sind, die für *brahman* oder paramātman natürlich ist, wird der Herr, zu dem ihr Zuflucht sucht, euch sicherlich von Angst befreien. Wieso? Weil ihr, jeder einzelne, das göttliche Selbst *(ātman)* und nichts anderes seid. Deshalb begann ich diesen Vortrag, indem ich euch als „Verkörperung Gottes" (divyātmasvarūpa) ansprach. Auch eure Körper sind Ausdruck des *ātman*. Eure Persönlichkeit, eure Individualität, euer Geist, euer Intellekt - alles ist eine Manifestierung des *ātman,* der die bewegende Kraft eures Lebens ist.

Die Lehre wurde seit Jahrhunderten von den Weisen dieses Landes verbreitet. Die Seher, die den Wert dieser Schau erkannten, ermunterten zu weiteren Experimenten mit dem Prozeß der Meditation und diesbezüglichen Nachforschungen und geistigen Übungen.

Vyāsa hegte Sympathien für diejenigen, die sich im Wirrwarr von „Geboten" und „Verboten", von Erfolg und Mißerfolg, von Verlangen und Enttäuschung verheddert hatten. Er zeigte dem Menschen so manchen Weg, der ihn zur Erfüllung führen sollte. Die Erfüllung besteht darin, daß der Mensch seine innewohnende Animalität ausmerzt und die Göttlichkeit erreicht, die seine Essenz ist.

Wir beobachten einzelne sowie Gruppen, die sich nach Badrināth, Kedarnāth und Haridvā schleppen, um dort Frieden und Glück zu finden. Ebenso pilgern sie nach Tirupati und Kāshī. Haben sie wenigstens einige ihrer animalischen Neigungen über Bord geworfen? Das ist der Test; das ist die Rechtfertigung für das Geld und die Zeit, die sie aufgewandt und für die Mühen, die sie sich auferlegt haben.

Wenn das Tier besiegt ist und die Gottheit in Reichweite verspürt wird, kann der Mensch behaupten, all diese Pilger-Ziele in sich zu vereinen. Es besteht keine Notwendigkeit, von Tempel zu Tempel zu reisen. Wenn man diesen Sieg nicht erlangt, hat man kein Recht zu behaupten, man sei ein *Devotee Rāmas* oder *Krishnas* oder sonst irgendeiner Manifestation Gottes.

Eben dies ist wirklich spirituelles Fortschreiten. Ich segne euch alle, auf daß ihr es alle erlangen möget.

Gurupūrnimā, *Prashānti Nilayam*, 9.7.1979

Onam-Fest in Kerala

Es ist die bindende Pflicht der Gläubigen *(bhakta),* die hohe Kultur und das reiche Erbe dieses großen Landes zu erhalten und zu schützen. Denn es ist ein Land, in dem bedeutende Männer geboren wurden, die sich einen Namen gemacht haben, und ihr Ruhm erstreckt sich über Kontinente. In *Bhārata* wurde die nationale Unabhängigkeit auf spirituellem Gebiet erlangt. Auch glänzte dieses Land durch sein hervorragendes Können in den Bereichen Musik, Kunst und Wissenschaft.

Aber oh weh! Dieses glorreiche Land, als *Bhārata* bekannt, wird nun von Problemen gequält, die vorwiegend durch die große Anzahl von Männern verschuldet sind, die voller Ego, Eifersucht, Haß und Eigennutz sind. Es bleibt nur zu hoffen, daß ihre Herzen gereinigt werden mögen, indem sie solche Charakterzüge ablegen. Dann kann die glorreiche Vergangenheit dieses bedeutenden Landes zu neuem Leben erweckt werden.

Die Geschichte des Onam-Festes handelt von Bali-Cakravartin, der eine Verkörperung von Entsagung *(tyāga)* war, jedoch an Spuren von Ego (ahamkāra) litt. Aber dank des Überwiegens anderer Tugenden war Bali in der Lage, die schlechten Auswirkungen des Egos zu überwinden und es mit Hilfe der Gnade des Herrn *Vishnu* tief zu begraben, der Bali in Form von Vāmana, eines *Avatars* von *Vishnu* in Zwergengestalt (als ein brahmanischer Asket), erschien.

Bali herrschte über seine Untergebenen und behielt die Prinzipien der göttlichen Ordnung *(dharma)* dabei stets im Auge und wich nie von ihnen ab. Er war der Sohn von Virocana und der Enkel *Prahlādas*. Es ist von daher nicht überraschend, daß Bali über reiche traditionelle Qualitäten von Hingabe *(bhakti)* verfügte. Einmal, nachdem er die Genehmigung seines *Gurus* Shukrācārya erhalten hatte, wollte er ein großes vedisches Opfer (yāga), vishvajit genannt, ausrichten. Vishva bedeutet die Vollständigkeit der fünf Elemente der materiellen Welt *(bhūta)*, der fünf Sinne (indriya) und der fünf Hüllen des menschlichen Körpers *(kosha)*. Das Wort vishvajit stellt den Sieg über diese Elemente (vishva) dar. *Indra* hat seinen Namen deshalb, weil er der Herrscher der Sinne (indriyas) ist, und der Herrscher der Sinne im Menschen ist der Geist *(manas)*. Die Natur des Wechselspiels der Sinne ermöglicht es, daß man aufgrund des Resultates eines solchen Wechselspiels gewinnen oder verlieren kann. *Indra* wollte den Himmel regieren, aber Bali lehnte dergleichen ab. *Indra* versuchte *Vishnu* zur Erfüllung seiner Wünsche milde zu stimmen, aber *Vishnu* stieg selbst in der Form Vāmanas hinab, um von Bali etwas zu erbitten. Dadurch erwies Bali sich *Indra* gegenüber weit überlegen.

Vāmana gehörte zu dem berühmten sid-*Ashram*, der von Kashyapa, welcher das höchste Wesen *(purusha)* repräsentierte und Aditi, welche die Urmaterie *(prakriti)* darstellte, gegründet wurde. Durch diese Vereinigung von Gott und Materie wurde die Nachkommenschaft, in der Form von Vāmana, der Verkörperung des *Vishnu*-Aspektes, geboren. Der sid-*Ashram* lag am Ufer des heiligen Flusses Pavitra. Der fließende Strom repräsentiert auch das Leben. Siddhi (Verwirklichung mit der Folge übernatürlicher Kräfte) wird immer am Ufer fließenden Lebens zu finden sein, wenn bei einem Menschen Reinheit des Geistes (bhāvashuddhi) und Reinheit des Herzens (cittashuddhi) vorherrschen. Der sid-*Ashram* wurde unter diesem Namen bekannt, da in jenem heiligen *Ashram* alle Entschlüsse *(samkalpa)* verwirklicht werden konnten. Vishvāmitra brachte *Rāma* und *Lakshmana* dazu, nachdem er mit ihrer Hilfe seine Opferzeremonie (yāga) erfolgreich beendet hatte, einige Zeit in jenem *Ashram* zu verweilen. Es trug sich ebenfalls in jenem *Ashram* zu, daß Bali Befreiung *(moksha)* erlangte.

Das Ausbreiten der göttlichen Realität (Vishnutattva) kann durch das Bild der Riesengestalt (Trivikrama) verstanden werden, die mit drei Schritten das Universum durchmaß. Dieser Trivikrama-Aspekt wird durch den *Gāyatrī-Mantra* repräsentiert: „bhūr bhuvah suvah." Die Erdenwelt (bhūrloka), die Welt, die zwischen Erden- und Himmelswelt liegt (bhuvarloka), und die Himmelswelt *Indras* (svarloka). Es wäre falsch, sich diese drei Welten *(loka)* so aufeinanderstehend vorzustellen, daß sie durch das Erklimmen einer Leiter erreichbar wären. Die drei Welten sind ineinander verflochten und eine existiert in der anderen. Die eigentliche Bedeutung dieser Art geometrischer Konstellation der drei *lokas* ist, daß die fünf Sinne (panca-indriya), die fünf grobstofflichen Elemente (pancabhūta) und die fünf Hüllen die das Selbst umhüllen (pancakosha), Aspekte des materiellen menschlichen Körpers (deha), gleichbedeutend sind mit der Erdenwelt (bhūrloka). Der Aspekt von Lebenskraft (prānashakti) und Geisteskraft (manastattva) ist die Welt zwischen Himmel- und Erdenwelt (bhuvarloka), und der feinstoffliche Zustand von Glückseligkeit repräsentiert die Welt des Lichts, der reinen Gefühle und Gedanken (svarloka). Man kann daher sagen, daß die drei Welten nichts anderes als die Aufeinanderfolge von Körper (dehatattva), Geist (manastattva) und Herz (ānandatattva) sind. Die Gesamtheit dieser drei bildet das trivikramatattva. Auch diese drei Aspekte von trivikramatattva können in Begriffen der drei Zustände eines Individuums gesehen werden, nämlich der, der du zu sein glaubst, der, von dem die anderen denken, daß du es seist und der, der du wirklich bist. Deshalb kann man nur durch richtige spirituelle Praxis *(sādhana)* von bhūrloka über bhuvarloka zu svarloka voranschreiten. Das Erlangen von svarloka ist als Befreiung *(moksha)* bekannt und stellt den Zustand der vollkommenen Verschmelzung mit dem Herrn dar. Da es sich um einen Zustand handelt, bei dem der Aspekt Bindung (moha) aufgelöst wird, kennt man ihn unter dem Namen *moksha* (moha plus kshaya = *moksha*).

Bali war eine Verkörperung von Entsagung *(tyāga)*, und er personifizierte die Aspekte Freigebigkeit und Rechtschaffenheit. Da Onam ein Feiertag ist, der dem Wiedererscheinen Balis in seiner feinstofflichen Form gedenkt, ist dieser Tag eine Aufforderung an alle, sich der Ideale zu erinnern, für die er zu Lebzeiten stand und sie zu praktizieren. Man sollte sich auch vergegenwärtigen, daß Bali, so wie er oben porträtiert wurde, uns jeden Tag nahe sein sollte und nicht nur einmal im Jahr. Aber dies vergessen wir, da wir im täglichen Leben breiten Raum für die Pflege nicht wünschenswerter Charakterzüge lassen, wie Habsucht,

Selbstbezogenheit und Egoismus, die im Menschen von heute gigantische Proportionen angenommen haben. Es liegt genau an dieser Situation, daß die Welt in periodischen Abständen in Kriege gestürzt wird. Die Lebensbotschaft Balis ist die, daß die oben erwähnten Eigenschaften des Menschen um jeden Preis eliminiert werden sollten, um das Herz auf diese Weise zu reinigen, damit der Herr darin wohnen kann.

Ein anderer wichtiger Aspekt im Leben Balis ist die Demonstration der Tatsache, daß die Qualität der Entsagung *(tyāga)* ein wesentlicher Bestandteil der eigenen Handlungen sein sollte. Alle Lebewesen *(jīva)* handeln, aber nur der Mensch ist in der Lage, wenn er es wünscht, das Opfer zum wesentlichen Bestandteil seiner Taten zu machen. Das Vorhandensein dieses Charakterzuges im Menschen ist wiederum deshalb möglich, weil er in der Lage ist, zu denken und zu überlegen. Unglücklicherweise benutzt der Mensch diese gottgegebenen Fähigkeiten dazu, Theorien zu formulieren und zu predigen, niemals jedoch dazu, zu praktizieren, was er predigt. So hat es beispielsweise Tausende von Onams gegeben, und die Leute haben jahrelang gepredigt, was Onam bedeutet. Das Herz des Menschen jedoch bleibt unrein. Bali praktizierte, was er predigte, während sein verehrter *Guru* Shukrācarya das nicht tat, was man daran erkennen kann, daß er Bali davon abhalten wollte, alles, was er besaß, Vāmana zu schenken. Predigen und praktizieren sind wie zwei Augen. Da Shukrācarya nur predigte und nicht praktizierte, war sein eines Auge, symbolisch gesehen, blind. Ein Mensch mit dualistischem Geist ist halb blind. Wir müssen in unserem Leben wie Bali sein, nicht wie Shukrācarya. Wir sollten uns klarmachen, daß wir, um ein Ding zu erhalten, ein anderes opfern müssen. Bali demonstrierte durch seine Opfernatur, daß man Befreiung *(moksha)* erlangt, indem man alles opfert. Das richtige Opfer beinhaltet zwei Dinge: erstens, die Ursache unserer Gebundenheit in diesem Leben zu erkennen und zweitens, sie aufzulösen. Die Leute glauben fälschlicherweise, daß Besitz, Familie usw. ihre Gebundenheit darstellen und daß sie in der Lage seien, alles zu opfern, indem sie diese Beziehungen aufgeben. Sie meinen, sich dadurch besonders um die Erlangung von *moksha* verdient gemacht zu haben. Aber dies sind nicht die eigentlichen Bindungen des Menschen. Seine eigentliche Gebundenheit ist seine Unwissenheit, die ihn sich mit seinem eigenen Körper identifizieren läßt. Derjenige, der diese Bindung aufgibt, so wie Bali es tat, wird Befreiung *(moksha)* erlangen. Um diese Gebundenheit aufgeben zu können, ist eine Reinigung des Herzens erforderlich. Die Reinigung des Körpers mit Seife, Wasser und durch den Gebrauch von Parfüm trägt zur Reinigung des Geistes in keiner Weise bei.

In diesem Eisernen Zeitalter (kaliyuga) ist die Wiederholung des Namens Gottes *(nāmasmarana)* der leichteste Weg, seinen Geist zu reinigen; und sich Gott mit reinem Geist hinzugeben, ist der sicherste Weg, um *moksha* zu erreichen. Bali bot Vāmana zwei seiner drei Aspekte, nämlich seinen Körper und sein Leben an, als dieser ihn um zwei Fuß Raum bat. Als Vāmana ihn um einen weiteren Fuß Raum bat, bot Bali ihm seinen Seelenaspekt an, indem er sich dem Herrn völlig ergab. Aus diesem Grund tat der Herr seinen dritten Schritt in Balis Herz und stieß ihn in die Welt des Unterbewußten (pātālaloka), wodurch jegliche Spur von Balis Ego (ahamkāra) in die unterste Schicht des Universums gestoßen wurde. Auf diese Weise wurde Bali vom Rad der Wiedergeburt und Tod befreit.

Das Wort bali hat noch eine andere Bedeutung, nämlich „Steuer" oder „Gebühr für geleistete Dienste." Wir bezahlen die entsprechende Institution, die uns mit Wasser und Elektrizität versorgt, wohl wissend, daß sie weder für die Herstellung von Wasser noch von Strom verantwortlich ist. Aber welche Abgabe leisten wir an den Schöpfer von Wasser, Luft und all dem, was im Universum ist? Keine. Aber es verlangt uns danach, seine Gnade zu erlangen. Wie ist es möglich, seine Gnade zu gewinnen, ohne Steuer oder Gebühr zu entrichten? Die Steuer, die der Herr fordert, ist Hingabe und ein reines Herz. Das ist die Essenz der Botschaft Onams. Onam sollte nicht als ein alljährlich wiederkehrendes Fest gefeiert werden, sondern als Ereignis, dessen Botschaft die Lebensführung jedes einzelnen bestimmt. Onam symbolisiert folgende drei Stufen: 1. Die Inkarnation von Gott *Vishnu* als Vāmana, 2. Das Erreichen von Befreiung *(moksha)* durch Bali und 3. Die Verschmelzung Balis mit dem Herrn.

Brindāvan, 4.9.1979

Die innere Hingabe

Seit den Tagen der *Veden* ist der Hinduismus der Glaube von Millionen. Aber es gab viele unterschiedliche Hindernisse, die zu überwinden waren; es gab Hochs und Tiefs und Eingriffe verschiedener Kulturen. Der Hinduismus hat sie alle unversehrt überlebt und besteht nach wie vor. Die Experten auf diesem Gebiet loben die Vortrefflichkeit dieser Religion, da sie die Koexistenz vieler kultureller Strömungen fördert und sie zu einer eigenständigen Lebensführung anleitet. Die erste Bewegung, die von den starken Strömen des Hinduismus überwunden werden mußte, war der Buddhismus. Er versuchte, den volkstümlichen Glauben an die Wirksamkeit von Weihehandlungen *(yajnas)* und Opfern (yāgas) zu mindern und versuchte sein Bestes, die Leute vom vedischen Gottesdienst *(upāsana)* abzubringen. Kumarila Bhatta versuchte, dies wiedergutzumachen. *Shankarācārya* erhob *Vedānta* verherrlichend auf den Status einer universellen Religion. Das war die Blüte des Hinduismus.

Sehr bald darauf brach der Hinduismus in Sekten auseinander, wie z.B. den Saivismus und Vaishnavismus, die Dualisten und Monisten. Die Menschen konnten die in den *Veden* gelehrte Wahrheit: *„Shiva* ist *Vishnu, Vishnu* ist *Shiva"* nicht annehmen. In diesem kritischen Augenblick trat in Indien der Islam in Erscheinung, der die Verehrung von Standbildern und andere Glaubensbekenntnisse des Hinduismus verdammte. Aber der Hinduismus wurde nicht besiegt, er bestand weiterhin, mächtig und beherrschend. Später versuchte das Christentum, mit dem zusätzlichen Vorteil politischer Macht, verschiedene Methoden, um die Verankerung des Hinduismus im Herzen der Menschen zu lösen.

Der Name Hindu ist von Gelehrten verschieden ausgelegt worden, aber die wahre Bedeutung ist him (himsa oder Gewalt) und du (dur, weit entfernt), d.h. ein Mensch, der sich von Gewalt fernhält. Seit Jahrhunderten beten die Hindus für den Frieden und das Wohlergehen „aller Welten" (lokasamastāh sukhino bhavantu). Ihre Vorstellung vom innewohnenden Gott ist fest und unerschütterlich. „All dies ist göttlich" (īshāvāsyam idam sarvam). Die Rituale, Zeremonien, Gelübde und Riten, die im Hinduismus beschrieben werden, sind alle auf das größere Wohlergehen „aller Welten" gerichtet. Aus diesem Grunde lebt der Hinduismus noch und ist weiterhin aktiv.

Seit Jahrhunderten und Jahrtausenden werden Opfer wie der *vedapurusha*-saptāha-*jnāna yajna*, das siebentägige Opfer, das sich auf das Selbst der *Veden* bezieht, das hier feierlich begangen wird, in Indien zum Wohlergehen der Welt befolgt. Diese Opfer *(yajna)* werden nicht zum Wohle eines einzelnen, einer Familie, einer Sekte, Kaste oder zum Wohle der Anhänger eines bestimmten Glaubens vollzogen. Das Ziel ist universell; die Empfänger sind alle lebenden Wesen. Denn sie beruhigen die Elemente, sie versöhnen die Gottheiten, die der Erde vorstehen: das Wasser, das Feuer, der Wind und der Himmel. Die Weisen alter Zeiten wählten zur Feier des *yajna* einen Ort, der sich außerhalb menschlicher Siedlungen befand, entweder auf einer Sandbank im Fluß oder auf einer Waldlichtung. Niemand oder kein menschlicher Körper kann für sich spezielle Aufmerksamkeit beanspruchen. Der *yajna* ist das Privileg eines jeden, er wird durch die Bemühung jedes einzelnen zum Erfolg. Nicht einer kann stolz für sich behaupten, er sei unersetzlich. Diejenigen, die ein ernsthaftes Interesse daran hatten, teilzunehmen, brachten eine Handvoll Korn mit, das aufgehäuft wurde, und die Priester brachten mehrere Handvoll rituellen Brandholzes mit, das gestapelt wurde. Dies geschah als Symbol für die Einheit der Herzen und des Geistes aller und als Versicherung, daß jeder an den Segnungen der Götter teilhaben kann, die durch *Mantras* angerufen werden. Wenn dem Ego einzelner freier Lauf gelassen wird und, wie es heute in den Opferfeiern häufig geschieht, einer oder mehrere hervorgehoben werden, werden diese verunreinigt und damit unheilig und unfruchtbar. Aus diesem Grund wurden sie Anlaß zu Spott und Kritik.

Bei den Opfern gibt es zwei Typen - den äußeren und den inneren. Der äußere ist die Reflexion des inneren. Das innere Opfer ist der Spatz in der Hand; das äußere Opfer *(yajna)* ist die Taube auf dem Dach. Aber da heutzutage die heilige Vorstellung und das heilige Verlangen fehlen, wird der Spatz in der Hand freigelassen, um die Taube auf dem Dach zu fangen. Zunächst einmal müssen der Wert und die Bedeutung des inneren Opfers verstanden werden. Er beinhaltet das Bewußtwerden der Göttlichkeit, die im Innersten unserer Realität entscheidungsbereit schlummert. Verehrt sie, stimmt sie milde, gefallt ihr, werdet eins mit ihr.

Der Geist ist der Altar; legt das Tier, das es als Opfer anzubieten gilt, nämlich die schlechten Eigenschaften, darauf, und opfert es der angerufenen Gottheit. Der Mensch wird als Mensch geboren, belastet durch animalische Instinkte und Impulse, die ihm aufgrund früherer Leben als Tier anhaften. Er hat viele Leben als Tier geführt, und jedes hat seine Spur in seiner geistigen Struktur hinterlassen, ebenso wie nach dem Abheilen einer Wunde eine Narbe bleibt. Der Mensch ist beispielsweise von der Krankheit aggressiven Hochmuts befallen. Dies ist kein natürlicher Charakterzug des Menschen. Es ist ein Relikt eines früheren Elefantendaseins. Manchmal ist der Mensch bemitleidenswert dumm. Das ist ein Relikt seiner Existenz als Schaf vor langer Zeit. Einige besitzen einen ihnen angeborenen Hang zu stehlen. Auch dies kann eine Erinnerung aus der dunklen Vergangenheit als Katze sein. Die Katze ist ein schlauer Dieb und schleicht in die Häuser, um Milch, Käse oder andere Nahrung zu suchen. Andere Menschen wiederum sind mit allen Anzeichen der Unstetigkeit und des Eigensinns ausgestattet. Dies ist das Erbe ihrer Affenexistenz, die ihrem Erscheinen als Mensch in dieser Welt vorausging. Der Mensch ist in Sanskrit als nara, der Affe als vanara bekannt. Wenn va oder valam (der Schwanz) weggelassen wird, wird vanara zu nara, der Affe zum Menschen. Der Mensch hat seinen Schwanz verloren, aber der Eigensinn und die Ruhelosigkeit sind ihm noch eigen. Die Gesamtheit solcher animalischer Spuren muß als Teil des inneren Opfers auf dem Altar des Geistes geopfert werden. Das äußere, sichtbare Opfer ist ein Mittel, um diesen inneren Zweck und die Botschaft weiterzuleiten. Wenn Kindern die einzelnen Buchstaben gelehrt werden, sucht man Objekte aus, die sie sehen und erkennen können, und es werden Worte ausgewählt, die sie buchstabieren können. Unter das Bild eines Stuhles wird das Wort Stuhl geschrieben, und die Kinder werden davon überzeugt, daß S, t, u, h, l wie Stuhl ausgesprochen wird. Später wird das Bild abgehängt, da es überflüssig ist. Ebenso muß, bis die Lektion gelernt ist, der äußere Ritus der im Opferfeuer dargebrachten Brandstöcke beibehalten werden. Das Ritual ist das Schmuckkästchen und der darin aufbewahrte Edelstein ist die Zerstörung der animalischen Impulse.

Hier sehen wir Priester, die Spezialisten der verschiedenen Stadien vedischer Opfer sind. Wir hören die Rezitation vedischer Hymnen; es sind vedische Gelehrte (pāndita) hier, die das *Rāmāyana,* das Bhāgavatam und das Devībhāgavatapurāna aus den Originaltexten vortragen; wir haben hier die zeremonielle Anbetung der göttlichen Mutter (devī) entsprechend den Anweisungen der *shāstras*; ein pāndita ist mit der Anbetung *(pūjā)* von tausend Gottesbildern *(linga)* beschäftigt; ein anderer Priester stimmt den Sonnengott milde, indem er rituelle Fußfälle ausführt, die er mit *Mantras* begleitet, die seine Herrlichkeit preisen. Die göttliche Natur in all ihren Manifestationen als Elemente und Kräfte wird auf diese Weise sieben Tage lang angebetet, als Teil des Opferrituals *(veda purusha yajna).* Die fünf Sinne und ihre Auswirkung und die fünf Hüllen, die das göttliche Selbst *(ātman)* umschließen, werden durch diese Aktivitäten alle symbolisiert.

Die äußere Hülle oder *kosha* ist der *annamayakosha*, der aus dem materiellen Körper besteht, der sich wiederum aus anna oder der Nahrung, die man zu sich nimmt, bildet. Anna, der durch anna gebildete Körper und der Mensch sind alle Produkte derselben Substanz, der Erde. Damit der materielle Körper von Glück oder *ānanda* erfüllt wird, müssen die vitale, mentale und intellektuelle Hülle sublimiert werden. Alle *koshas* müssen schließlich in der Erleuchtung des *jnāna,* der seligen Weisheit, verschmelzen. Die Opfergabe in der heiligen Flamme ist Symbol dieser Sublimierung. Das Feuer, das ihr seht, wird durch Hölzer und ghee in Gang gehalten, es sind die Flammen der Weisheit, welche die letzten Spuren von Ego, Unwissenheit und Wünschen verbrennen. Und was ist dieses ghee? Es ist geklärte Butter. Butter wird aus Sahne gewonnen, Quark ist geronnene Milch, Milch kommt von der Kuh, die Kuh, die auf vier Füßen läuft, symbolisiert die vier *Veden*. So helfen die *Veden,* symbolisch gesehen, dem Licht der Wahrheit, selbst zu leuchten. Die *Veden* verkörpern die Wahrheit, die befreien und retten kann. Das Rezitieren der *Veden* reinigt die Atmosphäre und stärkt den Willen, wahr zu sein. Wahrheit ist die Basis von Rechtschaffenheit *(dharma).* Die *Veden* erklären die Wahrheit. Diese Lektionen werden durch die verschiedenen zeremoniellen Einzelheiten, die während des heiligen Opfers erfolgen, symbolisch vermittelt.

Viele, die sich über diese Bedeutung im unklaren sind, verurteilen diejenigen, die an solchen Opfern teilnehmen; sie beanstanden den Verlust von Getreide und geklärter Butter (ghee) und beklagen die Vergeudung kostbaren Materials aufgrund des irrationalen Verhaltens der Priester. Aber weder die Seher, welche die *Mantras* und die *Veden* bekanntmachten, die das Ritual beschrieben, noch diejenigen, die das Opfer ergeben vollziehen, sind in irgendeiner Weise dumm. Unwissende Leute beklagen den Verlust, wenn der Bauer Säcke von Korn auf das gepflügte Feld verstreut. Sie wissen nicht, daß der Bauer zur Erntezeit das Zehnfache dessen ernten kann, was er gesät hat. Eine einzige Dose ghee, die in dem heiligen Feuer mit den angemessenen *Mantras* dargebracht wird, ergibt für die Menschheit eine Million Dosen ghee. Die Schwingungen des *Mantras* und die Wirkung des Opfers stellen den Wohlstand und das Wohlergehen auf der ganzen Welt sicher. Die Weisen und Seher der Vorzeit schrieben aus ihrem unermeßlichen Mitgefühl diese feierlichen Opfer vor, damit sie dem Wohlergehen der Menschen gereichen mögen. Von daher ziehen Menschen aller Himmels- und Glaubensrichtungen Nutzen daraus, daß die Hindus die Direktiven der *Rishis* befolgen.

Das *Mahābhārata* erklärt, daß wir unsere Verehrung auf nichts außerhalb Indiens zu richten brauchen, denn dort gibt es nichts, was wir nicht auch in Indien hätten. In Indien ist die Botschaft immer die gewesen: Toleranz, Respekt für alle Glaubensrichtungen, Ausübung der Grundlehren der Liebe, des Dienstes und die Aufgabe von Haß, Neid und Stolz. Dieses Opfer wird euch helfen, diese Botschaft zu verstehen und mit ihr in Übereinstimmung zu leben. *Prashānti Nilayam*, 25.9.1979

Meine Freude, meine Nahrung

Der Hauptgegenstand der *Veden,* dasjenige, das allem Leben Glückseligkeit *(ānanda)* verleiht, das in der Welt Objekt nicht-endender Suche ist, einer Suche auf unterschiedlichen Wegen und durch verschiedene Disziplinen - das ist *brahman.* Es ist überall, es ist die Grundlage der Schöpfung. Es ist unteilbar, unzerstörbar, unveränderlich und absolut. Der Kosmos, die Sterne eingeschlossen, die Sonne und die Erde, sind nichts als eine Schaumkrone auf dem göttlichen Selbst *(ātman).* Das Bewußtsein, das wahrnimmt, ist nichts als eine Welle auf jenem Meer. Das Meer selbst ist *ātman.* Nur *ātman* ist wirklich; alles Restliche ist bloße Erscheinung. Das Spiel von Name und Form ist vorübergehend und vergänglich.

Da *ātman* (die Realität) von dem Namen und der Form der Körper umhüllt ist, sind wir geneigt zu glauben, der Mensch leide unter drei Formen des Unglücks: ādhibhautika, adhidaivika und ādhyātmika. Ādhibhautika ist das Ergebnis der Bindung an Freunde und Verwandte, die man als von sich getrennte Personen, aber doch als seine eigenen Leute behandelt. Es sind die egoistischen Bande, die dem Menschen am meisten Kummer bereiten. Der Dämon des Ego führt uns auf üble Wege, und sein Gefährte, der Zorn, erfaßt uns wie ein Geist und überredet uns, uns in den teuflischen Reigen einzureihen. Hierbei sind Neid und Gier die Hauptakteure. Adhidaivika ist das Leid, das man als gottgewollt bezeichnet, wie Naturkatastrophen und Ähnliches. Dieses Leid kann man durch Ausgeglichenheit besiegen, die sich von den Launen des Schicksals nicht beeinflussen läßt. Dieser Zustand wird als *samādhi,* das heißt Gleichmut oder Gleichgewicht bezeichnet. Diese Errungenschaft wird dem Königreich des Bewußtseinsraumes (cittākāsha) zugeschrieben. Ādhyātmika-Leid wird durch physische oder mentale Krankheiten verursacht. Diese Form von Leid kann durch *Yoga*-Kräfte leicht überwunden werden. *Yoga* kontrolliert und sublimiert die Gemütsbewegungen und vermittelt von daher Ruhe und Frieden.

Um von Sünden frei zu sein, muß man all seine Aktivitäten auf gute Gedanken, gute Worte und gute Taten richten. Ebenso muß man, um *ātman* oder Gleichmut (cittākāsha) zu erlangen, erkennen, inwiefern kosmisches Bewußtsein (bhūtākāsha) durch den Geist (citta) wahrgenommen wird und daß beide ein Ausdruck von reinem Bewußtsein *(cit)* sind. Wenn man *ātman,* den Ewigen Zeugen, erkennt, erreicht man, indem man die Beherrschung der Sinne erlangt hat, das Stadium des *nirvikalpa,* frei von Ge- und Verboten, Hochs und Tiefs, Freude und Leid. Überwindet Dunkelheit *(tamas)* durch Aktivität *(rajas)* und Aktivität durch Güte und Tugend *(sattva)* und befreit euch schließlich noch selbst von dieser Eigenschaft (sattvaguna). Nur dann könnt ihr die vollständige geistige Konzentration, die keine Subjekt-Objekt-Unterscheidung mehr kennt *(nirvikalpa)* erlangen. *Guna* bedeutet Seil, von daher bindet selbst der sattvaguna. *Nirvikalpa* ist das Stadium, in dem der Mensch vollkommen frei, vollkommen erwacht und vollkommen weise ist.

Rāmakrishna brachte einst einen *Devotee* mit *Vivekānanda,* dem Asketen, zusammen. Jener fragte *Vivekānanda*: „Was ist dein Ziel, mein Sohn, Weisheit oder Wissen *(jnāna)* zu erlangen?" In seiner Antwort erklärte *Vivekānanda* Kapilas Sānkhya-Philosophiesystem. Er sagte, daß alles, ob groß oder klein, jede Zelle und jeder Stern, sich ständig verändere. Nahrung, einmal zu sich genommen, wird zu Dünger, um jenen Pflanzen als Nahrung zu dienen, die wieder Früchte tragen und damit ernähren sollen.

Die Luft, die ein Mensch ausatmet, wird vom nächsten wieder eingeatmet und kleinste Teilchen seines Körpersystems gelangen in das System des anderen. Das Meerwasser verwandelt sich in Feuchtigkeit und ergießt sich, als Regenwolken geeint, über Felder und Gärten und wird schließlich zu eßbaren Köstlichkeiten. Materie ist nichts weiter als die ständige Gemeinschaft und Teilung von Teilchen. Sämtliche Zellen des menschlichen Körpers werden innerhalb eines Sieben-Jahre-Zyklus „erneuert". Wie können wir von daher irgendetwas als beständig, andauernd und wahr bezeichnen? Dies ist die Ursache, warum der Mensch keine Zufriedenheit oder keinen Frieden erlangt. Dies ist die Ursache, warum der Mensch sich nicht freut, egal wie reich er wird oder welchen Ruhm er besitzt. Solange er sich am Trivialen ergötzt und im Vergänglichen schwelgt, kann er nicht glücklich sein. Nur wenn er das göttliche Selbst *(ātman)* erkannt hat und über dieser Erkenntnis immer entzückt ist, kann er ungetrübtes Glück empfinden. In jenem Stadium ist er sich bewußt, daß er ewig, allwissend und absolut ist.

Was Swami auch immer tut und läßt, was immer er sagt und andere zu sagen anleitet, bedenkt, daß er es tut, um diese Botschaft der göttlichen Realität des Menschen zu verdeutlichen oder zu erläutern. Ich sporne die Studenten dazu an, zu sprechen oder zu rezitieren, zu singen oder Theater zu spielen, damit diese Botschaft sich dadurch in ihren Herzen einniste. Sie sind das Mittel, wodurch ich die alte Kultur dieses Landes wiederbelebe. Ich ermutige sie dazu, Beispiele der Stärke und des Gleichmuts zu sein, die durch die Ausübung jener Botschaft erlangt wird. In wenigen Minuten werden die Studenten ein Theaterstück über *Rāmakrishna Paramahamsa* aufführen, in welchem das Geheimnis um seine höchste spirituelle Vollendung gelüftet und er selbst als das Vorbild für spirituelle Bemühung *(sādhana)* und furchtloses Erforschen geistiger Probleme herausgestellt wird. Ihr werdet auch Mehta wiedersehen, einen Studenten unseres Sathya Sai Colleges in Bangalore, der in der Rolle einer Kuhhirtin *(gopī)* und in anderen weiblichen Rollen tanzt. Der gesamte Kosmos, die Kreisbewegung, die er zur Musik der Sphären beschreibt, ist ein gewaltiges Tanzschauspiel. Dies ist die symbolische Darstellung jener Wahrheit.

Es gibt keine Wissenschaft *(vidyā)*, in der unsere Studenten nicht bewandert wären. Sie entwickeln alle Tugenden und durchtränken jede ihrer Taten, auch ihre Fertigkeiten und Studien, mit diesen hohen und reinen Qualitäten. Um zu demonstrieren, daß dieser Prozeß Freude, Frieden und Wohlstand vermittelt, benutze ich diese Studenten als Instrumente. Sie formen sich zu Vorbildern. Sie sind die Quelle meiner Freude und sie nähren meine Hoffnung. Sie sind meine Hoffnung, meine Freude und meine Nahrung. Diese und andere Studenten des gleichen Schlages sind die Pioniere in meinem Werk, die gegenwärtige Welt zu verbessern und eine neue Welt einzurichten. Ich bin entschlossen, die Studenten aller Hochschulen in solche Instrumente zu verwandeln, um die Welt auf der Grundlage der göttlichen Ordnung *(dharma)* wieder aufzubauen. In nicht allzu ferner Zukunft werden alle Studenten den alten Idealen folgen, die von unserer Kultur festgelegt wurden, um so Glück für sich und andere zu erlangen. Dies ist meine Hoffnung. Ich segne sie. Mögen sie diesem Ziel erfolgreich entgegengehen.

Dasara, 29.9.1979

Die drei Bewußtseinsebenen

Ist das Universum real? Ist es relativ irreal? Dieses Problem beschäftigt seit undenklichen Zeiten die Menschen in allen Ländern. Die Realisten und die Idealisten haben jahrhundertelang ihre Erklärungen diskutiert. Die Wissenschaftler oder Realisten glauben seit langem, daß das Universum ein Konglomerat von Atomen in unterschiedlichen Mustern sei, die vielfältigste Formen und Namen angenommen haben. Ebenso wie das Salz aus dem Meer stammt, Eis sich aus Wasser oder Zuckerkristalle sich aus Zuckerrohrsaft bilden, haben sich, so sagen sie, die Atome zusammengetan, um die Dinge und Wesen der Natur zu bilden. Aber dies ist nur teilweise wahr. Die spirituell Orientierten (vijnānavādins) weisen die materiell Orientierten (bhūtikavādins) darauf hin, daß für all diese Veränderungen eine feste Grundlage unerläßlich ist. Ohne die Ausdehnung des Wassers könnten keine Wellen entstehen. Ohne Ton können keine Töpfe geformt werden. Das Universum muß über eine solche Grund-Kraft, Grund-Energie oder ein sonstiges Grund-Phänomen verfügen. Entsprechend ihren Aussagen ist das grundlegende Prinzip der göttliche Funke *(ātman)*.

Heute jedoch versucht der Mensch, den Ton zu verleugnen und das Vertrauen auf dem Topf aufzubauen! Dieser Versuch ist dazu verurteilt, fehlzuschlagen! Wie können Wellen vom Wasser getrennt werden? Das wahrnehmbare Universum, das als unwahr abgetan wird, muß die Wahrheit zur Grundlage haben, ebenso wie das Seil, das als Schlange angesehen wird. Jene grundlegende Wahrheit ist der *ātman*.

Natürlich wird das Universum, in dem wir leben, durch unsere Sinne wahrgenommen; wir nehmen es als wahr und gegeben hin, wir erfahren es durch unser Bewußtsein. Aber wir können es nicht als Wahrheit akzeptieren, denn nichts, was sich verändert, verdient es, wahr genannt zu werden. Dabei empfinden wir doch das Universum gar nicht als zu allen Zeiten unveränderlich, oder? Die Natur, derer wir uns während des Tages bewußt sind, gleitet während der Tiefschlaf- und Traumphasen aus unserem Bewußtsein. Außerdem wird sie von jedem Lebewesen und je nach dem Bewußtseinsstand unterschiedlich empfunden. Tiere, Vögel und Insekten sind sich ihrer auf verschiedene Weise und in unterschiedlicher Form bewußt. Sie wird entsprechend den Wünschen und Gefühlen und Gedanken jedes einzelnen geformt. Wodurch entstehen jene? Die Göttlichkeit *(ātman)* betritt den Körper als innerer Motivator und erweckt Gedanken und Gefühle. Ohne die Gegenwart des *ātman* ist der Körper schwerfällig, ohne den Körper entstehen keine Gedanken, und ohne Gedanken gibt es das Universum offensichtlich nicht; es ist für das Individuum nicht vorhanden. Die drei sind unentwirrbar miteinander verbunden: der Körper mit all der Macht des Bewußtseins, das in ihm steckt, das Universum und der *ātman,* der entweder individualisiert oder umfassend allem innewohnt.

Sowohl der Materialismus als auch die Spiritualität suchen eine fundamentale, universelle Basis - der eine findet sie in der Materie, die andere im Geist. Der Geist oder *ātman* kleidet sich in die Form des Körpers, um das *jagat* oder das Universum wahrzunehmen und zu erleben. Baumwolle nimmt die Form von Garn an, um als Stoff wahrgenommen zu werden. Der Stoff ist sowohl Garn als auch Baumwolle. Baumwolle ist die notwendige Basis, *ātman.* Er nimmt Namen und Form an und wird Garn (der Körper) und ist dann als Stoff (*jagat*-Universum) bekannt, das Produkt der Gedanken, die vom Körper herrühren.

Es gibt eine andere Möglichkeit, diesen Prozeß zu verstehen und zu interpretieren. In den *Upanishaden* und im *Vedānta* werden fünf Charakteristika des Universums erwähnt: Gläubigkeit (āstika-sat), Licht (bhāti-cit), Freude (priya-*ānanda*), Name (nāman) und Form (rūpa). Hiervon sind die letzten beiden vergänglich und somit unbedeutend. Die ersten drei sind die drei Facetten der immerwährenden Wahrheit, des *ātman.* Im *Vedānta* stehen die Kategorien von Sein-Bewußtsein-Glückseligkeit *(sat-cit-ānanda)* auch in einer Wechselbeziehung mit bhūtākāsha, cittākāsha und cidākāsha. *Ākāsha* ist die Bezeichnung für eine Bewußtseinssphäre. Bhūtākāsha ist das kosmische Bewußtsein, cittākāsha ist das Bewußtsein des citta oder das Unterscheidungszentrum in lebenden Wesen. Cidākāsha ist das reine, unvermischte Bewußtsein, das aus dem *ātman* fließt. Bhūtākāsha ist der weite, grenzenlose Raum, in dem die Sonne und ihre Planeten nur winzige Energieknotenpunkte darstellen. Er ist so weitläufig, daß das Licht einiger Sterne die Erde noch nicht erreicht hat, obwohl das Licht schon ausgesandt wurde, als die Erde sich bildete. Sie sind Millionen von Lichtjahren entfernt. Man sagt, das Licht bewege sich mit einer Geschwindigkeit von 186.000 Meilen pro Sekunde (tatsächlich sind es 188.000 Meilen pro Sekunde). Nun könnt ihr euch die enorme Größe von bhūtākāsha vorstellen, der all diese Sterne und viele andere mehr einschließt.

Der cittākāsha erfaßt diesen unermeßlichen bhūtākāsha, denn das Bewußtsein erleuchtet alles und wird sich all dessen bewußt, was existiert. Der cittākāsha wird von cidākāsha zur Aktivität angeregt, dem *cit* von *sat-cit-ānanda* (nicht identisch mit dem inneren Instrument der Unterscheidung, das citta heißt). Ein unendlich kleiner Bruchteil des *ātman* reicht aus, *cit* zu aktivieren, den Kosmos, das gesamte Universum in sich zu vereinigen.

Aus diesem Grund muß jeder fest daran glauben, daß er der *ātman* ist und nicht der Körper mit seinen Sinnes- und Ausführungsorganen und seiner inneren Ausrüstung mit Verstand, Intellekt, Unterscheidungsvermögen und Ego. Der Mensch muß wissen, daß er keinerlei Veränderung erfährt, daß er nicht sterben oder zerstört werden kann. Wenn man in bhūtākāsha versenkt ist, merkt man, daß es falsch ist, sich als vergänglichen Körper mit all seinem Zubehör zu verstehen. Er ruft sich diese Wahrheit oft ins Gedächtnis, d.h., daß er sich des *sat,* seiner ewigen Existenz bewußt ist. Während der cittākāsha betrachtet wird, ist ihm bewußt, das Gefährt des Bewußtseins, der *cit*, zu sein. Während er mit dem Bewußtsein des cittākāsha durchtränkt ist, dem Glanz des *ātman,* ist er die Verkörperung *ānandas,* der dritten Facette des *ātman*. Wenn sich das Bewußtsein nach innen wendet, ist die höchste Stufe des ātmānanda erreicht.

Der menschliche Körper setzt sich aus Zellen zusammen, die ihre Kraft und ihr Leben aus der Nahrung beziehen; die Nahrung erhält ihren Wert durch den Erdboden. Erde, Nahrung, Mensch - das ist der Kreislauf, und er ist beendet, wenn der Mensch in den Erdboden zurückkehrt. Der Boden ist bhūtākāsha; die Nahrung, die aus dem Boden gewonnen wird, wird Bewußtsein; cittākāsha, und citta fließt in das *ātman*-Bewußtsein oder den cidākāsha ein. Ein Samenkorn keimt im Erdboden und erhebt sich als Keimling über ihn; er treibt Blätter und Zweige, er blüht; die Blüten machen den Früchten Platz, damit sie wachsen, reifen und Saat entwickeln können, die wiederum das Keimen und Wachsen ermöglicht. Der Erdboden ist die Grundlage dieser Transformationen und Entwicklungen. Wenn ihr die Samen auf eure Handfläche legt und sie dort wässert, werden sie nicht wachsen. Die Erde und die Saat bringen die dritte Einheit hervor: die Pflanze. Die Zellen der beiden haben eine seltsame Affinität. Die Zellen im Boden sind ihr *ātman,* die Zellen der Samen sind deren *ātman.* Der Boden ist die Substanz der Nahrung, aus welcher der Mensch geboren ist, durch die er erhalten und ernährt wird. Aber der Körper ist der Tempel des *ātman.* Niemand sollte den Körper mit schlechten Gedanken, Worten oder Taten beschmutzen.

Die Pracht des *ātman* ist allen Dingen immanent und erleuchtet sie. Der göttliche Funke im Innern *(ātman)* jedoch offenbart sich selbst, erleuchtet sich selbst. Er scheint überall, in allen Dingen. Trotz aller Veränderungen bleibt das Individuum erhalten. Im Kind schlummert der alte Mensch. Das Kind entwickelt sich und durchläuft die Jugendzeit, wird erwachsen, wird zum Menschen mittleren Alters und beendet die Lebenszeit als alter Mensch mit gebeugtem Rücken. Ebenso ist es der cidākāsha, der sich zum cittākāsha und endlich zum bhūtākāsha, dem objektiven Universum entfaltet.

Wenn man mich fotografiert, erscheine ich beispielsweise als sehr kleiner Sai Baba auf dem Negativ. Aber wir können es auf die gewünschte Größe vergrößern. Der Sai Baba auf dem großen Foto und der auf dem ganz kleinen Foto sind derselbe. Könnt ihr behaupten, daß dieser 1,60 m große Körper allein Sai Baba wäre und die Figur auf dem winzigen Foto nicht? Wie im Kleinen, so im Großen, beide sind wahr. Sie sind dieselben, aber aus verschiedenen Blickwinkeln.

O Verkörperungen von Liebe *(prema)*! Wendet deshalb eure Sicht vom äußeren Universum ab und richtet sie auf die innere Herrlichkeit, den göttlichen Glanz, der ihr alle seid. *Prashānti Nilayam*, 28.9.1979

Das Königreich

Studenten, Verkörperungen des göttlichen *ātman* und Förderer der Erziehung! Dieses Eiserne Zeitalter (kaliyuga) bietet mehr Erleichterungen zur Befreiung als je ein Zeitalter vorher, denn die Menschheit ist heute viel klüger. Selbst in den entferntesten Landstrichen gibt es Schulen, aber es ist schade, daß es so wenige Menschen gibt, die inneren Frieden besitzen. Wieso scheint der Frieden unerreichbar, trotz der Fülle nützlicher Erfindungen und technischer Geräte, die dem Menschen Freude und Komfort verschaffen?

Der Fehler liegt im menschlichen Verhalten, das nicht dem rechten Weg entspricht. Wenn der Mensch tugendhaft denkt, spricht und handelt, wird sein Bewußtsein klar sein, und er besitzt inneren Frieden. Wissen ist Macht, so heißt es; aber Tugend ist Frieden. Auch heute verehrt die Welt noch berühmte Männer und Frauen, die ein Leben beispielhafter Tugend geführt haben. Jesus, Mohammed, Zoroaster, Buddha, *Shankarācārya,* Mādhvācārya, Rāmānujācārya und andere riefen nur aufgrund ihres reinen Verhaltens und ihrer guten Taten die Bewunderung und Gefolgschaft der Leute hervor. Sie sind in den Herzen der Menschen fest verankert. Gelehrsamkeit kann diesen hohen geschichtlichen Einfluß nicht vermitteln. Belesenheit mag dazu dienlich sein, eure dialektischen Fertigkeiten zur Schau zu stellen, aber worin liegt wirklich die Weite und Tiefe eurer Erfahrungen? Überprüft nur einmal, wie eingebildet ihr seid! Der Mensch muß sein tägliches Leben mit ehrlichem Sprechen, tugendhaften Handlungen und heiligen Gedanken tränken.

Erziehung muß euch die Unterscheidungsfähigkeit vermitteln, die genau genug ist, um jene Tugenden zu erkennen. Ihr müßt erkennen, was Wahrheit ist und ihr gegenüber Liebe und Treue entwickeln. Und bedenkt: Tugendhafte Taten entspringen aus der Überwindung eigennütziger Wünsche oder Entsagung *(tyāga)*. Ihr müßt euch hohe Ideale setzen und bereit sein, sogar euer Leben zu opfern, um sie zu erreichen. Verschmutzt eure Rede nie durch Unwahrheit; vergiftet eure Gedanken niemals durch Haß und Gier; erniedrigt euren Körper niemals durch Gewalt irgendeiner Art. Es ist tragisch, daß nicht einmal eine kleine Gruppe von Studenten diese Ideale wertschätzt und sich um ihre Verwirklichung bemüht. Es gibt in unserem Land viele Wissenschaftler, Gelehrte, spirituelle Lehrer und gestandene Politiker. Aber zu welchem Nutzen? Sie arbeiten an entgegengesetzten Zielen, jeder losgelöst vom Rest. Ein Wissenschaftler ist des nächsten Rivale, ein Gelehrter liegt sich mit einem anderen Experten desselben Fachgebietes in den Haaren. Und je weniger man über Politiker sagt, desto besser. Wenn das Laster der Uneinigkeit regiert, können sich Frieden und Wohlstand trotz allen Fortschritts auf dem Gebiet der Technik, der Gelehrsamkeit und der Spiritualität im Land nicht stabilisieren. Sie können sich nur dann entwickeln, wenn Kooperation, freundschaftliche Gefühle, Liebe und Mitgefühl im Herzen des Menschen aufleben. Nur wenn diese Qualitäten vom Menschen entwickelt werden, kann die Welt frisch und heiter, grün und prächtig, mit Blumengirlanden und Flaggen an jeder Tür erscheinen.

Heute besteht eine große Notwendigkeit, daß sich jeder die Ideale setzt, die sich Dharmarāja, der Älteste der *Pāndava*-Brüder, gesetzt hat. Als *Krishna* ihn eines Tages fragte, wo seine Brüder seien, antwortete er: „Einige sind in der Stadt Hastināpura, einige andere sind im Wald." *Krishna* war sichtlich überrascht und antwortete: „Aber Dharmarāja, was ist denn mit dir los? Ihr fünf Brüder seid alle, wie du weißt, hier im Wald. Niemand befindet sich in der Stadt Hastināpura!" Dharmarāja sagte: „Entschuldigung, Herr! Wir sind insgesamt hundertfünf Brüder." *Krishna* tat so, als ob diese Behauptung falsch sei. Er zählte nochmals die Namen der fünf auf und wollte wissen, wieso er denen noch hundert weitere hinzufügte. „Mein Vater hat fünf Söhne, sein Bruder, der blinde Dhritarāshtra, hat hundert Söhne. Wenn wir sie bekämpfen, sind wir fünf und sie sind hundert. Aber wenn wir uns nicht bekämpfen, sind wir hundertfünf."

So zerbricht, wenn Haß und Gier zum Kampf führen, jede Brüderlichkeit, und die Herzen treiben auseinander. Heute ist diese Zersplitterung auf jedem Gebiet vorhanden, sogar bei den Gemeinschaften der Sai-Organisationen! Ein natürliches Ergebnis dieser Entwicklung ist das rasche Ansteigen von Haß, Neid, Uneinigkeit und Spannung. Aus diesem Grund müssen die Studenten diese bösen Anlagen mitsamt ihren Wurzeln ausmerzen. Die Hauptquelle all dieser Fehler ist der Egoismus, der Glaube, daß das kleine Selbst um jeden Preis befriedigt werden müßte.

Ich habe große Freude an der Betrachtung wilder Tiere in ihrer natürlichen Umgebung. Ihre Bewegungen, ihre Beziehungen untereinander, ihr uneingeschränktes Leben ist angenehm anzusehen. Sie beklagen weder die Gesundheit noch das Glück anderer Tiere. Sie trauern nicht, beklagen nicht ihr Unglück, vergleichen nicht ihr Schicksal mit dem anderer Bewohner des Waldes. Sie streben nicht nach Ruhm. Sie arbeiten nicht daran, Machtpositionen und Herrschaft über andere Tiere zu erlangen. Sie sind nicht ehrgeizig darauf bedacht, Besitz anzuhäufen, der überflüssig ist. Wenn wir diese Charakterzüge betrachten, müssen wir zu dem Ergebnis kommen, daß sie ein wertvolleres Leben führen als der Mensch. Der Mensch hat die Zusatzqualifikation der Erziehung, Sinn für Moral und die Fähigkeit, zu beurteilen und zu unterscheiden. Und doch ist er noch immer im Wirrwarr der Gier verfangen. Und Gier ist das Saatbeet des Kummers.

Heutzutage fördert die Erziehung die Gier, anstatt sie zu bekämpfen. Das Ziel ist das finanziell höhere Einkommen. Von daher strebt man nach Titeln, die höhere Gehälter versprechen. Der gebildete Mensch ist darauf bedacht, die Gesellschaft auszubeuten, auf rechte oder unrechte Weise von ihr zu profitieren. Er ist nicht begierig darauf, der Gesellschaft etwas zu geben oder gar, sie zu fördern. Er ist mit der Frage beschäftigt, wie er etwas von der Gesellschaft bekommen, nicht wie er ihr etwas geben kann.

Die Dorfjungen verhalten sich ihren Eltern gegenüber undankbar, obwohl jene ihren Besitz und Komfort für die Chance eingetauscht haben, ihren Kindern eine Ausbildung zu ermöglichen. Sobald sie einen Titel besitzen (der höchstens als Bettelnapf dient), fliehen sie in die Städte und nehmen dort für einen Hungerlohn eine Arbeitsstelle an. Sie lassen sich in den Städten nieder, vernachlässigen ihre Eltern und betrachten deren seit Generationen ausgeübten Beruf mit Verachtung. Aber ihr Leben in den Städten ist nicht einfacher. Sie werden zu unnützen und schlechten Gewohnheiten verführt, bis sie sich schließlich nach Frieden und Freude sehnen. Statt dessen sollten sie in den Dörfern bleiben, in denen sie das Licht der Welt erblickten und ihre erlangten Fertigkeiten in den Dienst ihrer Bewohner stellen. Das ist ihre eigentliche Aufgabe.

Ich weiß, daß es für die Studenten schwer ist, sich von dem schlechten Einfluß der Gesellschaft und der Älteren freizumachen. Sie treffen niemand, dessen inspirierendem Beispiel es zu folgen lohnte.

Die älteren Studenten der Sathya Sai Universitäten müssen nach ihrer Ausbildung der Welt mit Mut, Mitgefühl und innerem Frieden entgegentreten und selbstlosen Dienst an den Menschen üben. Paßt immer auf, daß ihr nicht von den Idealen abweicht, die ich bestimme. Nehmt an allen Aktivitäten teil, ausgerüstet mit Demut, Ehrgefühl und den Fähigkeiten, die für den Sieg notwendig sind. Ihr solltet euch sowohl auf moralischem, materiellem, ethischem, spirituellem als auch auf weltlichem und technischem Gebiet auszeichnen. Verändert euch nicht zum Negativen, wenn ihr das *Brindāvan*-Universitätsgelände verlaßt. Solange ihr euch auf dem Campusgelände befindet, sind eure Kleidung, eure Manieren, euer Charakter und Verhalten anders als später, wenn ihr dieses Gelände verlaßt. Dieser Rückfall auf alte und unerwünschte Ebenen offenbart eine fundamentale Charakterschwäche. Solche Personen kann man abschreiben, sie sind niemandem eine Hilfe. Stattdessen sind sie eine Last für die Gesellschaft. Sie sind Schwächlinge, die nur andere imitieren, Helden, die sich auf ihre Augen und Ohren verlassen.

Ihr habt fünf, sieben oder neun Jahre in *Brindāvan* gelebt und mehr mütterliche Liebe empfangen als euch tausend Mütter geben könnten. Wie könnt ihr, wenn ihr *Brindāvan* verlaßt und Verhaltensmuster und Lebensgewohnheiten annehmt, die in der Außenwelt als modisch gelten, als „alte Studenten" des Colleges bezeichnet werden? „Wer seine Mutter an der Nase herumführt hat vor der Tante erst recht keinen Respekt." So heißt das Sprichwort. Wenn ihr Gott so leichtfertig verratet, wie sollte man dann von euch erwarten können, daß ihr menschliche Verhaltensregeln akzeptiert? Ich wünschte mir, daß ihr zumindest von nun an stetig gute Gedanken, heilige Gefühle und selbstlose Handlungen entwickelt und den guten Namen der Hochschule aufrechterhaltet. Studenten nehmen in der Physiologie der gesellschaftlichen Gliederung die Rolle des Herzens ein. Jeder, der die Gesellschaft, in der er lebt, verletzt oder in schlechten Ruf bringt, ist ein Verräter. Welche Position auch immer ihr innehabt, wo immer ihr lebt, ihr müßt durch eure Demut, Disziplin, Manieren, Gewohnheiten und durch eure bescheidene Art, euch zu kleiden und euren freundlichen Umgang mit anderen deren Bewunderung als Student eines Sathya Sai Colleges erringen. Wenn ihr eure Umwandlung durch modische Krawatte und Hosen, durch langes Haar und Hippie-Bart zur Schau tragt, wie könnt ihr dann für euch in Anspruch nehmen, ehemaliger Student eines Sathya Sai Colleges zu sein? Eure Kleidung allein wird euch verraten. Beweist, daß ihr wahre Helden, wahre Diener der Armen seid und eine richtige Erziehung genossen habt.

Natürlich warne ich euch davor, einen falschen Weg einzuschlagen. Eines Tages rasierte sich der Gelehrte Madan Mohan Malaviya seinen langen Schnauzbart ab und ging zu einem alten Freund. Dieser war beim Anblick des glattrasierten Gesichtes so erstaunt, daß er fragte: „Herr, weshalb diese Veränderung heute?" Die Antwort war: „Ich hielt mir diesen imposanten Bart aus Stolz, ein Mann zu sein. Aber ich habe erkannt, daß ich nicht in der Lage war, einem einzigen Mitmenschen aus seinem Elend zu helfen. Deshalb kann ich den Schnauzbart nicht länger rechtfertigen." Die Männlichkeit tritt dann von selbst in Erscheinung, wenn wir uns im Dienst engagieren und den Schmerz und die Armut anderer Menschen reduzieren. Laßt es nicht zu, daß ihr aufgrund eurer Kleidung oder Bartlänge beurteilt werdet, sondern aufgrund eurer Motive und Handlungen und eures Fortschritts auf dem Weg, die von Sathya Sai vorgegebenen Ideale zu realisieren.

Versucht nicht, euch Stellungen zu sichern, die ein hohes Einkommen versprechen. Seid immer wachsam, wo immer ihr seid, damit ihr nicht vom Weg abkommt. Geld kommt und geht; Moral kommt und wächst! Geld anzuhäufen ist schlecht, dafür verdient niemand Anerkennung. Es kann auf unechte und rücksichtslose Art, durch Falschheit und Erpressung angehäuft werden. Ein Bettler in Bombay hatte 60.000 Rupien (ca. 8.000 DM) um seine Taille gebunden, als seine Leiche von der Polizei untersucht wurde. Nur Bettler werden von dem Bedürfnis, Reichtümer anzusammeln, angetrieben. Ihr begebt euch von daher auf die gleiche Stufe mit Bettlern, wenn ihr eure Studien nur mit dem Zweck verfolgt, reich zu werden. Studiert und erwerbt Wissen, um die Welt von ihrer Dekadenz zu erretten, damit sich auf allen Ebenen der Gesellschaft Friede und Freude ausbreite. Tragt euren Anteil zum Wohlstand des Staates bei. Die Mitglieder des Königreichs Sathya Sais müssen diesen Idealen folgen und sie in der Welt verbreiten. Da ihr von euch behauptet, zum Königreich Sathya Sais zu gehören, fällt euch die besondere Aufgabe zu, die Ideale Sathya Sais durch Unterweisung und gelebtes Beispiel zu verbreiten. Führt euer Leben, wie es sich für Bewohner des Königreichs Sathya Sais gehört. Laßt den Namen euer Führer und euer Ziel sein. Tyāgarāja lebte seinem Namen entsprechend. Als sein Herrscher ihm Geschenke mit kostbaren Edelsteinen, Häusern und Land darbot, wies er sie verächtlich zurück, indem er sagte: „Mein Herz liegt *Rāma* zu Füßen. Du kannst es mit diesem Zeug nicht gewinnen." Rāmarājya ist ein heiliges Wort geworden, weil *Rāma* sein Königreich zur Heimat von Rechtschaffenheit, Gerechtigkeit und Frieden machte. Da ihr eure Vereinigung „Königreich Sathya Sais" genannt habt, obliegt euch große Verantwortung.

Einige ehemalige Studenten des College sind beunruhigt, weil ich nicht mit ihnen spreche oder sie keines Blickes würdige, wenn sie wieder nach *Brindāvan* kommen. Der Grund ist der, daß man sie nicht als Studenten identifizieren kann, die hier fünf oder sieben Jahre verbracht haben. Gute Gedanken, Worte und Taten haben in ihnen nicht Fuß gefaßt. Eure Aktion hat meine Reaktion verursacht. Sai spiegelt nur eure Gedanken wider. Er hat weder Vorurteil noch Vorliebe. Er ist ein Spiegel, in dem ihr euch so seht, wie ihr seid. Um eure Fehler zu korrigieren und zu beheben, bin ich manchmal gezwungen, barsche Worte zu gebrauchen. Aber seid versichert, daß mein einziges Ziel darin besteht, euch auf bessere Wege zu führen. Ich empfinde keinen Zorn. Es ist das innere Mitgefühl, das die äußere Form des Zorns annimmt. Aufgrund meines Willens sind diese Colleges und Studentenheime gebaut worden. Jedes Jahr werden viele tausend Rupien ausgegeben, nicht um meinetwillen, sondern in der Hoffnung, daß zumindest einige der Studenten, die hier studierten, den von mir gesetzten Idealen folgen und der Welt als Beispiel dienen. Hört den Ruf und laßt ihn jeden Moment eures Lebens in euren Herzen widerhallen.

Jahrestag des „Königreiches von Sathya Sai"
Prashānti Nilayam, 22.11.1979

Meditation

„Um Gott in seiner vollen Größe erfahren zu können, muß man zunächst sich selbst bis ins Kleinste erfahren. Denn niemand kann Gott erkennen, der sich nicht selbst erkannt hat."

Nachdem man sich in einer bequemen und aufrechten Haltung niedergesetzt und den Atem beruhigt hat, erfolgt der Rückzug der Sinne von den Objekten (pratyāhāra) und die rituelle Reinigung aller Körperorgane. Das Licht ist die stärkste Reinigung. Es vertreibt jegliche Dunkelheit. Man läßt das Licht durch den Körper gleiten, wobei es alle Glieder und Sinne reinigt und in der Lotosblüte des Herzens verweilt. Im Herzen muß auch die Form des Herrn (bhāvacitra) sorgsam verwahrt werden, um eine Stütze (dhāranā) zu erhalten, die zur Versenkung *(dhyāna)* und letztendlich zum *samādhi,* d.h. dem Stadium der Vereinigung mit Gott, dem Höchsten Selbst, führt.

Wenn ihr mit der Meditation beginnt, rezitiert einige Verse (shloka) über die Herrlichkeit Gottes, damit die sich zerstreuenden Gedanken gesammelt werden. Holt, während ihr den Namen rezitiert, langsam die Form vor euer geistiges Auge, die dieser Name repräsentiert. Wenn eure Gedanken von der Rezitation des Namens abschweifen, holt sie vor das Bild der Form. Wenn sie von der Form abschweifen, holt sie zum Namen. Laßt sie entweder auf der einen oder auf der anderen Herrlichkeit ruhen. Wenn man die Gedanken so behandelt, können sie leicht gezähmt werden. Das imaginäre Bild, das ihr herangezogen habt, wird zu dem emotionalen Bild (bhāvacitra) verwandelt, das in eurem Herzen liegt und in eurem Gedächtnis verankert ist. Schrittweise wird es zum Lebensziel (sākshātkāracitra), wenn der Herr jene Form annimmt, um eure Wünsche zu erfüllen. Dieses *sādhana* wird „Meditation durch Rezitation des Namens Gottes" (japasahita *dhyāna*) genannt, und ich rate euch allen, diese Form von *sādhana* aufzunehmen, denn für Anfänger ist es die beste Form von Meditation *(dhyāna)*.

Nach ein paar Tagen sind die Anfangsschwierigkeiten überwunden, und ihr werdet die Freude der Konzentration erfahren. Nach zehn bis fünfzehn Minuten in der Anfangsphase dieser Meditation *(dhyāna)* und später dann länger, denkt über den während des *dhyāna* empfundenen Frieden *(shānti)* nach und ruft euch die Freude die ihr empfandet, wieder ins Gedächtnis. Dies hilft eurem Glauben und eurer Ernsthaftigkeit. Steht danach nicht plötzlich auf, um euren Beschäftigungen nachzugehen. Lockert erst eure Glieder bedächtig und schrittweise, und beginnt dann eure täglichen Pflichten.

Laßt euch nicht dadurch entmutigen, daß ihr anfangs nicht in der Lage seid, euch lange zu konzentrieren. Wenn ihr auf dem Fahrrad fahren lernt, könnt ihr nicht von Anfang an die Balance halten. Ihr schiebt das Fahrrad auf ein freies Feld und springt darauf, wobei ihr euch mal zur einen, mal zur anderen Seite lehnt und bei vielen Versuchen auch fallt, bevor ihr Sicherheit erlangt und euch dann nie mehr Gedanken über das Gleichgewicht macht. Dann geschieht der nötige Balanceausgleich automatisch, oder nicht? Wenn ihr diese Fertigkeit erreicht habt, könnt ihr durch enge Gassen und Straßen fahren und braucht kein freies Feld mehr. Ihr könnt euer Fahrzeug dann sicher durch den dichtesten Verkehr steuern. So wird euch auch die Übung mit einer Konzentration versehen, die euch in den schwierigsten Situationen sowie in allen widrigen Umständen unterstützt.

Was die Technik der Meditation *(dhyāṇa)* betrifft, geben verschiedene Trainer und Lehrer unterschiedliche Ratschläge. Ich werde euch jetzt die universellste und effektivste Form verraten. Dies ist der allererste Schritt in der spirituellen Disziplin. Nehmt euch jeden Tag ein paar Minuten hierfür, und dehnt diese Zeitspanne in dem Maße aus, wie sie euch Glücksgefühl vermittelt. Am besten sind die Stunden vor dem Morgengrauen. Dies ist deshalb empfehlenswert, weil der Körper nach dem Schlaf erfrischt ist und der Tagesablauf sich noch nicht auf euch ausgewirkt hat. Stellt eine Lampe mit einer festen und geraden offenen Flamme oder eine Kerze vor euch hin. Setzt euch im Lotossitz (padmāsana) oder irgendeinem anderen bequemen Sitz (āsana) vor die Kerze. Schaut die Flamme eine Weile unverwandt an und versucht, indem ihr die Augen schließt, die Flamme in euch zwischen euren Augenbrauen zu fühlen. Laßt sie in den Lotos eures Herzens gleiten, wobei sie den Weg erleuchtet. Wenn sie das Herz betritt, stellt euch vor, wie sich die einzelnen Blütenblätter des Lotos nacheinander öffnen. Stellt euch vor, daß sie dabei jeden Gedanken und jede Gemütsbewegung in dem Licht badet und ihnen dadurch jede Dunkelheit nimmt. Es bleibt kein Platz, an dem sich die Dunkelheit verstecken könnte. Der Schein der Flamme wird größer und heller. Laßt ihn durch alle eure Glieder ziehen. So können jene Glieder niemals mehr dunklen, fragwürdigen oder bösen Aktivitäten nachgehen, sie sind zu Instrumenten des Lichts und der Liebe geworden. Laßt das Licht die Zunge erreichen, und jede Falschheit weicht von ihr. Laßt es bis zu den Augen und den Ohren aufsteigen und all die dunklen Wünsche zerstören, die sie plagen und die euch zu perversen Betrachtungen und einfältigen Unterhaltungen verleiten. Laßt euren Kopf von Licht überfließen, und alle schlechten Gedanken werden daraus fliehen. Stellt euch vor, daß immer mehr und mehr Licht in euch ist. Laßt es euch umscheinen, und laßt es von euch ausgehen, in sich immer weiter ausdehnenden Kreisen, die eure Lieben miteinbeziehen, eure Freunde und Verwandte, eure Kollegen, eure Feinde und Rivalen, Fremde, alle lebenden Wesen, die ganze Welt.

Wenn das Licht auf diese Weise jeden Tag die Sinne so tief und systematisch erleuchtet, wird bald die Zeit kommen, wo ihr an dunklen und bösen Betrachtungen keinen Gefallen mehr finden könnt, wo es euch nicht mehr nach dunklen und unheilvollen Geschichten verlangt. Ihr werdet dann keinen Geschmack mehr an unreiner, schädlicher oder gar stark giftiger Nahrung finden. Weder wollt ihr euch noch mit erniedrigenden Dingen beschäftigen, oder euch Plätzen nähern, die einen schlechten Ruf haben, noch werdet ihr jemals irgend jemandem übelwollen. Verbleibt im beglückenden Gefühl, überall Licht wahrzunehmen. Wenn ihr Gott in irgendeiner Form anbetet, so versucht euch jene Form in dem alles durchdringenden Licht vorzustellen. Denn Licht ist Gott; Gott ist Licht.

Praktiziert diese Meditation so, wie ich euch angewiesen habe, regelmäßig jeden Tag. Zu anderen Zeiten wiederholt den Namen Gottes (irgendeinen wohlklingenden Namen einer seiner vielen Majestäten), und zieht immer mit in Betracht, welche Macht, Gnade und Freigebigkeit er besitzt.

Beschließt an diesem heiligen *Shivarātri,* euch *Shiva* vor Augen zu halten, der die innere Kraft von allem ist. Mit jedem Atemzug bekräftigt ihr *„so'ham"*: „Ich bin Er". Nicht nur ihr, jedes Lebewesen versichert es. Es ist eine Tatsache, die ihr lange ignoriert habt. Glaubt es von nun an. Wenn ihr euren Atem beobachtet und über diese große Wahrheit meditiert, werden das „Ich" und das „Er" allmählich miteinander verschmelzen, und das *so'ham* wird sich zu *OM* verändern, dem Urklang *(pranava)*, den die *Veden* zum Symbol des formlosen höchsten Absoluten (*nirākāra* parabrahman) erklären. Das *OM* ist die wahre Form des Göttlichen (svasvarūpa), die formlose Realität hinter all dieser „relativen Unrealität".

Das ist wahres *sādhana,* der letzte Schritt auf dem Weg des Suchenden. Aber es gibt viele vorbereitende Schritte, von denen jeder einzelne Ausdauer und Standfestigkeit erfordert. Ich würde euch beispielsweise raten, immer an einen Namen Gottes zu denken, an eine Verkörperung einer seiner unzähligen Attribute der Herrlichkeit. Dehnt eure Liebe aus und laßt Haß und Neid sich aus euren Gedanken zurückziehen, indem ihr den von euch angegebeteten Gott in jeder anderen Person seht, so wie ihr ihn auch in euch selbst seht. So werdet ihr die Verkörperung von Liebe, Frieden und Freude.

Die heiligste Aufgabe

Ganz gleich, ob einer namhafter Gelehrter ist und ein Expertenwissen über die tieferen Schichten der Religionskunde besitzt oder ein Monarch, der im Glanz seines höfischen Luxus schwelgt, oder ob einer ein Held vieler Kämpfe ist oder aber bedauernswertes Opfer der Armut - wenn er dem Herrn gegenüber keine Verehrung empfindet, verdient er weder Huldigung, Ehre noch Aufmerksamkeit.

Der physische Körper, die Sinne, der Verstand (engl.: mind), der Intellekt - sie alle müssen als die Kleidung betrachtet werden, die wir tragen. Wir werden angewiesen, unsere Sinne zu kontrollieren. Dies ist aber nur möglich, wenn deren Natur analysiert und bekannt ist. Wenn sie nicht bekannt ist, ergeben sich verschiedene Hindernisse.

Der Körper ist als deha bekannt, d.h. „das, was vom Feuer verschlungen wird." Er wird auf dem Scheiterhaufen verbrannt, wenn das Leben erlischt. Aber er wird schon, während das Leben noch andauert, von den Flammen des Verlangens verzehrt; er brennt auf dem Scheiterhaufen von Angst und Befürchtungen, sogar während er noch lebt! Es gibt noch ein anderes Wort für Körper, sharīra, was bedeutet, „das, was vergänglich ist". Während er lebt, wird er von Wünschen und Bedürfnissen geplagt, die ihn seines Friedens berauben. Wenn er tot ist, wird er zu Staub. Der Körper beginnt seinen Werdegang als Fleischknäuel, erscheint bald darauf als zartes, liebreizendes Baby und aktives Kind, er verändert sich zu einem aufrechten, starken und attraktiven Jugendlichen und wird später zum erschütternden Bild des Alten. Aufgrunddessen wird er sharīra genannt, und der Mensch, der in ihm lebt, wird als sharīrin bezeichnet.

Der Körper ist ein Haus, das sich der Mensch gemietet hat. Wir wissen alle, daß der Hausbesitzer den Mieter nötigt, das Haus zu verlassen, wenn die Miete nicht bezahlt wird oder der Mieter damit in Verzug geraten ist oder aber, wenn der Mieter das Haus nicht entsprechend instandhält und es durch Nachlässigkeit oder puren Mutwillen zerstört. Es ist von daher unsere Pflicht, den Körper in gutem Zustand zu halten, um den Zorn des Besitzers zu vermeiden. Der Besitzer wird einen rücksichtsvollen, höflichen und hilfsbereiten Mieter sicherlich hoch schätzen. Der Mieter kann durch sein eigenes gutes Benehmen die Zuneigung und den Respekt des Vermieters gewinnen.

Der Körper wird als Belohnung für viele Leben erworben, die mit verdienstvollen Aktivitäten verbracht wurden. Er hat den Wert eines Bootes, das nur dazu dienen kann, den Ozean der Veränderung *(samsāra)* zu überqueren. Er muß von daher mit dankbarer Ehrerbietung behandelt werden. In der *Bhagavadgītā* wird der Körper *kshetra* genannt, was „das Feld" bedeutet. Man kann Heiligkeit säen und die Ernte einholen, oder man kann Sünde säen und Kummer ernten. Sucht euch das Getreide aus, das ihr braucht, und füllt den Kornspeicher. *Kshetra* bedeutet ebenfalls „die gesamte Erde“. Eine andere wichtige Bedeutung des Wortes ist „ein heiliger Platz“. Wir sagen „kāshī-*kshetra*“ und „prayāga-*kshetra*“, um anzudeuten, daß es sich bei ihnen um heilige Plätze handelt. Der Körper ist ein *kshetra*, da er ein Tempel ist, in dem Gott wohnt und durch Gedanken, Worte und Taten angebetet wird. Der Tempel muß gereinigt und gesund erhalten werden. Die Reinheit muß bewahrt und gefördert werden. Dies wird jedoch weder durch häufiges Baden noch die Meidung des Kontaktes mit denjenigen erreicht, die als Unberührbare verdammt sind. Durch die Beachtung der überflüssigen Tabus „Nicht berühren!“ werdet ihr nicht rein. Der Körper läßt sich durch Wasser reinigen; die Sprache kann dadurch gereinigt werden, daß sie von Wahrheit erfüllt ist; das Leben kann gereinigt werden, indem es durch Einfachheit *(tapas)* geheiligt wird; der Intellekt kann durch Unterscheidungsfähigkeit *(jnāna)* von Mängeln befreit werden. Vor allem muß in euch die Überzeugung reifen, daß ihr nicht der Körper seid, sondern nur sein Bewohner. Wenn ihr euch mit dem Körper identifiziert, den ihr mit euch herumtragt, ladet ihr Kummer und Leid dazu ein, euch zu überwältigen, anstelle von Freude und Frieden, die darauf warten, euch zu segnen.

Nun zu den Sinnen, den indriyas. Sie sind unter dem Namen mātra bekannt, was „Maß“ bedeutet, denn jeder Sinn besitzt nur die Fähigkeit, ein gewisses „Maß“ an Erfahrung wahrzunehmen. Ein Linsenbrei erfordert eine Prise Salz, die ihm Geschmack verleiht. Die Zunge schmeckt es und spricht ihr Urteil aus, ob mehr oder weniger Salz in die Mahlzeit gehört oder ob es gerade recht ist. „Dieses Gesicht ist hübsch, aber die Nase ist ein wenig schief“, erklärt das Auge. „Dieses Lied ist schön, jenes ist entsetzlich“, äußert das Ohr. Mātra bedeutet auch „Begrenzung“. Jedes Sinnesorgan muß mit dem Bewußtsein seiner ihm innewohnenden Begrenztheit benutzt werden. Außerhalb seiner Grenzen wird es zum Mißbrauch, zur Gotteslästerung eines gottgegebenen Instruments. So wird zum Beispiel die Nase legitimerweise zum Atmen gebraucht und zur differenzierten Wahrnehmung von Düften. Viele jedoch füllen sie mit Schnupftabak und berauben sie damit ihres eigentlichen Zweckes. Die Zunge wird durch den Verzehr von scharf gewürzter *(rājasa-)* und müde machender *(tāmasa-)*Nahrung und berauschenden Getränken verunreinigt, die den Menschen erniedrigen. So werden alle Sinnesorgane vom Menschen durch unsauberen und unnatürlichen Gebrauch verdorben. Die Konsequenzen für den Menschen sind geistige Verzweiflung und physische Krankheiten.

Der Körper ist eine Zusammensetzung von träger Materie. Entsprechend des in ihm wirkenden Bewußtseins wächst er und wird wieder schwach und verfällt. Eine träge Masse von Materie kann sich sonst nur durch Hinzufügen oder Wegnahme äußerer Faktoren verändern.

Als nächstes der Verstand (mind). Der Verstand ist das, was sich erinnert, sammelt und nachsinnt (*manana* manah). Diese mentalen Aktivitäten enden in der Formulierung von Entschlüssen *(samkalpa)* oder ihrer Auflösung *(vikalpa)*. Der Verstand hat, ebenso wie Kette und Schuß beim Weben, Bejahung und Verneinung, Gebote und Verbote, *samkalpa* und *vikalpa*. Abgesehen hiervon besitzt er keine Existenz. Er ist damit so lange beschäftigt, bis der Schlaf seine Aktivität unterbricht. Manchmal, wenn *samkalpa* oder die Bestimmtheit, die hinter seinem Entschluß steht, überhand nimmt, überschreitet der Verstand seine Grenzen, und der Mensch wird krank oder verrückt.

Um den Verstand zu beruhigen und immer im Gleichgewicht zu halten, wird Meditation *(dhyāna)* als spirituelle Übung verschrieben. Meditation ist der Prozeß, durch den die positiven und die negativen Aspekte des Verstandes derart reguliert werden, daß sie nicht mehr existieren. Der Mensch erfreut sich unbegrenzter Glückseligkeit, wenn er das Stadium des transzendentalen Bewußtseinszustandes *(nirvikalpasamādhi)* erreicht hat. Ein Vorgeschmack hiervon wird dem Menschen im traumlosen Schlaf vermittelt, in dem weder Wunsch noch Bedürfnis, weder Begierde noch Verzicht ihn stören können. Wieviel befriedigender wird die Glückseligkeit sein, wenn wir das *nirvikalpa*-Stadium durch Meditation erreichen! Die Glückseligkeit, die wir dann verspüren, wird als „außerhalb unserer Vorstellungskraft, ohne jede Spur der drei Attributtypen" beschrieben (bhāvātīta, trigunarahita) (über den Bereich des Seienden hinausgelangend und ohne relative Eigenschaften). Ihr, die ihr euch dem Leben als *Gurus* verschrieben habt, um Kinder ins Licht zu führen, müßt die Übung des *dhyāna* mindestens einmal am Tag ausüben, damit ihr diese Glückseligkeit *(ānanda)* und diesen Gleichmut erlangt. Nur diejenigen, die das Geschenk von *ānanda* erhalten haben, können anderen *ānanda* verleihen. Wie kann ein Bettler einen anderen unterstützen? Kein Bettler kann dem anderen zu Reichtum verhelfen. Eine Person, die viel *ānanda* besitzt, kann ihn mit ihren Mitmenschen teilen. Von daher ist es eure Pflicht als *Gurus,* euch zunächst *ānanda* zu verdienen, um ihn später anbieten zu können. Ein Leben der spirituellen Praxis *(sādhana)* ist für *Gurus* ein Muß.

Es gibt drei Gruppen von *sādhana,* die ihr aufnehmen müßt - persönliches (vyakti), soziales (samāja) und universales (vishva). Eine einzige Blume kann keine Blumengirlande bilden, ebensowenig kann ein Baum einen Wald oder ein Individuum eine Gesellschaft darstellen. Der spirituelle Erfolg des Individuums, seine wohltätige Natur und seine Tugenden werden, wenn sie mit den Tugenden anderer vereint werden, der Wohlstand der Nation, gemeinsamer Besitz aller. Jeder muß alle verehren und allen dienen. Das Göttliche in jedem ist in dem Konzept des unendlichen Göttlichen miteingeschlossen.

Der *Guru* sollte in seinem Herzen keinen Platz für irgendeine Form von Eingebildetheit lassen. Als Lehrer unschuldiger, analphabetischer und halbblinder Kinder sollte der Lehrer keine Autoritätsposition einnehmen. Egoismus ist der Thron, den sich die Autorität stolz aneignet. Verhaltet euch den Kindern gegenüber demütig und verzichtet auf den Machtanspruch. Dies ist die spirituelle Praxis für euch. Verehrt die Rolle des *Gurus* als Segen Gottes. Einzig diese Einstellung kann den Erfolg der Entwicklung des Individuums, der Gesellschaft und der Welt garantieren.

Seid euch der Vergänglichkeit und der Interaktion des Körpers, der Sinne und des Verstandes bewußt. Was ist mit dem Intellekt *(buddhi)*? Er ist die Quelle der Entscheidungsfähigkeit. Im vedischen Vokabular ist er als inneres Werkzeug *(antahkarana)* bekannt. Er verringert Verwirrung, schlichtet Konflikte und löst Zweifel. Wenn wir sagen: „Meine innere Stimme hat es auf diese Weise gelöst", meinen wir *buddhi. Buddhi* bezieht sich auch auf das „innere Selbst", den antarātman. Er ist dem *ātman* am nächsten und erfährt seine Wirkung am stärksten. Die von ihm am weitesten entfernte physische Hülle ist der Körper. Auf einer höheren Ebene befindet sich der Sinneskomplex - die fünf Sinne der Wahrnehmung und die fünf Sinne der Handlung. Der Verstand befindet sich auf einer noch höheren Ebene. *Buddhi* ist wiederum höher und ist von daher dem Kern *(ātman)* am nächsten.

Wenn ein Chauffeur gesucht wird, sucht der Besitzer jemanden aus, der sein Handwerk versteht, einen Mann von Charakter und eine Person, die ihrem Arbeitgeber gegenüber gehorsam ist. Er muß auf jedem Gebiet gut und somit ein nützlicher Angestellter sein. Wenn man so viel Vorsicht bei der Auswahl des Chauffeurs seines materiellen Fortbewegungsmittels walten läßt, wieviel tugendhafter und fähiger sollte dann *buddhi*, der Fahrer des Wagens sein, dessen Besitzer der *ātman* ist! *Buddhi* hat nicht das Recht, ohne das Wissen und Einverständnis seines Herrn irgendjemanden in dem Fahrzeug zu befördern.

Die Intelligenz *(buddhi)* sollte alle Wünsche des Verstandes einer genauen Prüfung unterziehen! Nur wenn *buddhi* von dem Glanz *ātmans* erhellt ist, kann sie den Sinnen mit Hilfe des Verstandes die Handlungsrichtung weisen. Unglücke passieren nur dann, wenn *buddhi* nicht achtsam ist oder vom Verstand (mind) überlistet wird. Gebt dem Verstand *(buddhi)* Zeit, alle Pros und Contras gegeneinander abzuwägen. Eile verursacht Verschwendung; Verschwendung endet mit Kummer - also eilt nicht.

Eile führt zu Verwirrung und Fehlern, die Enttäuschung und Zorn hervorrufen. Zorn muß dadurch überwunden werden, daß der Geist (mind) in Richtung auf Frieden und Gleichmut gelenkt wird. *Shānti! Shānti! Shānti!* - dieser *Mantra* wird die Wogen des Zorns glätten.

Der Mensch kann keine Angst verspüren, wenn er den objektiven Körper verleugnet, indem er sagt: „Ich bin weder der Körper noch die Sinne, noch der Geist (mind), noch der Intellekt." Es besteht kein Vorteil darin, daß man in den Wald flieht, um der Bindung an das Nicht-Reale zu entkommen. Verzicht kann auch ohne diese extremen Schritte entwickelt werden. Zweifel werden den Menschen heimsuchen, bis er die Wahrheit erkennt. Wenn der Zweifel zur Vordertür eintritt, entschwindet der Glaube (das Vertrauen) zur Hintertür hinaus! Der Mensch wird vom Zweifel wie von einem Herzanfall überfallen; er überwältigt ihn ganz unerwartet. In der *Gītā* heißt es: „samshayātmā vinashyate" (Wer innerlich zweifelt, wird vernichtet). Deshalb müssen die *Gurus* ihre Aufgabe im vollen Glauben beginnen. Die Ideale der *Bālvikās*-Bewegung sind die höchsten. Die Aufgabe, diese Ideale zu erfüllen, ist die heiligste aller Aufgaben. Wenn man dies weiß und trotzdem nicht sein Bestes gibt, ist dies in der Tat Verrat an einem selbst. Das reine Reden reicht nicht aus. Der Mensch interessiert sich für den Mond, der mehrere hunderttausend Kilometer entfernt ist, aber er interessiert sich nicht für seinen nächsten Nachbarn. Flößt Kindern nicht großartige Ideen und kolossale Gedanken ein; lehrt sie kleine, praktische Dinge und einfache Verhaltensregeln durch euer eigenes Beispiel und eure liebevolle Art der Vermittlung.

Nur der Lehrer aller Lehrer kann die *Gurus* leiten. D.h. derjenige, der den Weg und die Probleme gemeistert und Bedeutung und Geheimnisse der Erziehung erkannt hat, kann sie richtig leiten. Er muß in der Lage sein, die *Gurus* zu korrigieren und zu überzeugen. Es mag sein, daß die Präsidenten der einzelnen Staaten (gemeint sind die Präsidenten der Shrī Sathya Sai Organisationen in den verschiedenen Ländern, Anm. d. Übers.) nicht all diese Fähigkeiten besitzen. Ihre Fähigkeiten mögen auf anderen Gebieten der Organisation liegen. Von daher schlage ich vor, daß sie in keiner Weise mit dem *Bālvikās* verbunden sein sollten. Der Präsident muß das *bhajan*-Singen, *Sevā*-Gruppen und andere Diensteinheiten organisieren, überwachen und anleiten. Die *Gurus* der spirituellen Kindererziehung werden mehr Nutzen aus der Organisationsspitze ziehen. Die im *Bālvikās* verantwortlich mitarbeitenden Frauen tendieren dazu, sich aufzuregen oder aber niedergeschlagen zu sein. Es ist besser, wenn sie ihre Probleme nicht sofort an den Präsidenten herantragen. Bis sie mit der zentralen Autorität in Verbindung stehen, werden sich ihre Emotionen bereits wieder abgekühlt haben. Sie können vom Zentrum beständiger geleitet werden, und sie werden den Anweisungen bereitwilliger Folge leisten, wenn diese vom Center ausgehen. Sie müssen sich daher in Zukunft an den „Vorsitzenden *Bālvikās-Guru*, *Prashānti Nilayam*" mit der Bitte um Ratschläge, Anweisungen und Abhilfe wenden und eine Kopie ihres Briefes an Indulal Shah, den Sekretär des World Council, schicken. Ich selbst werde all diese Briefe einsehen.

Selbstverständlich sollten sich unsere *Bālvikās-Gurus* nicht der Eifersucht oder der Kritik an anderen hingeben. Sie können die Aufgabe des Lehrens nur dann wahrnehmen, wenn sie selbst ihre schlechten Charakterzüge ablegen. Wenn *Gurus* über andere *Gurus* schlecht reden und Mißverständnisse und interne Unstimmigkeiten verstärken, können die Kinder sich nicht weiterentwickeln. Beschließt hiermit, dem rechten Pfad zu folgen. Wenn zwei *Gurus* streiten oder einander unfreundlich behandeln, werden beide entlassen. Eine Untersuchung der Angelegenheit ist nicht nötig, wir tadeln beide dafür, beteiligt gewesen zu sein. Ein giftiges Insekt kann die gesamte Ernte verderben. Da wir all die Jahre nicht besonders streng gewesen sind, ist trotz der großen Zahl der *Gurus* die Anzahl der *Bālvikās*-Schüler sehr gering. Jeder *Guru* muß wenigstens einhundert Schülern pro Jahr dienen, nur dann können einhunderttausend oder mehr davon profitieren. In unserem Land gibt es 90.026.000 Kinder, Jungen und Mädchen unter zehn Jahren. 22.600.000 sind unter sechzehn Jahren. Wann können all die Millionen unterrichtet werden, wenn wir den augenblicklichen Maßstab beibehalten? Das gegenwärtige Schneckentempo ist nicht hilfreich.

Die Ziele und Wünsche der Jugend werden schnell entflammt, und ihr müßt sie in derselben Geschwindigkeit kanalisieren. Nur dann ist ein Gleichgewicht garantiert. Der Regen fällt überreichlich, das Wasser sikkert ein und wird unterirdisch gelagert. Doch der Mensch pumpt das Grundwasser schneller und in größerer Menge herauf, als es sich unterirdisch ansammelt, und so treten Dürren auf. Deshalb geht schnell voran, aber tut eure Arbeit gut und kontinuierlich.

Ein anderer Punkt: Ihr müßt die Gleichwertigkeit aller Glaubensrichtungen lehren. Lehrt sie durch Zitate aus der Bibel, dem Heiligtum der Christen. Ebenso gebraucht die heiligen Schriften der Zoroaster, der Buddhisten, des Islam usw., um sie mit den Idealen vertraut zu machen, die von jenen Glaubensrichtungen verehrt werden. Erzählt ihnen auch die Geschichten, die in den Schriften aller Religionen enthalten sind. Setzt keine Religion herab oder gebt irgendeiner Religion den Vorzug. Es wurde der Vorschlag gemacht, daß die Kinder die gesamte *Gītā* gelehrt werden sollte. Das ist nicht die richtige Sichtweise. Natürlich sollt ihr ihnen nicht im Wege stehen, wenn sie es aus eigenem Antrieb und Enthusiasmus wünschen. Aber was wir zu tun haben, ist, ihnen auf liebevolle, einfache Weise die Lehren aller Glaubensrichtungen zu vermitteln. Die Sai-„Religion" ist durch die Liebe eine harmonische Mischung aller Religionen. Einige Anhänger anderer Glaubensrichtungen sind der Ansicht, die Sai-„Religion" sei ihrer eigenen Religion entgegengesetzt. Wir sollten nicht ähnliche Gefühle hegen. Unsere Lehre ist die Gesamtheit, die Summe aller Religionen. Deshalb sollten wir unsere Sichtweise nicht begrenzen oder einschränken.

Führt die Kinder auf den freudvollen Weg der Wahrheit. Laßt eure Gesichter immer ein Lächeln verbreiten, das der Glückseligkeit entspringt, die ihr durch die Gesichter der Kinder empfangt. Laßt sie *bhajans* singen, die Gott verherrlichen. Geht dem Zorn, der Eifersucht und dem Stolz nicht in die Falle. Ihr könnt sie meiden, indem ihr der Aufgabe, die ihr euch vorgenommen habt, stetige und ernsthafte Aufmerksamkeit schenkt. Mögen die Kinder, denen ihr dient, zu Helden werden bei der Wiederbelebung des ehemaligen Ruhmes des Mutterlandes.

Gesamtindische *Bālvikās*-Lehrer-Konferenz, 21.11.1979

Dient dem Kind

Die Menschen sind auf vielen Gebieten bewandert. Sie stellen verschiedenartige Maschinen her und bedienen sie und beherrschen viele Wissensgebiete. Den Frieden, auf den sie einen Anspruch haben, haben sie jedoch noch nicht erreicht. Sie werden von der reißenden Flut des weltlichen Lebens fortgeschwemmt. Obgleich sie mit menschlichen Fähigkeiten ausgestattet sind, die sie mit Hilfe des Körpers anwenden können, wählen sie nicht den Weg der Wahrheit. Sie schweifen in falsche und flüchtige Vergnügungen ab, vergeuden ihre Jahre und vergessen ihre angeborene Göttlichkeit. Dies entspricht bei weitem nicht der Erfüllung, nach der sie trachten sollten. Bloße Fertigkeiten, bloßes Entwerfen und Handhaben von Maschinen, hohler Pomp, Prahlerei und Behauptungen, man sei ein Weiser *(jnāni),* enthüllen nicht das Geheimnis der menschlichen Natur. Hat der Mensch das eine Geheimnis gelüftet, das alle anderen Geheimnisse beinhaltet? Hat er die Antwort gefunden, die der Schlüssel zu allen Problemen ist? Besitzt er das Wissen, das ihn all das erfahren lassen kann, was er wissen muß? Die Lösung, die Antwort, das Wissen sind eins und nur eins. Warum die Blätter abrupfen, die Zweige abbrechen und den Stamm zerhacken, nur um den Baum zu zerstören? Trennt die Wurzel ab und aus ist's! Die vedischen Seher und die Weisen, die folgten, konzentrierten sich auf die Entdeckung dieses Wissens, des ātmavidyā, der Wissenschaft des *ātman.* Auch Suchende aus Übersee erfuhren von dieser Lehre *(vidyā)* und den Formen spiritueller Übungen, die festgelegt waren. Auf der ganzen Welt wurden sie mit Beifall begrüßt.

Obgleich das indische Ursprungsland über Jahrhunderte von diesem Wissen durchdrungen und erleuchtet war, kauerten sich die Inder in den Schatten der Lampe. Dies war ihr entsetzliches Verhängnis. Unsere Urgroßväter, Großväter und sogar noch unsere Väter lasen die Bücher, welche die heilige Kultur unseres Landes beschrieben, nahmen die Botschaft in sich auf, praktizierten die Übungen und waren ihrer Lehren dankbar eingedenk. Als Ergebnis erfreuten sie sich ungetrübten Friedens. Sie studierten die großen Klassiker - das *Mahābhārata,* das *Rāmāyana*, die *Bhagavadgītā* - und in ihren Herzen waren die darin vorgeschlagenen moralischen Maximen unauslöschlich festgeschrieben. Ihr ganzes Leben lang wurden sie von diesen heiligen Schriften geführt. So gaben sie ihnen auf ihren Altären einen angemessenen Platz und verehrten sie andächtig. Durch diese Anbetung und Arbeit waren ihre Herzen gereinigt und geheiligt, und sie verspürten infolgedessen den Drang, der Gesellschaft zu dienen.

Aufgrund unglücklicher Umstände änderten sich die Zeiten. Die „modernen Zeiten" begannen, und unser Volk verneigte sich sklavisch vor ihnen. Die heiligen Bücher wurden vernachlässigt und sogar beiseite gelegt, als ob sie „primitive" Ideale enthielten. Andererseits gab es jedoch westliche Gelehrte und Suchende, die sie wieder aufstöberten und gewissenhaft studierten. Sie analysierten die darin enthaltenen Vorschläge auf den Gebieten der Medizin, Rüstung, Mathematik und Astronomie und diskutierten sie mit den Vorreitern auf jenen Gebieten! Wir empfangen sie freudig, ebenso wie einem die gestohlenen Äpfel aus Nachbars Garten besser schmecken als die eigenen.

In blinder Bewunderung des westlichen Lebens preisen die Studenten Indiens die trockene Gelehrsamkeit und messen der Tugend immer weniger Wert bei. Sie vergessen, daß sie menschliche Wesen auf dem Weg zu Gott sind. Statt dessen sind sie damit beschäftigt, aus der materiellen Welt Freude zu schöpfen. Von daher ist es die erste Pflicht der Lehrer, in den Herzen der Schüler die Tugend heranzuziehen. Dies ist sehr viel wesentlicher, als das Lernen zu fördern. Das heutige Erziehungssystem erkennt und unterstützt keine moralischen und spirituellen Werte. Von daher ist die Studentenschaft zu einem sozial gefährlichen Element entartet. Die Studenten schenken der Förderung des gesellschaftlichen Wohlbefindens nicht die geringste Aufmerksamkeit und leugnen ihre Pflicht den Mitmenschen gegenüber. Für ihre sozialen Aufgaben haben sie kein Verständnis. Solange die Studenten kein ernsthaftes Bedürfnis verspüren, zu helfen und solange sich ihre Fähigkeiten hierfür nicht entwickeln, bleiben sie, die sich wie Schmarotzer und Ausbeuter verhalten, für die Gesellschaft eine Last.

Die Erweiterung des Herzens verhilft zu einer Ausbreitung von Frieden und Freude. Ein wenig Wissen läßt das Herz sich zusammenziehen und anderen wenig Beachtung schenken. Es vergrößert das Ego und nährt die Selbstsucht. Es läßt den Menschen die Freude vergessen, die sich aus der Tugend ableitet. Solche Studenten sind unfähig, den Wohlstand der Nation und den Fortschritt der Gesellschaft voranzutreiben.

Der dichte Schleier des Egoismus verdunkelt ihre Sicht und macht sie ihrer eigenen Würde und ihrem eigenen Schicksal gegenüber gefühllos. Die Studenten sollten ihr Möglichstes tun, ihr Erbe zu erkennen. Der Student sollte danach streben, seinen Geist von extremer Bindung oder aber extremer Losgelöstheit zu befreien; seine Rede sollte von Falschheit rein bleiben, und sein Körper sollte von Sünden unbefleckt sein. Danach müssen die Studenten streben. Die Lehrer müssen stets darauf bedacht sein, ihnen zu helfen und sie zu unterstützen, um jede Spur von Unehrlichkeit in ihren Handlungen und jede Unehrlichkeit in ihrer Rede zu vermeiden. Selbstsucht, Neid und egoistischer Stolz sollten in ihren zarten Herzen keine Wurzeln schlagen. Ermuntert sie dazu, sich in selbstlosem Dienst an anderen zu engagieren. Schaut euch die Bäume an: Sie dienen uns ohne jeden Gedanken an ihr eigenes Selbst und erfreuen alle mit ihrem Schatten. Auch Flüsse dienen allen, ohne Wiedergutmachung zu fordern. Sprecht mit den Kindern über die Dienste, welche die Kuh dem Menschen gewährt.

Ist der Mensch der Hilfe dieser drei beraubt - des Baumes, der Kuh und des Flusses - wird seine Existenz unsicher. Welche Schande, daß der Mensch sich selbstsüchtig benimmt, während sein eigenes Leben von dem uneigennützigen Verhalten des Restes der Schöpfung abhängt! Welche Information, Anweisung oder Inspiration dem Menschen auch immer zuteil werden, über welchen Reichtum oder materiellen Besitz er auch immer verfügt, er sollte sie selbstlos mit anderen teilen. Dies ist seine erste Pflicht. Die Lehrer müssen immer darauf bedacht sein, in den Herzen der Kinder diese Ideale zu erwecken.

In Indien herrscht kein Mangel an Reichen, ebenso wie kein Mangel an großen Gelehrten besteht. Es gibt Gegenden, die einst von Mahārājas regiert wurden. Trotzdem herrscht kein Friede, und die Bevölkerung ist von Angst und Furcht geplagt. Was ist die Ursache? Der Hauptgrund liegt in der Gier nach eigener Vergrößerung und in dem Nichtvorhandensein von Tugenden wie Dienst am Nächsten und Verzicht. Die Reichen, die Großen, die Gelehrten und sogar die Klostervorsteher religiöser Sekten sind in Selbstsucht verfangen. Sie sind unfähig, die latent in ihnen vorhandenen göttlichen Tugenden zu entfalten. Die Herzen der jungen Schüler müssen von euch mit edlem Verlangen erfüllt werden, so daß sie sich zu starken und handfesten Werkzeugen entwickeln, die das Indien der Zukunft zu der Herrlichkeit führen, die ihm gebührt.

Gurus müssen Beispiele sein, die ihre Schüler inspirieren. Sie müssen das praktizieren, was sie lehren. Wie der Lehrer, so der Schüler. Wenn der Hahn umgedreht wird, fließt das Wasser nur, wenn das Überlaufbekken voll ist. Die Qualität des gezapften Wassers entspricht der des Tanks. Wenn die Herzen der Schüler voller Güte, Selbstlosigkeit und Liebe sind, werden sich diese Tugenden in jeder ihrer Handlungen widerspiegeln.

Es heißt, es gäbe mehr als fünftausend *Bālvikās-Gurus* im ganzen Land. Wenn jeder von ihnen hundert Schüler korrigiert und sie bessert, wird die Nation wahrhaftig verändert. Ihr müßt genau überprüfen, was in den vier Jahren erreicht wurde, die seit der *Bālvikās*-Gründung verflossen sind. Diese Überprüfung muß regelmäßig vorgenommen werden. Wenn der Lehrer eine ruhige, reine *(sāttvika)* Natur entwickelt, werden auch die Studenten zu Verkörperungen jener Natur. Der *Guru* muß darauf bedacht sein, daß Haß, Neid und ähnliche Laster in seinem Herzen nicht Fuß fassen. Diese schlechten Angewohnheiten nehmen auf politischem Gebiet überhand und greifen auch auf andere Gebiete über. Lehrer sollten keine rivalisierenden Gruppen bilden, die sich gegenseitig beschuldigen - einige stolz auf ihre Errungenschaften, einige neidisch auf das Lob, das andere verdienen. Seht die anderen als eure Brüder und Schwestern an, denn als *ātman* betrachtet sind alle gleich.

Irgendwann, irgendwie gibt es ab und zu Unterbrechungen. Dann werdet ihr mit schlechten Charaktereigenschaften konfrontiert. Aber denkt daran, daß ihr dem Kreis der Sathya Sai *Bālvikās-Gurus* beigetreten seid. Es mag nicht so gravierend sein, wenn andere Lehrer aus anderen Kreisen von jenen Charakterzügen übermannt werden. Eure Mission jedoch ist grundsätzlicher, und die Hoffnung, die ihr weckt, ist erheblich ermutigender. Jene Eigenschaften würden euch hemmen und eure Anstrengungen untergraben.

Seid euch der heiligen Bedeutung des Namens *Guru* bewußt, unter dem ihr bekannt seid. „Gu" bedeutet „Dunkelheit", „ru" bedeutet „abschaffen". Also muß der *Guru* die Intelligenz des Kindes erhellen und die Unwissenheit, die seine volle Entfaltung verhindert, beseitigen. Wenn wir noch tiefer eintauchen, entdecken wir, daß *Guru* noch eine andere Bedeutung hat. „Gu" bedeutet „durch Attribute nicht eingeschränkt" und „ru" „durch Erscheinung ungetrübt." Das heißt, der *Guru* muß frei von Vorlieben und Vorurteilen sein und alle Schüler mit der gleichen Liebe behandeln.

Gebt den Schülern um euch all eure Liebe, und unterrichtet sie freudig und ernsthaft. Nur diese Einstellung kann die Verbindung mit der Sathya Sai *Bālvikās*-Organisation rechtfertigen. Selbstverständlich ist sich Sai darüber im klaren, daß die *Bālvikās-Gurus* in ihrer heiligen Aufgabe jetzt voll aufgehen und ihr Bestes geben, damit die Bewegung fortschreiten möge. Aber ebenso wie eine Batterie von Zeit zu Zeit aufgeladen werden muß, zeige ich gewisse Mängel und Gefahren auf, welche die Sache trüben könnten. Es ist zwingend, daß ihr den richtigen Weg findet und ihm stetig und vertrauensvoll folgt. Nehmt zum Beispiel die Petroleum-Lampe. Sie muß ab und zu leergepumpt werden. Wir müssen zur Reinigung eine Nadel benutzen, und es bedarf einer gewissen Menge Kerosin. Das Kerosin ist das Vertrauen, die Nadel die Liebe, die euch drängt, eure Pflicht zu tun. Der Wille, der euch in eurer Aufgabe unterstützt, ist das Pumpen. Außerdem braucht die Lampe einen Docht. Der Docht ist der Name Gottes, der euch andauernd inspiriert. Bemüht euch, im Licht der atmischen Einheit allen Seins zu sein und eure ursprüngliche Unwissenheit und die eurer Schüler abzuschaffen.

Nutzt diese Konferenz, herauszufinden, inwieweit euch diese heilige Mission gelang. Und legt, wenn euch die Resultate eurer kritischen Bilanz vorliegen, die Mittel und Wege fest, mit deren Hilfe noch größere Erfolge erzielt werden können. Sprecht mit den anderen über eure Erfahrungen, und teilt ihnen auch eure Verbesserungsvorschläge, den Lehrplan und die Lehrmethoden betreffend, mit. Besprecht untereinander, mit welchen Mitteln sich der erarbeitete Fortschritt messen läßt. Ich würde euch raten, spezielles Augenmerk auf die Methoden zu richten, mit Hilfe derer ihr die in den Kindern schlummernden Talente erwecken könnt und auf Methoden, mit denen ihr der Nation zu mehr Wohlstand und der Gesellschaft zu Sicherheit und Wohlergehen verhelfen könnt. Denkt auch an jene Aktivitäten, die von *Bālvikās* unterstützt werden sollen, um im späteren Leben der Kinder Glück und Harmonie gewährleisten zu können. Kinder sind Lampen, die den Weg der Nation erleuchten können. Ein schlechter Schüler schadet nur sich selbst, ein schlechter Lehrer jedoch ruiniert das Leben von Tausenden. Seid dauerhaft und stetig in euren Anstrengungen. Ein Wegweiser, der sich mit dem Wind dreht, trägt nur zur Verwirrung des Reisenden bei. Auch müßt ihr Liebe *(prema)* entwickeln und euren Wunsch, selbstlos den anderen zu dienen *(sevā)*, vergrößern.

Vor allem erfüllt euren Geist mit Gott, und übertragt Gott auf die Kinder. Freut euch nicht auf eine Belohnung oder Anerkennung, außer auf die Freude auf den Gesichtern der Kinder. Heutzutage sind die Lehrer ihrem Gehalt mehr verbunden als ihrer Pflicht. Sie drehen sich mehr um ihr eigenes Leben als um ihre heilige Aufgabe. Gebt die verrückte Jagd nach Universitätstiteln auf. Sucht lieber die Möglichkeit, anderen zu dienen und den Wohlstand der Nation zu fördern. Die indische Kultur ist so weit abgesunken, weil die Lehrer, welche die Wächter und Förderer der Kultur sind, sich damit zufriedengeben, sich und ihre Familien zu ernähren und sich nur um ihren eigenen Ruf und ihr Vermögen zu kümmern. Die *Veden* lehren uns: „Nicht durch Handlungen, nicht durch Nachkommenschaft, auch nicht durch Reichtümer, nur durch Verzicht kann unsterbliche Glückseligkeit erlangt werden." Deshalb verzichtet! Verzichtet! Dient, liebt und vermittelt den Kindern euer Wissen, eure Freude und eure Liebe. Dient auf diese Weise der Gesellschaft und den Menschen.

Die Sathya Sai *Bālvikās-Gurus* erfüllen diesen Dienst aus vollem Herzen. Ich glaube, sie werden ihre Anstrengungen noch ernsthafter und freudiger fortsetzen. Die Resolutionen, die ihr in der Konferenz verabschieden werdet, sollten nicht nur auf Papier geschrieben werden, sondern müssen im täglichen Unterricht befolgt und praktiziert werden. Ich bin sicher, daß jeder von euch entschlossen ist, im Dienst an den Kindern, an der Gesellschaft und am kostbaren Erbe der indischen Kultur sein Bestes zu geben.

Vierte gesamtindische Konferenz der *Bālvikās*-Lehrer,
Prashānti Nilayam, 20.11.1979

Die Aufgabe wird triumphieren

Wenn das göttliche Gesetz *(dharma)* des Zeitalters (yuga) unbeachtet bleibt,
um es erneut liebevoll in Kraft zu setzen,
wenn die Welt durch Konflikt und Verwirrung verunreinigt ist,
um den Pfad der Tugend und des Friedens wiederherzustellen;
wenn gute Menschen, in Grausamkeiten verfangen, wehklagen,
um sie von Schmerz und Schande zu befreien;
wenn heilige Schriften nicht richtig ausgelegt werden,
um die Botschaft zu verkünden, die sie für die Menschheit enthalten,
um die Erde von der Bürde des Lasters zu befreien,
um das im tretā-Zeitalter, dem zweiten der vier Weltzeitalter, gegebene Versprechen zu erfüllen -
hat sich Acyuta *(Krishna)* auf dieser Erde inkarniert,
Vasudeva, Shrī Hari *(Vishnu)* ist auf der Welt erschienen.

Baba

In jedem menschlichen Wesen herrscht das ständige Bedürfnis nach unerschütterlicher fortdauernder Seligkeit *(ānanda)*. Während seines ganzen Lebens bemüht sich der Mensch ohne Pause, Tag und Nacht, dieses Stadium zu erreichen. Es bleibt für ihn jedoch außerhalb jeder Reichweite.

Aus welchem Grund? Die Hauptursache liegt in der Identifizierung mit seinem Körper und den Sinnen und in seinem Glauben, daß die physischen und sinnlichen Vergnügungen, die er erlangen kann, ihm jenes Glück *(ānanda)* vermitteln, das seinen Hunger stillt. Der Mensch ist sich nicht bewußt, daß er selbst die Glückseligkeit *(ānanda)* ist, die er sucht. Die *Upanishaden* klären alle Zweifel zu diesem Punkt. Sie behaupten: „Mehl wird durch Sirup gesüßt." Mehl, sei es aus Reis, Weizen oder aus

Kichererbsen, ist an sich nicht süß. Wird es aber mit Sirup oder Zucker vermengt, ist es ganz von süßem Geschmack durchdrungen. Die *Upanishaden* lehren folgende Lektion: Der Kosmos ist das Mehl, und das Göttliche Prinzip ist der Zucker. Als Folge davon bezaubert uns die Natur und zieht uns an. Wo auch immer wir Melodien lauschen, Harmonie wahrnehmen oder das Höchste erfahren, wirkt das Göttliche auf uns und nicht die Natur.

Gott wird als aprameya beschrieben. Das bedeutet, daß Gott nicht wie irgendein begrenztes Phänomen meßbar ist. Nur die *Veden* vermögen einen kleinen Einblick in die Herrlichkeit zu verschaffen. Um dies anzudeuten, wird Gott als vedavid, durch die *Veden* bekannt, bezeichnet. Um das in den heiligen Schriften erwähnte Wissen zu erlangen, gibt es drei glaubwürdige Mittel. Es sind dies: 1. Die direkte Wahrnehmung (pratyaksha), 2. Die Schlußfolgerung (anumāna) 3. Die Stimme der Autorität (shabda). Man kann beobachten, wie Milch zu Quark wird, wenn Lab hinzugefügt wird. Das Phänomen wird als wahr akzeptiert, da es durch direkte Wahrnehmung belegt wurde. Wenn von einer Bergkette Qualm emporsteigt, folgert man, daß der Wald brennt. Wenn jemand, der in *Prashānti Nilayam* war, diesen Ort jemandem beschreibt, der nicht hier war, ist diese Person in der Lage, sich ein Bild von *Prashānti Nilayam* und seiner Umgebung zu machen. Dies ist ein Beispiel für die Stimme der Autorität als Mittel des Wissenserwerbs. Die Stimme bekommt Autorität und kann akzeptiert werden, wenn sie sich aus Erfahrung und ehrlichen Berichten über diese Erfahrungen ableitet.

Unter den vielen tausend Zuhörern ist ein Mitglied des amerikanischen Sathya Sai Councils, der aus den USA gekommen ist. Sein Name ist Dick Bock. Gehen wir einmal davon aus, daß ihn bisher niemand kennt. Selbst wenn er als groß oder klein, alt oder jung oder als spezielle Charakteristika besitzend beschrieben wird, ist es für die Leute schwierig, ihn auszumachen und zu erkennen. Wenn ich jedoch den Laut „Dick Bock" äußere, wird er aufstehen, so daß alle ihn sehen können. Auch Gott antwortet nicht sofort mit seiner Gegenwart, wenn ihr ihn beschreibt und verherrlicht. Als ihr geboren wurdet, hattet ihr keinen Namen. Seitdem jedoch antwortet ihr, wann immer ihr mit dem euch „gegebenen" Namen gerufen werdet. Gott ist ebenfalls namenlos, aber er antwortet, wenn sein Name, einer von den vielen, von dem Suchenden gebraucht wird. Shabda als Beweismittel hat, die dauerhaften und unveränderlichen Merkmale betreffend, zwei Aspekte, tathātā, das Sosein, und *svarūpa*, die eigene Form.

Um einem Besucher ein Haus zu beschreiben, sagen wir ihm: „Es ist das, auf dem die Krähe sitzt", und er versteht es. Dies ist ein vorübergehendes Merkmal des Hauses. Gott, der Ewig Absolute, wird als zeitweilige Erscheinung beschrieben, gelobt und angebetet. In bestimmten Gegenden wird er als *Rāma, Krishna, Vishnu, Īshvara* etc. angebetet. Dies sind keine grundlegenden, fundamentalen Ausdrücke seiner Verkörperung *(svarūpa)*. Dies sind nur Formen, die für bestimmte Ziele angenommen wurden, wie da sind: Friede auf Erden, Wiederherstellung der Rechtschaffenheit und die Stärkung des Glaubens an den Höchsten. Die fundamentalen und festgelegten Merkmale sind Wahrheit *(satya)*, Weisheit *(jnāna)*, Glückseligkeit *(ānanda)*. Dies ist die Verkörperung *brahmans*. Diese Attribute verändern sich weder durch Zeit und Ort noch durch die Natur des Beobachtenden. Alles andere verändert sich. Sie durchdringen Zeit, Raum und Materie, und es wird uns bewußt, daß sie fünf Qualitäten besitzen: Existenz (asti), Erkenntnis (bhāti), Glückseligkeit *(ānanda)*, Name (nāman) und Form (rūpa). Hiervon sind drei grundlegend: Existenz, Erkenntnis und Glückseligkeit, während die anderen beiden - Name und Form - vergänglich und oberflächlich sind. Es ist unbestreitbar, daß alle diese Merkmale einen Schöpfer brauchen, der ihnen innewohnt und der ihr Autor und Mitarbeiter ist.

Die Sonne, die Sterne, der Mond, der Ozean, die Erde - all diese deuten auf den Schöpfer, den wir akzeptieren müssen. Es gibt zwei Ursachen, die zusammen alles herstellen: der Gestalter und die Substanz. Die Silbertasse erforderte einen Goldschmied, der sie formte, und das Silber, aus dem sie geformt wurde. Wenn ihr euch in diesen Schöpfungsprozeß vertieft, werdet ihr erkennen, daß beide Dinge zu Einem verschmelzen, der Verkörperung des Seins, des Bewußtseins und der Glückseligkeit. Erkennt man den Einen in allem, so vermittelt das vollkommene Glückseligkeit.

Jeder Mensch sehnt sich nur nach zwei Wohltaten: dem Leid zu entfliehen und Freude zu erlangen. Wenn beides erreicht ist, ist der Mensch wirklich frei! Er hat Befreiung (mukti) erlangt. Menschen, die sich damit brüsten, Atheisten oder Rationalisten zu sein, und welche die wahre Bedeutung von Befreiung (mukti) nicht kennen, behaupten, daran nicht interessiert zu sein. Mukti ist die Erfüllung dieser zwei universellen Sehnsüchte des Menschen. Schriften und Diskurse haben den Menschen verwirrt und ihn der Realität gegenüber blind gemacht. Erreichen wir mukti auf dem Weg der Aktivität, dem der Nachforschung oder der Anbetung? Die Argumente sollen die Sache nur vernebeln. Jene Wege können nur den Verstand säubern, den Intellekt klären oder die Emotionen reinigen. Wenn der ātmische Kern aller Dinge und aller Wesen erkannt ist, wird Glückseligkeit *(ānanda)* immer präsent und voll da sein. Das Göttliche Prinzip ist die Realität, die Basis, die Essenz, der Ozean, auf dem die Wellen sich erheben, tosen und in den sie zurückfallen. Streift den Namen und die Form ab, die kommen und gehen, und betrachtet den asti-*ānanda*-bhāti-Inhalt, den Inhalt von Sein, Glückseligkeit und Glanz jeder Zelle und jedes Partikels. Dann könnt ihr in ewiger Glückseligkeit verschmelzen (nityānanda). Ānanda ist allgegenwärtig. Man muß nur wissen, wie man ihn finden und aus der Quelle schöpfen kann, die überall ist.

Verkörperungen der Liebe *(prema)*! Dinge, die sich bewegen, brauchen eine feststehende Basis. Die Natur bewegt sich, aber das Göttliche nicht. Busse und Autos fahren schnell, weil die Straße sich nicht bewegt. Die Bilder huschen über die Leinwand, weil jene reglos bleibt. Der Körper wächst oder nimmt wieder an Kraft ab, die Sinne wandern umher, der Verstand bewegt sich von einem Gegenstand zum nächsten und von einem Thema zum anderen, die Intelligenz eilt und hüpft - alles nur, weil das göttliche Selbst *(ātman)* unbeweglich und unbewegt ist.

Nun, an welchem Charakterzug können wir *ātman* erkennen? An *ānanda,* der seine wahre Natur ist. Dies ist der Grund, weshalb er als derjenige beschrieben wird, als Verleiher höchster Glückseligkeit (nityānanda-paramasukhada), als reine Weisheit (kevala-jnānamūrti), als jenseits aller Dualität (dvandvātīta), als so weit wie der Weltraum (gaganasadrisha), als durch vedische Bezeichnungen *tat tvam asi* beschrieben (tat-tvam-asy-ādi-lakshya), als das Eine (eka), als der Ewige *(nitya)*, als fehlerlos (vimala), als unberührt (acala), als allbewußt (sarvadhī), als der Zeuge (sākshibhūta), als über den Bereich des Seienden hinausgelangend (bhāvātīta), als attributlos (trigunarahita) etc.

Allgemein gesprochen: Das Materielle wird in der Welt von einigen gesucht, von anderen vernachlässigt und von dritten abgelehnt. Der Grund dafür liegt im Verstand (mind), nicht in der Materie. Unsere Vorlieben und Abneigungen werden durch unsere eigenen Aktivitäten, Gedanken und Gefühle geformt. Ob ich eigentlich gut oder schlecht bin, kann nur ich selbst wissen. Wenn eure Reaktion gut ist, werdet ihr mich als gut bezeichnen. Wenn eure Gefühle schlecht sind, mag ich als schlecht erscheinen. Die Veränderung von einer Haltung zur anderen geschieht in euch, nicht in mir. Ich bin immer derselbe. Da eine Gestalt angenommen wurde, sind schwankende Reaktionen unvermeidlich; sie sind menschlich; sie berühren das Göttliche nicht. Wechsel in der Reaktionsweise und der Form der Annäherung entspringen den Launen des Augenblicks, den Drehungen und Bindungen der Bedürfnisse und dem Druck der Umwelt, der Gegend und der Zeit. Gestern abend wart ihr Zeugen der Aufführung „Jesus", die von Studenten dargeboten wurde. Euch gefiel das Stück in all seinen vielen Einzelheiten. Es war für euch eine erhebende Vorstellung. Der Jünger, der von der Gruppe als der Liebste verehrt wurde, mit Namen Judas, entschloß sich, der niedrigen Versuchung durch ein paar Silberstücke erlegen, gegen den Herrn zu handeln. Die Geldgier ist ein Dämon, der die Schwachen erfaßt. Wenn jemand davon überwältigt wird, verliert er jede Spur von Unterscheidungsfähigkeit und akzeptiert leichtfertig falsche Wege, um jene Gier zu befriedigen.

Seit die einzigartig starke Auswirkung Sathya Sais weltweit spürbar wurde, versuchen viele in Neid und Geldgier verstrickte Menschen, verschiedenartige Geschichten in Umlauf zu setzen, die dazu dienen sollen, die Kultur Indiens zu schmälern und zu diffamieren. Ein neidischer Geist wird immer in Schlechtes verwickelt sein. Dies ist immer so gewesen, wenn das Göttliche unter den Menschen erschien. Solche Taktiken können jedoch nur zur vorübergehenden Aufregung einiger weniger führen. Die Aufgabe wird nicht scheitern, der Triumph läßt sich nicht verschieben.

Ihr müßt der Wahrheit mehr Aufmerksamkeit schenken als allem anderen: die Person, die Sai einen Makel nachweisen kann, ist noch nicht geboren worden, noch wird sie je geboren werden. Natürlich gibt es nur wenige Individuen, welche die Bedeutung des Prinzips der Liebe *(prema)* überprüfen können, dessen Verkörperung Sathya Sai ist. Dieses Prinzip ist vollständig selbstlos, völlig rein und ganz heilig. Dieses Prinzip, mit Sathya Sai als dessen Verkörperung und Exponent, breitet sich von einem Kontinent auf den nächsten aus. Übelgesinnte Personen verfolgen neidvoll den Marsch dieser verändernden Liebe und versuchen, ihn durch Falschheiten zu behindern. Sie vereinigen sich mit anderen Gleichgesinnten. Denn wie kann der Böse an der Tugend Gefallen finden oder der Tugendhafte die Wege des Lasterhaften verstehen? Seit die Suchenden und Anwärter dem Erbe und der Kultur Indiens mehr und mehr Aufmerksamkeit widmen, versuchen unehrliche Kleingeister, sie zu verleumden. Der Erfolg der Aufgabe, für die ich gekommen bin, wird sehr bald in die ganze Welt ausstrahlen. Die Wahrheit, daß alle Glaubensrichtungen Facetten des Einen sind und daß alle Wege zum selben Ziel führen, ist für einige eine Herausforderung. In dem Stück über Jesus wart ihr Zeugen, wie die Betonung der Grundwahrheiten von gutem und gottgefälligem Leben sogar von Religionsführern mißinterpretiert wurde. Sie versuchten, ihr eigenes Versagen durch Verleumdung und Falschheit zu verbergen. Sie sannen sogar darauf, ihn zu foltern. Alle Handlungen Jesu waren rein, heilig und voll selbstloser Liebe. Man kann seine eigene Religion verehren, aber diese Verehrung sollte nicht durch Haß auf andere Religionen befleckt werden. Dieser Haß verleitet die Leute sogar, Propagandisten zu bezahlen, die Meister der Verleumdung sind. Schenkt ihnen weder Aufmerksamkeit noch erlaubt euch, dadurch beunruhigt zu sein. Versucht lieber, den heiligen und kräftigenden Strom göttlicher Liebe zu kosten. Das wird andauernde Glückseligkeit *(ānanda)* bewirken.

In Wahrheit ist dieses Eiserne Zeitalter (kaliyuga) das förderlichste von den vieren, denn unter euch weilt die Ewige Verkörperung von *ānanda* in einer Form, der ihr euch nähern könnt, die ihr anbeten und von der ihr lernen könnt. Ihr singt gemeinsam mit mir und sprecht mit mir. Eure Augen, Ohren und Herzen sind von meinen Äußerungen und Aktivitäten erfüllt. Dies ist nicht nur ein physischer Körper, der aus den fünf Elementen besteht. Ihr nennt diesen Tag meinen Geburtstag. Dieser Körper mag Geburtstag haben, aber ich werde nicht geboren. Ihr sagt, ich sei vierundfünfzig Jahre alt, aber ich besitze kein Alter, das sich zählen ließe.

Das Ewige, ohne Eingang und Ausgang.
Der Eine, der weder war noch ist noch sein wird.
Die unsterbliche Person, frei von Leben und Tod.
Jener ewig-strahlende *ātman* ist Sai für immer.

Auf meiner einen Seite steigt die Bewunderung auf, ebenso hoch wie die Himalayas; auf der anderen Seite häufen sich, wie ein anderer Gebirgszug des Himalaya, die Verleumdungen an. Ich bin indessen von beidem unbeeinflußt. Wie Gokak vor ein paar Minuten sagte, lege ich auf beide Spitzen meine Hände und segne die beiden sich widersprechenden Reaktionen gleichermaßen. Denn Dunkelheit läßt das Licht heller scheinen. Die eine und einzige Sonne verursacht Tag und Nacht. Seid auch ihr gleichmütig. Strebt danach, den größten Nutzen aus dem Glück zu ziehen, das euch gegeben ist.

Engagiert euch in spirituellen Übungen *(sādhana)*. Selbstloser Dienst für andere *(sevā)* ist von allen *sādhana*-Formen die wirksamste Tugend. Von allen *Sevā*-Methoden ist der Dienst an der lange vernachlässigten Dorfbevölkerung die beste. Widmet eure Fähigkeiten und eure Energie zum Besseren eurer Brüder und Schwestern in den Dörfern. Dienst ist Gott. Wozu hat Gott den Menschen mit einem Körper, einem Geist (mind) und einem Intellekt ausgestattet? Fühlt mit dem Geist, plant mit der Intelligenz und benutzt den Körper dazu, denen zu helfen, die es brauchen. Bietet Gott dieses Werk des Dienstes dar; verehrt ihn mit dieser Blume. Setzt die Ideale, die Sathya Sai propagiert hat, in tägliche Praxis um, und macht sie in der ganzen Welt bekannt, indem ihr als lebende Beispiele ihrer Großartigkeit herausragt.

Geburtstagsansprache, 23.11.1979

Mein und dein

Der Mensch hat sich zwei verschiedene Ziele gesetzt - ein materielles und ein spirituelles. Eine solche Unterscheidung ist jedoch falsch und ruinös. Oberflächlich betrachtet mag sie passend und bequem erscheinen, wird aber entsprechend verfahren, so richtet man für die Entwicklung der Seele großen Schaden an. Denn sie sind ein und dasselbe, eine fortwährende Pilgerfahrt in Richtung auf die Vergöttlichung des Menschen. Eine falsche Behauptung, die heute oft vorgetragen wird, ist: „Die physische Hülle wird aus fünf *bhūtas* oder Elementen gebildet. Ihre Komponenten verschmelzen schließlich mit jenen fünf. Wird diese Hülle einmal abgelegt, so nimmt die Seele eine andere Hülle an, die aus denselben fünf Elementen besteht. Sie unterzieht sich weiterer Entwicklung und tritt auch aus diesem neuen Gewand heraus. Die Seele befindet sich auf der ständigen Suche nach neuen Experimenten, um sich höher zu entwickeln."

Der Körper ist das Instrument, das zur Realisierung des göttlichen Selbst *(ātman)* benötigt wird. Der *ātman* wohnt dem Körper inne und muß in ihm und durch ihn entdeckt werden. Hier ist eine Silbertasse. Können wir das Silber von der Tasse trennen oder die Tasse von dem Silber? Das Silber ist die zugrundeliegende Wahrheit; die Tasse ist die Form, die ihr gegeben wurde. Aus dem Silber der Tasse können wir einen Teller, eine Urne oder ein Kästchen machen. Dieses Silber mag in der Vergangenheit ein Teller gewesen sein, ist jetzt eine Tasse und wird in Zukunft eine Statue. Trotz all dieser Umformungen jedoch bleibt das Silber Silber. Ebenso bleibt der *ātman* bestehen, obwohl aus den fünf Elementen ein Körper nach dem anderen gebildet wird.

Hat *ātman* eine Form oder nicht? Hat er Eigenschaften oder ist er eigenschaftslos? Besitzt er kein Gefühl oder ist er gefühlsgebunden? Diese Zweifel werden dem Denkenden sicherlich Mühe bereiten. Die Formen sind nur künstlich und vorübergehend, sie sind nichts Wesensmäßiges. Der formlose *ātman* ist der Körper-Form immanent. Wie kann der Mensch sie also trennen und in unterschiedlicher Weise verwenden? Dies kann nur zu Mißgeschicken führen.

Ihr führt hier ein siebentägiges Opfer *(yajna)* durch; es besteht weder aus dem aufgerichteten Altar noch aus der vorbereiteten Opfergrube noch aus sonst irgendwelchen materiellen Mitteln. Diese stellen nichts anderes als äußere Symbole der inneren Ausrüstung dar. Die heiligen Schriften *(shāstra)* legen auf diese äußeren Zeichen keinen besonderen Wert. Der vom Ego befreite Geist ist der Altar, opfert eure von Wünschen gereinigten Taten dem Feuer des Verzichts. Um dieses lautere *yajna* zu zelebrieren, brauchen weder Geld noch Vorräte gesammelt oder Priester zusammengerufen zu werden.

Die zwischen Sonnenauf- und untergang vollbrachten Taten sind Gaben, die dem heiligen Feuer der Weisheit dargebracht werden. Von diesen sind jene, die vom Instinkt und den Impulsen geleitet werden, materielle Taten; sie entstammen nicht dem vom Intellekt geformten Geist. Wenn der Geist überwunden und das jenseitige Ufer erreicht ist, werden alle Taten rein und heilig. Wenn der Tiefschlaf die Sinne übermannt, verschwinden der Verstand, der Intellekt und sogar der Egoismus und das Umweltbewußtsein sowie der Körper. Der gesamte Kosmos entschwindet dem Bewußtsein. Das ist die Zeit, in der *ātman* mit sich allein ist und Bindungen aufgehoben sind. Der *ātman* warnt ständig jeden einzelnen vor seiner Existenz mit seinem „Ich". Dasselbe „Ich" besteht in unserer Kindheit, Jugend, im mittleren Alter und im Alter darauf, anerkannt zu werden. Über all diese Veränderung des aus fünf Elementen bestehenden (pancabhūta) Körpers hinweg, besteht das „Ich" als Existenz-Bewußtsein-Seligkeit, als der unbeteiligte Zeuge. Der Mensch jedoch ignoriert diese Mahnungen zur Einheit allen Lebens und tappt in Haß und Gier. Wenn in allen nur der eine *ātman* existiert, wie kann dann Haß entstehen? Wer sollte sich vor wem verstecken? Alles, was existiert, ist das eine Sein (ekam sat).

Der Mensch in seiner Unwissenheit findet Gefallen daran, sich bei der Suche nach seinem eigenen Glück von dem Rest zu trennen und vergißt, daß er erst dann glücklich sein kann, wenn alle anderen glücklich sind. Er verunreinigt sich selbst, indem er Stolz entwickelt. Er vergeudet die Zeit, indem er sich auf ein tierisches Niveau begibt. Zeit ist ein unschätzbares Geschenk, das ehrfurchtsvoll behandelt werden will. Die Leute messen die Zeit meist von Sonnenaufgang bis Sonnenuntergang und von Sonnenuntergang zu Sonnenaufgang. Das entspricht aber nur der Illusion, die uns glauben macht, daß der Mond sich bewege, wenn sich die Wolken bewegen.

Gott, das Überselbst oder paramātman wird vom Menschen gelobt, wenn seine Wünsche in Erfüllung gehen. Erfüllen sie sich nicht, wird Gott dafür verantwortlich gemacht. Er aber besitzt weder Vorurteile noch Parteilichkeit. Wenn er Liebe besitzt, muß er auch Zorn oder *krodha* besitzen. Jedwede Manifestation solcher Gefühle ist nur eine Show, die sich auf der Oberfläche abspielt, sie entspringt nicht dem Kern. Gott ist Zeuge der Kette von Handeln *(karma)* und den Folgen des Handelns. Ihr könnt die Folgen vermeiden, indem ihr alle Handlungen ihm weiht und euch der Bindung enthaltet. Nur müßt ihr in eurer Hingabe und eurer Ungebundenheit ernsthaft sein. Hierfür müßt ihr euer Herz und eure Gefühle durch das Sprechen des Namen Gottes *(japa),* das Sich-Gottes-Erinnern (smarana) und durch Meditation *(dhyāna)* reinigen. Ohne ein reines Herz und tugendhaftes Leben mögt ihr die *Veden* während des Opfers rezitieren, aber ihr werdet wenig davon profitieren. Die *Rishis* waren aufrichtig, selbstlos und meinten es ernst. Deshalb reinigten die Opfer die Atmosphäre, gefielen den Elementen und stimmten Gott milde. Das eigene Handeln *(karma)* bestimmt von daher das eigene Schicksal. Es ist sinnlos, andere für unser Unglück oder Pech verantwortlich zu machen. Ebenso falsch ist es, Gott als parteiisch oder als hartherzig und teilnahmslos zu bezeichnen. Wie könnt ihr, wenn ihr vergiftete Samen sät, süße Früchte ernten? Weshalb wendet ihr euch von Gott ab, wenn ihr nicht die Früchte bekommt, die euch schmecken? Es ist zu einer Modeerscheinung geworden, alles Gute als eigene Errungenschaft zu betrachten und alle Enttäuschung und Verzweiflung der teilnahmslosen Haltung Gottes zuzuschreiben.

Einige Professoren der Universität von Benares amüsierten sich einmal über einen anderen Professor an der gleichen Stätte der Gelehrsamkeit, weil jener morgens und abends jeweils zehn Minuten an seine Meditation über einen nicht-existierenden Gott verschwendete. Er erwiderte ihnen: „Brüder! Wenn Gott, wie ihr sagt, nicht existiert, verschwende ich zwanzig Minuten am Tag, da stimme ich euch zu. Aber wenn Gott, wie viele glauben, existiert, tut es mir leid, euch sagen zu müssen, daß ihr euer gesamtes Leben verschwendet! Niemand weiß sicher, ob er existiert oder nicht!"

Tatsache ist, daß allein Gott IST. Die sich verändernde Welt ist das, womit wir die göttliche Einheit überlagert haben. Wendet euren Blick von dieser Projektion hin zur Basis, die ihr durch Unwissenheit unkenntlich macht. „Pashu" ist das Sanskritwort für „reißendes Tier", da pashyati die Wurzel des Wortes ist. Es bedeutet: „Das, was nur die äußere Welt wahrnimmt." Wenn sich der Mensch damit zufriedengibt, seine Sinne zu gebrauchen, um die äußere Welt im Rahmen seiner Möglichkeiten zu genießen, lebt er nicht seiner eigentlichen Bestimmung gemäß. Sogar die spirituellen Übungen *(sādhana)* sind in allen Ländern zu äußeren Ritualen reduziert worden. Morgens, abends und an Feiertagen vollziehen sie ihre Andacht *(pūjā)* mit besonderem Pomp, einem Anhäufen von Blumen, Lichterreihen und einer Folge lauter Hymnen (stotra). Die Wirkung dieser Riten ist meist gering und oberflächlich. Es gibt viele, die all ihre Zeit auf die tatsächliche Durchführung der *pūjās* oder ihrer Vorbereitung verwenden. Was aber haben sie gewonnen? Viele sind noch von Neid, Stolz und Gier erfüllt und halten nicht an der Wahrheit fest. Sie haben nur ihre Zeit verschwendet und die festgelegten Ideale verfehlt. Die meisten Leute, die sich selbst als Gottsucher *(sādhaka)* bezeichnen, wagen es nicht, ihre Aufmerksamkeit nach innen auf die Realität des *ātman* zu richten.

Natürlich sind Rituale und *pūjās* in den Anfangsstadien erforderlich. Sie sind der Kindergarten der spirituellen Erziehung. Auf dem Weg zum *ātman* muß man aus dieser Kindheit weitergehen auf die Erwachsenen-Reise. Diese Regeln und Vorschriften *(yajna)* die Riten betreffed, müssen in Taten, Worte und Gedanken transzendiert und sublimiert werden, die allgemeine Ehrerbietung, Selbstlosigkeit und Gleichmut fördern.

In jedem Vortrag sage ich euch, daß jedem Wesen die Göttlichkeit innewohnt. Euch muß doch aufgefallen sein, daß ich denen, die sich falsch verhalten haben oder auf falsche Wege abglitten, harte Strafen auferlege.

Die Göttlichkeit muß aus jeder Handlung scheinen, und wir sollten darauf achten, daß sie nicht durch menschliches Versagen oder tierisches Verhalten umnebelt wird. Zu diesem Zweck sind solche Korrekturen und hilfreichen Mittel ein Muß. Wird Kupfer dem Gold beigemischt, so mindert dies den Goldwert. Deshalb muß die Masse in einem Schmelztiegel geschmolzen werden, damit das Kupfer entfernt werden kann. Ebenso muß Swami Einhalt gebieten und den ursprünglichen „Goldwert" wiederherstellen, wenn ein reines, heiliges und fortschreitendes menschliches Wesen sich mit gewissen unreinen, unheiligen und abwärtsziehenden Kräften vereint. Weshalb sonst sollte ich es mir herausnehmen, zu verbessern und zu bestrafen? Meine Handlungen in ihrem wahren Licht zu verstehen, ist das sicherste Mittel, um meine Gnade zu erwerben.

Heutzutage leidet die Welt, da die menschlichen Herzen von „Mein" und „Ich" beherrscht werden. Angst, Beklemmung, Trauer, Stolz und Gier - all diese Gefühle erhalten durch solche „Ich"- und „Mein"-Gefühle gefährlich viel Nahrung. Wenn jemandem innerhalb jenes „Mein"-Umfeldes ein Unglück widerfährt, überwältigt euch ungebührliche Trauer; wenn es jemanden außerhalb jenes Kreises trifft, seid ihr unberührt und schlagt es euch mit großer Gleichgültigkeit aus dem Kopf. Solange die Narreteien des Egos als gültig und angemessen betrachtet werden, kann der Mensch den universellen *ātman,* welcher der innere Kern seiner Persönlichkeit ist, nicht erfassen. Um den *ātman* erkennen und daraus Kraft schöpfen zu können, muß der Mensch den *sādhana* der Einheit ausüben. Er muß die Unterscheidung zwischen denen innerhalb und außerhalb des Kreises aufgeben.

Es gibt keinen Unterschied zwischen „mein" und „dein". Wenn andere für ihre Fehler bestraft werden, freut ihr euch; wenn ihr selbst für den gleichen Fehler bestraft werdet, protestiert ihr und bejammert euer Schicksal. Durch spirituelle Praxis müssen Egolosigkeit und ein ruhevoller Geist (samacitta) gepflegt werden, was ein reines Herz gewährleistet.

Das Kennzeichen der Reinheit ist Liebe. Durch seine Schönheit und Größe mag der Baum heute eure Herzen erfreuen. Er mag eine große, grüne Krone haben, mag voll duftender, farbenfroher und süßer anregender Verlockungen sein. Am nächsten Tag jedoch fällt alles herunter, es vertrocknet und stirbt! Was ist der Grund? Die Wurzeln sind von Schädlingen zerfressen worden. Sie zerstören den Baum und verursachen seinen Tod. Heutzutage beobachtet ihr das beklagenswerte Schicksal vieler gläubiger und hingebungsvoller Personen - sie werden von den verschiedensten Schicksalsschlägen heimgesucht. Aus welchem Grund? Die Leute fragen zynisch, weshalb solche guten Menschen so viel leiden müssen. Der Grund ist, daß sie im Herzen noch nicht rein sind, daß sie das Eins-Sein des *ātman* noch nicht erkannt haben und noch von „Ich" und „Mein" eingenommen sind.

Der *sādhaka* muß das Unglück als Warnung verstehen und sich sagen: „Ich bin geschlagen durch diesen Zwischenfall. Er bedrückt mich und beraubt mich meiner Ausgeglichenheit, weil ich noch immer Fehler habe.“ Wenn saambar in einem Kupferkessel zubereitet wird, wird das Ergebnis etwas höchst Giftiges sein, wie frisch und gut auch immer die Zutaten sein mögen. Wenn *sādhana* mit peinlichster Aufmerksamkeit und Sorgfalt ausgeführt wird, wird kein Fortschritt erzielt, wenn die Intentionen und die Haltung nicht reiner Natur sind. Ich möchte betonen, daß die Reinheit des Herzens, des Verstandes und des Bewußtseins für den spirituellen Fortschritt sogar wichtiger sind als Meditation, *japa* oder *bhajan*. Die Reinheit allein kann davon überzeugen, daß in euch Göttlichkeit ist, daß in diesem Körper *(kshetra)* das göttliche Selbst *(kshetrajna)* immanent ist - nicht nur in euch, sondern in allen gleich. Liebt alle, verehrt alle, dient allen. Das ist das *sādhana* der Verehrung, um Reinheit zu gewinnen und Gnade zu erlangen. Dashaharā, 27.9.1979

Seid menschlich

Ihr könnt alles Wissen beherrschen und lauten Beifall ernten;
Ihr könnt als König begrüßt werden und das Reich regieren;
Ihr könnt ungeheuren Reichtum anhäufen, Gold und Land verschenken;
Ihr könnt alle Sterne zählen, die nachts am Himmel glänzen;
Ihr könnt, ohne zu irren, alle Lebewesen auf Erden benennen;
Ihr könnt die achtfache Kunst all diejenigen lehren, die danach streben;
Ihr könnt den weit entfernten Mond erreichen und stolz auf ihm herumspazieren.
Aber ihr könnt nicht der Herr der fünf Sinne eures Körpers sein;
Ihr könnt euren Blick nicht nach innen wenden, um euren widerspenstigen Geist zu zähmen.

Wir betrachten die Kombination von Körper, Geist, Intellekt und Sinne als einen Menschen. Das ist nicht richtig.

Geist ist etwas, was wir besitzen, der Körper ist etwas, was wir mit uns herumtragen. Auch der Intellekt ist unser, und wir befassen uns mit den Sinnen. Wir sind nicht der Körper, der Geist, der Intellekt und die Sinne. Sie sind unser; wir besitzen sie. Sie werden durch uns manipuliert. Wir unterscheiden uns von ihnen allen. Von dem Tag an, wo wir diesen

Unterschied erkennen und jenem Wissen entsprechend leben, werden wir uns unserer Realität und unseres Zieles bewußt.

Ist dieser Körper leblos oder bewußt? Natürlich wächst er, verfällt er, ist aktiv und unterliegt der Zerstörung. Wenn ihr alles, was ihr täglich in eurem Haus auffegt, immer auf denselben Platz werft, wächst das zu einem Haufen heran. Ebenso wächst der Körper, wenn er täglich mit Nahrung versorgt wird, und wenn er keine Nahrung mehr erhält, baut er wieder ab. Von daher ist der Körper grundsätzlich träge Masse. In Sanskrit wird er dehah genannt: dahyate iti deha (er wird verbrannt, deshalb heißt er deha). Der Körper wird vom Feuer verzehrt, wenn das Leben ihn verläßt und er zum Leichnam wird. Vom morgendlichen Erwachen bis zum nächtlichen Einschlafen wird der Körper täglich auch von den Flammen der Angst, Befürchtung und Sorgen aufgezehrt. Der Körper heißt auch sharīra, was bedeutet „das, was der Zerstörung unterliegt." Er wird auch als Tempel verehrt, in dem Gott lebt. Das Wort *„kshetra"* wird gewöhnlich für „heilige Stätte" benutzt und bezeichnet auch den Körper. Deshalb muß er auch göttlichen Zielen dienen und die Herrlichkeit des Göttlichen widerspiegeln, der in ihm wohnt.

Der Körper wird durch Wasser und Seife sauber, aber eine Sauberkeit, die Frömmigkeit ist, wird nur durch innere Reinigung erreicht. Die Reinhaltung des Körpers mag körperliche Krankheiten fernhalten, aber das Nicht-Gesundsein (ashānti, im englischen Wortspiel dis-ease = a-*shānti*, Anm. d. Übers.) des Geistes erfordert innere Reinigung. Parfüm mag den Umsitzenden behagen, gute Gedanken und freundliche Rede jedoch werden ihnen langfristig besser gefallen. Was Seife für den Körper ist, ist Wahrheit für die Rede; beide haben sie eine reinigende Wirkung. Der Geist muß durch angemessene Erziehung im Schmelztiegel der Enthaltsamkeit gesäubert werden. Der Intellekt muß durch universelle Schau gereinigt werden, die aus Weisheit hervorgeht. Erziehung bedeutet weder das Studieren noch das Verfassen von Büchern. Erziehung ist der Erwerb von Erleuchtung; sie ist das Licht, das alle Unwissenheit und jeden Zweifel nimmt. Sie zerstreut den Nebel des Egoismus. Sie vermittelt Demut und Disziplin. Auch der Geist *(manas)* muß dem Prozeß von Disziplin *(tapas)* unterworfen werden. Die größte Disziplin ist, so zu sprechen, wie du es entschieden hast und so zu handeln, wie du gesprochen hast. Disziplin erfordert nicht die Flucht in den Wald oder die Meditation über Gott in der Einsamkeit.

Gott ist kein Fremder, der in weit entfernten Ländern wohnt.
Gott ist jedem nah, er leuchtet im Herzen.
Sünde ist keine Handlung oder Sache, die in weit entfernten Ländern vorkommt.
Sünde ist in deinem Geist, sie beschmutzt Wort und Tat.

Gott oder Teufel, Gut oder Böse, sind Bewohner des eigenen Herzens. Wo Gott ist, kann der Teufel nicht sein. Es ist wie bei dem Spiel „Stühlchen, wechsle dich", nur eine Person kann einen Stuhl besetzen. Setzt Gott für immer in euer Herz, nachdem ihr es von anderen Bewohnern befreit habt. Laßt diesen trägen Körper durch göttliches Bewußtsein aktiv werden. Der weltliche Lehrplan, den ihr in diesen Hochschulen absolviert, ist wichtig, damit ihr aus eigener Kraft leben könnt, ohne abhängig zu sein. Aber diese Erziehung kann nicht das endgültige Ziel sein; dem Bewohner des Herzens sollte die gebührende Referenz und Huldigung erwiesen werden.

Als nächstes die Sinne. Sie statten den Menschen mit dem Tastsinn aus und dienen dazu, daß er Formen, Geschmack, Geräusche und Düfte wahrnehmen kann. Es sollte ihnen nicht gestattet werden, zur Krankheit von Körper und Geist beizutragen. Jeder Sinn dient einem legitimen Zweck, hat einen beschränkten Aktionsradius, der respektiert werden sollte. Die Zunge kennt das Maß an Salz, welches das Linsengericht schmackhaft macht. In den *Upanishaden* werden die Sinne mātra oder das Maß genannt. Jeder von ihnen ist ein Maßstab, mit dessen Hilfe nur bis zu einer gewissen Grenze gearbeitet werden kann. Die Zunge soll sanft und liebevoll sprechen; das Auge muß Symmetrie, Harmonie und Schönheit suchen und sehen, die Glut göttlicher Ekstase und die Pracht göttlichen Charmes. Die unkontrollierte Zunge frönt vier Sünden: Lügen, Lästern, unnützer Klatsch und böswilliges Fehlersuchen bei anderen. Gott wohnt in jedem. Der Herr hat in der *Bhagavadgītā* 15.7 erklärt: „mamaivāmsho jīvaloke jīvabhūtah" („Alle lebenden Wesen sind ein Teil von mir"). Sie sind alle ein Teil seines Ewigen Selbst. Deshalb ist jeder eine Verkörperung des Göttlichen. Wenn irgend jemand verletzt oder schlecht behandelt wird, ist es Gott, der Zielscheibe jenes Sakrilegs ist. Wir erklären, daß die Wahrheit Gott ist und beten im selben Atemzug die Lüge an. Bei der Lüge Zuflucht zu suchen ist ein Dämon, der den Schwachen besetzt und überwältigt. Sich unnötiges Reden zu gestatten, das Reden um seiner selbst willen, ist eine krankhafte Angewohnheit. Auch ist es Energieverschwendung. Es läßt die Gesellschaft auseinanderlaufen, denn niemand mag einem Langweiler zuhören. Wenn man ihm eine Minute gewährt, wird er tagelang an dir kleben. Dann gibt es andere, die Gerüchte und Tratsch in Umlauf bringen, die dich deines Seelenfriedens berauben, indem sie die Quelle der Liebe vergiften. Ihr müßt daran arbeiten, das Gute in euch zu entwickeln, euch von den schlechten Eigenschaften zu befreien und eure Reinheit und Heiligkeit zu vergrößern. Wie kann euch das Wissen um die guten und schlechten Eigenschaften anderer bei dieser Aufgabe helfen? Schwatzhafte Personen werden leicht zu Lästermäulern. Zu vieles Reden und eine Zunge, die dem Verleumden ergeben ist, sind Zwillinge, die im Gleichklang arbeiten. Ein Dichter richtete sich mit folgenden Worten an seine Zunge: „Oh Zunge, du Kenner von Geschmack, die du Süßes liebst, gib du immer der Wahrheit und Gott den Vorzug." Auch wenn man die Wahrheit spricht, sollte man keine Leidenschaft entfachen, die Begeisterung anderer dämpfen oder ihnen Verletzungen zufügen: „Sprich die Wahrheit, sprich sanft" (satyam brūyāt, priyam brūyāt). „Falls sie unangenehm ist, sprich nicht die Wahrheit," (na brūyāt satyam apriyam) ist ein mäßigender Faktor. Ebenso: „Lüge nicht, nur weil es genehm ist" (priyam ca nānritam brūyāt).

Der Herr hat in der *Gītā* (17. 15) gesagt: „Die Rede muß so geführt werden, daß sie nicht verletzt, daß sie ehrlich, angenehm und wohltuend ist (anudvegakāram vākyam satyam priyahitam ca yat). Solche Rede heiligt die Zunge. Sie kennt und respektiert die Grenzen. Das Ohr kann keine falsche oder mißtönende Note ertragen. Jeder der Sinne reagiert innerhalb seiner eigenen Toleranzgrenzen und protestiert, wenn die Grenze überschritten oder nicht beachtet wird. Ihr müßt dafür sorgen, daß sie unter angemessener Beachtung jener Grenzen benutzt werden. Wenn sie vom Weg abweichen und ihre Grenzen überschreiten, steckt die Vernunft ihren Kopf in den Sand, und ihr werdet weniger menschlich.

> Du kannst alles Wissen beherrschen und lauten Beifall ernten;
> (Die versammelte Menge mag dich loben und ausrufen: „Oh, welch wunderbare Rede hat er gehalten!")
> Du kannst als König begrüßt werden und über das Reich regieren;
> Du kannst ungeheuren Reichtum anhäufen, Gold und Land verschenken.

Aber worin liegt der Gewinn? Karna gab die Ohrringe her, die er trug und schlüpfte sogar aus seiner göttlichen Rüstung und gab sie in Nächstenliebe ab. Worin liegt der Schlüssel zur Größe? Wozu führt Entsagung? Die Frage ist: „Reinigt sie das Herz?" Hilft sie der inneren Göttlichkeit, sich selbst zu manifestieren?

Der Geist *(manas)* ist als *antahkarana* oder inneres Sinnesorgan bekannt. Der Geist ist immer mit dem Wiederaufnehmen, Erinnern, Sich-ins-Gedächtnis-Rufen und Nachsinnen beschäftigt *(manana)*. Als Ergebnis davon erkennt der Geist Wünsche an oder weist sie zurück. Ihr mögt allein und still sein, doch euer Geist macht einen Ausflug - wünscht etwas, begehrt es, plant, es sich zu besorgen oder es zu lassen. So hält er die Zunge aktiv, bis der Schlaf sie zur Ruhe bringt. Man hat keine Regeln im Hinterkopf, während man sich Dinge anschaut, über andere spricht oder dabei ist, zu handeln. Da in dem Augenblick gesprochen oder gehandelt wird, in dem der Gedanke entsteht oder der Wille bestimmt, wird die Unterscheidungskraft schwach. Man muß sich darum bemühen, einen Moment zu verweilen, um prüfen und beurteilen zu können. Entwikkelt Seelenstärke, die Stärke, nicht der Meinung der anderen nachzugeben, es sei denn, ihr erkennt sie als richtig an. Entwickelt den Mut, Kritik ertragen und Verleumdung entgegentreten zu können.

Was die spirituelle Praxis *(tapas)* anbetrifft, so gibt es drei Arten - *tapas* des Geistes, *tapas* des Körpers und *tapas* der Sprache. Laßt mich euch daran erinnern, daß das *tapas* des Körpers einige Disziplinen beinhalten: Die erste Disziplin ist das Verfahren, mit dem ihr die Älteren verehrt und anbetet, die Lehrer und Gott. Dient ihnen und ehrt ihre Anweisungen, setzt sie in die Tat um und erwerbt ihre Gnade. Die zweite Disziplin ist Sauberkeit, innere und äußere. Die äußere Sauberkeit schließt die Sauberkeit eurer Umgebung ein. Die dritte Disziplin ist brahmacarya. Dies bedeutet nicht bloß den Verzicht auf die Ehe, sondern, daß man von heiliger Liebe für das Göttliche erfüllt sein soll, durch tiefe Aufrichtigkeit, selbstlosen Willen, reines Bewußtsein und heilige Gedanken. Ihr wißt alle, daß *Hanumān* als der ewige brahmacārin beschrieben wird. Er war mit Shrī Vatsala verheiratet, und dennoch verdiente er diese Bezeichnung. Wieso? Brahmacārin bedeutet „Er, der in *brahman* wandelt." *Hanumān* hatte keinen anderen Gedanken als *Rāma* (der *brahman* ist), von daher ist er als „sich in *brahman* bewegend und lebend" bekannt. Eure Gedanken, eure Gefühle, eure Wünsche und eure Handlungen müssen sich alle in *brahman,* im universellen Absoluten, bewegen. Das heißt, alles, was gesagt und gesehen wird, muß als *brahman* erkannt werden. Das ist das wahre brahmacarya-Stadium, nicht das bloße Beachten einiger Verbote, um die Sinne und den Geist zu kontrollieren. Die nächste Disziplin ist die Gewaltlosigkeit (ahimsā). Dies heißt nicht nur, daß man kein lebendes Wesen verletzen sollte. Man sollte nicht einmal durch ein Wort, einen Blick oder eine Geste verletzen. Toleranz, Seelenstärke, Gleichmut - diese Eigenschaften erleichtern es euch, in bezug auf ahimsa standhaft zu sein. Sie werden alle Möglichkeiten aus dem Weg räumen, bei denen ihr andere verletzen könntet. Dies nennt man Toleranz *(sahana)* oder Geduld *(kshamā)*. Überschätzt nicht die Bedeutung dessen, was andere von euch sagen oder euch antun. Entwickelt Seelenstärke und Verständnis, damit ihr deren Verhalten schätzen und ihre Fehler verzeihen könnt. Diese Fähigkeit ist ebenso unschätzbar wie Wahrheit, Rechtschaffenheit, Weisheit, Gewaltlosigkeit, Verzicht, Freude und Mitgefühl. Es ist all das, was man zur spirituellen Fortentwicklung braucht.

Das Leben wird nur dann ein wundervolles Erlebnis, wenn es durch Toleranz und Liebe verschönt wird. Bereitwillige Anpassung an die Lebensart der anderen und Zusammenarbeit bei gemeinschaftlichen Aufgaben, dies macht das Leben glücklich und fruchtbar. Seit Generationen sind Verhaltensrichtlinien festgelegt und haben sich durch ihre jahrhundertelange Anwendung als heilsam erwiesen. Diese müssen in modifizierter Form eingehalten werden, um den heutigen Anforderungen zu entsprechen. Wir entwickeln uns in jedem Lebensbereich weiter: Es ist nur schade, daß wir nicht die einzigartigen Qualitäten entwickeln, die menschliche Wesen ausmachen. Entwickelt göttliche Bewußtheit, das Bewußtsein des Göttlichen. Erwerbt göttliche Attribute. Dehnt eure Liebe und euer Verständnis weiter aus. Wenn sich Studenten bewußt und stetig um den Erwerb dieser verschiedenen menschlichen Qualitäten bemühen, wird die Erziehung ihnen wertvolle Erfahrung vermitteln, und beides wird sie mit dem Rüstzeug versehen, mit dem sie die Gesellschaft verändern können. Die Nation und die Menschheit werden daraus großen Nutzen ziehen.

Shrī Sathya Sai College für Frauen, Anantapur, 17.2.1980

Erziehung in der Ära Sai

Erziehung muß den Menschen dazu befähigen, zwischen Hell und Dunkel unterscheiden zu können. Sie muß das kostbare Vermögen moralischer Stärke und spirituellen Sieges fördern und nähren und die inneren Impulse des Menschen reinigen. Bloßes Bücherwissen berechtigt einen Menschen nicht, sich als „gebildet" zu bezeichnen. Ebenso kann, wer seine Emotionen nicht beherrscht, nicht als gebildet bezeichnet werden. Das latent Vorhandene muß gereinigt werden, so daß das äußerlich Sichtbare gedeihen kann. Erfahrung ist unentbehrlich für die Bestätigung und Festigung dessen, was aus Büchern gelehrt wurde. Im gegenwärtigen Erziehungssystem kann man davon keinerlei Anzeichen entdecken. Es wird kein Versuch unternommen, das Göttliche im Menschen zu erwecken, und man ist sich der Möglichkeit, sich auf die geistige Ebene zu begeben, nicht bewußt.

Das Ideal, das den Studenten in unseren Erziehungsinstitutionen vorgestellt wird, ist anders. Die jungen Männer und Frauen werden im mechanischen Erziehungsprozeß dahingehend beeinflußt, daß sie Arbeiten verabscheuen, bei denen sie sich Hände oder Kleidung schmutzig machen. In ihren Herzen wird die Leidenschaft des Profits entfacht. Das Bedürfnis, mit anderen in Freundschaft zu verkehren und zu dienen, wird ignoriert. Erziehung muß Weisheit und Charakter produzieren. Dies kann nur durch ein hartes Leben erreicht werden, nur durch Tage der Mühe, an denen nicht einmal Zeit für Schlaf bleibt. Aber die heutige Erziehung macht diejenigen, die sie durchlaufen, zu reinen Sklaven ihrer Sinne. Sie wissen nicht, wie man diese Bindung vermeidet. Der „Gebildete" schwelgt in Neid, Gier und Egoismus. Was das Land hingegen von gebildeten Personen erwartet, ist, daß sie ein Beispiel ehrlicher Arbeit abgeben, durch das in jedem Haus das Licht des Wissens angezündet wird.

Wenn man es richtig analysiert, entdeckt man auf jedem Gebiet des Erziehungssystems Verwirrung, Unsicherheit und Unentschlossenheit. Die Lösung dieser unglücklichen Situation liegt in der Wiederbelebung althergebrachter Ideale und Praktiken in leicht veränderter Form, um den anderen Zeiten und Umständen gerecht zu werden. Denn jene Ideale und Praktiken enthalten wertvolle Schätze, die wesentlich und von ewigem Wert sind.

Obgleich beispielsweise die Russen und die Amerikaner damit prahlen, auf wissenschaftlichem und technischem Gebiet besonders fortgeschritten zu sein, muß man zugeben, daß unser Land sogar schon im Zeitalter der *Veden* auf jenen Gebieten ungeheure Fortschritte gemacht hatte. Der Atharvaveda enthält viele technologische Geheimnisse und naturwissenschaftliche Gesetze, die von den Westlern direkt angewandt wurden. Westliche Gelehrte sind dabei, die Möglichkeiten der Forschungsgesetze zu überprüfen, die in jenem vedischen Text erwähnt werden. Dort werden Luftfahrzeuge erwähnt, die Schwerkraft und verschiedene andere naturwissenschaftliche Prinzipien und Hilfsmittel. Durch die Jahrhunderte hinweg haben sie viele Entdecker und Techniker anderer Länder inspiriert.

Die Inder haben eine Faszination für andere Länder entwickelt. Sie bewundern die Errungenschaften der anderen, aber ignorieren ihre eigenen. Die Begabung für Aufnahme wird durch diese Fähigkeit zur Nachahmung unterdrückt. Wie das Sprichwort sagt: „Nachbars Äpfel schmekken immer besser als die eigenen." Als Folge davon sind wir unfähig, das Wissen und die Fertigkeiten, die wir in unserem eigenen Land erreicht haben, zu erkennen und zu fördern.

Die Brüder Wright werden als Pioniere gefeiert, die als erste in einem Flugzeug flogen, das schwerer als Luft war. Ihr Flug fand am 17. Dezember 1903 statt. Tatsächlich aber hatte ein Deutscher ihren Flug am 13. September 1896 vorweggenommen. Wir müssen feststellen, daß jedoch noch eher als jenem Deutschen einem Inder aus Bombay, Shivaram Bapuji Kadalekar, am 14. August 1895 eine ähnliche Heldentat gelang. Sein Name erregte aufgrund des Neides, des Egoismus und des streitlustigen Naturells unserer Bevölkerung keine öffentliche Bewunderung, und seine Heldentat wurde nicht gefeiert.

Die Einheit aller, natürliche Liebe und Kooperation sind die Qualitäten, die wir heutzutage entwickeln müssen. Bildung ist nicht dazu da, Universitätsgrade zu erlangen. Gebt diese verrückte Jagd nach Diplomen auf, die dem Ego nur schmeicheln und die Distanz zwischen euch und allen anderen vergrößert. Entwickelt den Wunsch, anderen zu dienen und schafft euch durch die Ausbildung das nötige Rüstzeug dazu. Die Bildung muß die Jugend begeistern, das kostbare Erbe der indischen Kultur und Spiritualität zu verstehen und die in ihnen enthaltenen höheren Kräfte wachzurufen. Obgleich in ihnen immerwährende Quellen der Kraft sind, verhalten sie sich wie Schwächlinge und Unwissende. Geduld, Toleranz und Ruhe müssen im Herzen entstehen. Geduld *(kshamā)* ist Wahrheit, Rechtschaffenheit, rechtes Leben, Liebe, Gewaltlosigkeit - alle Tugenden in einer zusammengefaßt.

Erziehung muß Demut und Disziplin kultivieren. Heutzutage bringt sie jedoch eine Ernte von Stolz und Neid ein. *Vidyā* bedeutet vid (Licht) und ya (das, was gibt). Deshalb muß *vidyā* oder Bildung Licht ausstrahlen und dunkle Flecken im Geist und Intellekt erhellen. Bildung beinhaltet nicht lediglich Buchwissen. Sie muß die Verwandtschaft des einen Menschen mit dem anderen klären und seine innere Beziehung zur Natur. Sie muß die früheren Erfahrungen jedes einzelnen mit den gegenwärtigen in Einklang bringen und jeden zu vorteilhaften und nützlichen Erfahrungen in der Zukunft leiten. Sie muß dem aus den Büchern gewonnenen Wissen durch Erfahrung Gültigkeit verleihen und den Menschen im Verlauf dieses Prozesses immer menschlicher werden lassen, bis er schließlich göttlich wird.

Reichtum jenseits vernünftiger Grenzen endet meist im Unglück. Ebenso führt die bloße Gelehrtheit jenseits irgendwelcher Grenzen nur zu Stolz und Konkurrenzkämpfen. Natürlich ist qualitatives Wissen in gewissem Umfang wünschenswert, aber ohne eine parallele und gleichzeitige Entwicklung von Moral und kritischem Selbst-Bewußtsein ist Gelehrtheit nur eine Last und Gefahr. Außerdem ist auch die Entwicklung eines sozialen Bewußtseins sehr wichtig. Man muß lernen, nicht wie ein Tropfen Öl auf einem Teich zu leben; er verteilt sich auf der Oberfläche und toleriert nichts anderes. Man muß sich anderen in gemeinsamen Aufgaben anschließen und die eigene Stärke und seine Fähigkeiten in den gemeinsamen Topf einfließen lassen. Ein einziges Fädchen kann noch nicht einmal eine Ameise anbinden, sind jedoch Hunderte von ihnen zu einem Seil geflochten, können sie einen Elefanten zurückhalten. Dies ist die Wirkung vereinter Anstrengung. Es ist ein wünschenswerter Charakterzug, in Zusammenarbeit (engl. cooperation) mit anderen an einer gemeinsamen Sache mitzuwirken; heutzutage glauben die Leute jedoch nur an Betätigung (engl. operation).

Wozu dienen denn die Versammlungen, Treffen und Sitzungen gelehrter Menschen? Die Beschlüsse, die nach ausgedehnten Diskussionen gefaßt werden, werden in keiner Weise in die Praxis umgesetzt. Dabei werden Unsummen von Geld und eine große Menge Papier verschwendet. Die Empfehlungen und Resolutionen müssen auf dem Prüfstein der Praxis getestet werden. Das Geld könnte besser dafür verwendet werden,

den Lebensstandard der Landbevölkerung zu heben. Ihr habt einen Studienzirkel gebildet. Findet die beste Methode heraus, wie man Frieden verbreiten kann, und wendet jene Methoden in einigen Dörfern an, um ihre Wirksamkeit zu überprüfen. Dann können sie auch den Menschen in anderen Ländern weitergegeben werden. Die Mitglieder des Studienzirkels können behinderten oder solchen Studenten helfen, die nicht mit den anderen Schritt halten konnten, indem sie ihnen spezielle Aufmerksamkeit und Führung zuteil werden lassen.

Ähnlich wie auch die Wolken am Himmel in der Mitte einen Lichtstreifen haben, muß auch die Weisheit die Wolken des Wissens erleuchten. Das Leben des gebildeten Menschen muß dergestalt sein, daß es für die Menschheit als Botschaft zu erkennen ist. Jeder Augenblick des Lebens, jede Anstrengung, jeder Ausdruck von Tugend und jede Manifestation der Intelligenz müssen der Erfüllung dieses hohen Zieles geweiht sein.

Wird die Krankheit dadurch geheilt, daß man den Namen des Medikamentes wiederholt? Kann Armut dadurch überwunden werden, daß man das Wort „Dollar“ oder „Rupie“ wiederholt? Kann das Lesen der Speisekarte den quälenden Hunger stillen? Ein bestandenes Examen macht eine Person nicht nützlicher oder weiser. Lehrbeauftragte und Professoren stellen in einer Erziehungsinstitution den Wassertank und die Studenten den „Zapfhahn“ dar. Wenn der Tank mit Trinkwasser gefüllt ist, wird auch aus dem Hahn Wasser rinnen, mit dem die Leute ihren Durst löschen können. Die Pflicht der Lehrer ist es, die Studenten zu korrigieren und zu beraten, sie mit Enthusiasmus und Mut zu erfüllen und ihre Faulheit und Wankelmütigkeit zu beseitigen. Dies ist das allen Lehrplänen und Unterrichtsstunden zugrundeliegende Ziel: das Blickfeld zu erweitern und eine allumfassende Art des Denkens, der Sprache und der Taten zu fördern. Der Glaube an das Eins-Sein von allem muß fest verwurzelt sein. Die *Upanishaden* erklären: „All dies ist von Gott umhüllt“, und in der *Gītā* steht: „All dies ist der Herr“ und „Der Herr ist in allen Wesen.“ Betrachtet jeden Studenten als euer eigenes Kind, das begierig ist, zu lernen. Betrachtet jedes Fach, das ihr unterrichtet, als Mittel, den Glauben an Gott zu verankern. Führt die Studenten, wenn ihr Physik unterrichtet, auch an das großartige Mysterium der Philosophie heran. Führt sie, während ihr sie Botanik lehrt, an die höchsten Geheimnisse des Baumes und des Schöpfers, der sie mit ihm gesegnet hat. Das Leben ist ein Baum. Die gegenseitigen Beziehungen, die wir unterhalten und pflegen, werden durch die Äste, Zweige und Blätter symbolisiert; die entstehenden Gedanken sind die Blüten; *ānanda* oder Glückseligkeit ist die Frucht; die Tugend ist der süße Saft, den die Früchte enthalten. Der Baum wird durch die Wurzeln festgehalten, die ihn auch ernähren; diese Wurzeln symbolisieren den Glauben, das Selbstbewußtsein.

Gegenwärtig ist die Disziplin aus dem Bereich der Erziehung fast völlig verschwunden. Eine Sache zu lehren, eine andere zu praktizieren, ist zu einem weitverbreiteten Laster geworden. Die Nation kann nur dann gedeihen, wenn sich die Erziehung in einer Atmosphäre von Wahrheit, Liebe und Ehrfurcht vollzieht.

Sathya Sai Studienkreis, Bangalore, 18.2.1980

Die Vibhūti

„Kleiner als das Kleinste, größer als das Größte" (anor anīyān mahato mahīyān), mit diesen Worten bezieht sich der *Vedānta* auf das Absolute, auf *brahman*. Der *Vedānta* versucht mit Hilfe solcher Bilder das höchste Überselbst zu beschreiben, aber keine Beschreibung kann seine Identifizierung oder seine Erfahrung möglich machen. Dieser Beschreibung kommt die Parabel von den fünf Blinden und dem Elefanten am nächsten, in der jeder ein anderes Glied des Elefanten berührte und daraus Schlußfolgerungen über das Tier zog. Auch diejenigen, die es erfahren haben, sind nicht in der Lage, die erlebte Ekstase, den Frieden, das Licht und die Liebe anderen vollständig zu vermitteln. Die Propheten, Weisen und Seher, denen die Gründung von „Religionen" zugeschrieben wird, haben erklärt, daß sie sich des *brahman*-Prinzips bewußt seien. Obwohl die Cārvāka-Philosophieschule Gott leugnete und die Jaina- und Buddhisten-Schulen es ablehnten, Gott zu postulieren, behauptete *Shankara*, Gott habe weder Form noch Attribute und sei am besten als Höchster Glanz oder *jyotis* zu beschreiben. Er sagte auch, daß das Individuum sich nicht vom Universum unterscheide, daß der Mensch *(jīva) brahman* selbst sei. Auch die mannigfaltige Natur sei *brahman,* die durch einen seltsamen Schleier als Mischung von Wahrheit und Falschheit wahrgenommen würde, eine seltsame Täuschung, die *māyā* oder avidyā genannt wird. *Brahman* ist die Ursache und Natur *(prakriti)* ist die Folge. Die Natur ist die täuschende Manifestation *brahmans*. Sie ist das, was man als līlāvibhūti oder Ausdruck der Herrlichkeit *(vibhūti)* bezeichnet, die aus reinem Vergnügen *(līlā)* geschaffen wurde. Wenn diese *līlā* als von *brahman* getrennt wahrgenommen wird, ist dies eine falsche und unvollständige Wahrnehmung. Die *līlā* ist mannigfaltig; *brahman* ist eins. Das Eine in den Vielen zu erkennen, ist der Zweck der menschlichen Existenz. *Brahman* ist ewig. Es ist nityavibhūti, die immerwährende Pracht. Sie wird das Königreich Gottes genannt. Līlāvibhūti ist *prakriti* oder *māyā* oder avidyā oder Satan mit seiner täuschenden Vielfältigkeit.

Die objektive Welt ist eine Überlagerung *brahmans,* die täuscht und die Realität verzerrt. Unwissende nehmen sie als real an. Buddha beschrieb die Welt mit vier Charakteristika: 1. Alles ist Leid (sarvam duhkham). Sie wird die Welt des Todes genannt. Nichts ist stabil, alles verändert sich. Die Knospe erblüht und verwelkt; der Blitz leuchtet auf, und es folgt Dunkelheit. Jedes Individuum, jedes Ding oder jede Eigenschaft wächst und vergeht. Wenn wir hungrig sind, finden wir Geschmack an der Nahrung. Sind wir satt, verabscheuen wir die Nahrung, die uns vorher erfreute. 2. Alles währt nur einen Augenblick (sarvam kshanikam). 3. Jede Person und jedes Ding ist einzigartig; sogar bei identischen Zwillingen hat jeder von beiden eine besondere Qualität oder Eigenart. Keine zwei Blätter, nicht einmal desselben Baumes, sind in jeder Beziehung gleich. Die Vielen werden durch diese Unterschiede in noch mehr unterteilt. Deshalb erklärte Buddha: 4. Alles ist leer, ungültig, wertlos (sarvam shūnyam). Wo sind die Väter und Großväter, die von uns gegangen sind? Es bleibt nur die Erinnerung an sie. Wieviele Kaiserreiche sind im Laufe der Zeit schon zugrundegegangen?

Die līlāvibhūti wird durch diese vier Charakteristika gekennzeichnet. Die nityavibhūti, auf dem sie erscheint, wird mit sechs Charakteristika beschrieben: 1. ewig *(nitya),* 2. unbeschreibbar (avarnanīya), 3. unmeßbar (nissankhya), 4. nicht verunreinigt durch Verbindungen oder Einwirkungen (nirudpadhi), 5. unbeeinflußt von Begrenzung oder Verringerung (nirdushi), 6. unerreicht von irgendetwas anderem, unvergleichlich, nur sich selbst gleich (samāna-rahita). Diese nityavibhūti ist das Göttliche Prinzip, das die Realität jedes menschlichen Wesens darstellt. Es manifestiert sich als līlāvibhūti und projiziert sich selbst durch das Wechselspiel der drei Grundeigenschaften *(gunas)* als die vielen Individuen und Einzelheiten.

Sattva fördert Frieden, Harmonie und Liebe. Der rajoguna ist mit *māyā* verknüpft; er stachelt den Menschen zu ständiger Aktivität an. Der tamoguna hat die spezielle Eigenart, die Realität zu verzerren und läßt die Wahrheit falsch erscheinen und das Falsche als die Wahrheit. Auf diese Weise erscheint das Vergängliche und Triviale als ewig andauernd und wünschenswert. Sowohl Subjekt als auch Objekt sind irreal; nur *ātman* oder *brahman* ist real, ist die Wahrheit beider. Deshalb werden beide als līlāvibhūti eingestuft, als die Großartigkeit des Spiels Gottes. Durch dieses Spiel ist der gesamte Kosmos entstanden.

Heute ist Yugādi, Neujahrstag, der Tag, an dem wir uns vom Jahr „Siddhārtha" verabschieden und das Jahr „Rudra" willkommenheißen. Der *līlā* entsprechend ist ein solches Kommen und Gehen, Ankunft und Abreise zu erwarten. Der Mond wird in diesem Jahr zum König erklärt und die Sonne zum Premierminister. Saturn ist der diensthabende Kommandant. Von den neun Planeten stehen fünf in schädlichen Positionen, vier halten günstige Autoritätspositionen inne. Das Jahr trägt den Namen Rudra, was „schrecklich" bedeutet. Dies deutet an, daß dieses Jahr Zeuge einiger Erschütterungen und Befürchtungen wird. Aber der König und sein Minister sind mächtig; sie haben die Sache unter Kontrolle. Die günstigen Planeten sichern frühe und rechtzeitige Regenfälle. So haben Frieden und Sicherheit die Möglichkeit, sich auszubreiten, wenn der Geist (dessen beherrschende Gottheit der Mond ist) und der Intellekt (dessen vorsitzende Gottheit die Sonne ist) zusammenarbeiten. Wenn die Leute ihren Geist nicht gebrauchen, um sich selbst zu ruinieren, wird das Ergebnis sicherlich ein Aufschwung sein.

Die Leute müssen die Warnung beachten und es sich nicht gestatten, einander „schrecklich" zu behandeln, als seien sie Horden betrunkener Affen. Sie müssen die grundlegende Einheit der gesamten Menschheit erkennen: „Einer bin ich, vielfältig will ich sein." (eko'ham bahuh syām) Eko'ham ist nityavibhūti und bahuh syām ist līlāvibhūti. Zeigt, daß ihr bis ins Innerste göttlich seid und nicht dämonisch. Euer Verhalten und euer Benehmen müssen euren Glauben in eure Göttlichkeit widerspiegeln. Der Neujahrstag wird gefeiert, nachdem das Haus geputzt und geweißt wurde, nachdem die Türen mit grünen Girlanden behängt und alles gefegt wurde. Die Menschen nehmen ein ausgiebiges Bad, schmücken sich mit neuen Kleidern, nehmen am Festmahl teil und teilen mit den anderen ihre Fröhlichkeit. Wenn so viel getan wird, um den Bedürfnissen des Körpers gerecht zu werden, wieviel mehr sollte man sich der Verehrung des göttlichen Bewohners jenes Körpers widmen. Heißt neue und heilige Taten willkommen, die voller Liebe sind und im Geiste des Dienens stehen. Entwickelt Toleranz und Mitgefühl, und engagiert euch in praktischen Handlungen der Liebe und des Dienens, und versucht dabei mit aller Kraft, Gott in jedem lebenden Wesen zu sehen.

Prashānti Nilayam, 7.3.1980

Glossar

Weiterführende Informationen über mehr als 3000 Sanskritwörter finden Sie in „M. Mittwede, Spirituelles Wörterbuch Sanskrit-Deutsch". Sathya Sai Vereinigung, Bonn 1992, ISBN 3-924739-56-0, 280 Seiten, broschiert. Es gibt zugleich Zugang zur indischen Mythologie, Ethik und Kultur und bietet sich als Hilfe zu spiritueller Erkenntnis an.

agni	Feuer, Feuergott. Die göttliche Kraft, die dem Feuer der Sonne, der Wärme des Lebenshauches innewohnt. *Agni* ist eine der Gottheiten, der sehr viele Hymnen gewidmet sind, denn *agni* befördert die Opfergaben zu den Göttern. Er ist der Mittler zwischen Menschenwelt und Götterwelten.
ajnāna	Unwissenheit. Es ist nicht fehlendes Wissen auf empirischer Ebene gemeint, sondern *ajnāna* besteht darin, daß man sich für seinen Körper hält und nicht weiß, daß im Innern das Selbst als absolute Realität wohnt.
ākāsha	Raum, Äther. *Ākāsha* ist das feinste der fünf Elemente und nicht mehr atomar aufgebaut. Deshalb kann er das ganze Universum durchdringen und erfüllen. Er ist insofern die physische Repräsentanz des göttlichen Einen.
ānanda	vollkommene, höchste Glückseligkeit. Wahre, anhaltende Freude. *Ānanda* ist eine Qaualität Gottes und frei von jeder sinnlichen Färbung. *Ānanda* ist eine Glückseligkeit jenseits aller Gegensatzpaare.
antahkarana	das innere Funktionsgefüge der Psyche; inneres Instrument; inneres Organ. Es befähigt den Menschen zu denken, zu empfinden, zu unterscheiden und zu erinnern.
arjuna	weiß, hell, makellos; Name eines der fünf *Pāndava*-Brüder, der im *Mahābhārata* als Kriegsheld beschrieben wird. Er war ein Freund und Schüler des *Avatars Krishna*, welcher ihm auf dem Schlachtfeld von *Kurukshetra* seine göttlichen Belehrungen erteilte.
artha	Wohlstand, Besitz, die durch rechtschaffenes Handeln erworben sind. *Artha* ist eines der vielen Ziele des menschlichen Strebens und gilt in vedischer Tradition nicht als verwerflich, wenn dabei Moral und göttliche Ordnung beachtet werden.
Ashram (āshrama)	Aufenthaltsort eines Weisen oder Heiligen; der Begriff dient auch der Bezeichnung der vier im *Veda* beschriebenen Lebensstadien des Menschen: 1. brahmacarya: die Zeit des Lernens; 2. grihastha: die Zeit, in welcher der Mensch seine Pflichten gegenüber der Gesellschaft erfüllt; 3. vanaprastha: die Zeit spirituellen Strebens in der Einsamkeit; 4. *samnyāsa*: das Aufgeben aller ichbezogenen Interessen und das ausschließliche Streben nach Erlösung.
ātman	die unsichtbare Grundlage, das wirkliche Selbst. Die dem Menschen innewohnende Göttlichkeit. *Ātman* ist der göttliche Funke im Innern, die allerinnerste, dem Menschen ureigene Realität. Der *ātman* ist unsterblich.
ātmanivedana	Vertrauen in das Selbst; *ātmanivedana* bezeichnet diese innere Vertrautheit mit dem Selbst und gleichzeitig das Weihen der Gedanken, Worte und Taten an das Selbst.
Avatar (avatāra)	(dt. *Avatar*) wörtl.: Herabkunft; das Erscheinen Gottes auf Erden in einer von ihm frei gewählten Form, was dazu dient, den Menschen den rechten Weg zu weisen.
ayodhyā	eine Stadt, die uneinnehmbar ist, in die kein Feind eindringen kann, eine unerschütterliche Festung. *Ayodhyā* war die Hauptstadt des Königreichs von Dasharatha, dem Vater von *Rāma*.

Bālvikās — ein Begriff, der abgeleitet ist von bala und vikāsa. Bala bedeutet Kraft, Macht, Stärke, Ausdehnung, geistige und leibliche Gesundheit. Vikāsa bedeutet Entfaltung. Es handelt sich um ein Programm der Sathya Sai Erziehung, das der geistigen und körperlichen Entwicklung der Kinder dient.

Bhagavadgītā — wörtl.: „Der Gesang des Erhabenen"; Name eines Ausschnitts aus dem 6. Buch des *Mahābhārata*; die Gītā, wie sie auch kurz genannt wird, ist ein philosophisches Lehrgedicht, das von vielen Menschen als heilige Schrift betrachtet wird.

bhajan(a) — Lobpreisen der verschiedenen Namen und Aspekte Gottes. Der Vorsänger singt eine Zeile, die Gruppe wiederholt denselben Text. Oft bestehen die Texte nur aus Namen Gottes ohne Hinzufügung.

bhakta — Verehrer, der Gottergebene. Jemand, der von *bhakti* erfüllt ist, d.h., die Qualitäten der Tugend, Selbstzucht, des Loslassens und der Beständigkeit im Glauben besitzt.

bhakti — Anbetung, Hingabe, Gottesliebe, Glaube, Beständigkeit, Verbundenheit mit dem Herrn unter allen Umständen. Unerschütterliche Loyalität zu Gott. Um in *bhakti* gefestigt zu sein, braucht man Unbeirrbarkeit, Furchtlosigkeit und Freiheit von Egoismus. *Bhakti* ist die höchste und reinste Form der Liebe.

bhāva — Sein, Existenz; Emotion oder Einstellung eines *bhakta* (Gottliebenden).

bhoga — der Genuß um des Genießens willen.

bhūta — geworden, entstanden, vergangen. Geschöpf, Wesen und allgemein etwas, das geworden ist. Die Welt, die fünf Elemente der Welt. Geist, Dämon. Tatsache, Geschehnis.

brahmā — der Schöpfergott; Name des Schöpfergottes, der die Entstehung des Universums bewirkt.

brahman — das universelle Absolute, das alles durchdringende göttliche, ewige, namenlose, formlose Prinzip. *Brahman* ist der unpersönliche Aspekt Gottes, sozusagen das Licht, das von ihm ausstrahlt. *(Brahman* sollte nicht mit *brahmā* verwechselt werden).

Brindāvana, Brindāvan — der Wald von Brindā, das Weideland und die Wälder, in denen *Krishna* in seiner Kindheit mit den Hirtinnen und Hirten spielte. Der Name eines *Ashrams* von Sathya Sai Baba bei Bangalore.

buddhi — Unterscheidungskraft, Intelligenz, die Kraft der höchsten Intuition. *Buddhi* ist diejenige Instanz, die durch Unterscheidungsvermögen alle Sinneseindrücke zu klassifizieren vermag.

cakra — (dt. Cakra, fälschlicherweise oft Chakra geschrieben) Rad, Kreis, Ring; Bezeichnung für die Zentren feinstofflicher Energien im Energieleib des Menschen.

cit — Bewußtsein, reines Bewußtsein, das unberührt von Leidenschaften, frei von Egoismus und Verlangen nach Besitz ist. *Cit* umfaßt vier Bewußtseinszustände: Wachen, Träumen, Tiefschlaf und *samādhi.*

Dāmodara — wörtl.: einen Strick um den Bauch tragend. Ein Beiname *Krishnas,* der auf den Versuch seiner Mutter verweist, ihm einen Strick (dāman) um den Bauch (udara) zu binden und ihn damit festzuhalten. Der Herr läßt sich freiwillig durch den Strick der Liebe binden.

darshana — das Sehen, Schauen, Zeigen, Lehren. Gemeint ist meistens das Sehen einer heiligen Persönlichkeit.

dharma — Ordnung, Gesetz, Gebot Gottes, die Pflicht des Menschen, Moralkodex, Rechtschaffenheit, Tugendhaftigkeit. Der *dharma* ist das, mit dem man mit den Prinzipien der *Veden* in Einklang kommt. Der Weg des *dharma* bedeutet Rechtschaffenheit, die mit Sicherheit zu innerer Reinigung und Harmonie führt.

dhyāna — Meditation, Versenkung, Bewußtseinsschulung, Kontemplation. Im allgemeinen ist eine Vertiefung gemeint, welche die Entwicklung von

Aufrichtigkeit, Frieden und Liebe umschließt. Oft ist es Meditation über die Herrlichkeit Gottes.

dvaita — Dualität. Die phänomenale Welt ist aus Gegensatzpaaren aufgebaut. *Dvaita* bezeichnet auch die Philosophie des Dualismus, nach deren Auffassung der Mensch von seinem Schöpfergott getrennt ist.

Ganesha — Herr der Heerscharen. Name des Sohnes von *Shiva* und *Pārvatī*. Er ist der Gott der Weisheit und der Beseitiger aller Hindernisse. Er wird meist mit einem Elefantenkopf dargestellt.

Gāyatrī — Name eines heiligen berühmten Verses aus dem Rigveda und wichtiger *Mantra* für Gebet und Meditation. Die *gāyatrī* wendet sich an die Sonne als Beleber und Inspirierer aller Wesen, an die Intelligenz, die Quelle allen Lichts.

gokula — Herde, Kuhstall. Name der Stadt am Ufer der Yamunā, in der *Krishna* seine Kindheit unter Kuhhirten verbrachte.

gopāla — Kuhhirte, Beschützer der Kühe; ein Name für den jungen *Krishna*, als er unter den Kuhhirten in *Brindāvana* weilte.

gopī, gopikā — wörtl.: „Hirtenmädchen"; die Verehrerinnen und Gespielinnen *Krishnas* in *Brindāvana*, wo er seine Kindheit und Jugend verbrachte.

govinda — Schützer, Hüter der Kühe, ein Name für *Krishna*, der zum Ausdruck bringt, daß er der Kenner der Erde und der Sinne und der Beschützer der Kühe ist.

guna — Eigenschaft, Qualität; die drei Grundeigenschaften *(gunas)* sind *sattva, rajas, tamas.*

guru — Lehrer, der zur Selbsterkenntnis führt; der spirituelle Meister.

Hanumān — Name des Heerführers der Affen; er war einer der unerschrockensten und hingebungsvollsten Diener von *Rāma.*

Indra — Name einer Gottheit. In den *Veden* ist er der König der Götter, ein starker Held, der mit seinem Donnerkeil alles Böse vernichtet. Er ist der Freund der Menschen und vertreibt die Dunkelheit, die das Licht verschlossen hat.

jagat — Universum, Schöpfung, Welt des Veränderlichen.

japa — Flüstern, Rezitieren; die Wiederholung eines heiligen Namens, eines Gebetes oder einer heiligen Formel *(mantra)* als Form der Meditation.

jīva — Individuum, die individuelle Seele, Person, Mensch. Die Seele, die im Körper wohnt, mit den Beschränkungen des Körpers verknüpft ist und sich als „Ich" fühlt.

jnāna — Wissen, Weisheit, spirituelle Einsicht. Gemeint ist die Erkenntnis, die den Zugang zum Wissen über alles erschließt und deshalb die Kenntnis von allem übrigen letztlich überflüssig macht. Es ist kein intellektuelles Wissen, sondern entspringt einer Erfahrung, die jeden Augenblick des Lebens durchdringt.

jnānendriya — Erkenntnissinn. Es gibt fünf Erkenntnissinne: Hören, Sehen, Fühlen, Schmecken, Riechen, wobei Hören der feinste und Riechen der gröbste ist.

Kālī — die Dunkle, Schwarze, die Göttin der Zeit. Ein Name für *Pārvatī* in ihrem zerstörerischen, schreckenerregenden Aspekt. Sie gilt als die Zerstörerin der Unwissenheit, der Täuschung und des Todes.

kaivalya — Ausschließlichkeit, Einzigartigkeit, vollkommene Erlösung. Ein Begriff, der den Zustand beschreibt, den die Seele erreicht, wenn sie erkennt, dass sie vollkommenes, reines Bewußtsein frei von aller bedingten Relativität ist.

kāma — Wunsch, Verlangen, Begierde, ungezügeltes Verlangen nach den Dingen der Welt. Bindung an die Objekte dieser vergänglichen Welt. Das Verlangen beruht auf einem begrenzten Verständnis der Liebe, die durch Bindung an ein bestimmtes Individuum beschränkt ist. Das Verlangen an sich ist nichts Schlechtes. Es ist nur die Frage, worauf es sich richtet.

karmendriya	Tätigkeitssinn; Handlungsinstrumente.
kaurava	Nachkomme der Kurus. Gemeint sind insbesondere die 100 Söhne von König Dhritarāshtra, die durch List die *Pāndavas* aus ihrem Reich vertrieben. Die 100 Söhne eines blinden Königs stehen symbolisch für die schlechten Eigenschaften der Menschen.
kosha	Hülle; Behälter; die fünf Hüllen oder *koshas*, die den *ātman* umgeben, stellen den Körper dar.
Krishna	schwarz oder dunkelblau; Name einer vollkommenen Inkarnation Gottes. Er steht in der Reihe der *Avatare Vishnus* an achter Stelle und soll in der Übergangszeit zum kaliyuga (ca. 3100 v.Chr.) auf Erden geweilt haben. Im *Mahābhārata* ist *Krishna* eine hervorragende Gestalt, berühmt sind seine Unterweisungen in der *Bhagavadgītā*.
krodha	Ärger, Mißbilligung, Zorn, Haß, Rache. Das Verlangen, anderen zu schaden und sie zu Fall zu bringen. Ablehnung denen gegenüber, die Enttäuschung, Kummer und Verlust verursachen.
kshamā	Tugend der Geduld, die für die Erlangung von Weisheit wichtig ist.
kshetra	Feld, Land; Bereich der Sinne und Dualitäten.
kshetrajna	Kenner des Feldes; das Selbst, das im Körper wohnt.
kurukshetra	das Feld der Kurus; Name einer Ebene nahe bei Delhi, auf der die große Schlacht zwischen den *Kauravas* und *Pāndavas* ausgetragen wurde.
Lakshmī	Schönheit, Glück, Wohlstand. Die Göttin des Wohlstandes, des Gedeihens und der Schönheit. Sie ist die Gemahlin *Vishnus*.
līlā	Spiel, Unterhaltung, Vergnügen, göttliches Spiel, göttliche Natur, göttliche Tätigkeit. Das gesamte Universum ist der Schauplatz für die *līlās* des Herrn, die Erschaffung, Erhaltung und Auflösung umfassen.
linga	Zeichen, Kennzeichen, Symbol für das Göttliche. Insbesondere das Shivalinga symbolisiert das Aufgehen einer Form im Formlosen: Die ovale Form des *linga* ist eine Modifizierung des Kreises, der ein Ausdruck der absoluten Wirklichkeit ist.
lobha	Habgier, Besitztrieb, Begehrlichkeit. Gemeint ist eine Einstellung, die davon ausgeht, daß niemand anderes etwas davon bekommen sollte, was man selbst erworben hat und besitzt.
loka	Welt, Raum, Bereich, Universum. *Loka* wird oft im Zusammenhang mit der Unterteilung des Universums in verschiedene Weltenschichten gebraucht, für die es verschiedene Klassifizierungen gibt.
mādhava	süß, aus Honig bestehend, frühlingshaft, ein Nachkomme des Madhu. Ein Name für *Krishna* und *Vishnu*.
Mahābhārata	Name des großen Epos, das den Kampf der Nachkommen des *Bhārata* beschreibt; Hauptthema ist der Kampf zwischen den beiden miteinander verwandten *Bhārata*-Familien, den *Kauravas* und den *Pāndavas*. Der bedeutendste philosophische Teil ist im 6. Buch die *Bhāgavadgītā*.
manana	Erwägen, Nachdenken, Meditation, Schlußfolgerung. Das kritische Überdenken aller gelesenen und gehörten Weisheiten, ein Mittel zur Erlangung von Erkenntnis.
manas	Geist im relativen Sinn, der Bereich der Wünsche, Gedanken und Gefühle, die Psyche. Durch *manas* werden die Eindrücke der äußeren Welt empfangen, die der Unterscheidungskraft unterbreitet werden.
Mantra	wörtl.: Denkwerkzeug. Vers aus dem *Veda*. Gesang, heiliges Wort und Gebetsformel. Mit *Mantra* ist außerdem ein Klang, eine Formel gemeint, die bei richtiger Anwendung Fortschritte des Bewußtseins bewirken. Er wird oft als direkter Ausdruck Gottes betrachtet.
mata	Gedanke, Sichtweise, Absicht, Bekenntnis.
māyā	Täuschung, Illusion, Schöpferkraft. Das schöpferische Prinzip, das den allerersten Wunsch hegte, sich zu vervielfältigen. Der Urwunsch, der sich ins Universum ausdehnte.

mithyā — unrichtig, falsch, unwirklich. Die Objektwelt ist *mithyā*, täuschend, weil sie nur eine relative Wirklichkeit besitzt, auch wenn man nicht sagen kann, daß sie absolut unwirklich ist.

moksha — Befreiung, Entkommen, Rettung, Erlösung. *Moksha* wird oft mit dem Aufgehen einer Welle im Ozean verglichen. Ein Bewußtseinszustand, in dem die individuelle Welle die in ihr wohnende universale göttliche Realität erkennt und jegliches Empfinden der Abgetrenntheit vom Ozean verliert.

nāmasmarana — Erinnerung (smarana) an den Namen (nāman); dauerndes Nachsinnen über den Namen des Herrn und die Herrlichkeit und Macht, die dadurch ausgedrückt werden.

Nārāyana — eine Bezeichnung Gottes in seinem Aspekt als Urwesen, von dem alles ausgeht. *Nārāyana* wird oft als eine Manifestation von *Krishna* bzw. *Vishnu* betrachtet.

nirākāra — ohne Gestalt, körperlos, unbegrenzt, eigenschaftslos. Der Herr, der nicht durch irgendeine relative Gestalt begrenzt wird.

nirguna — eigenschaftslos, gestaltlos, ohne gute Eigenschaften.

nirvikalpa — ohne alle Sinnestätigkeit. Ein Bewußtseinszustand, in dem man Beherrschung über die Sinne gewonnen hat.

nirvikalpasamādhi — der *samādhi* ohne Sinnestätigkeit. In der *Yoga*-Philosophie eine Bezeichnung für den höchsten transzendentalen Bewußtseinszustand, die Verwirklichung des Satzes: „Ich bin *brahman*".

nitya — ewigwährend, unbeeinflußt durch die Zeit, unveränderlich, unzerstörbar. Das, was durch die Beschränkungen durch Raum, Zeit und Objektwerdung unberührt bleibt. *Nitya* ist eine Qualität des höchsten Herrn, der über allen Veränderungen steht.

OM — Urklang, erste Schwingung der Schöpfung, Essenz des *Veda*; Bezeichnung des universellen *brahman*; auch *pranava* genannt.

padasevana — Verehrung der Füße; dies kann sich auf alle Handlungen beziehen, die dem Herrn dargebracht werden, und beinhaltet völlige Hingabe.

Pāndava — Bezeichnung für die Söhne von König Pāndu, die fünf *Pāndava*-Prinzen, die zu den Hauptpersonen des *Mahābhārata* gehören.

Pārvatī — wörtl.: „dem Gebirge zugehörend". Ein Name für die Gemahlin *Shivas*; die göttliche Mutter. Sie ist die Tochter von Himavat, der Wesenheit des Himalaya.

Prahlāda — wörtl.: „innere Freude". *Prahlāda* war der Sohn des Dämonenkönigs Hiranyakashipu. Er hatte bereits im Mutterleib soviel vedisches Wissen erworben, daß er nicht seinen Vater, sondern *Vishnu* als höchsten Herrn anerkannte. Er ist das Idealbild eines Gläubigen, der auch in schwierigsten Situationen nicht zweifelt.

prakriti — Natur, Urnatur, Ursache, Ursprung. Die Urmaterie, aus der das Universum entsteht. Mit *prakriti* kann auch ihre Manifestation, d.h., diese mit den Sinnen erfaßbare Welt, die Schöpfung und ihre ganze Vielfalt gemeint sein. Sie ist das Wunder um uns.

prāna — Lebensatem, Lebenskraft, kosmische Energie, die den Körper durchdringt.

pranava — Bezeichnung für *OM,* den kosmischen Urlaut; die Lebensschwingung, die das Universum durchdringt.

Prashānti Nilayam — Ort des höchsten Friedens; Name des Haupt-*Ashrams* von Shri Sathya Sai Baba, der an seinen Geburtsort Puttaparthi angrenzt (im südindischen Andhra Pradesh, ca. 180 km nördlich von Bangalore).

pūjā — Verehrung, Zeremonie, Gottesdienst. In Indien gibt es zahlreiche Formen von *pūjās*, die dem spirituellen Meister oder Gott in einer bestimmten Gestalt gewidmet sind. Meist werden dabei Früchte, Blumen, Räucherwerk etc. geopfert.

Purāna — uralt, urtümlich. *Purāna* ist der Name einer Literaturgattung, deren Texte zu den heiligen Schriften zählen. In ihnen stehen das Wirken des persönlichen Gottes und die Liebe zu ihm im Mittelpunkt.

purusha — Mensch; der ewige Mensch; das höchste Wesen; der Höchste, der Herr, Gott; die „Erste Person“, von der die gesamte Vielfalt von Name und Gestalt ausging.

purushārtha — Ziel des Menschen. Gemeint sind oft die vier verschiedenen Ziele, auf die das Leben des Menschen gerichtet sein kann: Wunscherfüllung, Wohlstand, Rechtschaffenheit, Befreiung.

rāga — (rote) Farbe; Leidenschaft; Dinge, die erfreuen und abhängig machen; die das Gefühl erwecken, sie unbedingt besitzen zu müssen, wenn auch nur für kurze Zeit.

rajas — „Staub“; Leidenschaften, leidenschaftliche Eigenschaften; aktives Verhalten; Gier, Ruhelosigkeit; der zweite der drei *gunas.*

rājasa — von *rajas* bestimmt, leidenschaftlich, aktiv.

Rāma — Name der siebenten Inkarnation *(Avatar)* von *Vishnu*; er gilt als Verkörperung der Rechtschaffenheit *(dharma)*, insbesondere in seiner Eigenschaft als gerechter König.

Rāmakrishna — ein bedeutender Heiliger Bengalens (1836 - 1886), dessen berühmtester Schüler *Vivekānanda* der Begründer der *Rāmakrishna*-Mission war.

Rāmāyana — die Geschichte des *Rāma*; Name eines Epos der Sanskrit-Literatur, als Autor gilt der Heilige Vālmīki.

Rāvana — Name eines Dämonenkönigs; er herrschte über die Insel Lankā, von der er seinen Bruder Kubera vertrieben hatte. Im großen Epos *Rāmāyana* ist er der Gegenspieler *Rāmas.*

Rishi — Seher, inspirierter Dichter. Gemeint sind insbesondere die Seher, denen die Hymnen der *Veden* offenbart wurden. Ein *Rishi* kann nur ein Mensch werden, der ein Leben ohne Verlangen führt und dessen Geist im Selbst gegründet ist.

roga — Leiden, Krankheit, Kummer. *Roga* kann sowohl für körperliche als auch für Krankheiten des Geistes stehen.

sādhaka — ein Gottsuchender, der sich bemüht, seinen Egoismus und seine Vorstellungen von „ich“ und „mein“ zu überwinden.

sādhana — eigene Bemühung; spirituelle Disziplin und Praktiken zur Erlangung der Gotteserkenntnis.

sahana — Gleichmut, Geduld, Toleranz; sich geduldig mit der äußeren Welt der Dualität abfinden und dabei inneren Gleichmut und Frieden bewahren.

samādhi — Sammlung, Einheitserfahrung; ein Bewußtseinszustand, der über Wachen, Träumen und Tiefschlaf hinausgeht; Zustand des Geistes, der frei ist von Impulsen und Aktivitäten.

sambhāshana — ein Gespräch, das von der Gemeinsamkeit des Geistes getragen wird.

samkalpa — Absicht, Wunsch, Beschluß, Plan zum Handeln; göttlicher Wille.

samnyāsa — Entsagung; das Aufgeben weltlicher Bindungen.

samsāra — Wanderung, Kreislauf, die objektive Welt, der Prozeß des Lebens, der sich in Zeit und Raum verändert. Insbesondere der endlose Kreislauf von Geburt und Tod, solange der Mensch sich mit dem Körper und dem Handeln identifiziert und die göttliche Realität nicht erkennt.

samskāra — Verfeinerung, Kultivierung. Im *Yoga* sind die Tendenzen des Geistes gemeint, die durch Handlungen und Gedanken in früheren Zeiten oder Geburten entstanden sind. Die Gesamtsumme der *samskāras* bildet den Charakter des Menschen.

sanātana — uralt, ewig, ursprünglich, dauerhaft; Name für *Vishnu*, *Krishna* etc.

sanātana dharma — die ewige Ordnung, das ewige Gesetz, die ewige Religion der Wahrheit. *Sanātana dharma* ist die Eigenbezeichnung der in Indien entstandenen philosophischen und religiösen Traditionen, die auf dem *Veda* beruhen. Der Überlieferung nach wurde die zeitlose Wahrheit den Sehern offenbart.

sat-cit-ānanda — auch saccidānanda. Sein, Bewußtsein, Glückseligkeit. Diese drei Begriffe beschreiben die drei Eigenschaften der höchsten Wirklichkeit, wie sie sich in der Erfahrung von *samādhi* zeigt. Es ist reines Sein ohne Objekt-Subjekt-Spaltung und unendliche Freude, die nicht mit relativen Freuden vergleichbar ist.

satsanga — Gesellschaft der Guten, der Gotthingegebenen. Diese Gesellschaft ist für den Gottsuchenden eine wichtige Hilfe auf dem Weg der Entwicklung, denn die Menschen, mit denen man zusammen ist, haben einen tiefen Einfluß auf das Innere.

sattva — Sein, Existenz, Leben, Wahrheit, Stärke, Energie. *Sattva* ist auch die Qualität der Ausgewogenheit, der Reinheit und der Klarheit, welche die Fähigkeit besitzt, das Sein sichtbar werden zu lassen.

sāttvika — von *sattva* erfüllt, rein, tugendhaft.

satya — wahr, echt, ehrlich; Wahrheit, Treue, Aufrichtigkeit.

sevā — Dienst, Hilfe, Dienstbereitschaft, Dienst am Nächsten, Verehrung, Übung. Der Dienst, der für andere ausgeübt wird, sollte gleichzeitig als Gottesdienst ausgeführt werden. Dabei wird keinerlei Gegenleistung oder Dank erwartet, sondern einzig und allein zur Verherrlichung des Höchsten gehandelt.

sevaka — Diener; ein Mensch, der sich dem selbstlosen Dienen widmet.

shakti — Kraft, Fähigkeit, göttliche Energie; die ewige Kraft des Werdens; *shakti* ist oft ein Name der Gattin *Shivas*.

Shankara — Heil, Frieden (sham) bringend (kara). Name eines der größten Heiligen und Philosophen Indiens (ca. 788 - 820). Er war der Hauptvertreter des Advaitavedānta. Unter seinen Schriften sind besonders die Kommentare zu den Vedāntasūtras bedeutend.

shānta — Ausgeglichenheit, Stille, Gleichmut.

shānti — innere Stille, Gelassenheit, Frieden. Das Ruhen der Sinne, Leidenschaften, Impulse. Gemeint ist meist ein Friede, den man erlangt durch die spirituelle Erkenntnis, daß man nicht der Körper, sondern unvergängliches Bewußtsein ist.

sharanāgati — das Schutzsuchende, die vollkommene Hingabe. Das Erkennen der vollkommenen Abhängigkeit von Gott und die Bereitschaft, alles seinem Willen zu überlassen.

shāstra — Gebot, Befehl, Regel, heilige Schrift, Lehrbuch. Die *shāstras* gehen oft auf alte Seher, Heilige und Weise zurück. Der spirituell Strebende sollte seine persönlichen Erfahrungen anhand der *shāstras* prüfen, um nicht in die Irre zu gehen.

Shiva — gütig, freundlich, segensreich; der Gnadenvolle, der höchste Herr; *Shiva* gehört zur göttlichen Trinität *Brahmā-Vishnu-Shiva*.

Shivarātri — die Nacht *Shivas*. Die Neumondnacht, die *Shiva* heilig ist, und die mit spiritueller Aktivität verbracht werden sollte.

shruti — das Hören, das Gehörte, der Klang. Zur *shruti* werden alle Schriften gerechnet, die direkter Ausdruck göttlicher Offenbarung sind und deshalb unbedingte Autorität besitzen.

so'ham — Er (ist) ich. In diesem *Mantra* steht nicht das Ich, sondern er an erster Stelle. Damit wird ein Bewußtseinszustand beschrieben, in dem sich die begrenzte Persönlichkeit dem ewigen Selbst, welches im Innern des Herzens wohnt, überantwortet hat.

sparshana — der Kontakt mit dem Göttlichen; das Berühren einer großen Persönlichkeit, der segensspendende Wirkung zugeschrieben wird.

sūtra — Faden, Strick, Leitfaden. Bezeichnung einer kurzen Regel oder eines Aphorismus. Das Bedeutsame an einem *sūtra* ist, daß er eine Fülle von Informationen in kurzer Form enthält. Sein Gehalt kann sich einem geöffneten Bewußtsein leicht offenbaren.

svarūpa — ähnlich, gleich; die eigene Form; Form als Verkörperung des geistigen Prinzips.

tamas	Finsternis, Trägheit, Täuschung, dumpfe Eigenschaften, Stupidität, ohne Unterscheidungsvermögen; einer der drei *gunas.*
tāmasa	von trägen Eigenschaften bestimmt.
tapas	Hitze, Glut; spirituelle Praxis, auch: Askese; Disziplinen zur Erlangung der Verwirklichung *brahmans.*
tat tvam asi	„das bist du“, deine wahre Realität ist göttlicher Natur.
tyāga	Entsagung, Loslösung, Opfer, Aufgeben aller Bindungen, Loslassen von Wünschen und Begierden. *Tyāga* drückt sich in selbstlosem Tun aus, welches nicht nach Früchten oder Ergebnissen trachtet.
Upanishad	das Sitzen zu Füßen des Meisters; Bezeichnung einer Klasse heiliger Schriften. Sie bilden den Schluß des offenbarten Teils der *Veden.*
upāsana	Sitzen in unmittelbarer Nähe, Verehrung, Gottesdienst. *Upāsana* bezeichnet nicht nur äußere Verehrung, sondern einen kontinuierlichen Strom der Aufmerksamkeit, der sich Gott zuwendet.
upekshā	das Nichtbeachten; Gleichmut, Geduld; nicht verstrickt und nicht betroffen sein.
vairāgya	Gelassenheit, innere Freiheit, Leidenschaftslosigkeit allem gegenüber. *Vairāgya* bezeichnet ein Herauswachsen aus den vergänglichen Dingen, weil die unvergängliche Wirklichkeit gefunden worden ist. Es ist ein Abwerfen der Wünsche während der Lebensreise.
Veda	(dt. Veden) Wissen, spirituelle Erkenntnis; Bezeichnung für die Gesamtheit der ältesten Texte der indischen Literatur, welche nach traditioneller Auffassung nicht von Menschen geschaffen sind, sondern denen eine ewige Realität zugeschrieben wird.
Vedānta	das Ziel, Ende des *Veda*, des heiligen Wissens. Das Wort setzt sich zusammen aus *Veda* und anta (Ende); gemeint sind dabei vor allem die *Upanishaden.*
vidyā	Wissen, Weisheit, Erkenntnis. *Vidyā* entspricht in etwa *jnāna*, welches zwei Aspekte besitzt: vijnāna (Verstehen und Analysieren des Objektiven) und prajnāna (die Erforschung der eigentlichen Natur des Seins und des Menschen).
vikalpa	Unschlüssigkeit, Zweifel; falsche Vorstellung.
Vishnu	der alles Durchdringende; Beschützer und Bewahrer der gesamten Schöpfung; in der Vaishnana-Tradition eine der drei Gottheiten der trimūrti, (der Dreiheit von *Brahmā*, *Vishnu* und *Shiva*), welche die Prinzipien von Schöpfung, Erhaltung und Zerstörung symbolisieren.
viveka	Unterscheidungskraft, geistige Klarheit, Weisheit, die Fähigkeit zu unterscheiden. Gemeint ist insbesondere die Unterscheidung zwischen wahr und unwahr, beständig und unbeständig und zwischen dem Nützlichen und Nutzlosen.
Vivekānanda	wörtl.: die Glückseligkeit der Unterscheidung. Ein Schüler von *Rāmakrishna*, der als erster die westliche Welt auf die Spiritualität Indiens aufmerksam machte.
yajna	Opfer, Ritual, Opferhandlung; Verehrung, Hingabe, Gebet.
yantra	Säule, Stütze, Instrument, Werkzeug. Bezeichnung für ein Diagramm, das als Symbol des Göttlichen sowie seiner Kräfte und Aspekte benutzt wird.
Yoga	Vereinigung; unter dem Begriff *Yoga* werden Traditionen zusammengefaßt, die durch Übungen, Praktiken und Disziplinen den Kontakt zum Selbst *(ātman)* oder zu Gott herstellen wollen.